마을만들기 길라잡이

마을만들기 길라잡이 제도편

1판 1쇄 펴낸날 2022년 12월 30일
1판 2쇄 펴낸날 2024년 4월 20일

기   획 충남연구원 충남마을만들기지원센터
편   저 구자인

펴낸곳 도서출판 그물코
펴낸이 장은성
만든이 김수진
인   쇄 호성인쇄

출판등록일 2001.5.29(제10-2156호)
주소 (350-811) 충남 홍성군 홍동면 광금남로 658-7
전화 041-631-3914
전송 041-631-3924
전자우편 network7@naver.com
누리집 cafe.naver.com/gmulko

ISBN 979-11-88375-34-5 03300 값 20,000원

살기 좋은 농촌

마을만들기 길라잡이

농촌마을정책의 민관협치형 추진체계 설계론

충남연구원 충남마을만들기지원센터 **기획** | 구자인 **편저**

농촌마을정책

민 관 협 치

행정지원체계

당사자협의체

네트워크법인

중간지원조직

읍면전문법인

 그물코

이 책의 구성과 활용 방안

구자인 마을연구소 일소공도 협동조합 소장

이 책이 나오기까지

여전히 '공부하는 마을'이 출발점입니다

예전부터 "하늘은 스스로 돕는 자를 돕는다"고 했습니다. 또 "물고기 잡는 법을 배워야 한다"고 배워왔습니다. 용비어천가에 "뿌리 깊은 나무가 꽃 좋고 열매 많다"는 구절이 있듯이 마을만들기 활동도 기본과 기초에 충실해야 좋은 꽃과 열매를 볼 수 있습니다. 그래서 여전히 '공부하는 마을'이 출발점이고 농촌의 희망입니다. 특히 자치와 분권 시대에는 주민들이 평생학습의 마을만들기 활동을 통해 주민주권과 마을민주주의를 훈련해 나가야 합니다. 특히 중간지원조직 상근자나 마을활동가에게는 더더욱 이런 자세가 필요합니다.

충남마을만들기지원센터는 개소 이래로 지금까지 계간지 『마을독본』을 총 22권(2017~2022년) 발간했습니다. 나름대로 마을 리더와 활동가들에게 좋은 학습용 길라잡이 역할을 해왔다고 자부합니다. 또 충남은 민선 6기(2014.6~2018.6) 이래로 기존의 농촌마을정책을 반성하며 '주민 주도, 상향식' 마을만들기가 체계적으로 정착될 수 있도록 마을 밖에 '민관협치형 정책 시스템'을 구축하는 데 집중했습니다. 핵심 내용은 ① 행정의 지원체계 정비, ② 민간의 협력 네트워크 구축 및 네트워크 법인 설립, ③ 중간지원조직의 통합형 설치와 운영 등이었습니다.

이번 단행본은 3부작 시리즈의 완결편에 해당합니다

2020년 12월에 『살기 좋은 농촌 마을만들기 길라잡이 기본편』(이하 기본편)을 처음 발간했습니다. 『마을독본』 통권 1~4호의 특집 주제를 엮은 것으로 마을조직과 마을재산, 마을규약, 그리고 마을회의와 기록을 다루었습니다. 말 그대로 마을만들기를 실천하기 위한 기본적인 지식에 해당하는 내용이었습니다. 지금도 여전히 중요한 주제이고, 아마도 현장 실천 측면에서는 가장 어려운 과제를 다루고 있습니다.

두 번째는 후속편으로 『살기 좋은 농촌 마을만들기 길라잡이 실천편』(이하 실천편)이란 이름으로 2021년 12월에 발간했습니다. 마을에서 주민들과 함께 공동으로 실천할 때 참고해야 할 주제 영역을 다루었습니다. 마을공동체농업과 공동체복지, 마을교통, 마을교육공동체, 마을 후계자, 농촌 읍면, 마을회관, 경관·건축, 마을계획 등 주제별로 분류하여 실천과제를 제안했습니다. 『마을독본』의 통권 5~14호에 실린 특집 주제에서 선별했고, 정책 칸막이를 행정도 민간도 극복해야 한다는 문제의식을 강하게 담았습니다.

이번에 발간하는 세 번째 단행본은 2021년에 발간한 『마을독본』 통권 15~18호(4회)의 특집 주제 중에서 중요한 부분을 추려서 수정, 보완하여 새롭게 엮은 것입니다. 연간 시리즈는 "농촌 마을을 지원하는 외부 시스템"이 주제였고, 지자체 차원의 정책과 제도를 다루고 있습니다. 충남의 농촌마을정책이 2015년부터 추진해온 성과를 종합적으로 정리하고 평가하면서 새로운 전환을 위한 디딤돌로 작업한 결과였습니다. 마을만들기협의회와 중간지원조직·수탁법인·행정 등 이해관계자 사이의 생각 차이를 좁히고, 공동의 과제를 협력하면서 해결하기 위한 학습 자료를 제공한다는 의미도 담고 있습니다. 여기에 제1부와 제6부는 새롭게 집필하여 추가한 내용입니다.

이번 단행본은 농촌마을정책이 중심이지만 주민자치나 사회적경제, 도시재생, 푸드플랜(먹거리) 등 주민참여를 중시하는 모든 정책에도 적용될 수 있습니다. 행정과 민간, 중간지원조직 등에 걸쳐 정책 시스템과 추진체계를 다루다보니 내용이 매우 어려운 것이 사실입니다. 하지만 이런 내용을 모르면 개별 사업과 좁은 활동에만 국한되어 현장 문제 해결이 어려운 것도 분명합니다. 농촌마을정책의 오랜 실천 경험이 반영된 결론에 해당하기 때문에 시행착오를 줄이기 위해서라도 꼭 읽어보기를 권장합니다.

그리고 3부작 시리즈 모두 충남 마을만들기의 공동활동에서 도출된 집단적 성과물에 해당합니다. 월 1회 시군을 순회하면서 공동학습과 토론의 공론장으로 진행한 '마을만들기 대화마당'과 직무연수, 심화워크숍 등에서 수차례 검토된 것이기 때문입니다. 그래서 3권은 돌아가며 반복하여 읽어야 농촌마을정책의 전체 체계를 이해하고 효과가 높아집니다. 특히 이번 단행본은 정책과 제도에 대한 학습 필요성을 강조하고 있습니다. 마을자치도 민관협치의 제도적 시스템 위에서 성장이 가능하기 때문입니다.

전체 구성과 의미

민관협치의 제도적 시스템을 중심으로 총 6부로 구성했습니다

이 책은 농촌마을정책의 민관협치형 추진체계를 구축할 때 필요한 주제를 다루고 있습니다. 『마을독본』 통권 15~18호(4회)의 특집 주제를 재분류하여 총 6부로 구성했습니다. 순서는 『마을독본』 시리즈 주제와 달리 논리체계에 맞추어 재배열했습니다. 그리고 특집 주제와 별개로 제1부와 6부는 필자가 기존 원고를 활용하여 새롭게 작성한 내용입니다. 전체적으로 다음과 같이 내용이 구성되어 있습니다.

제1부는 총론에 해당하고, 농촌마을정책의 패러다임 전환이 필요한 이유와 전환 방향에 대해 전체적으로 소개하고 있습니다. 우리가 농촌 마을만들기에서 왜 정책과 제도에 주목해야 하는지 그 배경도 설명합니다. 충남에서 2015년부터 강력하게 추진했던 '민관협치형 추진체계 구축'의 출발점에 해당하는 문제의식이고, 10대 핵심과제를 간략하게 하나씩 소개하고 있습니다. 제2부에서 제5부까지 세부 내용을 관통하는 전체 맥락을 소개하는 셈입니다.

제2부는 행정의 지원체계 개편 방향을 다루고 있습니다. 총괄 · 조정 부서 신설, 행정협의회 운영, 순환보직제 단점 극복 등 3대 핵심과제가 있는데, 그것이 제기되는 이유와 개혁방향을 제안하고 있습니다. 충남의 사례도 소개하고, 지자체 행정에 대해 "개혁의 대상이 될 것인가?" 아니면 "개혁의 주체가 될 것인가?"라는 도발적 질문도 던지고 있습니다. 또 충남 마을만들기 대화마당에서 행정 공무원 중심으로 진행된 토론회 기록도 담겨 있습니다.

제3부는 마을만들기 당사자협의체의 설립과 운영 방향을 다루고 있습니다. 마을과 마을이 연대 · 협력해야 하는 이유는 매우 명확한데, 구체적으로 어떻게 설

립하고 운영해야 하는지 그 방향과 쟁점을 제안합니다. 전북 진안군마을만들기 지구협의회의 역사적 경험과 충남 광역 및 시군의 설립과 운영 현황도 종합적으로 소개하고 있습니다. 충남에서 가장 오래된 홍성군의 사례와 충남 광역 협의회 권영진 회장의 인터뷰 기록도 담겨 있습니다. 마지막으로 '마을 만들어주기'가 아니라 '마을 만들기'가 되기 위해서는 주민들이 농촌마을정책의 주인공으로 나서야 함을 강조하고 있습니다.

제4부는 당사자협의체가 모여서 설립하는 민간 네트워크 법인을 다루고 있습니다. 정책의 칸막이가 행정도 있지만 민간에도 강하게 작용하고 있음을 문제제기하면서 논의를 전개하고 있습니다. 설립의 필요성과 경로, 3대 쟁점, 나아가 바람직한 조직체계와 운영모델도 소개합니다. 또 충남의 법인 설립현황과 특징을 소개하고, 전체적으로 당면과제와 향후 전망도 다루고 있습니다. 그리고 네트워크형 법인의 모델이라 할 수 있는 (사)홍성지역협력네트워크, 재단법인의 선도 사례인 청양군지역활성화재단, 그리고 법인을 설립하지는 못했지만 가장 논의가 풍부했던 아산시 등 세 가지 사례를 담아 참고할 수 있도록 했습니다.

제5부는 중간지원조직을 다루고 있는데 제도적 측면을 많이 다루고 있어 가장 어렵고 복잡한 부분에 해당합니다. 현재의 농촌정책 상황에서 가장 관심이 많이 갈 주제일 것입니다. 그동안 논의되었던 성과를 기초로 제도적 측면에서 좁게 해석해야 함을, 또 다양한 설치 유형과 장단점을 소개하며 단점을 보완하는 제도적 장치가 필요함을 강조하고 있습니다. 충남의 설치 과정과 현황을 역사적으로 꼼꼼하게 소개하고, 이런 경험에서 7대 쟁점을 제안합니다. 사례로는 행정직영 유형의 공주시 공동체종합지원센터와 민간위탁 유형의 예산군 행복마을지원센터를 담았습니다. 그리고 중간지원조직 상근자 중심으로 이루어진 충남 마을만들기 대화마당의 토론회 기록도 담겨 있습니다.

제6부는 농촌마을정책의 미래 방향으로 읍면 정책이 중요함을 강조합니다

마지막 제6부는 향후 농촌마을정책이 나아가야 할 미래 방향에 대해 제안하고 있습니다. 주로 읍면 정책의 중요성에 주목하고, 마을 개념을 행정리(行政里) 범위로만 좁게 해석하는 경향에서 벗어나 읍면까지 포괄해야만 하고, 또 마을과 마을이 모여 더 큰 마을로 읍과 면이 됨에 주목하고 있습니다. 또 우리나라 지방자치가 출발할 당시에 읍과 면이 기초 자치단체였다는 기억을 복원해야 함도 강조하고 있습니다. 이런 맥락에서 시군 지자체 단위의 민관협치형 추진체계가 읍면 단위에서도 작동될 수 있도록 한걸음 더 나아가야 하고, 또 행정리 마을자치회가 읍면 주민자치회와 강력하게 결합해야 한다는 방향성도 제안하고 있습니다.

또 실천적인 측면에서 마을에 밀착하여 지원할 수 있는 사회적경제조직의 설립 필요성을 강력하게 제안하고, 설립 방법론에 대해 농식품부 기초생활거점조성사업을 예시로 들어 소개하고 있습니다. 읍면 소재지에 마을을 직접 지원할 수 있는 현장 전문조직으로 사회적경제조직이 많이 등장하고 성장할 때 마을만들기 활동도 훨씬 수월할 수 있습니다. 이 내용은 아마도 농촌정책 영역에서 가장 최첨단의 논의에 해당할 것입니다.

이런 논의는 '마을연구소 일소공도'에서 2022년에 진행한 총 7회의 1박 2일 심화워크숍 성과를 담고 있습니다. 시군 지자체와 읍면, 행정리 전체를 포괄하는 정책 시스템을 검토하면서 향후 농촌정책이 나아가야 할 방향 전반을 제안한 셈입니다. 농촌 마을만들기와 관련 영역 모두에 적용되는 정책 시스템이기도 하고, 읍면 단위에서 모든 정책 영역이 만나 서로 협력해야 할 과제이기도 합니다. 행정이 정책 칸막이를 극복해야 하듯이 민간도 현장문제 해결에 집중하면서 정책사업을 연계시키고 읍면 단위로도 민관협치형 추진체계가 작동되도록 해야 합니다.

이런 방향성에 대해서는 2022년 농특위(대통령 직속 농어업·농어촌 특별위원회) 연구과제로 농촌정책의 전문가들이 모여「농어촌재생을 위한 읍면 중심의 민관협치 추진체계 연구」를 진행한 바가 있었고 여기서 다룬 내용과 일치합니다. 앞으로 농촌정책 영역이 읍면 주민자치회 논의와 연계하여 새롭게 학습해야 할 주제에 해당합니다. 그래서 농식품부와 행안부의 협력관계가 중요하고, 나아가 연구보고서의 결론으로 제시한 중앙정부 부처의 6+2 협약 체결(66쪽 [자료 2-1] 참고)이 꼭 필요합니다.

이 책의 활용 방안

전체 내용은 서로 유기적으로 연결되어 있어 종합적으로 이해해야 합니다

이 책은 각 부별로 독립성을 유지하고 있어 관심이 먼저 가는 부분부터 읽어도 됩니다. 본문에서 다루는 행정 지원체계 개편(제2부), 당사자협의체(제3부), 민간 네트워크 법인(제4부), 그리고 중간지원조직의 설치 및 운영(제5부), 이들 영역은 서로 매우 유기적으로 연결되어 있습니다. 각각을 분리하여 검토하고 소개하는 것처럼 보이지만 실제로는 깊이 연결되어 있습니다. 그래서 각 부는 자체적으로 완결성을 가지도록 서술하다 보니 내용에서 일부 중복되는 부분이 있을 수밖에 없습니다. 전체를 모두 읽어야 그 연결성이 눈에 보일 것입니다.

그래도 1부를 가볍게 먼저 읽으면서 출발하면 전체를 이해하기에 좋습니다. 그런 다음에 관심이 크게 가는 내용부터 펼치면 좋겠습니다. 민간 리더, 공무원, 중간지원조직 상근자 등 현재 소속을 둔 신분에 따라 급한 내용부터 읽는 것도 한 방법입니다. 관심 가는 주제를 먼저 읽고 연결고리를 찾아 관련 부분으로 확장하는 것이 당장의 문제 해결에는 도움이 될 것입니다. 전체를 모두 읽고 나면 왜 이렇게 주제 구성이 되어 있는지도 이해하게 될 것입니다.

모든 정책 영역에 적용할 수 있는 원칙과 방향성이라는 점에 주목하기 바랍니다

이 책의 내용은 주제나 구성 면에서 농촌 마을만들기 영역이 아니더라도 모든 정책 영역에 공통적으로 적용될 수 있는 보편적인 원칙과 방향성을 담고 있습니다. 행정 지원체계 개편(제2부)도 당사자협의체(제3부)와 민간 네트워크 법인(제4부)의 설립도, 또 중간지원조직의 설치 및 운영(제5부)도 대부분의 정책 영역에 적용됩니다. 당장 읍면 주민자치회와 사회적경제는 쉽게 연결고리가 보입니다. 농촌관광이나 농촌산업, 푸드플랜(먹거리), 귀농귀촌, 사회적농업 등의 농촌정책 분야도 이런 민관협치형 정책 시스템을 요구받고 있습니다.

그래서 전체를 읽고 나면 정책 칸막이에 빠질수록 문제 해결은 어렵고, 단위 사업만 반복하여 시행하는 정도에 그치리라는 반성이 생길 것입니다. 또 행정 공무원이나 민간단체 리더, 중간지원조직 상근자 모두가 정책 칸막이를 극복하고 서로 협력해야 하는 이유가 보일 것입니다. 읍면 단위에서 서로가 만나 협력하며 새로운 선진 사례를 만들어야 하겠다는 강력한 의욕까지 생기기를 기대합니다. 이런 반성과 새로운 자각이 농촌재생, 지역재생의 출발점이 됩니다. 반성 없이는 더 나아갈 수 없기 때문입니다. 다양한 정책 영역의 활동가와 공무원, 리더가 모여 같이 읽어도 충분히 공감할 수 있는 내용입니다.

비판적으로 검토하고 여러분의 지역 현실에 맞추어 답을 찾아야 합니다

대부분의 내용은 필자가 개인적으로 경험하고 몸으로 깨달은 내용들이 많아 당연히 비판적으로 읽을 필요가 있습니다. 충남에서 열심히 실천하고 토론하여 도출된 내용이라 하더라도 개인적인 편견이 담겨 있을 수밖에 없습니다. 또 아무리 모든 정책 영역을 관통하는 보편적인 원칙과 방향성을 담고 있다 해도 영역이 바뀌면 미세하게 변할 수밖에 없습니다. 특히 충남을 벗어나 다른 지역으로 넘어가면 출발점 자체가 바뀔 수 있습니다. 광역 행정과 중간지원조직의 관점이나 자세도 다르고, 마을만들기의 실천 경험이 다르기 때문입니다. 그렇기 때문에 독자 여러분이 활동하는 영역과 지역 현실을 충분히 고려하면서 읽어야 현재를 잘 진단하고 앞으로 나아가야 할 방향과 경로 설계도 가능합니다.

특히 6부는 농촌정책 영역에서 가장 최첨단의 논의에 해당하는 셈입니다. 여러 정책 영역을 넘나들며 현장에서 느낀 필요성을 주민 관점에서 정리하고 제안하는 내용이라 충분하지 못한 부분이 많습니다. 아직 논의 성과가 무르익지 않았기에 논쟁적인 부분도 있을 수 있습니다. 다만 농촌 마을만들기라는 민간 실천 영역과 농촌마을정책이란 제도적 영역이 실질적으로 만나 문제 해결에까지 연결되기 위해서는 읍면 정책이 중요하다는 점에 크게 주목하며 집필했습니다. 정책 칸막이를 실질적으로 극복할 수 있는 단위가 읍면 정책이라 강조한 것입니다. 또 주민 관점에서 상향식의 정책 설계가 되기 위해서는 이런 방향으로 접근해야 한다고 봅니다.

여러 번 거듭하여 읽고 학습모임을 구성하여 함께 읽으면 더 좋겠습니다

이번 단행본은 앞서 발간했던 기본편과 실천편에 비해 어려운 내용도 많습니다. 정책과 제도의 세계를 경험하지 못한 분들에게는 용어부터 생소하게 다가올 수 있습니다. 중도에 포기하고 싶은 마음도 들 것입니다. 적어도 농촌정책 영역의 업무를 담당하는 공무원, 중간지원조직에 상근하는 활동가, 당사자협의체의 임원, 네트워크 법인 이사 등에게는 이 책이 하나의 활동 지침서라고 제안하고 싶습니다. 적혀 있는 내용이 모두 정답은 아닐지라도 지금까지 20여 년에 걸친 활동과 논의 성과가 담겨 있는 셈이라 시행착오를 줄이자면 꼭 필요한 내용입니다. 사업도 많이 해보고 활동도 열심히 했지만 농촌 현실이 좋아지지 않는 이유를 알고자 한다면 이 책에서 해답을 찾을 수 있는 힌트를 많이 만날 것입니다. 그래서 책꽂이에 꽂아두고 여러 번 반복하여 읽을 필요가 있습니다.

혼자서 읽기 어렵다면 독서모임을 구성하여 함께 공부하는 것도 크게 도움이 될 것입니다. 전체가 6개로 나뉘어져 있다는 점을 고려하면 6주 코스로 구상해볼 수 있을 것입니다. 당장 이런 학습모임이 필요한 그룹은 쉽게 떠오릅니다. 예를 들어, 지역에서 당사자협의체와 네트워크 법인을 설립하고자 준비 중인 그룹, 행정조직 개편 방향에 관심이 있는 그룹, 중간지원조직을 통합형으로 설치하기 위해 움직이는 그룹, 읍면 단위에서 정책융복합이 필요하다고 믿는 그룹 등입니다. 신활력플러스추진단에서 현장에 밀착된 실천조직(액션그룹)을 발굴·육성하고, 또 추진단의 네트워크 법인 전환을 목표로 한다면 꼭 읽어볼 필요가 있습니다. 농촌협약 공모사업에 선정되었거나 공모를 준비하고 있는 지자체도 이 책이 분명 도움이 될 것입니다.

그래서 이 책으로 강력한 학습운동을 제안합니다

대한민국에서 풀뿌리 주민자치운동은 1991년 지방자치의 부활과 더불어 본격적으로 시작되었습니다. 그로부터 30년이 흘렀습니다. 이런 과정에서 산업화와 경제성장 측면에서는 전 세계에 자랑할 만한 국가로 발전했습니다. 그 반면에 전 세계에서 가장 낮은 출생률과 가장 빠른 고령화, 유례를 찾기 힘든 수도권 집중화, 그리고 청년인구 유출로 인한 지방소멸 위기까지, 이런 현실에 도달하게 된 원인은 무엇일까요? 농업·농촌에도 정말 많은 예산이 투자되었다고는 하나 살기가 더 어려워지는 이유는 무엇일까요? 어디서 문제의 근본 원인을 찾고 무엇을 어떻게 바꾸어야 할까요?

이 책은 이런 문제의식에서 집필되었고, 문제해결을 위한 힌트와 방향성은 충분히 확인할 수 있으리라 봅니다. 문제의 근본 원인을 파악하고자 노력했고, 이것을 극복하기 위한 방향성을 제안하기 때문입니다. 새로운 정책이 선거 이후에는 '소나기 쏟아지듯' 새롭게 시행되지만 이런 정책사업을 활용할 수 있는 지자체의 총체적 역량이 전제되어야 효과가 있을 것입니다. 이런 역량은 결국 지역사회의 학습 수준에 따라 결정된다 해도 과언이 아닙니다.

그래서 이제는 다시 지역사회가 주도하는 강력한 학습운동이 필요한 시점입니다. '물고기 잡는 법'을 배워야 하고, '공부하는 마을', '책 읽는 마을'이 되어야 희망이 있습니다. 어느 지점에서 어떤 계기를 활용해야 악순환을 극복하고 새로운 탈출구를 찾을 수 있을까요? 지역마다 상황이 다르고 독자 여러분이 처한 여건도 다르지만 이 책이 작은 계기를 제공할 수 있다고 자신합니다. 서로 다른 직업과 정책 영역일지라도 함께 모여 책을 읽고 토론하며 강력한 학습운동을 조직할 수 있는 전문조직도 구성하기를 제안합니다. 이 책에서 제안하는 당사자협의체와 네트워크 법인을 설립하고 운영하기 위해서라도 이런 학습운동은 가장 기본적인 활동입니다. 전국 농촌 방방곡곡에 마을학회나 작은 연구소가 설립되기를 기대해봅니다.

결국 실천을 위한 과제를 도출하고 행동하는 것이 중요합니다

우리는 내가 살고 있는 지역이 당면한 문제 해결에 관심이 많습니다. 책을 읽고 공부하는 것도 문제 해결을 위한 답을 찾기 위한 목적 때문입니다. 이론을 알고 실천하는 것은 지식인의 세계라고 합니다. 농민은 먼저 실천을 하고 그 경험을 축적하며 삶의 지혜를 재구성하는 분들입니다. 반면에 현장에서 실천하는 활동가는 이론과 실천 사이를 넘나들며 변증법적으로 활동하는 사람들입니다. 행정 공무원도 정책사업을 집행하면서 비슷한 입장이 됩니다. 지금 당장 무엇을 어떻게 실천해야 할까요? 어떤 행동에 나서야 할까요?

이 책에서는 다양한 실천과제를 던지고 있습니다. 좁게는 10대 핵심과제로 요약하여 제안하고 있고, 넓게 보면 여러 복잡한 과제들이 본문 곳곳에 숨어 있습니다. [그림 6-1](346쪽)에서 제시한 것처럼 전체 정책 시스템을 이해하는 것은 이 책을 숙독하고 함께 토론하면서 해결해야 할 것입니다. 또 [그림 6-3](360쪽)과 같이 농촌 읍면 단위에서 문제해결을 위한 3단계 발전전략도 큰 틀의 방향성에서는 충분히 동의할 것입니다. 하지만 내가 발 딛고 있는 우리 지역사회에서 당장 무엇부터 실천해야 할지 찾아내는 일은 독자 여러분의 몫입니다. 그런 과제를 찾아내고 단계적으로 행동하기 위한 경로를 설계하는 과정에서 이 책이 좋은 길라잡이가 되기를 바랍니다. 그 길에서 독자 여러분과 함께 만나기를 기대합니다.

1부
농촌마을정책의
민관협치형 제도 설계

농촌 마을공동체를 어떻게 복원해야 할까?

민관협치의 제도적 시스템을 구축하자

마을공동체를 복원하자는 주장에 이의를 제기하는 사람은 없습니다. 그만큼 대한민국 사회는 근대화와 도시화 과정에서 공동체 해체를 심각하게 경험했고, 이로 인한 부작용을 많이 보고 있습니다. 또 우리가 가야 할 목표도 비교적 명확합니다. 먹고 살기 편하고, 이웃 사이의 인심이 살아 있으며, 노후 생활이 덜 걱정되는 마을, 이런 마을을 누구나 꿈꿉니다. 하지만 누가, 어떻게 실천할 것인가를 둘러싸고 다양한 생각 차이가 있는 것이 분명합니다. 정책사업도 많고, 지원되는 보조금 사업 종류도 적지 않습니다. 마을 주민들의 실천경험도 아주 많이 축적되어 있습니다. 그럼에도 우리 농촌 마을은 크게 나아지지 않고, 오히려 더 어려워지고 있음을 봅니다.

그렇다면 그 원인은 무엇이고, 우리는 무엇부터 어떻게 실천해야 할

까요? 여기에는 다양한 의견이 있을 수 있지만 역사적 경험에서 보

자면 행정과 민간이 협력하는 정책 시스템을 구축하는 것이 무엇보

다 시급하고 중요하다 봅니다. 그동안 다양한 실천경험이 있었지만

오래 지속되지 못했던 까닭은 개개인이나 개별 마을만으로 극복할

수 없었던 구조적, 제도적 문제가 여전히 해결되지 않기 때문입니다.

그래서 1부에서는 그동안의 역사적 경험을 반성하고 민관협치(民官

協治, 거버넌스)의 제도적 시스템을 구축하자는 제안으로 시작합니다.

이 책의 전체 내용을 관통하는 맥락을 종합적으로 제안하는 셈입니

다. 3부작 시리즈의 『기본편』과 『실천편』을 읽고 접근하면 1부의 취

지를 더 쉽게 이해할 수 있을 것입니다.

농촌 마을공동체를 어떻게 복원해야 할까?

구자인 마을연구소 일소공도 협동조합 소장

마을공동체 복원은 '시대적 과제'입니다

마을자치, 우리들의 생활세계를 지키려는 운동입니다

"스스로 말하게 하라."

이 말은 마을공동체의 조직화를 위해 오래된, 그러나 변치 않는 방법론입니다. 주민 스스로 자신의 권리에 대해 분명하게 말할 수 있을 때 지역사회의 주체로서 등장할 수 있습니다. 1990년대 이후 지방자치의 진전과 풀뿌리 주민자치운동의 발달은 주민들이 개인으로서, 또 조직 형태로 지역사회의 주체로 등장하고 있음을 보여줍니다. 1980년대까지의 거대 담론에서 벗어나 주민 스스로의 생활세계를 방어하려는 '새로운 사회운동'이라 할 수 있습니다.

문화인류학자 조한혜정 연세대 명예교수는 "한국 국민은 '시민'이 되고자 달려왔으나 '난민'이 되어가고 있으며, 이를 벗어날 유일한 길은 '주민'이 되는 것"이라고 말합니다(조한혜정, 2007). 지역사회의 통제권을 주민이 가지고 생활세계를 복원하는 것이 중요하다는 주장입니다. 주민이 없는 시민사회는 가능하지 않다는 비판이기도 합니다. 지역에 살고 있는 주민들이 '나의 문제는 지역 공통의 문제'라는 인식을 공유하면서 '소통과 협력'이 일상화되는 지역사회를 꿈꿔야 합니다. 예를 들어, 아이들 교육은 공동육아로, 지역 일자리는 협동조합으로, 노인 복지는 마을자치로 해결해 나가는 것입니다. 국가와 시장경제가 해결하지 못한 영역을 주민 스스로 삶의 현장에서 직접 해결하는 방향을 기본으로 추구합니다. 주민들의 조직적인 자치 역량이야말로 문제 해결을 위한 근본 수단이며 동시에 그 자체가 바람직한 미래상이라 할 수 있습니다.

결국 지역 주민 개개인에게 있어 '마을공동체'란 힘없는 사람들의 자신감을 회복하고, 생기를 불어넣어 삶의 의욕을 자극하며, 스스로 일어서 걸을 수 있는 디딤돌이 됩니다. 이런 마을공동체 조직의 자치 역량이 다시 주민들의 생활세계를 지키는 원천이 될 것입니다. 우리는 이를 풀뿌리 시민사회, 혹은 농촌시민사회라 부를 수 있습니다. 20세기가 국민의 시대였다면, 이제는 주민의 시대로 넘어가야 할 단계입니다. 그 이유는 명료합니다. 주민이야말로 스스로의 생활세계를 지키고 직접적인 관계성을 회복하며 마을공동체의 복원을 꿈꿀 수 있는 주체이기 때문입니다.

'매의 눈'으로 세상을 조망하며 근본적으로 접근해야 합니다

우리나라 지방자치는 여전히 제도적으로나 문화적으로 매우 미흡한 상황입니다. 전 세계에서 유례가 없는 급속한 도시화와 경제성장 과정에서 국가 정책은 농촌의 마을공동체를 급속하게 해체시켰습니다. 도시도 새로운 마을공동체를 형성하지 못했고 부평초(浮萍草)처럼 뿌리내리지 못한 '뜨내기 시민'들만 모여 있는 셈입니다. 농촌이든 도시든 형태는 다르지만 마을공동체를 희망합니다. 개인의 문제를 공동의 문제로 인식하며 사람 사이의 관계성을 회복하고, 사회안전망을 구축하고자 합니다. 이런 실천 과정에서 국가와 시장이 절대 해결해줄 수 없는 영역을 다시 한번 절감하게 됩니다. 조한혜정 교수의 표현처럼 "시민에서 주민으로" 나아가야 하는 시점입니다.

흔히 마을만들기라 불리는 마을공동체 활동은 1990년대 지방자치의 부활과 함께 주목받고 성장해온 주민자치운동입니다. 일반적으로 사회가 발전되고 지역이 안정되면서 주민들은 '삶의 질'을 중시하게 됩니다. 또 거주지와 직장이 가까운 '직주근접(職住近接)'의 생활을 꿈꿉니다. 그러면서 주민생활의 일상공간으로서 마을이 부활하고 있습니다. 20세기 근대화 과정에서 잃어버린 마을공동체를 다시 회복하고자 하는 마을만들기 활동이 전국 곳곳에서 활발하게 진행되고 있습니다. 주민자치 역량이 조금씩 성장하면서 지역사회에 새로운 관계망이 형성되고 다양한 동아리나 단체가 설립되고 네트워크도 형성되고 있습니다.

이러한 역사적이고 구조적인 문제를 극복하고자 전국 방방곡곡에서 마을공동체 활동이 전개되고 있습니다. 인간 삶의 가장 기본적인 터전이라 할 수 있는 마을공동체를 살리고자 하는 다양한 실천들입니다. 하지만 이러한 인식과 노력에도 불구하고 마을공동체 활동의 성과는 지역에 축적되지 못하고, 대단한 성과라 주목받았던 사례도 오래가지 못했습니다. 그 근본적인 원인은 무엇일까요? 이런 질문에서 우리가 자유로울 수 없는 것은 그만큼 긍정적 변화가 잘 보이지 않는다는 증거이기도 합니다. 주민참여가 미흡한 지역개발사업, 전통적인 농촌경제 시스템을 파괴하는 시장경제, 지방소멸론이 언급될 정도로 강력한 중앙 집중 권력구조 등 원인은 구조적인 문제에서 찾을 수 있습니다. 지방자치제 부활 30년에도 불구하고 지역사회에 뿌리를 둔 주민자치의 힘은 오히려 쇠퇴하고 있습니다. 대한민국의 뿌리에 해당하는 마을공동체가 무너지고 있는 셈입니다.

이제 마을공동체 복원은 시대적 과제입니다. 우리가 마을공동체 활동에 더욱 주목해야 한다고 주장하는 까닭은 여기에 새로운 사회를 열어가는 오래된 가치가 숨어 있기 때문입니다. 또 마을공동체 활동을 주민자치'운동'이라 부르는 이유는 이러한 지역사회가 저절로 실현되는 것이 아니라 생활세계를 지키려는 주민들의 집단적인 행동을 통해 가능하기 때문입니다. 이제는 사회구조 전체를 '매의 눈'으로 조망하며 근본적으로 접근해야 지속가능한 지역사회를 만들 수 있습니다.

농촌사회의 구조적 현실에 맞지 않는
'정책의 실패'가 반복되고 있습니다

대한민국의 눈부신 근대화와 경제성장 과정의 이면에는 '도시와 농촌의 불균등 발전'이란 모순이 숨어 있습니다. 경제의 성장은 총량적 측면일 뿐이고, 저출산과 고령화, 양극화 등의 사회문제는 광범위하게 퍼져 있고 더욱 심각해지고 있습니다. 전 세계에서 유례를 찾기 힘들 정도로 급속했던 도시화 현상은 농촌사회 해체를 동반했습니다. 도시는 도시대로 위험사회라 불릴 정도로 다양한 문제가 드러나고 있습니다. 지나친 고밀도가 갈등과 대립을 부추기고 공동체의 형성 자체를 어렵게 만듭니다. 결국 농촌과 도시에서 다른 듯이 나타나는 여러 문제들은 결국 '동전의 양면'처럼 서로 얽혀 있는 셈입니다.

이 모든 과정은 국가 정책이 주도한 결과였고, 지역(주민)의 선택은 근본적으로 배제되었습니다. 지금도 농촌사회의 희생을 강요하는 국가 전략이 대규모 개발 사업, 경제개발정책, 물가안정대책, 부동산대책 등 다양한 부문에서 시행되고 있습니다. 한국 사회 전반의 구조적 문제이기에 마을공동체 단위의 작은 실천을 통해서는 극복하기가 쉽지 않습니다. 어떻게 접근해야 할까요?

농촌사회의 여러 문제를 구조적으로 해결할 수 있는 '수단'은 많은 경우 행정에 집중되어 있습니다. 사람과 조직, 예산, 사업, 법·제도 등이 그렇습니다. 짧은 지방자치 역사에서 지역 주민 스스로 조직하고 동원할 수 있는 자원은 한정되어 있습니다. 하지만 실제 문제 해결을 위해 직접 몸으로 움직여야 하는 것은 민간일 수밖에 없습니다. 지역문제는 쉽게 보이고, 우리가 나아가야 할 목표와 방향도 비교적 명확합니다. 그럼에도 문제는 잘 해결되지 않고, 더 심화되는 형태로 나타납니다. 농촌의 인구 감소와 초고령화, 양극화 등이 대표적입니다. 이런 점에서 기존의 농촌정책에서 명확하게 드러나고 근본적으로 반성해야 할 문제점으로 다음 세 가지를 들 수 있습니다. 결국 농촌 현실에 맞지 않는 '정책의 실패'를 되풀이하는 셈입니다.

첫째, 접근 관점의 문제입니다. 지역사회 문제는 원인을 잘 진단하고 근본적인 해결 방향을 찾아 단계적으로 접근해야 합니다. 현재의 농촌정책은 지역사회를 둘러싼 구조적 현실을 무시하고, 지나치게 임기응변적인 사업에만 집중하고 있습니다. 전국 어느 농촌에서나 낮은 지방자치 의식과 인구 급감, 초고령화, 주민 생활권 공동화, 열악한 소득 구조, 양극화 등은 공통적인 문제이고 구조적 과제에 해당합니다. 이런 현실을 무시하고 기존 관행적 방식을 고집하며 일시적이고 단편적인 정책사업을 계속 시행하는 것은 근본적인 접근 방향이 아니라 미봉책에 불과할 뿐입니다. 예를 들어, 현재와 같이 보조사업을 공모 방식으로 계속 되풀이하는 것은 초고령화의 농촌 마을 현실에 전혀 맞지 않는 접근 방법입니다.

둘째, 사업 방법론의 문제입니다. 흔히 '주민 주도, 상향식'과 '역량 단계별 지원 체계'를 강조하는데, 주민 역량 강화의 관점과 방법론을 빠르게 개선해야 합니다. 예를 들어, 충분한 준비 기간 없이 컨설팅 기관에 지나치게 의존하여 공모사업 계획서를 작성하고 선정되는 문제가 여전히 반복되고 있습니다. 또 주민들의 실제 필요를 반영하지 못하고 "할 수 없다"는 꼬리표가 지나치게 많은 사업지침, 외부강사 중심으로 주민들이 일방적으로 듣게만 만드는 집합식 교육, 사업 완료 이후에는 모든 책임을 주민에게 전가하고 행정의 책임을 회피하는 현실, 인건비 제공을 아예 무시하는 관행 등 악순환은 계속되고 있습니다. 이런 현실 속에서 주민들의 '교육 피로'는 누적되고, 농촌사회의 집단적인 역량은 오히려 후퇴하고 있습니다.

셋째, 추진체계의 문제입니다. 현재의 농촌정책은 행정기관의 '칸막이' 속에서 시행착오를 반복하고 있습니다. 이제는 다양한 정책사업의 전달 체계를 획기적으로 개선해야 합니다. 민간의 역량이 강화되고 성장하는 속도를 배려하면서 현장에 밀착된 전문조직을 빠르게 양성해야 합니다. 외부 전문가가 주도하는 컨설팅 방식의 한계도 인정하고, 행정 공무원의 순환보직제 문제도 반드시 개선되어야 합니다. 지금과 같은 추진체계로는 농촌정책의 전문성은 축적되지 않고, 민간 리더의 지나친 희생과 봉사에 계속 의존하게 됩니다. 좋은 사례가 나타나는 것은 좋은 운(運)이 여러 가지 겹치는 경우일 뿐입니다.

이제는 농촌마을정책의 패러다임 전환이 필요합니다

농촌마을정책의 4대 근본과제와 해결방향을 제시합니다

현재의 농촌정책은 접근 관점이나 사업 방법론, 추진체계 측면에서 여러 문제가 쉽게 드러납니다. 근본적인 개선은 더디게 진행되거나 오히려 후퇴하는 경향도 있습니다. 문제는 쉽게 보이지만 핵심적인 과제를 찾아야 합니다. 근본과제를 확인하고 집중해야 나머지 문제도 쉽게 해결할 수 있습니다. 악순환도 극복할 수 있습니다. 무엇이 핵심적이고 근본적인 과제일까요? 사람마다 진단은 다를 수 있지만 필자가 임기제 공무원으로 행정에서 8년간 경험하고, 또 중간지원조직과 민간에서 10년 이상 실천해본 경험에서 보자면 다음의 네 가지가 가장 중요하다고 제시합니다. 2013년 7월 10일, 전북 진안군의 마을만들기지원센터에서 진안군과 장수군, 완주군 등 3개 군의 발전 전략과 성과를 비교하며 토론하는 자리에서 나온 결론이기도 합니다.

첫째, '정책의 칸막이'가 너무 높고 복잡하며 공무원의 현장 전문성도 부족하다는 점입니다. 그래서 외부 컨설팅 기관을 통해 다양한 종합계획을 세울 수밖에 없고, 이렇게 세운 계획은 결국 현장에서 거의 작동하지 않게 됩니다. 행정의 업무협조체계가 없이 시행되니 민간단체 사이의 칸막이를 확대재생산하는 부작용도 큽니다. 다양한 정책사업이 지역사회 현장과 유기적으로 연계되어야 근본문제를 해결하고 성과도 도출할 수 있습니다. 현재는 '정책 칸막이'가 심각한 상황에서 개별 사업을 각각 전달하는 방식이기에 정책 효과가 나타나지 않습니다. 마을만들기 사업만이 아니라 주민자치, 사회적경제, 평생학습, 마을교육공동체, 푸드플랜, 균형발전 등의 다양한 사업이 정책 수요자인 주민 관점에서 시행되어야 합니다. 이를 위해서는 행정조직 개편과 업무 협조체계 구축, 중간지원조직의 통합형 설치 등은 필수적이라 할 수 있습니다.

둘째, 농촌 현장에는 '일할 사람'(활동가, 전문가)이 너무 부족하다는 점입니다. 아주 많은 대규모 정책사업이 매년 반복적으로 시행되고 있음에도 현장에는 역량 있는 현장 활동가가 남아 있지 않습니다. 일자리가 없는 것이 아니라 정책 칸막이 속에서 단발성으로만 사업을 시행하다 보니 활동가를 발굴하고 육성할 기회가 없는 셈입니다. 주민 목소리에 귀 기울이고 행정 시스템도 어느 정도 이해하면서 상호 협력을 매개할 수 있는 활동가 양성이 시급합니다. 이런 활동가가 전업적으로 활동할 수 있는 공간으로 중간지원조직을 우선 설치하는 것이 시급한 과제입니다. 중간지원조직을 통해 다양한 창업조직을 설립하도록 지원하고, 나아가 읍면 단위로도 문제해결형의 다양한 사회적경제조직을 양성해야 합니다. 또 행정기관에 임기제 공무원 채용을 적극 장려하고, 공공성이 있는 민간단체에도 활동가들이 다수 상근할 수 있도록 좋은 일자리를 적극 제공해야 합니다. 결국 외부 컨설팅 기관에게 제공되는 각종 역량강화 사업만 잘 활용해도 예산이 없다는 소리는 못할 것입니다.

셋째, 민관협치(民官協治, 거버넌스)의 제도적 기반이 취약하고, 주민자치 역량도 너무 부족합니다. 마을자치 역량이 성장할 수 있는 기간을 고려하지 않고, 권한도 위임하지 않은 채 단발성 단위 사업에만 집중한 결과입니다. 민관협치가 작동될 수 있는 '제도적 시스템을 우선 구축하고, 주민자치의 역량이 성숙하도록 지원하는 방향으로 나아가야 합니다. 또 마을 주민들이 스스로 해결할 일과 외부의 지원을 받아 해결할 일을 구분하고, 읍면 단위 주민자치회 전환(설립)도 서둘러야 합니다. 지방자치의 역사가 짧아 주민자치 역량이 성장하는 속도는 더딜 수밖에 없는데 제도 정비가 시급하게 이루어진다면 그 기간을 단축할 수 있습니다. 행정리 마을자치회와 읍면 주민자치회에 일정한 권한을 부여할 때 책임감도 높아지고 좋은 경험도 축적될 것입니다. 제도적 정비(개선)는 하향식으로 빠르게 이루어지고, 정책결정에 참여하는 민간 역량은 상향식으로 진전되어야 합니다. 이렇게 상향식과 하향식의 움직임이 선순환될 때 민관협치도 주민자치도 역량이 계속 성장하게 될 것입니다.(346쪽 그림 [6-1] 참고)

넷째, 농촌정책이 주민들의 '필요'를 잘 반영하지 못하고, 여러 정책 사이의 협력도 잘 이루어지지 않고 있습니다. 특히 모든 정책사업들이 모이는 읍면 주민 생활권 단위에서 중장기 발전계획이 없고, 주민이 계획 수립과 집행에 참여할 수 있는 기회가 너무 적습니다. 대한민국은 기초 자치단체의 규모(인구, 면적)가 서구나 일본에 비해 너무 크기 때문에 마을 주민들의 목소리가 정책에 직접 반영되기 어려운 현실입니다. 농촌은 읍면 행정단위가 원래 기초 자치단체였으므로 그런 역사적 현실도 반영하여 시군의 권한을 읍면으로 과감하게 이양해야 합니다. 또 민간의 주민자치회가 실질적인 주민 대표기구로 권한이 부여되도록 해야 합니다. 그래서 읍면 단위에서도 민관협치가 작동되고, 다양한 정책사업이 현장에서 융복합되도록 해야 합니다. 이런 환경 속에서 행정리 단위 마을계획도 실효성 있게 추진될 수 있습니다. 작은 성공 사례가 등장하고 정착되기 시작하면 널리 확산되는 것은 더욱 빠를 것입니다.

농촌 마을 문제를 해결하는 경로에도 여러 가지가 있습니다

"우리 마을만 힘든 게 아니다", "우리 마을 문제는 다른 마을의 문제이기도 하다", "제도적으로 함께 해결해야 할 부분도 많다", 이런 관점에서 여러 마을 문제의 해결 방향을 찾아야 합니다. 지자체 전체로 보자면 개별 마을 문제를 해결하기 위한 방향으로 [그림 1-1]과 같이 네 개의 경로(영역)를 생각할 수 있습니다. 그림에서 가로축의 왼쪽은 당사자가 스스로 해결하는 방안을, 오른쪽으로 갈수록 제도적으로 해결하는 방안을 의미합니다. 또 세로축의 아래쪽은 마을 가까이에서 해결하는 방안을, 위쪽으로 갈수록 외부 협력(지원)을 통해 해결하는 방안을 의미합니다. 이런 해결 방안을 조합하여 다음 네 가지 방향으로 정리할 수 있습니다.

〔그림 1-1〕 농촌 마을 문제 해결을 위한 4대 경로

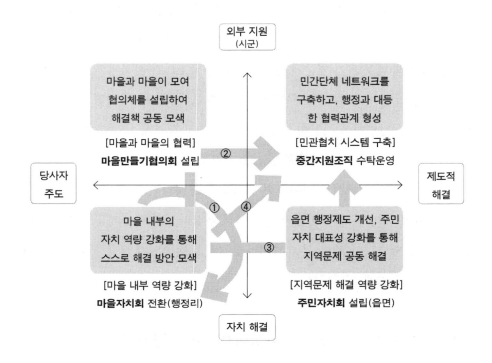

첫째, 마을 스스로 자치 역량 강화를 통해 해결하는 방향입니다(①의 경로). 가장 원칙적이고 바람직한 방향에 해당합니다. 이것이 전제되지 않으면 다른 방향은 외부 의존도를 높이거나 별로 도움이 되지 않을 가능성이 큽니다. 행정의 시혜를 기대하는 타성이 반복될 뿐입니다. 마을 내부의 주민조직 정비, 마을자치규약 제정(개정), 투명한 회계, 회의 및 기록 관리 등과 같은 마을자치 시스템이 중요합니다. 이 부분에 대해서는 이미 발행된 『기본편』이 크게 참고가 될 것입니다.

둘째, 비슷한 처지와 실천 경험을 공유하는 마을들이 시군 지자체 단위로 모여 공동 해결책을 모색하는 방향입니다(②의 경로). 작은 마을이 연대와 협력을 통해 마을만들기의 당사자협의체를 설립하고 공동으로 해결책을 모색하자는 것입니다. 먼저 마을만들기에 도전했던 마을들이 모이면 시행착오를 크게 줄일 수 있습니다. 행정과도 정책을 협의하기가 더욱 좋습니다. 이런 사례가 전국적으로 많지 않고, 좋은 사례는 더더욱 드문 상황입니다. 마을만들기의 당사자협의체를 어떻게 설립하고 운영하는 것이 좋을지, 제3부에서 자세히 다루고 있으니 참고하시기 바랍니다.

셋째, 이웃 마을과 협력하여 읍면 주민자치회를 설립(전환)하고 행정사업의 제도 개선과 예산 지원 등을 통해 공동으로 해결하는 방향입니다(③의 경로). 우리 마을 가까이에서 이웃 마을과 해결책을 함께 찾는다는 점에서 읍면 단위의 실천은 비교적 쉽습니다. 읍면사무소 행정과 협력하는 것도 필요하지만, 최근에 강조되는 주민자치회 전환과 강력하게 결합하여 주민자치를 강화하는 방향이 우선되어야 합니다. 최근에는 읍면장 주민추천제 도입, 주민참여예산제 강화, 주민자치회 법적 권한 강화 등 직접민주주의의 제도적 장치가 계속 확대되고 있습니다. 이런 추세와 연계하여 해결방향을 찾는 것이 작은 마을의 한계를 극복하는 방향이기도 합니다. 이 부분은 제6부에서 계속 다루고 있습니다.

넷째, 마을 밖의 민간단체와 협력하여 보다 정책적이고 제도적인 해결책을 찾는 방향입니다(④의 경로). 행정 지원체계 개편(제2부), 민간단체 사이의 협력 네트워크 구축과 법인 설립(제4부), 중간지원조직의 통합형 설치와 수탁 운영(제5부) 등과 같은 방법이 여기에 해당합니다. 주로 시군 지자체 차원에서의 제도적인 접근이고, 중앙정부나 광역 및 기초 지자체 행정의 우호적인 정책 환경이 조성되어야 가능하기에 개별 마을 단위의 실천만으로는 쉽지 않다는 한계가 있습니다. 지방선거나 정책토론회, 사업설명회 등을 계기로 마을만들기협의회와 주민자치회 같은 당사자 조직이 전면에 나서서 여건을 조성해야 합니다. 난이도로 보자면 오히려 상대적으로 쉽게 시작할 수 있다는 장점도 있습니다.

이 네 가지 경로(영역)는 모두 중요해서 어느 것이 더 필요한지를 따지는 건 쉽지 않습니다. 지자체마다 당시 실정을 고려하면서 그때그때 전략적 선택을 해야 합니다. 마을 리더는 첫째 경로를 중시하면서 둘째 경로를 모색하는 게 가장 쉽고 확실한 방향일 것입니다. 셋째 경로는 읍면 내부에서 논의할 수 있는 자리가 있으면 제안하기 쉽고, 실천 경험이 축적되면 훨씬 효과가 클 것입니다. 넷째 경로는 제도적인 정책 환경 변화와 맞물릴 때 효과가 있고, 둘째 경로의 기반이 어느 정도 구축될 때 힘을 발휘할 수 있습니다.

충남의 경험으로 보자면 민선 5기 이후에 첫째 경로를 중시하면서 둘째와 넷째 경로에 집중하여 어느 정도 성과를 거두고 있고, 이제는 셋째 경로와 강하게 결합하자고 제안하고 있습니다. 물론 마을자치 시스템 구축을 강조하는 첫째 경로는 열심히 강조하고 실천해왔지만, 초고령화 상황에서는 영원한 숙제에 해당한다고 봅니다. 중요한 것은 마을 문제 해결에는 여러 경로가 있고, 전체를 보면서 지역 실정에 맞게끔 순서를 정해 접근해야 한다는 점입니다.

민관협치의 제도적 시스템을 구축하자

구자인 마을연구소 일소공도 협동조합 소장

제도적 과제를 해결하고 민관협치 시스템을 구축하는 것이 시급합니다

농촌 마을공동체도 민관협치의 제도적 시스템을 통해 성장합니다

농촌사회는 내부를 들여다볼수록 현실이 복잡하고, 문제 해결이 쉽지 않음을 금방 알게 됩니다. 문제는 쉽게 드러나고, 이것을 지적하는 '평론가'들은 많지만 실제 현장에 들어와 실천하는 사람은 너무 없습니다. 소위 성공 사례나 우수 사례라 불리는 좋은 경험이 전국적으로 산재해 있지만 이런저런 이유로 단절되는 경우를 우리는 너무 자주 보고 있습니다. 우리는 이렇게 열심히 실천한 성과가 지역에 차곡차곡 축적되고, 더디지만 전체적으로 한 걸음씩 계속 전진하는 전략을 선택해야 합니다. 몇몇 리더의 희생과 봉사에 의존하는 우연을 계속 기대하지 않아야 합니다. 중간 디딤돌이 될 수 있는 목표를 세우고 접근해야 지치지 않고 오래갈 수 있습니다.

이런 점에서 시군 기초지방자치단체 단위로 민관협치(民官協治, 거버넌스)의 제도적 시스템을 구축하는 것에 우선적으로 집중해야 합니다. 마을자치가 발전할 수 있는 정책적 환경이 조성되어야 지치지 않고 오래갈 수 있기 때문입니다. 우리가 노력한 만큼 성과가 축적되기를 기대한다면 이런 우호적인 정책 환경을 만들어야 하고, 이것은 상대적으로 쉬운 일입니다. 전국의 선진 지자체 사례가 보여주고 있습니다. 물론 제도적 시스템을 구축하는 것만으로 문제가 저절로 해결되지는 않습니다. 하지만 앞에서 제시한 다양한 정책적 과제가 해결되어야 실천한 성과가 빠르게 드러나는 것은 분명합니다. 마을 내부 문제에만 집중해서는 쉽게 해결되지도 성과가 오래 지속되지도 않기 때문에, 제도적 정비를 동시에 검토해야 한다고 제안합니다.

여기서 말하는 민관협치란 민간(民)과 행정(官)이 서로 협력하여(協) 지역사회를 공동으로 통치(治)한다는 개념입니다. 이 용어가 우리 사회에 처음 소개된 것은 1990년대 초반이었습니다. 이론적으로는 복잡한 내용이 많지만 주민이 지역사회의 주인공이 되어야 한다는 지방자치제 취지와 일치했기에 빨리 확산되었고 마을만들기 영역에서도 많이 강조되었습니다. 그로부터 30여 년이 흘렀습니다. 그 사이에 중앙 정권도 보수와 진보를 번갈아 경험했고, 지방자치 선거도 9회 있었습니다. 우여곡절이 있지만 전반적으로 풀뿌리 민주주의가 발전해온 것은 부정할 수 없습니다. 민관협치를 정면으로 반대하는 공무원도 이제 없는 셈입니다.

하지만 민관협치에 대한 접근 방법이나 구성 형태는 서구 사회와 다르게 발전할 수밖에 없습니다. 그래서 농촌정책 영역에서는 민관협치가 여전히 미흡하고, 때로는 행정이란 큰 벽 앞에서 절망까지 하게 됩니다. 왜 이렇게 어렵고 더딜까요? 말로는 민관협치 하자고 하면서 실제 정책을 설계하거나 권한을 논의하자면 어느 것 하나 쉬운 것이 없습니다. '기울어진 운동장'이라 표현되듯이 정책 수립과 집행의 권한은 거의 행정에 집중되어 있습니다. 행정은 민간의 역량을 불신하지만, 민간은 행정이 '거수기' 역할을 강요하고, '동원'한다고 비판합니다. 서로 외계인을 만난 냥 언어 소통 자체가 어려울 때도 많습니다. 어디서 어떻게 풀어가야 할까요?

농촌정책의 현장에서는 시행착오를 여전히 반복하고 있는 셈입니다. 제도적 정비는 더디고, 특히 행정의 지원체계는 문제가 적지 않습니다. 민간도 역량 측면에서 미흡한 점이 많지만, 행정 공무원의 순환보직제 문제는 전혀 개선되지 않고 있습니다. '정책 칸막이' 극복도 기대한 만큼 잘 개선되지 못하고 있습니다. 마을만들기의 중간지원조직도 제도적 위상이 미흡하고 이제 막 설치를 시작하는 단계입니다. 무엇보다 중앙정부와 행정부터 반성하고 스스로 모범을 보여주어야 합니다. 그래야 현장의 애로사항이 정책에 빨리 반영되고 시행착오도 줄일 수 있습니다. 민간도 지치지 않고 오래갈 수 있습니다.

지금은 지방소멸이 논의될 정도로 농촌이 어려운 것은 분명한 사실입니다. 하지만 그 원인에는 국가와 행정이 책임져야 할 부분이 많고, 그래서 '정책의 실패'도 인정해야 합니다. 농촌정책을 민관협치 방식으로 강력하게 전환하는 것이 무엇보다 시급하고 중요합니다. 농촌이 살아나야 도시 문제도 조금씩 해결될 수 있습니다. 농촌 주민이 희망을 가질 수 있어야 모든 국민도 행복해집니다. 마을공동체도 민관협치의 제도적 시스템을 통해 성장할 수 있습니다. 마을공동체가 민주주의의 훈련장으로서 주민이 지역사회의 주인공으로 등장하고 성장하여 실천 경험의 성과들이 제도적 정비로 이어질 때 한걸음 더 크게 전진할 수 있을 것입니다.

민관협치 시스템 구축에는 전체적으로 10대 핵심과제가 있습니다

행정과 민간이 서로 협력하여 정책을 수립하고 지역사회를 관리하는 '민관협치(거버넌스)'

관점은 이제 누구도 거부할 수 없는 시대적 대세로 자리 잡았습니다. 농촌마을정책도 마찬가지입니다. 행정은 주민의 주장을 귀담아들어야 하고, 민간도 학습을 통해 합리적 주장을 해야 지역이 발전한다는 것도 분명한 사실입니다. 여전히 발전 수준은 높지 않고, 갈등도 적지 않지만 민관협치를 정면으로 반대하는 행정은 없는 셈입니다. 권력 관계가 '기울어진 운동장'처럼 행정에 집중된 것도 분명한 현실입니다. 따라서 행정과 민간이 대등한 협력관계를 구축하는 것은 '시간과의 싸움'이 될 것입니다. 여기에 자치분권과 균형발전, 사회혁신, 공동체경제 등의 큰 흐름이 있고, 비록 각개약진 중이지만 다양한 풀뿌리 주민자치운동도 전개되고 있습니다.

지역사회 문제에 행정과 민간이 공동으로 대응하자는 주장이 거부할 수 없는 명분이라 하지만, 여기에는 다양한 세부 과제가 있습니다. 또 현실적으로 '다른 쪽'에 대한 오래된 오해와 낙인(선입견)도 작동합니다. 그럼에도 어느 정책 영역이든 이런 민관협치의 정책 시스템을 구축하고, 나아가 행정도 민간도 '칸막이'를 극복하여 협력 관계를 구축할 때 지역사회 문제를 해결하기 쉽다는 것은 분명합니다. 지금까지 농촌정책에 참여한 경험에서 보자면 [그림 1-2]와 같이 열 가지가 핵심과제라고 요약할 수 있습니다. 1번부터 10번까지 전체를 보면서 하나씩 계속 점검하고 해결해나가야 할 체크리스트라 할 수 있습니다(이하 구자인, 2020, 430-436쪽 참고).

이 개념도는 매우 복잡해 보이지만 행정과 민간이 어떻게 대등하게 만나 서로 협력할 수 있을지, 또 이런 협력관계를 제도적으로 어떻게 설계해야 할지라는 관점에서 작성한 것입니다. 전국의 선진 지자체에서 성공했던 사례들을 분석하면서 도출해낸 기본원리라고도 할 수 있습니다. 필자가 이론적으로 도출한 것이 아니라 직접 실천해본 다양한 경험을 기초로 작성한, 살아 있는 개념도입니다. 적어

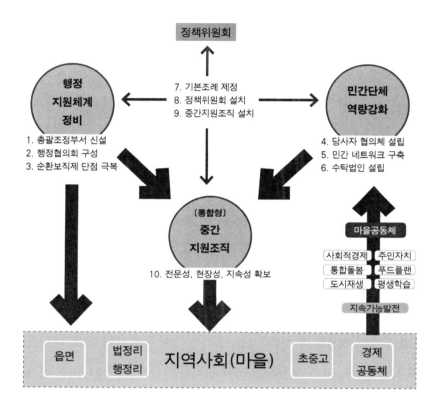

〔그림 1-2〕 농촌마을정책의 우선과제
: 민관협치의 제도적 시스템 구축을 위한 10대 핵심과제

정책위원회

행정
지원체계
정비

7. 기본조례 제정
8. 정책위원회 설치
9. 중간지원조직 설치

민간단체
역량강화

1. 총괄조정부서 신설
2. 행정협의회 구성
3. 순환보직제 단점 극복

4. 당사자 협의체 설립
5. 민간 네트워크 구축
6. 수탁법인 설립

〔통합형〕
중간
지원조직

마을공동체

10. 전문성, 현장성, 지속성 확보

사회적경제	주민자치
통합돌봄	푸드플랜
도시재생	평생학습

지속가능발전

| 읍면 | 법정리 행정리 | 지역사회(마을) | 초중고 | 경제 공동체 |

도 이러한 제도적 시스템 위에서 행정과 민간은 대등한 협력관계를 이룰 수 있습니다. 물론 저절로 이런 시스템은 주어지지 않기에 민간의 지속적인 성장과 조직화를 통해서만 실현될 수 있습니다. 또한 대한민국의 기초 지자체 규모가 지나치게 크고, 그래서 대의제 민주주의의 제도적 장치로 제안하는 한계를 극복하기 위해서라도 읍면 단위 직접 민주주의의 제도적 장치가 이 과정에서 크게 보완되어야 합니다(이 부분은 6부 참고). 우선과제로 시군 지자체 단위의 민관협치 제도적

시스템을 강조하는 셈입니다.

여기서 제시한 10대 핵심과제는 특별히 농촌마을정책에만 국한되는 것이 아니기도 합니다. 그리고 원의 크기나 화살표의 두께, 방향, 순서 등은 지자체의 특수성을 반영하여 충분히 다를 수 있습니다. 어떤 지자체는 진보적인 단체장이 주도하여 행정에서 출발할 수 있습니다. 사실 행정이 주도하여 조례를 제정하고 중간지원조직을 설치하여 민간의 역량강화와 조직화 경로를 밟는 경로가 가장 흔한 경우라 할 수 있습니다. 또 활동가들이 주도하여 제도적으로 설치된 중간지원조직을 둥지 삼아 행정과 민간의 균형을 잡아가는 사례도 최근에는 많이 늘고 있습니다. 하지만 가장 바람직한 경로는 주민들이 성장하여 튼튼한 민간 네트워크를 구축하고 법인까지 설립하여 행정과 대등한 입장에서 제도적 장치를 확보하는 것입니다.

여러분이 살고 있는 지자체는 어떤 경로를 밟아야 할까요? 당연히 하나의 선택지만 있는 것이 아닙니다. 앞의 개념도 전체를 시야에 넣고 여러 그룹이 모여 공동으로 학습하고 토론하며 합의를 도출하는 것이 중요합니다. 또 다양한 실천을 통해 시행착오를 수정, 보완하고 서로 신뢰하는 관계를 구축하면서 전체 균형을 찾아가야 합니다. 이런 과정은 당연히 갈등과 대립을 수반할 수밖에 없는데, 이를 슬기롭게 극복하면 그 다음 단계로 나아갈 수 있을 것입니다. 이런 갈등과 대립을 두려워하면 아무 것도 시도할 수 없고, 한 걸음도 전진할 수 없습니다.

무엇보다 행정의 지원체계 정비가 시급하고 우선되어야 합니다

첫째, 대한민국 농촌 현실에서는 무엇보다 행정 스스로 그동안의 문제점을 크게 반성하고 지원체계를 정비하는 것이 시급하고 중요합니다. 대의제 민주주의라는 제도적 상황에서 민간과 협력해야 한다는 민관협치 관점은 이제 피할 수 없는 지상명제가 되었습니다. 행정은 마을공동체와 만나 주민들이 필요로 하는 서비스를 체계적으로 잘 제공해야 할 의무가 있습니다. 행정이 스스로 변하지 않은 채 마을 주민 탓만 하는 것은 어불성설입니다. 주민들도 행정에 대해 합리적인 목소리로 지원체계를 정비하도록 요구해야 합니다.

여기에는 ① 마을공동체 활동의 행정창구(총괄조정 부서)를 명확히 하는 것, ② 관련 부서 사이의 업무협조체계를 잘 구축하는 것, ③ 공무원 순환보직제의 단점을 극복하기 위한 제도적 장치를 강력하게 도입하는 것, 이 세 가지를 핵심과제로 제시할 수 있습니다([그림 1-2] 좌측 참고). 주민들은 실천 경험에 기초하여 이런 방향을 요구하고, 행정은 여기에 대해 답변을 해야 합니다. 행정은 당사자에게 보조사업으로만 지원하던 관점(왼쪽 화살표가 하향식이라는 점에 주목)을 바꾸어야 합니다. 행정 지원체계의 정비 방향에 대한 자세한 내용은 제2부에서 다룰 예정이고, 간단하게 소개하자면 다음과 같습니다.

① 총괄 · 조정 부서 신설(지정)

마을만들기와 관련된 행정의 업무 영역은 매우 넓습니다. 마을 경제와 소득, 교육, 문화, 복지, 환경, 건설 등 웬만한 행정 부서가 모두 관련됩니다. 그래서 칸막이로 나뉘어 있는 다양한 영역을 총괄하고 조정할 수 있는 전담 부서를 명확하게 설치 혹은 지정해야 합니다. 기존의 직렬 중심,

중앙부처 업무 라인 중심에서 벗어나 지자체 특성에 맞게끔 유사한 업무 영역을 통합하여 전담 '과'를 신설할 필요가 있습니다. 민관협치의 정책 효율성 측면에서도 전담 부서 설치가 첫 번째 핵심 과제에 해당합니다.

② 행정협의회 구성

마을만들기 전담 부서의 업무만으로 마을공동체 활동을 체계적으로 지원하는 것은 당연히 가능하지 않습니다. 관련 부서 사이의 업무 협조 체계를 강화해야 합니다. 마을만들기와 연계성이 특히 높은 정책 분야는 주민자치, 사회적 경제, 도시재생, 평생학습(마을교육공동체), 통합돌봄, 균형발전, 푸드플랜, 지속가능발전 등의 영역입니다. 이들 분야는 주민과의 직접 접촉이 많고, 업무 자체가 융복합 성격이 강하며, 중간지원조직 설치를 요구받고 있다는 점에서 공통점이 있습니다. 이들 분야를 중심으로 행정협의회를 구성하고 정기 회의를 개최하여 업무 연계성을 높여야 합니다. 소위 '업무 핑퐁' 현상은 주민들이 자주 목격하고 제기하는 문제입니다.

③ 순환보직제 단점 극복

행정 공무원의 순환보직제가 가진 문제는 민간의 관점에서 보자면 매우 고질적인 과제에 해당합니다. 주민들은 역량강화 교육을 받으며 성장하는데 반해 행정 공무원은 너무 자주 바뀌고 전문성도 없다고 비판 받습니다. "일을 할 만하면 떠난다"고 자주 비판합니다. 이런 상황 때문에 행정에 대한 불신감이 강하고 신뢰관계 자체가 잘 형성되지 않습니다. 이러한 문제점을 극복할 수 있는 제도적 장치로 이미 여러 가지가 도입되어 있습니다. 크게 필수보직기간 2년 준수, 공모직위제 도입, 전문직위제(전문관) 확대, 임기제·개방형 공무원 채용 등 네 가지가 있습니다. 중앙정부의 자치분권 정책에도 순환보직제의 문제점을 인식하고 장기근무형 직위를 지정하겠다는 구상도 들어 있습니다.

민간단체 스스로의 역량을 강화하고 네트워크 법인을 설립해야 합니다

둘째, 민간도 스스로 자치역량을 강화하고 칸막이를 극복해야 합니다. 행정에 대해 민원성의 요구만 하는 것이 아니라 합리적인 토론을 통해 지역사회 주인공으로서 '한목소리'로 당당하게 주장해야 합니다. 모여서 일상적으로 공부하고 토론하며 합의하는 민주주의 훈련을 반복해야 합니다. 그리고 스스로 당사자조직(협의체)을 구성하고, 행정의 칸막이만 비판하지 않고 '우리 안의 칸막이'를 극복하기 위해 노력해야 합니다. 그래서 유사한 영역의 민간단체들이 모여 칸막이를 극복하며 네트워크 법인도 설립해야 합니다. 민간 스스로 합의된 주장이 있을 때 행정과도 대등하게 만날 수 있습니다.

[그림 1-2] 우측에서 보듯이 민간영역은 현장의 당사자들이 모여 협력관계를 구축하여 시군 지자체 단위의 조직을 만들어가야 한다는 점에서 화살표가 위로 향하고 있다는 점에 주목해야 합니다. '주민 주도, 상향식'이란 관점을 반영하여 행정리 마을자치와 읍면 주민자치 역량이 모이고, 민간단체 칸막이를 극복해야 한다는 의미를 담고 있습니다. 마을이나 공동체, 단체 등이 분열되어 있으면 작고 소소한 문제도 해결할 수 없습니다. 시군 지자체 단위로 민간단체 사이의 협력관계가 구축되고 법인까지 설립된다면 행정과 대등하게 협력할 수 있고 민관협치의 수준도 빠르게 성장할 것입니다. 이런 협치 역량을 통해 마을 문제도 근본적으로 차근차근 해결할 수 있습니다.

④ 민간의 당사자협의체 설립

농촌 마을의 문제(과제)를 해결할 수 있는 당사자 역량은 계속 강화되어야 하고, 나아가 당사자들이 모여 시군 단위로 설립하는 협의체(마을만들기협의회)도 매우 중요합니다. 당장 마을 리더들이 정책사업을 추진해본 경험이 잘 전수될 수 있다는 점에서 효과적이고, 현장 문제를 발굴하고 공동으로 해결할 수 있는 역량을 강화한다는 점에서도 중요합니다. "우리 마을의 문제는 모든 마을의 문제이기도 하다"는 관점만 가지면 공동체적으로 대응을 할 수 있습니다. '주민 주도, 상향식'이란 방법론도 이러한 조직을 통해 실현할 수 있습니다. 당사자로서 마을 리더가 상호 협력을 통해 문제를 해결하려는 시도는 매우 중요하고, 행정기관도 이를 적극 장려해야 합니다. 전체 마을(행정리)의 10% 이상 참여하고 '한목소리'를 낼 수 있다면 정책적인 해결은 그다지 어렵지 않은 셈입니다. 마을만들기 당사자협의체의 중요성과 설립 및 운영 방향, 사례 등에 대해서는 제3부에서 자세하게 다룹니다.

⑤ 민간단체 협력 네트워크 구축

행정이 협의회를 구성하여 상호 협력해야 하듯이 민간도 마찬가지로 칸막이를 극복하고 협력 체계를 구축해야 합니다. 다양한 정책 영역의 당사자협의체가 모여 협력 네트워크를 구축해야 행정기관에 대한 대등한 관계 설정도 가능해지고, 활동성과를 축적하면서 계속 전진할 수 있습니다. 하지만 행정보다 칸막이가 더 심각한 것이 민간단체라는 평가도 있습니다. 행정이 정책 칸막이 때문에 이렇게 분열하도록 만들었고, 민간은 그대로 따라갔던 측면도 강합니다. 이제는 민간단체 스스로 이런 문제를 반성하면서 상호 협력하는 네트워크를 구축하고 자치 역량을 강화해야 당면한 마을 문제도 해결할 수 있습니다. 역설적으로 민간단체가 서로 협력할수록 행정도 스스로의 역할에 충실할 수 있습니다.

⑥ 민간 네트워크 법인 설립

다양한 민간단체 사이의 협력 네트워크를 구축하면서 동시에 법인 설립도 적극 모색해야 합니다. 현실적으로 지역정책의 다양한 중간지원조직을 민간이 수탁하여 운영하고자 해도 비영리 법인 하나 제대로 없다는 것이 큰 과제입니다. 매년 1년짜리 보조사업에만 의존하는 민간단체로는 오래 지속될 수 없습니다. 행정은 '정책적 인큐베이팅'이란 관점에서 민간 스스로 지역 문제를 자주적으로 해결할 수 있도록 네트워크를 구축하고 법인까지 설립할 수 있도록 기회를 적극 제공해야 합니다. 이렇게 민간도 행정도 자치역량을 강화하면서 서로 협력하는 관계를 구축해야 지역사회의 다양한 문제가 중장기적 관점에서 구조적으로 해결될 수 있습니다. 농촌정책 측면에서도 민간단체가 모여 시군 단위로 네트워크 법인을 설립하는 것은 매우 중요하고 시급한 핵심과제입니다. 민간단체 협력 네트워크 구축의 방법론과 법인 설립 및 운영 방향, 미래 등에 대해서는 제4부에서 자세하게 다룹니다.

중간지원조직과 같은 민관협치의 제도적 장치를 잘 도입해야 합니다

셋째, 민관협치가 잘 작동할 수 있는 다양한 제도적 장치를 확보해야 합니다. 민관협치는 행정이 일방적으로 정책을 결정하는 것이 아니라 민간과 공동으로 생산하고 집행한다는 관점이 기본입니다. 그래서 정책의 '공동생산'이란 측면에서 정책위원회를, 또 '공동집행'이란 측면에서 통합형 중간지원조직을 설치·운영해야 합니다. 또 이를 위해 선결과제로 행정과 민간(단체)이 공동학습과 토론을 통해 민관협치형 조례를 제정해야 합니다. "~할 수 있다"란 표현의 조항이 많은 조례일수록 작동되지 않을 가능성이 큽니다. 지역사회에 대한 '약속'으로서 민관협치의 가치를 담는 조례라면 당연히 "~해야 한다"라고 명시해야 합니다.

이러한 제도적 장치 위에 중간지원조직도 제 역할을 할 수 있습니다. 민관협치의 제도적 장치가 왜곡된 상태에서는 중간지원조직도 그 지위와 역할이 여전히 불안정할 수밖에 없습니다. [그림 1-2]에서 제시한 개념도로 보자면 정책위원회나 민간 네트워크 법인, 그리고 중간지원조직이 발달하지 못하면 행정이 민간 당사자에게 보조사업만 집행하던 관행을 극복할 수 없습니다. 원으로 표시된 세 주체가 협력하는 제도적 시스템을 통해 지역사회(마을)의 현장 문제도 근본적인 해결을 기대할 수 있습니다.

⑦ 기본조례 제정

모든 민관협치형 정책 영역마다 행정과 민간의 약속에 해당하는 '사업조례'가 필요합니다. 나아가 민관협치 관점에서 다양한 지역사회 정책을 총괄할 수 있는 '기본조례'도 제정해야 합니다. 기본조례에는 행정의 총괄·조정 부서와 행정협의회, 민간에 대한 지원방안, 정책위원회, 중간지원조직 등 민관협치의 제도적 장치로 공통적인 부분을 필수적으로 포함하고, 또 각종 기구를 통합형으로 설치·운영할 수 있는 근거를 명시해야 합니다. 기본조례가 포괄하는 정책 범위는 마을공동체 뿐만 아니라 일반적으로 민관협치 정책이라고 말하는 주민자치, 사회적경제, 푸드플랜, 도시재생, 평생학습 등을 포함합니다. 세부적으로는 지자체의 역사적 특성과 지리적 여건, 중점사업 등에 따라 조금씩 달라질 것입니다. 기본조례에 대한 상위 법률의 근거는 아직 미약하지만 자치 입법이란 관점에서 지자체가 자주적으로 접근해야 할 것입니다. 기본조례를 잘 제정하고, 실천과정에서 문제가 있다면 기본조례를 수정·보완해야 행정과 민간의 약속이 분명해집니다.

⑧ 정책위원회 구성

지금까지 행정에 설치된 위원회는 형식적으로만 있을 뿐 실제 작동하지 않거나 대부분 행정기관의 '거수기' 역할에 불과하다고 비판을 받습니다. 안건 내용도 모른 채 위원회에 참석하는 경우도 많고, 민간의 대표성이 아니라 개인적인 의견만 제안하는 민간 위원도 허다합니다. 그래서 정권 교체기마다 위원회 혁신이나 통폐합이 항상 거론되는 것입니다. 적어도 기본조례에 따라 설치된 위원회만이라도 민관협치형으로 구성하고, 개별 사업에 따라 설치한 위원회는 재평가하여 통폐합하는 방향으로 유도하는 것이 바람직할 것입니다. 간사도 행정과 민간이 각각 담당하도록 하고 의제를 선정하고 상정하는 과정 자체도 민관협치 관점에서 운영되어야 합니다. 각종 조례에 근거하여 거의 예외 없이 위원회가 설치되지만 제대로 작동되지 않는 것은 평상시에 민간과 토론하고 협의하는 문화가 없기 때문입니다. 정책위원회의 결정에 따라 행정이 직접 수행할 일, 민간단체를 통해 보조금으로 수행할 일, 또는 중간지원조직을 설치하여 집행할 일, 이렇게 나누는 것이 바람직합니다.

⑨ 중간지원조직 설치와 운영

중간지원조직은 조례에 근거하여 설치되는 '행

정 사무'에 해당하고, 그렇게 해석해야 한국 현실에서는 제도적 위상이 명확해지고 전문성과 안정성, 지속성도 확보할 수 있습니다. 시민혁명을 겪고 지방자치 전통이 강한 서구사회 논의를 그대로 가져와 적용하면 오해나 오류가 자주 발생합니다. 기존의 단년도 보조사업 방식으로는 사업 공백기가 발생하고, 전문인력 확보도 어려워 업무 연속성을 확보하기 어렵습니다. 마을공동체를 지원하는 활동 자체가 '행정 사무'에 해당한다는 합의가 필요하고, 나아가 조례에 명시해야 공공성도 명확하게 인정되는 셈이고 지속적인 예산 지원도 가능합니다. 또 '민간위탁'의 근거도 명시해야 민간이 책임감을 가지고 운영할 기회를 가질 수 있습니다. 여전히 제도 개선이 필요한 부분도 많지만 민관협치의 역량이 발전하면서 조금씩 나아질 것으로 기대합니다. 중간지원조직의 제도적 의미와 설치 및 운영 방향, 미래 등에 대해서는 제5부에서 자세하게 다룹니다.

⑩ 중간지원조직의 전문성, 현장성, 지속성 확보

결국 지자체 단위에서 민관협치형 추진체계를 구축하기 위한 종착점은 중간지원조직이 전문성, 현장성, 지속성에 기반하여 운영할 수 있도록 하는 것에 있습니다. 하지만 앞의 9개 핵심 과제가 먼저 해결되어야 중간지원조직도 제대로 역할을 수행할 수 있는 것은 분명합니다. 중간지원조직이 만능일 수는 없지만 현재의 지방자치 현실에서는 가장 중요한 제도적 장치에 해당합니다. 또 가장 우선시해야 할 당면 과제이기도 하고, (제6부에서 강조할) 읍면정책으로 넘어가기 위한 교두보에 해당하기도 합니다. 중간지원조직에 대해 예산만 있으면 가능하다는 발상은 매우 단편적입니다. 또 중간지원조직이 단기간에 많은 역할을 수행할 수 있으리라는 기대도 섣부릅니다. 민관협치의 제도적 장치를 잘 발전시키면서 문화적 풍토로 정착하는 속도와 중간지원조직이 다양한 시행착오를 겪으며 성장하는 속도는 결국 비례할 수밖에 없습니다. 시군 단위 정책과 마을 현장 사이의 괴리를 잘 메꾸는 방식으로 중간지원조직의 효능감이 잘 드러나고 작은 성과도 축적되면 지속가능성도 확보될 것입니다.

2부
마을만들기 행정,
공무원도 마을활동가

행정의 지원체계 정비, 어떻게 할 것인가?

마을만들기 행정, 공무원 스스로 말하다

마을만들기는 여러 이유로 행정과 밀접하게 연관되어 있습니다. 역사적으로 보자면 새마을운동의 영향이 크고, 체험휴양마을사업이 2002년경에 도입되면서 행정 주도로 시작한 것도 무시할 수 없습니다. 농촌의 인구 급감과 초고령화·양극화와 같은 시대적 흐름이 가속되고 각종 보조사업이 늘어나면서 마을공동체 자체가 '돌봄, 보살핌, 배려'의 정책 대상으로 들어오게 되었습니다. 물론 정책사업 자체는 '주민 주도, 상향식'이란 방법론을 내걸며 주민 참여도 적극적으로 보장하는 모양새를 취했습니다.

그럼에도 마을 주민들은 행정에 대해, 또 정책사업에 대해 여러 불만을 드러내고 문제점을 제기하고 있습니다. 컨설팅 기관이나 농어촌공사도 애로사항을 말합니다. 행정은 속된 말로 '동네북'처럼 손가락질을 받고 있지만, 그렇다고 공무원도 할 말이 없는 것은 아닙니다. 이처럼 농촌마을정책의 문제는 쉽게 눈에 띄고 '욕할 상대'도 비교적 명확합니다. 그렇게 욕한다고 문제가 해결될 리는 만무합니다.

2부의 주인공은 '행정'입니다. 여러 주체마다 문제도 있고 애로사항도 있지만, 농촌마을정책에서 행정의 역할이 그만큼 중요하다는 점에서 먼저 다루는 것입니다. 또 행정이 먼저 반성하고 개혁하면 많은 것을 빠르게 바꿀 수 있기 때문입니다. 그렇다면 행정의 지원체계를 왜, 그리고 어떻게 정비해야 할까요? 2부에서는 이런 질문에 집중하여 개선과제를 찾아보고, 공무원 당사자의 목소리도 소개하고자 합니다.

행정의 지원체계 정비, 어떻게 할 것인가?

구자인 마을연구소 일소공도 협동조합 소장

　필자는 작은 기초 지자체에서 임기제공무원으로 2004년 12월부터 2012년 1월까지 만 8년을 근무했습니다. 그래서 행정 시스템의 문제도 비교적 잘 알지만, 그 애로사항에도 어느 정도 공감하는 편입니다. 그래서 행정과 민간이 서로 협력하는 민관협치(거버넌스)의 시스템과 문화적 풍토를 갖추는 것이 농촌 발전의 지름길임을 자주 주장해왔습니다. 농촌 문제 해결을 위해서는 무엇보다 행정과 민간이 자주 만나야 하고, 협력이 중요하기 때문입니다. 하지만 행정이 왜 변해야 하고, 민간과 어떻게 만나야 하는지, 특히 지원체계를 어떻게 정비해야 하는지, 이런 주제를 정리한 글은 매우 드물어 보입니다.

　제2부 주제는 제3부 '당사자협의체'와 제4부 '민간 네트워크 법인'과도 밀접하게 연결되어 있습니다. 서로 협력하려면 각자 반성할 것은 반성하고 개선할 것은 미리 개선해야 하기 때문입니다. 민간에 숙제가 많은 것처럼 행정에도 해결할 과제는 아주 많습니다. 제5부 주제인 '중간지원조직'을 이해하기 위해서라도 이번 '행정의 지원체계 정비'는 매우 중요합니다. 행정 스스로 개혁하지 않고는 마을 주민들의 오랜 노력이 성과를 축적하기 어렵기 때문입니다. 이 글에서는 마을

만들기 행정에서 무엇을 어떻게 개혁해야 하는지를 주로 다루고자 합니다. 이런 내용은 충남마을만들기지원센터에서 2016년부터 시군을 순회하며 매년 수행했던 컨설팅과 워크숍을 통해 검증을 거친 것입니다. 행정 공무원들도 어느 정도 수긍하고, 실제로 지원체계를 개선했던 성과이기도 합니다. 하나하나 차근차근 검토하면서 빠르게 개선되기를 기대합니다.

행정도 애로사항이 많지만 외부의 좋은 신호를 활용하자

농촌에서 주민들이 마을만들기 활동을 하면서 행정과 자주 만날 수밖에 없습니다. 사업지침에서 '주민주도, 상향식'이라 하여 주민들의 적극적 참여를 제도에서 보장하기 때문이기도 합니다. 또 농촌 마을의 문제를 들여다보면 행정의 도움을 받지 않고서는 해결하기 어려운 점이 한두 가지가 아니기도 합니다. 여기에 마을 문제는 쉽게 보이는데, 해결책은 법과 제도와 관련되지 않은 게 없을 정도입니다. 마을만들기 활동을 하다 보면 행정 예산이 문제가 아니라 주민 역량이 문제이고 제도와 사업지침이 문제임을 쉽게 깨닫습니다. 하지만 지자체 행정에 문의해도 대부분 답이 없거나 미루어질 뿐입니다. 법이 그렇게 정해 놓았고, 지침에 그리 적혀 있으니 안 된다는 회답이 너무 많을 뿐입니다. 행정 공무원은 이런 점에 대해 어떻게 생각할까요?

행정에서 느끼는 애로사항도 많습니다

행정 공무원에게 자주 듣게 되는 말을 몇 가지 정리해보고자 합니다. 충남의 시군을 순회하며 공무원 간담회나 워크숍을 자주 개최했는데, 이런 자리에서 나온 말입니다. 공무원도 애로사항이 많고, 불만도 많다는 것을 쉽게 알 수 있습니다. 출처는 생략하고 그들의 목소리를 몇 가지 유형으로 구분하여 그대로 소개하자면 아래와 같습니다.

첫째 애로사항은, "사업지침이 너무 자주 바뀌고 쫓아가기도 힘들다"는 유형 입니다. 중앙정부나 광역도 필요해서 사업지침을 개정하기는 하겠지만, 큰 틀을 너무 자주 바꿉니다. 흔히 일반농산어촌개발사업이란 분야인데, 담당 업무에서 떠나 몇 년 있다 돌아온 공무원도 바뀐 사업지침에 적응하는 데 오래 걸립니다. 이래저래 직무교육을 자주 받기는 하는데, 구체적으로 물어보면 농식품부조차도 답변을 잘 못하는 경우가 많습니다. 사업지침에서 현실과 맞지 않거나 서로 모순 되는 내용도 많이 보입니다. 사업지침에 대한 해석도 제각각인데 제대로 설명해 줄 수 있는 전문가나 전문조직이 있으면 좋겠습니다. 행정리 단위의 마을만들기 사업은 지방이양 사무로 바뀌었는데, 의무적으로 시행할 것과 '주민 주도, 상향 식'의 큰 방법론만 강조하되, 세부 내용은 다른 법률도 있으니 지자체에 맡겨주 면 좋겠습니다.

둘째 애로사항은, "주어진 업무량을 무시한 채 신규 사업만 계속 늘어난다"는 유형입니다. 담당 부서의 인력은 늘지 않는데 신규 사업이 계속 늘어나니 현장을 찾아갈 엄두가 나지 않습니다. 기존의 업무를 줄여주는 것도 아닌데 현장 행정을 전혀 고려하지 않고 신규 사업만 "내려온다"는 것입니다. 임기제 공무원이라도 배치해주면 그나마 숨통이 트이겠는데 인력 조치가 전혀 없습니다. 최근에는 농 촌공간계획에 농촌공간정비사업까지 담당하라 합니다. 지자체 단체장에게 보고 하면, 모든 부서가 인력을 늘려 달라 한다는 이유로 무시당하는 경우가 일반적입 니다. 또 사업기간이 길어 하나의 현장을 계속 관리하는 것도 벅찰 정도입니다. 그래서 농식품부 담당자가 지자체 현장에서 조금이라도 근무해봐야 애로사항을 이해할 것입니다. 아니면 시군 현장에서 근무했던 공무원을 농식품부에 배치하여 보완할 필요가 있습니다. 재정분권 차원에서 '지자체 자율편성'이란 취지에 맞추어 예산만 이관하고, 세부 사업에는 지자체 자율성을 많이 부여해주면 좋겠습니다.

셋째 애로사항은, "언제나 감사가 두렵고 징계가 신경 쓰인다"는 유형입니다. 사업 현장이 많고 주민 의견도 수렴해야 하니 업무 하나하나가 쉽지 않습니다. 마을 주민 사이의 갈등 때문에 민원도 적지 않은 업무입니다. 여기에 사업 결과로 건설된 센터 건물은 사업지침에 따라 무상임대로 마을에 맡기는데 사후관리가 잘 안되니 항상 불안합니다. 공유재산관리법에는 무상임대란 법적 근거가 없으므로 협약만으로는 언젠가 문제가 될 수도 있다는 비판입니다. 주민 갈등이 생겨 현장에 나가보면 뚜렷한 답을 찾을 수도 없고, 처음부터 사업대상지로 잘못 선정된 경우가 많다는 것을 쉽게 느낍니다. 전임자가 선정한 마을(사업지구)을 넘겨받아 사업을 추진하지만 하나같이 '골치 투성이'로 보입니다. 역량강화 프로그램 사업은 시행만 하면 끝이지만, 시설물은 계속 남아 언제라도 감사 대상이 됩니다. 오래 방치되면 쉽게 눈에 띄는데, 사후관리 부담 때문에 스트레스가 크다고 말합니다. 감사가 두려워 오래 근무하기가 겁이 나고, 빨리 떠나고 싶다고 말할 정도입니다.

넷째 애로사항은, "사후관리는 더더욱 어렵고, 행정 칸막이 극복도 쉽지 않다"는 유형입니다. 작은 역량강화 사업을 통해 주민교육을 시도하고, 그 이후에 하드웨어 시설물도 건설하려 노력하지만 바쁜 업무 때문에 농어촌공사나 컨설팅 기관(용역사)에게 거의 일임하게 됩니다. 주민 역량이란 것이 단기간에 높아지는 것도 아닌데 사업기간은 길어야 3~4년에 그칩니다. 인건비도 지원할 수 없으니 자원봉사 인력만으로 큰 사업을 잘 마무리 짓는 것은 더 힘듭니다. 시설 운영비는 주민 스스로 해결해야 한다지만 누가 보더라도 쉽지 않다는 게 눈에 뻔히 보입니다. 소득(수익)사업을 할 수밖에 없는데 한 명의 상근자 인건비만이라도 잘 확보되면 다행이라 생각할 정도입니다. 센터 내부에 수익사업을 하는 조직을 입주시키는 것도 제도적으로 안 된다고 하니 농식품부는 모순되는 주장만 되풀이하는 셈입니다. 체험휴양마을로 지정되면 사무장 인건비라도 지원이 되는데, 이 업무는 행정의 다른 부서 소관이라 소개만 하는 정도에 그칠 뿐입니다. 주민자치나 사회적경제, 평생학습, 마을교육공동체 같은 부서에도 도움이 될 사업이 보이는데 협조가 쉽지 않습니다. 차라리 하나의 '과(課)'로 통합하여 같은 부서에서 추진한다면 사후관리도 그나마 가능할 것인데, 이 또한 쉽지 않습니다.

다섯째 애로사항은, "중간지원조직이 필요한 것은 알겠지만 설득이 어렵다"는 유형입니다. 중간지원조직이라도 있는 지자체는 그나마 낫습니다. 사전교육도 가능하고, 사후관리 차원에서 찾아가 만나볼 엄두라도 낼 수 있습니다. 시키기라도 할 수 있습니다. 최근에는 이런저런 중간지원조직을 사업지침마다 설치(지정)하라 강조하지만 구체적으로 어떻게 연결해야 할지 잘 모르겠습니다. 중앙정부 사업지침에 인건비를 명확하게 명시해주어야 하는데 정작 중요한 이런 내용은 빠져 있습니다. 우리 주장만으로는 단체장과 예산 부서, 의회를 설득하기 어려우니 도시재생사업처럼 아예 의무 규정으로 제시해주면 좋겠습니다. 나아가 지방비 매칭 예산 범위 내에서 인건비를 자유롭게 사용할 수 있도록 해야 자치분권에 맞다 봅니다. 전체 예산 규모로 보자면 중간지원조직에 투자하는 게 훨씬 효율적인 것은 분명합니다. 하드웨어 시설물 사업은 앞으로 더 관리 문제가 커질 텐데, 현장에 '일할 사람'이 더 있어야 미래를 기약할 수 있습니다. 중간지원조직은 제도적으로 복잡하여 생각할수록 머리만 아픈데, 현장에서 같이 일하고 고민할 활동가가 더 늘어야 하는 것은 분명합니다.

이렇게 행정공무원 역시 애로사항과 고민이 많습니다. 열심히 일하는 공무원을 만나면 이런 이야기를 쉽게 들을 수 있습니다. 간담회 자리에서 처음에는 말을 아끼지만, 분위기만 조성되면 봇물 터지듯 비판이 쏟아집니다. 물론 마을위원장도 컨설턴트도 중간지원조직 상근자도 불만이 많고 할 말도 많습니다. 중앙부처 담당자나 농어촌공사도 그럴 것입니다. 하지만 월급을 받으며 정책을 책임져야 할 사람과 그렇지 않은 사람은 달라야 합니다. 누군가는 농촌 문제의 근본 원인과 해결책을 찾고, 구체적으로 행동해야 합니다. 그런 일 하라고 있는 대표적인 조직이 공공행정입니다. 드러나는 현상적인 문제를 나열만 하지 말고 책임 있는 자세로 접근해야 할 것입니다. 그런 권한과 책임이 행정에는 당연히 있는 셈입니다.

행정의 정책 칸막이, 어떻게 풀어야 할까요?

행정에 대해 민간이 비판하는 가장 큰 문제점 중의 하나는 '정책 칸막이'가 심각하다는 점입니다. 속칭 '평퐁 현상'이 많고, 업무 협조가 잘 안 된다는 비판입니다. 예를 들어, 마을공동체 활동이 '잘되는' 선진지에는 여러 사업이 계속 지원되는 경향인데, 행정 부서 사이에 업무 협조가 잘 된다면 이것은 명확하게 '역량단계별 지원체계'가 작동되는 증거라 할 수 있습니다. 하지만 현재의 지자체 행정에는 중앙정부 부처의 업무 '라인'에 따라 '정책 칸막이'가 강하게 작동합니다. 이런 점을 지자체 행정 스스로가 개혁하기는 쉽지 않습니다. 중앙정부 스스로 업무 전달체계를 정비해주거나, 외부(민간)에서 자극을 주어야 조금씩 변할 수 있습니다. 같은 직렬(職列)끼리 같은 부서에 배치되려는 오래된 직렬주의 전통과도 맞물려 있으므로 중앙정부가 먼저 개혁해야 할 과제라 할 수 있습니다. 정책의 전달체계는 무조건 '수요자 주민' 관점에서 정비해야 효율적이라는 것은 분명합니다.

농촌 마을만들기 영역은 행정의 전통적인 인허가 업무와는 분명히 다릅니다. 행정과 민간이 협력하는 전형적인 민관협치 정책이기 때문에 정책의 전달체계가 분명히 달라야 합니다. 현재는 마을만들기사업이 여러 부처(부서)에서 다양한 형태로 흩어져 시행되기 때문에 마을 입장에서는 어디에서 어떤 사업이 시행되는지 도무지 알기 어렵습니다. 충남연구원의 전지훈 박사팀이 2021년 7월에 '지역공동체'를 키워드로 찾아낸 중앙정부의 주요 사업만도 11개 부처, 46개 사업이었습니다. 충남마을만들기지원센터가 2018년 12월 배포한 『마을사업 한 번에 파악하기 길라잡이 2019』에서 정리한 목록은 충남 광역에만 14개 과, 36개 사업이었습니다. 농식품부 농촌정책국의 사업만으로도 농촌교통, 중심지활성화(기초생활거점조성), 빈집정비, 농촌관광, 6차산업, 사회적농업, 푸드플랜, 여성복지 등 매우 다양합니다. 모두가 농촌 마을에서 유기적으로 연계되어야 성과가 도출될 수 있는 사업들입니다. 주민역량강화, 기초 생활인프라 구축, 경제사업 다각화, 경관환경 등의 사업은 마을 주민 입장에서 전달체계가 정비되고 서로 협력하는 구조로 추진되어야 성과가 도출될 수 있습니다.

　물론 현재의 담당 행정 부서 인력만으로 이런 사업들을 체계적으로 집행하기는 쉽지 않습니다. 공무원 개인 역량 탓도 있지만 단위 업무 수와 사업량이 각종 선거를 마칠 때마다 늘어나는 탓도 큽니다. 그래서 행정 개혁이 지속적으로 필요하고, 여기에 중간지원조직을 통합형으로 설치하고 민간 법인을 육성하는 등의 보완 장치가 병행될 때 정책 칸막이를 극복할 수 있습니다. 이를 위해 농식품부가 이런 관점으로 먼저 개혁하는 것이 중요할 것입니다. 하지만 그때까지 기다릴 수만은 없고, 그것을 핑계로 아무것도 하지 않을 수는 없겠지요. 지자체 스스로 주민 입장에서 정책의 전달체계를 정비하고 칸막이를 극복하기 위해 다각도로 노력해야 합니다. 특히 농촌정책의 통합성을 강화하는 차원에서 읍면 단위의 주민자치와 사회적경제 · 푸드플랜 등과의 연계성을 높이도록 행정조직을 개편하고 중간지원조직을 통합형으로 설치한다면, 정책의 효율성을 크게 높일 수 있습니다. 그래야 행정도 정책기획과 예산 확보, 공정한 집행 등 고유 역할에 충실할 수 있습니다. 또 행정의 칸막이가 민간단체의 칸막이를 확대재생산하는 오류를 극복할 수 있습니다.

중앙정부의 정책 동향과 좋은 신호를 잘 활용해야 합니다

시군 지자체 스스로 행정개혁을 하자면 중앙정부와 광역의 '좋은 신호'가 큰 도움이 됩니다. 행정개혁을 위해 평상시에 노력한다면 이런 신호를 빨리 알아채고 적극적으로 활용할 수 있습니다. 민간도 이런 시대적 추세를 인식하고 행정에 개혁을 요구하고 또 응원할 수 있습니다. 당장의 업무에 쫓기다 보면 이런 정책 동향을 놓치기 쉬운데, 그래서 행정도 민간도 서로 협력 네트워크를 구축하며 공동으로 대응하는 것도 중요합니다. 충남도 농촌마을정책에서 시도했던 경험에서 몇 가지 사례를 소개하고자 합니다.

충남도는 광역 차원에서 2015년부터 '시군 마을만들기 지원시스템 구축' 공모사업을 단계적으로 추진했습니다. 시군마다 농촌마을정책의 민관협치 추진체계를 구축하도록 지원하는 전략이었습니다. 시군을 순회하면서 마을대학과 정책워크숍, 간담회 등을 계속 개최하며 공동학습과 토론, 합의 과정을 거쳐 행정의 지원체계 정비를 강하게 유도했습니다. 2015년 10월 23일에는 충남도와 15개 시군 사이에 「충남형 자치분권 실현을 위한 도 · 시군 간 정책협력 협약」을 체결하고, 그중 하나로 '마을만들기 지원 · 협력 시스템 구축'도 포함되었습니다. 충남도는 재정지원 방안 마련을 포함해 정책적으로 지원하고, 시군 지자체는 중간지원조직 설치와 운영, 전담팀 구성과 업무 협조체계 구축 등 '행정 시스템의 효율적 개편'을 약속하는 내용이었습니다. 시군을 순회하는 과정에서 민간의 마을리더와 활동가들은 행정 공무원의 순환보직제가 가진 단점을 강하게 지적하고, 또 행정의 총괄·조정 부서 신설과 유사 업무 사이의 협조체계 구축을 강력하게 요구했습니다.

때마침 중앙정부 차원에서도 우호적인 새로운 동향이 많이 나타났고, 이것을 적절하게 잘 활용했습니다. 예를 들어, 행안부는 「2017년 지방자치단체 기준인건비 최종 산정결과」(2016.12.28)를 시달하면서 국가정책 수요의 하나로 지역공동체 전담 인력을 증원할 수 있도록 했습니다. 시군 지자체 행정에 공동체 전담팀(6급) 이상을 설치하면 기준인건비 1명을 증원할 수 있도록 해 공동체사업의 총괄·기획 및 조정 역할을 강화하도록 조치한 것이었습니다. 이를 계기로 충남 시군에도 공동체 이름이 붙은 전담 부서가 나타나기 시작했습니다. 물론 형식적으로만 대응하는 시군이 많았고, 또 공동체 사업 영역이 모호하여 '업무 핑퐁'은 지속되었습니다. 하지만 충남에서는 그동안의 논의에 정당성을 확인했으며 조직개편 논의 때마다 전담 과(課) 신설이 거론되기 시작했습니다.

문재인 정부에 들어와 2018년 3월에 「2018년도 지방자치단체 조직관리 지침」을 새롭게 개정했습니다. 자치분권 시대를 맞아 지자체에 실질적 자치조직권을 부여하겠다는 취지였고, 그 일환으로 과(課) 설치를 자율화하고 행정의 정책 전문성을 강조했습니다. 이를 계기로 충남에도 조직개편을 통해 공동체 전담 과(課)를 신설하는 시군이 등장하기 시작했고(그 결과는 70쪽의 [표 2-2] 참고), 충남도청에도 공동체정책과가 신설되었습니다. 또 문재인 정부는 2019년에 국정과제를 신속하고 효과적으로 해결할 수 있도록 행정의 협업체계 구축을 적극적으로 강조했으며, 정부혁신 6대 역점 추진 분야의 하나로 '칸막이 극복과 협업 강화'를 포함했습니다. 중앙정부의 이런 정책 전환은 지자체 행정개혁의 좋은 신호로 충분히 활용할 수 있었습니다.

또 2018년 9월에는 행안부·복지부·국토부가 「지역사회 중심의 자치·돌봄·재생 추진을 위한 업무협약」을 체결했고, 나아가 2020년 3월에는 이를 더욱 확장하여 교육부·행안부·농식품부·복지부·국토부 등 5개 부처 업무협약을 체결했습니다([표 2-1] 참고). 이를 통해 5개 부처는 1) 부처 간 사업 연계, 2) 협력사업 추진 및 협업 과제 발굴, 3) 주민 주도의 지역사업 추진 기반 마련, 4) 주요 성과와 우수 사례 홍보·확산 등에 긴밀히 협력하기로 했습니다. 그동안 지역사회에 분절적으로 지원되던 부처별 주요 사업을 연계해 정책 효과를 높일 수 있도록 협업 과제를 발굴·추진하고자 한 것입니다. 나아가 2021년 2월에는 행안부가 '소지역 다부처 정책 연계체계 구축' 시범사업을 도입해 지역사회 활성화 계

〔표2-1〕 「지역사회 중심 정책 연계 5개 부처 업무협약」(2020.3) 주요 내용

담당 부처	주요 사업	주요 내용
교육부	미래형 교육자치 협력지구	학교와 지역사회가 협력하는 우수 모델 구축을 통해 마을교육공동체의 질적 제고 추진
행안부	주민자치형 공공서비스 구축	주민 관점의 공공서비스 제공 기반을 마련하고 주민자치회 활성화를 위한 다양한 정책 지원 및 우수 사례 확산
농식품부	사회적농업 활성화	농업 활동을 통해 사회적 약자에게 돌봄·교육·일자리 등을 제공하는 사회적농업의 육성과 확산
복지부	지역사회 통합돌봄	지역 상황과 대상자의 욕구에 맞는 통합돌봄 서비스 제공을 위한 다양한 모형 개발
국토부	도시재생뉴딜	노후 주거지와 쇠퇴한 구도심을 지역 주도로 활성화해 도시 경쟁력을 높이고 일자리를 만드는 도시 혁신 추진

획 수립을 지원하고 균형발전위원회의 지역발전투자협약사업으로 발전시켰습니다. 물론 기대한 만큼의 성과가 도출된 것은 아니지만 중앙정부의 이런 시도만으로도 시군 지자체 행정이 전담부서 신설이나 업무 협조체계 구축에 훨씬 적극적으로 대응할 수 있는 계기가 되었습니다.

그리고 대통령 직속 농어업·농어촌특별위원회(이하 '농특위')도 2019년 12월에 「농어촌정책의 민관협치형 추진체계 구축」을 의결하고, 분기별로 부처별 이행 사항을 점검하며, 또 2021년에는 주요 사업별로 추진실태를 점검한 바가 있습니다. 핵심 내용은 지자체의 농어촌정책을 민관협치형 추진체계로 개편하는 것이고, 특히 행정은 정책사업 추진 시에 총괄부서 신설, 행정협의회 운영, 공모직위제 확대, 필수보직기간 준수 등의 행정 여건을 갖춘 시군을 우선 선정하도록 권장했습니다. 각종 대규모 국비 지원사업과 연계해 지자체 정책의 추진체계를 민관협치 형태로 개편하도록 유도해야 한다는 취지였습니다. 충남도 농촌마을정책의 경험을 크게 수용한 의결이었고, 2022년에는 「농어촌재생을 위한 읍면 중심의 민관협치 추진체계 연구」로 발전했습니다. 특히 2022년 연구에서는 중앙정부부처의 6+2협약 체결이 필요함을 강조했습니다([자료 2-1] 참고).

충남도의 농촌마을정책은 이러한 중앙정부 정책 흐름을 선제적으로 받아들이고, 선진지 자치단체의 경험을 참고하면서 시군의 행정 지원체계 정비를 강력하게 유도하여 여러 성과를 도출했습니다. 일부 경험은 중앙정부 정책(행안부, 농특위 등)에도 반영되었고, 특히 신활력플러스사업과 농촌협약제도의 사업지침 중에서 추진체계 부분에도 반영되었습니다. 아래에서는 충남에서 선도적으로 시행했던 경험을 토대로 '행정 지원체계 정비'의 성과와 과제, 방향 등을 소개하고자 합니다. 2015년에 '시군 마을만들기 지원시스템 구축' 공모사업을 시작할 당시부터 제안했던 10대 핵심과제(32쪽 [그림 1-1] 참고) 중에서 행정의 3대 핵심과제

〔자료 2-1〕농특위, 읍면 민관협치형 추진체계 6+2 업무협약서(안)

읍면 단위의 민관협치형 추진체계의 정착을 위한
6+2(6개 부처+2개 위원회) 업무협약서

농림축산식품부, 해양수산부, 행안부, 국토교통부, 보건복지부, 교육부, 그리고 지방시대위원회, 농어업·농어촌특별위원회(이하 "6개 부처, 2개 위원회"라 한다)는 고령화 및 인구 감소, 지역소멸 위협 등 농어촌사회가 직면하고 있는 여건 변화에 대응하여 농어촌지역에서 이루어지는 다양한 정책사업 간의 협력을 통하여 정책 효능감을 높이고 농어촌정책사업이 지역주도형으로 추진될 수 있도록 다음의 협약을 체결한다.

제1조(목적) 본 업무협약은 "지역사회 중심의 정책연계를 위한 교육부, 행안부, 농림축산식품부, 보건복지부, 국토교통부 등 5개 부처 업무협약서('19.2.10)"를 토대로 어촌지역 정책을 담당하는 해양수산부를 협력의 범위에 넣고 실질적으로 농어촌지역의 정책에 관여하고 있는 대통령직속 자문기구인 지방시대위원회와 농어업·농어촌특별위원회로 확대함으로써 6개 부처의 정책과 사업 간 실질적 연계와 2개 위원회의 조정·지원에 필요한 사항을 정하여 긴밀히 협력하는 것을 목적으로 한다.

제2조(협력사항) 6개 부처, 2개 위원회는 다음 사항에 대해 상호 적극 지원·협력한다.

가. (농림축산식품부) 5개 부처와 2개 위원회와의 협업을 통하여 농촌지역에 추진 중인 각 부처 정책사업의 원활한 추진을 위하여 협력하고 주민주도형 농촌활성화 지원 확대와 농촌지역에 부족한 서비스를 지원·협력한다.

나. (해양수산부) 5개 부처, 2개 위원회와 협업을 통하여 어촌어항 활성화 및 어업인 소득안정 지원 사업 추진을 위하여 농어촌지역의 활력화와 민관 협력체계의 구축을 위해 적극적 지원·협력한다.

다. (행안부) 5개 부처, 2개 위원회와 협업을 통하여 주민 자치를 통하여 농어촌지역의 정책사업이 활성화될 수 있도록 적극 지원하고 읍면·동의 자치권 부여를 위한 제도적 지원을 추진한다.

라. (국토교통부) 5개 부처, 2개 위원회와 협업을 통하여 도시활력증진 지역개발, 도시재생 등 지역발전을 위한 인프라 구축 사업 및 주거 정책이 돌봄, 교육, 자치 등 지역 단위 공공서비스 제공을 위한 기반시설이 될 수 있도록 적극 협력한다.

마. (교육부) 5개 부처, 2개 위원회와 협업을 통하여 학교와 지역사회가 협력하고, 지역 특성에 맞는 혁신교육지구 우수모델 개발·확산을 위해 적극 지원·협력한다.

바. (보건복지부) 5개 부처, 2개 위원회와 협업을 통하여 지역주민 누구나 지역사회에서 계속 살아갈 수 있도록 주거, 교육, 돌봄, 건강 등 서비스를 통합적으로 제공하고 돌봄 기반시설을 확대한다.

사. (지방시대위원회) 6개 부처, 농어업·농어촌특별위원회와 협업을 통하여 농어촌 지역에서 부처 사업이 협력적으로 추진될 수 있도록 계획투자협약 제도 도입을 확대하고 읍면·동 단위의 추진체계가 원활히 추진되도록 적극 지원한다.

아. (농어업·농어촌특별위원회) 농어촌 지역에서 6개 부처의 협력을 촉진하고 지방시대위원회와 함께 농어촌지역의 삶의 질 제고에 기여한다.

자료 : 농특위(2022.11), 274-279쪽 참고

별로 구분하여 접근합니다. 여전히 현재진행중인 상황이지만 행정개혁을 검토하는 지자체에서는 크게 참고가 될 것입니다.

[행정 과제 1] 총괄 · 조정 부서 신설이 꼭 필요합니다

행정의 첫 번째 과제는 정책 칸막이로 인해 부서별로 나뉘어진 다양한 농촌정책 영역을 총괄 · 조정할 전담 부서를 설치하는 것입니다. 핵심사업인 일반농산어촌개발사업조차도 분산 시행되기도 하고 사업 간의 연계성이 떨어져 효과가 낮기 때문입니다. 이제는 마을만들기를 읍면 정책으로 확장하고 농촌공간계획까지 염두에 둔다면 과(課) 단위로 신설하는 것이 바람직합니다. 일반적 형태인 건설과 농촌개발팀으로는 총괄 · 조정 기능을 기대하는 것은 도무지 무리입니다. 적어도 농업기반정비 업무와 분리해 일반농산어촌개발사업만 담당하는 전담 부서(팀 규모)를 신설하고, 여러 연계협력 부서(팀)까지 포함하여 과 단위를 신설해야 합니다. 특히 "농촌공간 재구조화와 재생에 관한 법률"을 제정하고 농촌공간계획의 연계협력을 강조하는 시점에서는 더욱 필요한 방향입니다.

총괄 · 조정 부서의 신설, 어떤 방향을 선택해야 할까요?

농촌마을정책은 마을이란 공간을 대상으로 하기에 여러 중앙부처가 관계할 수밖에 없고, 그래서 복잡하고 다양한 정책이 겹쳐집니다. 이 때문에 특정 부처(부서)의 업무로 국한하기 어렵다는 특징이 있습니다. 사회적가치를 지향하는 다른 정책들도 유사한 딜레마에 빠져 있기 때문에 여러 부서 사이의 업무 조정이나 협조체계가 강조될 수밖에 없습니다. 그래서 핵심정책은 하나의 총괄·조정 부서(과)에 집중시키고, 나머지는 다른 부서에 흩어져 있더라도 업무 협조를 통해 해결해야 합니다. 총괄·조정 부서의 신설은 민간 네트워크 법인 구성(제4부) 방향과 마찬가지로 크게 다음 두 가지 방향을 검토할 수 있습니다.

제1안은 좁은 의미에서 농식품부 농촌정책국 중심의 정책 영역을 중시하는 방향입니다. 마을공동체와 직접 연관성이 높은 중심지활성화(기초생활거점조성)와 농촌관광, 6차산업, 푸드플랜, 사회적농업, 농촌복지, 귀농귀촌 등과의 결합을 우선하면서, 농식품부 농촌정책국 소관의 업무 중심으로 과를 신설하는 방향입니다. 앞으로 농촌협약 및 농촌공간계획 제도 도입과 병행하여 하향식의 형태로 이런 방향이 더욱 강조될 전망입니다. 현재의 농촌개발팀(혹은 농촌협약팀)이 20여 년 전에는 기반조성팀이라는 이름으로 농정과(농업정책과)에 있었음을 되새기면 쉽게 검토할 수 있는 발상입니다. 행정의 직렬로 보면 주로 농업직과 시설직이 모이게 될 것입니다. 이런 방향은 농식품부의 업무 '라인'과 일치시킬 수 있다는 장점을 지닌 반면, 역으로 농촌공간 정책에서 다른 부처와의 업무 협조를 더욱 가로막으리라는 비판도 가능합니다.

제2안은 사회적가치 지향의 지역사회 정책과 농촌공간계획 정책 영역을 중시하는 방향입니다. 이런 방향에서는 마을공동체 정책과 읍면 주민자치회, 사회적경제, 푸드플랜, 평생학습(마을교육공동체), 도시재생, 지속가능발전 등의 영역이 연관성이 더욱 높습니다. 앞의 1안에서 예시한 영역보다 사회적가치 지향이 명확하고 중간지원조직 논의도 활발해 공동의 지향점을 찾기가 훨씬 쉽다는 장점이 있습니다. 자치분권의 큰 흐름 속에서 지자체 행정의 정책 역량을 강화하자면 이러한 방향이 더욱 강조될 것입니다. 이런 경우에는 총괄·조정 부서(과)에 행정직 외에 농업직, 시설직, 사회복지직 등 다양한 직렬이 포함되어 복잡한 구성이

될 것입니다. 그래서 질적으로 업무 협조가 잘 되자면 업무연찬 같은 공무원 공동
학습이 매우 중요하고, 담당 과장의 역량이 매우 높아야 합니다.

이 두 방향 중에 어느 쪽이 더 바람직한지는 지역마다 상황이 다르기에 단정하
기 어렵습니다. 민간단체의 자율성과 운동성이 높고 단체장의 시야가 넓은 지자
체에서는 2안을 선택하는 게 유리할 것입니다. 특히 행정이 중간지원조직의 통합
형 설치에 적극적이라면, 2안이 훨씬 현실적입니다. 하지만 중앙정부 부처 모두
농촌협약처럼 앞으로 균형발전특별법의 지역발전투자협약 제도를 적극 활용할
예정이고, 기존 업무 라인을 따라 과를 신설하도록 유도할 가능성이 크다 봅니다.
중앙정부의 정책 방향이 대규모 공모사업을 전제로 추진한다면 이런 요구를 무
시하는 것이 현실적으로 어렵습니다. 하지만 행정과 민간이 공동학습과 토론·
합의의 과정을 거쳐 지역사회 상황에 맞도록 행정조직을 개편하는 것이 바람직
하다는 점은 명확합니다. 지방자치 시대인 만큼 지역 스스로 결정하는 것이 무엇
보다 중요합니다.

충남 시군 행정에서 선도적으로 총괄·조정 부서를 신설했습니다

충남도 광
역에서는 2015년부터 '농촌마을정책의 민관협치형 추진체계 구축'이란 차원에
서 행정의 조직개편을 계속 강조했습니다. 공동학습과 토론·합의를 통해 조직
개편 필요성에는 모두 동의했지만, 실질적 변화는 잘 나타나지 않았습니다. 하지
만 행안부가 「2017년 지방자치단체 기준인건비 최종 산정결과」(2016.12.)와
「2018년도 지방자치단체 조직관리 지침」(2018.03)을 발표하고, 또 민선 7기에 새
로운 단체장이 많이 들어서면서 행정조직 개편도 빠른 속도로 검토되었습니다.
충남에서는 대개 공동체를 핵심 키워드로 총괄·조정을 전담할 과가 신설되고,

〔표 2-2〕 충남도 시군의 공동체 전담과 조직개편 현황

시군 명 (설치 순서)	과 명칭	팀 구성	인원 수	S/W 업무와 H/W 사업	센터 관리 업무와 사업 업무	중간지원조직 설치 현황
청양군	농촌 공동체과 (5팀)	공동체기획팀	4	분리	분리	푸드플랜+마을공동체 +사회적경제 (재단법인)
		푸드플랜팀	4			
		공공급식팀	5			
		농촌개발팀	3			
		농촌활력팀	3			
논산시	마을자치 분권과 (3팀)	마을자치팀	6	분리	분리	공익활동+마을만들기 (행정직영)
		공동체새마을팀	3			
		마을사업팀	4			
서산시	시민 공동체과 (4팀)	주민자치팀	4	동일	동일	공익활동+마을만들기 (행정직영)
		혁신분권팀	3			
		마을공동체팀	4			
		사회적경제팀	3			
공주시	주민 공동체과 (4팀)	자치분권팀	3	동일	분리	마을만들기 +사회적경제+주민자치 (행정직영)
		새마을단체팀	3			
		사회적공동체팀	3			
		마을만들기팀	5			
부여군	공동체 협력과 (4팀)	자치협력팀	3	동일	분리	주민자치+마을만들기 +상권활성화+도시재생 (재단법인)
		상권활성화팀	3			
		마을공동체팀	4			
		도시재생팀	3			
당진시	공동체 새마을과 (4팀)	주민자치팀	5	동일	동일	마을만들기 (행정직영)
		마을공동체팀	3			
		사회적경제팀	3			
		새마을팀	3			
태안군	주민 공동체과 (4팀)	공동체기획팀	4	동일	분리	마을만들기+주민자치 +사회적경제+도시재생 (행정직영)
		농어촌마을팀	6			
		일자리사회적경제팀	3			
		도시마을팀	3			

주1. 신설 당시가 아니라 2021.7 기준으로 팀 구성과 인원 수, 담당 업무 등을 표시함.
주2. 팀 구성에서 마을만들기 담당팀은 진하게, 중간지원조직 담당팀은 기울임으로 표시함.
주3. 인원 수에서 행정직영 중간지원조직의 공무직 인원은 제외함.
주4. 민선 7기의 상황을 소개한 것이고, 민선 8기에는 논산시, 서산시, 부여군이 농촌협약과 연계하여 농정과(농업 정책과)로 마을만들기 업무가 이관됨.

일반농산어촌개발사업 중심으로 마을만들기를 전담할 팀도 구성되었습니다. 7개 시군이 공동체 전담과를 신설한 셈이고([표 2-2] 참고), 구성 팀은 지자체 실정에 따라 다양했는데, 대개 앞의 2안 방향을 따랐습니다. 공통적으로 주민자치 업무가 주무 팀에 배치되고, 마을공동체 업무가 주민자치 및 사회적경제 업무와 같은 과에 배치되었습니다. 또 중간지원조직의 통합형 설치도 적극 검토했습니다.

결과적으로 충남도에서는 서천군과 계룡시를 제외하고 나름대로 조직개편이 모두 이루어진 셈입니다. 크게 세 가지 유형으로 구분할 수 있는데([표 2-3] 참고), 민선 7기 상황을 중심으로 일단 설명하도록 하겠습니다. 유형 1은 기존의 농촌개발팀에서 농업기반정비 업무를 분리하고 일반농산어촌개발사업만의 전담 팀을 신설하는 정도에 그친 경우입니다. 여기에는 홍성군, 예산군, 금산군, 서천군 등이 해당합니다. 천안시는 초기에 사회적경제 영역과 연결시켰으나 2020년 7월부터는 농업정책과로 이관되고 명칭도 농촌활력팀으로 바뀌었습니다.

유형 2는 유형 1에서 나아가 기존의 건설교통과(주로 도로, 하천, 교통 담당) 계통에서 벗어나 사회적경제나 도시재생 등의 영역과 합쳐 별도의 과를 신설하는 경우입니다. 아산시는 사회적경제과 소관으로 마을공동체팀을 배치했고(이후 추가적인 조직개편으로 일반농산어촌개발사업의 하드웨어사업을 전담하는 농촌지역개발팀도 이관), 보령시는 시설직 중심의 도시재생과를 신설하고 마을공동체팀도 이관했습니다.

유형 3은 유형 1에 추가하여 공동체 중심의 전담 과를 신설하는 경우입니다. 7개 시군 모두 주민자치 업무를 주무 팀에 배치하고, 시군 실정에 따라 사회적경제, 푸드플랜, 도시재생 등의 업무를 결합하는 방식입니다. 앞의 [표 2-2]에 소개된 시군이 여기에 해당하는데, 중간지원조직의 민간위탁 사례가 하나도 없다는 점이 특징입니다. 이는 민간과 협의하는 지역사회 문화가 취약한 결과이고, 그래

〔표 2-3〕 충남도 시군의 공동체 전담 과 조직개편 유형과 사례 비교

유형	유형 1 (건설과 유지, 재편)	유형 2 (특정 정책 연계, 과 신설)	유형 3 (공동체 전담 과 신설)
개편 전	·기본적으로 건설(교통, 도시)과 농촌개발팀(혹은 기반조성팀) 형태로 유지 ·일반농산어촌개발사업과 농업기반정비 업무 중심으로 배치 ·시설 직렬의 3~4명이 과도하게 많은 업무를 담당하고 농어촌공사에 대부분 대행 처리		
개편 후	·농업기반정비 업무를 분리하고, 건설(교통, 도시)과 산하에 일반농산어촌개발사업 전담 부서 신설	·유형 1 포함 ·사회적경제나 도시재생 등의 영역과 합쳐 별도 과 신설	·유형 1 포함 ·주민자치, 사회적경제 등과 합쳐 공동체 전담 과 신설
특징 (장단점)	·같은 시설 직렬 중심을 유지하고 비교적 쉽게 개편 가능 ·같은 과 내에서 협력 필요성 자체가 미흡	·도농 통합시 특성을 반영해 특정 정책과 강력하게 결합 가능 ·다른 과 업무와의 협력 관계는 비교적 미흡	·공동체 관련 업무 사이에 협력 가능성이 매우 증대. 중간지원조직의 통합형 설치 용이 ·농식품부 농촌협약 대응에 혼란 존재
시군 사례	·홍성군, 예산군, 금산군, 서천군 ·천안시(농업정책과 배치)	·아산시(사회적경제과) ·보령시(도시재생과)	·논산시, 서산시, 공주시, 부여군, 당진시, 태안군 ·청양군(농촌정책도 포함)

주1. 계룡시는 조직개편이 이루어지지 못함.
주2. 민선 7기의 상황을 소개한 것이고, 민선 8기에는 유형3의 논산시, 서산시, 부여군은 전담 과가 해체되고, 반대로 보령시는 새롭게 공동체새마을과가 신설됨. 나머지 유형 1, 2는 모두 농정과(농업정책과)로 이관됨

서 행정이 쉽게 조직개편을 할 수 있었다는 장점과 한계를 모두 반영한 셈입니다.

유형 1의 사례 : 홍성군 건설교통과 마을공동체팀

행안부 지침 활용, 농업기반정비 업무 분리

홍성군은 기존에 농수산과 소속이

었던 친환경농정발전기획단(이하 농정기획단)에서 농업·농촌정책의 총괄 업무를 수행하고 '지역거버넌스 홍성통'을 통해 행정간사로서 정보 공유와 소통 역할을 담당했습니다. 행안부가 2017년에 지역공동체 총괄팀에 대해 기준인건비 1명분을 증액하는 조치에 따라 2017년 6월에 건설교통과 농촌개발팀을 마을공동체팀으로 전환하고 공동체정책의 총괄·조정 역할을 맡게 되었습니다. 신설된 마을공동체팀에서는 농업기반정비 업무가 분리되었지만 행안부의 지역공동체 업무까지 담당하게 되었는데, 결과적으로는 일반농산어촌개발사업의 총괄 업무가 중심이 되었습니다. 농정기획단은 기획감사실로 이관하여 농촌정책 전반의 기획과 조정 업무를 강화하는 방향으로 개편되었습니다.

홍성군은 2020년 하반기 이후 농촌협약 선정을 계기로 농촌정책의 총괄·조정 과를 신설하자는 논의가 활발했는데 결과적으로 반영되지 못하고, 농업정책과로 업무가 이관된 상황이 지금까지 유지되고 있습니다. 민선 8기에 들어와 유형1의 나머지 시군과 유형3의 다수 시군이 이렇게 농정과(농업정책과)로 업무가 이관되었습니다. 행정과 민간이 협력하여 지역 주도로 조직개편을 주도하지 못하고, 중앙정부 정책 동향에 그대로 따라간 셈이라 할 수 있습니다.

유형 2의 사례: 보령시 도시재생과 마을공동체팀

지자체 자체 방침, 도시재생 연계

보령시는 2016년 초부터 마을만들기사업의 역량단계별 추진체계를 강화하고자 교육·컨설팅 등 프로그램 업무를 중심으로 일반농산어촌개발사업 전담 팀을 신설하는 방향으로 행정조직 개편을 제안했습니다. 이런 제안을 반영해 2016년 7월에 기존의 건설과 농촌개발팀 업무에서 일반농산어촌개발사업 프로그램 업무와 중간지원조직을 전담할 마을만들기팀(일반직 공무원과 기간제 근로자 중심)을 분리, 신설하여 총괄·조정 기능을 강화했습니다. 2018년 10월에는 추가적인 조직개편을 통해 농촌개발팀과 마을만들기팀을 다시 합쳐 신설된 도시재생과로 이관했습니다. 명칭도 마을공동체팀으로 변경하고 인원도 1명이 증원되어 5명으로 확대되었습니다. 전년도인 2017년 3월에는 마을만들기지원센터가 행정직영에서 민간위탁으로 전환되었습니다. 2019년에 도시재생과 소관의 마을만들기와 도시재생, 2개 중간지원조직을 통합하는 재단법인 설립을 검토했으나 결과적으로 유보되었습니다.

민선 8기에 들어와 농촌협약 시대에 행정조직을 어떻게 개편할지가 가장 큰 과제로 등장하여 여러 토론이 진행되었습니다. 그동안 민간의 역량도 크게 성장하여 행정과 많은 토론이 진행되어 앞의 유형3에 해당하는 새마을공동체과를 신설했습니다. 구성은 새마을자치팀, 인구청년정책팀, 사회적공동체팀, 농촌활력팀 등 4개 팀으로 구성되었습니다. 마을만들기의 프로그램사업과 신활력플러스 사업은 사회적경제 업무와 연계하여 사회적공동체팀(4명)에서 담당하고, 일반농산어촌개발사업의 하드웨어 사업은 농촌활력팀(3명)에서 담당하는 방식으로 업무를 분리한 셈입니다. 같은 유형2에 속했던 아산시에서도 조직개편 관련하여 몇 가지 논의가 있었지만, 결과적으로 반영되지 못하고 농업기술센터 농업정책과로 이관되는 정도에 그쳤습니다.

유형 3의 사례 1: 청양군 농촌공동체과
농업·농촌 분야 융복합 전담 부서 신설

청양군은 민선 7기 출범 이후 주요 핵심 전략사업의 하나로 공동체정책을 추진하면서 공동체 업무 전반을 총괄할 농촌공동체과를 2019년 1월에 신설했습니다. 총 5개 팀(공동체기획팀, 푸드플랜팀,

공공급식팀, 농촌개발팀, 농촌활력팀)으로 구성되었고, 주요 특징으로 다음과 같은 점을 꼽을 수 있습니다. 1) 새로운 정책 환경 변화에 적극적으로 대응하고 여러 공동체정책을 주민자치 관점에서 총괄·조정하는 전담 과와 공동체기획팀을 신설했다는 점, 2) 푸드플랜과 학교급식, 농촌관광, 6차산업 등의 업무도 같은 과로 배치해 관련 정책 영역 사이의 협력 가능성을 높였다는 점, 3) 주무 팀인 공동체기획팀(4명)에서 마을만들기 총괄 역할과 중간지원조직 관리 업무를 맡았다는 점, 4) 농촌개발팀(3명)에서는 일반농산어촌개발사업의 하드웨어사업과 신활력 플러스 및 농촌협약을 담당하도록 구분했다는 점, 5) 행정조직 개편과 중간지원조직의 통합형 설치를 연계하여 재단법인을 별도로 설립했다는 점 등입니다. 전통적인 농업 기반 정비 업무는 예전대로 건설도시과 농촌기반팀에서 담당하고 있습니다. 그리고 타 부서에서 담당하는 귀농귀촌과 사회적경제, 도시재생 등은 통합형 중간지원조직(지역활성화재단)을 통해 업무 협조체계를 구축하여 대응하고 있습니다.

청양군의 행정조직 개편은 재단법인 설립과 더불어 민선 7기에 전국적으로 매우 선도적인 사례로 주목받았습니다. 중앙정부의 각종 국비 공모사업에 도전할 때 이런 부분이 매우 높게 평가되어 '떨어진 적'이 없다고 할 정도입니다. 그 성과는 민선 8기에도 안정되게 지속되고 있고, 먹거리정책과와 농촌활력과로 분리하는 방안도 검토되었습니다. 하나의 과에 5개 팀까지는 실제로 배치되고 운영될 수 있는데 향후 방향 측면에서 어떻게 발전해야 할지 계속 주목되는 부분입니다. 아마도 전북 완주군에서 농촌활력과가 먹거리정책과와 사회적경제과로 분리되었던 사례에서 배우고, 또 지방소멸에 적극 대응하고 농촌공간계획을 강화하는 목적에서 이런 방향은 계속 검토되어야 할 것입니다.

유형 3의 사례 2: 당진시 공동체새마을과

공동체 관련 총괄부서 신설

당진시는 민선 6기에 역점사업으로 추진했던 읍·면·동 주민자치 정책을 기반으로 민선 7기에 들어와 공동체를 키워드로 하는 새로운 조직개편을 검토했습니다. 그 결과로 주민자치와 마을만들기, 사회적경제, 새마을 등의 업무를 통합하는 공동체새마을과를 2020년 1월에 신설했습니다. 총 4개 팀(주민자치팀, 마을공동체팀, 사회적경제팀, 새마을팀)으로 구성해 지역공동체 분야의 총괄·조정 기능을 강화한 셈입니다. 주요 특징으로 1) 마을공동체와 주민자치 등 민관협력이 중시되는 업무를 통합하였다는 점, 2) 주민자치 업무를 주무 팀으로 하고, 새마을팀에 마을회관 업무를 배치해 새로운 모색을 하였다는 점, 3) 중간지원조직의 통합형 설치를 염두에 두고 관련 업무의 연계협력을 강화하고 있는 점 등을 들 수 있습니다.

특히 2021년 선정되어 2022년부터 기본계획을 수립하고 있는 신활력플러스 사업은 읍면 단위의 정책협업을 강화하고, 주민자치회와 협력해 민간주도성을 강화하며, 중간지원조직의 통합형 설치와 민간위탁을 강력하게 추진하는 내용으로 구성되어 있습니다. 제6부에서 소개하는 읍면 단위 민관협치형 추진체계 구축을 목표로 문제해결형 민간단체의 집중적인 발굴과 육성을 정책적으로 추진한다는 점에서 크게 기대가 됩니다. 민선 8기에도 현재의 공동체새마을과 조직체계는 그대로 연속되는데, 다만 푸드플랜(학교급식)이나 농촌관광, 귀농귀촌, 6차산업 등의 업무는 농업기술센터에 배치되어 있어 연계·협력이 쉽지 않다는 한계가 여전히 있습니다.

충남의 시군 행정조직 개편 사례 종합과 평가

앞에서 자세하게 소개한 것처럼 충남의 시군에서는 지역 실정에 맞게끔 농촌마을정책을 총괄하는 부서를 신설(과) 혹은 재배치(팀)하며 행정조직을 계속 개편해왔습니다. 민선 7기에 들어 공동체 분야의 정책협력에 중점을 두고 과를 신설하는 사례가 급격하게 늘었다는 점이 큰 특징입니다. 특히 청양군은 농촌정책과 공동체정책을 통합하는 방식을 선택했다는 점이 주목할 만합니다. 이렇게 행정조직 개편을 통해 총괄·조정 기능을 강화하여 신규 마을 발굴과 체계적 지원, 사후관리 체계 구축, 중간지원조직의 통합형 운영 등이 원활할 수 있게 정비되었습니다. 물론 지역 특성과 행정 현실, 논의 성과 등에 따라 대응 방향은 시군마다 다르게 나타났고, 각 유형별로 장단점이 있습니다(72쪽 [표 2-3] 참고). 또 농촌협약을 계기로 민선 8기에는 오히려 후퇴하는 경향도 크게 나타나고 있습니다. 그럼에도 민선 7기에 충남 시군에서 나타난 조직개편 사례는 충분히 검토하고 평가할 가치가 있습니다.

물론 행정조직이 개편되더라도 여전히 관련 업무와의 연계·협력은 충분하지 않다는 문제점이 있습니다. 공동체 전담 과의 업무들은 대체로 난이도가 높은 정책 영역이고, 순환보직제 상황에서는 단기간에 정책 흐름까지 파악하기가 쉽지 않습니다. 같은 과에 속하더라도 업무 협조가 잘 되지 않는 문제도 여전히 남아 있습니다. 또 마을만들기팀(마을공동체팀)에 신규 업무가 계속 늘고 있지만 담당 인력은 그대로인 한계도 있습니다. 이처럼 농촌정책의 흐름이 매우 빠른 상황에서 행정의 정책 전문성을 강화하기 위해서는 조직개편만으로 부족한 점이 많습니다. 그래서 행정조직 개편(행정 과제 1)과 더불어 다음에서 다룰 업무 협조체계 강화(행정 과제 2)와 순환보직제 단점 극복(행정 과제 3)까지 포함해 종합적으로 검토해야만 한다고 강조하는 것입니다.

[행정 과제 2] 업무 협조를 강화하도록 행정협의회가 꼭 필요합니다

행정이 정책 칸막이 때문에 자주 비판받아온 만큼 중앙정부도 협업을 강화할 제도적 장치를 여러모로 시도해왔습니다. 2020년 10월에 행안부는 「행정 효율과 협업 촉진에 관한 규정」을 신설하고, 이에 근거해 '범정부 협업 활성화 계획'을 수립했습니다. 협업이음터 홈페이지(www.gwanghwamoon1st.go.kr)도 운영하며, 협업인재상을 시상하는 등 행정 협업을 강조하고 있습니다. 또 「행정절차법」개정(2020.10.15)을 통해 협업의 원칙과 노력 의무를 명시했으며, 행·재정적 지원방안도 마련했습니다. 여기에 기관별로 협업책임관과 협업지원관 및 협업매칭 매니저를 두도록 했고, 공공기관으로도 계속 확대하고 있습니다. 지자체 혁신 평가 항목과 공무원 성과평가에도 협업 실적과 능력을 반영했습니다. 행안부는 타 지자체와 협업해 주민서비스 개선을 하는 경우 특별교부세나 보통교부세로 재정 지원도 하고 있습니다.

중앙정부 대규모 공모사업에서도 자치분권 흐름에 맞추어 지자체의 정책협업을 강조하는 추세가 뚜렷합니다. 예를 들어, 농식품부의 신활력플러스사업과 농촌협약제도는 공모사업의 전제조건으로 전담부서 설치와 업무협조체계 구축, 정책위원회 구성, 통합형 중간지원조직 설치 등을 강조하고 있습니다. 행안부의 소생활권 활성화 사업에서도 이런 방향을 크게 강조합니다. 이처럼 지자체가 선제적인 대응 차원에서라도 행정 협업을 강화하는 방향으로 행정협의회 구성과 운영을 적극적으로 검토해야 할 시점입니다.

행정협의회는 왜 구성하고 어떤 역할을 담당해야 할까요?

마을만들기 업무는

거듭 강조하지만 특정 행정 부서(특히 팀 단위)로만 국한할 수 없다는 특성이 있습니다. 농촌마을정책은 일반농산어촌개발사업만으로 정책 효과를 높이기에 무리가 있으므로 관련 부서 사이의 업무 협조체계를 강화해야만 합니다. 그래야 정책 집행의 시행착오를 줄이고 예산을 절감하며 현장의 변화를 유도하는 성과를 낼 수 있습니다. 공무원의 자발성에 기초해 일시적으로 운영되는 것이 아니라 조례에 근거해 설치·운영되는 의무적 성격이 되어야 하고, 이를 통해 책임 있는 결정이 이루어지게 해야 실효성이 있습니다.

행정협의회에 참가하는 부서는 행정조직 개편 방향이나 민간 네트워크 법인 설립 방향과도 크게 관련됩니다. 유사성이 높은 부서(분야)일수록 같은 조직에 배치하는 것이 바람직하기 때문입니다. 행정협의회는 총괄·조정 과에 속하는 4~5개 팀과 여기에 포함되지 않는 관련 부서까지 포함해 10~15개 팀 정도로 구성하는 것이 효율적입니다. 직접적 연계성이 높은 정책 분야로 농식품부 소관은 농촌관광(체험휴양마을), 6차산업, 사회적농업, 농촌복지, 귀농귀촌, 푸드플랜 등입니다. 다른 부처 소관으로는 주민자치, 사회적경제, 도시재생, 마을교육공동체, 평생학습, 지속가능발전 등의 정책이 중요합니다. 이들 분야는 대체로 1) 주민과의 직접적인 접촉이 많고, 2) 업무 자체가 융복합 성격이 강하며, 3) 중간지원조직 설치를 요구받고 있다는 점 등에서 공통점이 많습니다.

행정협의회의 설치 근거는 조례에 반드시 명시해야 소집 권한이 명확하고 오래 지속될 수 있습니다. 조례에는 설치 근거만 간단하게 명시하고, 상세한 운영 방식은 행정지침으로 규정하는 것이 유연할 수 있습니다. 주요 역할은 1) 각종 행정사업 정보 공유(특히 교육사업), 2) 공모사업의 절차와 일정 등 방법론 통일, 3) 보조사업 대상자의 선정 절차와 결과 공유, 4) 다음 연도의 각종 예산 및 사업계획 협의, 5) 중간지원조직 설치 및 운영 방안 공유, 6) 정책위원회 상정 안건의 협의와 정리, 7) 민간 네트워크 법인과의 협력 방안 협의 등입니다. 할 일은 많지만 수시로 개최할 수 없기에 효율적인 운영방안을 끊임없이 검토해야 합니다. 또 의무만 강조하는 것이 아니라 인센티브도 제공해야 즐겁게 참여할 수 있습니다.

행정협의회는 어떻게 운영해야 효율적이고 실제 도움이 될까요?

정기회의는 상·하반기 각 1회 이상 개최를 원칙으로 하고, 구성되는 초기에는 분기별 1회 이상 개최해야 실효성이 있습니다. 상반기 정기회의는 매년 1~2월 중에 그해 사업 및 예산계획 중심으로 개최합니다. 주로 1) 신년도 주요사업계획 공유와 협조 방안 토론, 2) 마을 및 단체 보조사업의 공모 절차와 방식 공유, 3) 연중 주요 행사의 일정 공유(공동 사업설명회 포함) 등이 핵심 안건이 됩니다. 하반기 정기회의는 7월 정기인사 이후에 다음 연도 사업예산계획이 검토되기 시작하는 8~9월 중에 개최하는 것이 효과적입니다. 주요 안건은 1) 당해 연도 주요사업 추진 상황 공유와 평가, 2) 다음 연도 사업예산계획(개략) 공유와 협력 방안 토론, 3) 하반기 주요 일정 공유(특히 공동 성과보고회 포함) 등입니다.

행정협의회 간사는 총괄·조정 과의 주무 팀이나 중간지원조직 담당부서에서 역할을 맡는 것이 좋습니다. 행정 협조는 공문으로 처리해 기록으로 남기고, 회의 안건도 사전에 협의해 정하는 것이 바람직합니다. 회의 결과도 당연히 결재를 거쳐 공유해야 하고, 매년 말에 회의 자료 및 결과를 모아 자료집으로 제작하는 것이 성과 공유와 인수인계 차원에서 꼭 필요합니다. 회의 결과는 조례에 규정된 정책위원회 정기회의에 상정할 안건 차원에서도 중요합니다. 참가 대상은 해당 부서의 팀장으로 구성하는 것이 실효성이 높고, 사업 담당 주무관이 배석하는 정도가 오래갈 수 있습니다. 과장급으로 하면 의사결정 수준은 높겠지만 개최하는 일정 잡기도 어렵고 집중력과 친밀성이 떨어질 수밖에 없습니다. 회장은 조례 소관 부서의 과장으로 하고, 단체장이나 부단체장이 매번 참석해 격려사를 한다면 권위가 더 높아집니다.

여기에 일상적으로 업무 협조의 질을 높이고 책임 소재를 명확히 할 수 있도록 인사명령을 통해 '협업담당자'를 지정하고, 업무 분장에도 명시해야 책임감과 실효성이 높습니다. 또 협업담당자에 대해서는 인사고과에 반영하고 해외연수나 특별수당 등의 인센티브를 제공해야 하고, 이렇게 행정 혁신을 촉진하기 위해서라도 조례에 반영할 필요가 있습니다. 또 공무원의 자발성을 촉진하는 차원에서 (뒤에서 소개하는) 홍성군 공무원 학습동아리 '마을통' 사례처럼 세련된 방법을 결합할 필요가 있습니다. 제도적으로 의무만 강조하면 활력이 떨어지고, 그렇다고 자발성만 존중하면 의무감이 작동하기 어렵기에 적절한 균형을 찾아야 합니다. 일상적으로 업무 협조가 이루어지는 신뢰 관계가 중요한데, 특히 연 2회 정기인사 이후에는 반드시 점검하고 취지를 다시 설명하는 절차가 필요합니다. 단체장도 수시로 이런 방향성을 강조하고 격려해야 합니다.

충남 시군의 행정협의회 운영 사례를 소개합니다

충남은 15개 시군 전체에 마을만들기(마을공동체) 조례가 제정되어 있습니다. 대개는 행정협의회 설치 근거가 명시되어 있습니다(논산시, 부여군, 서산시, 서천군 등 4개 시군 제외). 2015년 10월 충남도에서는 충남연구원의 연구진 자문과 각 시군 마을대학 토론 결과 등을 반영해 「마을만들기 활성화 지원 조례 표준안」을 배포했고, 여기에 제10조(마을만들기 총괄·조정 부서의 구성과 운영)와 더불어 제11조(마을만들기 행정협의회 설치·운영) 규정도 포함하고 있습니다([자료 2-2] 참고).

제11조(마을만들기 행정지원협의회 설치·운영)

① 군수(시장)는 마을만들기의 각종 행정사업을 담당하는 관련 부서들의 원활한 업무 추진을 위해 마을만들기 행정지원협의회(이하 "행정협의회"라 한다)를 설치하고 운영한다.

② 군수(시장)는 행정협의회가 원활하게 운영될 수 있도록 관심을 가지고, 제10조의 전담 부서는 행정협의회의 운영 사항을 정기적으로 보고한다.

③ 행정협의회는 정기적으로 회의를 개최해 사업 및 정보를 공유하며 제7조의 연도별 시행계획 작성을 위해 협력한다.

④ 행정협의회의 설치와 운영에 관한 세부 사항은 별도 지침으로 정한다.

하지만 몇몇 지자체 조례에서 행정협의회 조항 자체가 빠져 있는 이유는 조례 발의 과정에서 이런 규정이 불편하다고 행정이 판단하여 삭제한 결과입니다. 그리고 운영 실태를 점검해보면 행정 담당자의 잦은 교체 등으로 정기적으로 명확하게 개최되는 사례를 찾기 어렵습니다. 하지만 농촌협약까지 염두에 둔다면 이런 행정협의회는 반드시 조례에 명시하고 활발하게 운영할 필요가 있습니다. 처음부터 가능하지 않은 것이 아니라 해결해야만 할 핵심과제라는 관점에서 접근해야 합니다. 몇 가지 참고할 만한 충남의 사례를 소개합니다.

사례 1: 서산시 일반농산어촌개발사업 행정 TF팀

서산시는 「마을만들기 조례」가 제정(2018.04.20)되었으나 행정협의회 설치 근거가 빠져 있습니다. 따라서 행정협의회를 운영할 수 있는 제도적 근거가 없어 담당 부서 간의 협력 의무가 미약할 수밖에 없습니다. 대신에 그동안 일반농산어촌개발사업에 대한 평가를 통해 공기관(주로 농어촌공사) 대행사업으로 수행했던 방식을 반성하고 2020년부터

'일반농산어촌개발사업 직접 추진 TF팀'을 설치했습니다. 이런 방식은 담당 부서가 '2020년 서산시 발전 10대 핵심과제'의 하나로 신청하여 선정된 결과입니다. 일반농산어촌개발사업에 대한 지역 주민의 만족도를 높이고 대행수수료 17억 원을 절감하며 부서 간 칸막이를 혁파하는 등 실질적 협업 모델을 구축하자는 것이 목적입니다.

TF팀은 매년 총사업비 250억 원 규모의 7개 지구 사업을 행정이 직접 추진해 주민 의견 조사부터 실시설계 검토, 행정절차 이행 협조, 분야별 공정 감독 등의 임무를 수행하고 있습니다. 여기에 대한 근거는 「서산시 프로젝트팀 설치 · 운영 조례」(2020.01.30. 일부 개정)에 있고, 팀장은 자치행정국장이 담당합니다. TF팀원은 시민공동체과장, 마을공동체팀장, 마을공동체팀(시설직 2명, 건축직 1명), 회계과 공업직 2명, 정보통신과 방송통신직 1명 등 3개 과, 4개 팀 8명으로 구성되었고, 외부자문으로 충남마을만들기지원센터장이 참여합니다.

2020년 1월에 구성되어 농촌중심지활성화사업(인지면), 기초생활거점조성사업(부석면 · 성연면 · 팔봉면), 마을만들기사업 종합개발(부석면 월계2리), 마을만들기사업 자율개발(팔봉면 금학3리, 지곡면 환성2리) 등의 행정사업에 대해 공기관 대행 없이 행정에서 직접 건축 · 소방 · 전기 · 통신 등의 설계 검토와 행정절차 이행, 추진 감독 등을 담당하고 있습니다. 타 지자체에서는 행정 인력과 전문성 부족 등으로 하드웨어 사업의 대부분을 공기업 대행사업으로 추진하는 것이 현실입니다. 특히 농촌협약에 선정된 시군에서는 거의 예외 없이 농어촌공사에 위탁하는 방식을 취합니다. 그러므로 이런 방식은 전국에서 유례를 찾기 힘든 서산시만의 방식이고, 행정의 업무 협조체계 구축을 통해 업무 효율성을 높이고 예산을 크게 절감하는 효과가 있습니다. 다만 행정의 업무 부담이 늘고, 주민과의 갈등 관리까지 해야 하는 등 애로사항도 적지 않습니다. 특히 2022년에 농촌협약에 선정되면서 효율적인 개선방안을 계속 검토하고 있습니다.

사례 2: 보령시 마을공동체 행정협의회

보령시는 「마을공동체 활성화 지원 조례」를 제정(2015.12.30)하면서 충남마을만들기지원센터가 작성한 표준조례안에 따라 제13조에 행정협의회 운영 근거로 "시장은 마을공동체사업을 담당하는 관련 부서들의 원활한 업무 추진을 위해 필요한 경우 마을공동체 행정협의회를 설치·운영한다"는 규정을 마련했습니다. 2015년까지는 11개 부서 14개 팀이 참여하는 '포괄보조금추진단' 형식으로 운영되었고, 2016년부터는 이를 이어받는 형태로 행정협의회가 운영되고 있습니다. 주요 역할은 1) 중앙부처 마을만들기 사업 공모 협조, 2) 농촌 지역사회개발 정책의 행정 내 핵심 역할 수행(신규 분야의 적극적 개척 및 융복합), 3) 마을만들기 사업의 행정 내 연계와 성과의 외연 확산 도모(로컬푸드·6차산업·농촌창업·귀농귀촌·주민자치·평생학습) 등입니다.

하지만 이후 조직개편으로 담당자가 자주 바뀌면서 활동이 활발하지 않다가 2018년 행정과 민간, 중간지원조직이 칸막이를 허물고 함께 소통하고 교류·협력해 지역 현안을 해결하고자 '보령삼통회(가칭)'를 기획했습니다. 마을만들기 관련 행정(11개 실과, 12개 팀)과 민간단체(마을만들기협의회·귀농귀촌협의회·농업인단체·농촌체험마을·문화·예술단체 등), 그리고 중간지원조직(마을만들기지원센터·귀농귀촌센터·노인복지센터 등)의 삼자협의회에 해당합니다. 홍성군의 '지역거버넌스 홍성통'의 성과를 벤치마킹한 구상이었지만 실제 운영되지는 못했습니다. 이후 2020년 3월부터 신활력플러스 공모사업 신청과 추진을 위해 행정협의회를 재구성하여 운영하고 있습니다. 2022년에는 농촌협약 공모 신청을 준비하며 '소통·협력 플랫폼 열두우물 거버넌스'란 이름으로 행정과 중간지원조직, 민간단체 등 다양한 주체가 참여하는 방식이 시도되고 있습니다.

사례 3: 천안시 행정협의회(한울타리)

천안시는 마을만들기 총괄·조정 부서가 2016년 1월 지역경제과 마을만들기 TF팀에서 출발해 9월에는 마을만들기팀으로 승격했습니다. 그리고 2017년 4월에는 노사공동체팀으로, 2018년 7월에는 일자리경제과로 이관되어 사회적공동체팀으로 명칭이 바뀌었습니다. 또 2020년 7월에는 다시 농업정책과 농촌활력팀으로 전환되어 현재에 이르고 있습니다. 이처럼 천안시는 총괄·조정 부서가 충남에서는 가장 자주 변경된 셈입니다.

행정협의회는「마을공동체 활성화 지원 조례」를 제정(2016.05.11)하면서 제9조에 관련 규정을 마련했습니다. 애칭으로 '한울타리'라 부르고, 구성원은 10개과, 20개 팀(28명)입니다. 처음 구성된 2017년에는 의욕적으로 추진되었습니다. 이후에는 마을공동체지원센터와 수탁법인이 분기별 1회 정기 개최를 계속 요청했으나, 업무 담당자가 자주 바뀌면서 연 1회 부정기 개최에 그치고 있습니다. 필요성은 충분히 인정했지만 담당 부서가 너무 자주 바뀌니 안정성이 매우 떨어지는 셈입니다.

사례 4: 홍성군 공무원 학습동아리(마을통)

홍성군은 2013년 3월부터 현재까지 행정과 민간이 월 1회 정기적으로 만나는 '지역거버넌스 홍성통'을 운영해오고 있습니다. 이런 경험을 통해 행정 실무자 중심의 업무 협의가 지속적으로 진행되었고, 타 시군에 비해 상대적으로 높은 수준의 민관협치가 이루어지고 있습니다. 행정협의회는「마을만들기 조례」(2016.10.06) 13조에 규정되어 있고, 2017년

10월에 처음 구성되었습니다. 12개 과, 14개 팀으로 구성되어 2017년 1회, 2018년 3회, 2019년 2회 개최되었습니다. 2020년 이후에는 코로나19 영향으로 대면회의는 개최되지 못하고 있습니다.

홍성군은 행정협의회와 별도로 2016년에서 2017년까지 2년간 공무원 학습동아리 마을통을 운영한 독특한 경험이 있습니다. 2016년에 행정지침으로 홍성군 학습동아리 육성지원사업이 시작되면서 농정기획단이 주도해 운영했던 사례입니다. 회원으로 2016년에는 1실(기획감사실), 1센터(농업기술센터), 4과(농수산과·건설교통과·문화관광과·행정지원과)의 총 15명이 참가했고, 2017년에는 1센터(농업기술센터), 5과(농수산과·건설교통과·문화관광과·행정지원과·재무과)의 총 11명이 참가했습니다. 공무원 스스로 학습이나 견학했던 사례를 발표하기도 하고, 외부 전문가를 초청해 강의를 듣기도 했는데, 홍성군 관내 마을 현장에서 진행하는 것을 원칙으로 했습니다. 2년에 걸쳐 각 5회씩 총 10회 운영되었고, 2018년에는 중단되었습니다. 대부분의 지자체 행정에는 학습동아리를 장려하는 제도가 있기 때문에 언제라도 시작할 수 있는 방식이라 봅니다.

행정협의회의 새로운 운영방식으로
전문직위군 제도를 적극 제안합니다

행정협의회는 제도적 근거가 미약하거나 외부적 강제가 없을 때는 현실적으로 운영 자체가 쉽지 않습니다. 일상적으로 수행해야 할 업무가 많고, 다른 부서와의 협력 의무가 미약하면 개인의 자발성에 기초할 수밖에 없기 때문입니다. 또 연 2회 정기인사로 담당자가 자주 교체되면 자발성에도 한계가 있습니다. 그래서 조례에 설치 근거가 정확히 명시되어야 하고, 협업 활동에 대한 인센티브를 제공해야 하며, 무엇보다 민간과의 적절한 긴장감이 있어야 자극도 받을 수 있습니다. 결국 행정협의회도 제도적 시스템으로 작동되어야 오래 지속될 수 있는 셈입니다.

이러한 시스템 작동에는 광역 지자체나 중앙정부의 역할이 크게 작용합니다. 각종 공모사업에서 행정협의회의 구성과 운영 실적을 평가하고 가점을 제공하는 방법이 가장 기본입니다. 법률이나 조례로 지원 근거를 명확히 해야 하는 등 다양한 형태의 자극과 유인책도 필요합니다. 단체장이 이런 내용을 숙지하고 수시로 점검하고 격려하는 행정문화도 꼭 필요합니다. 무엇보다 협업담당자나 부서에 승진 가점을 비롯해 해외연수나 특별수당 등의 인센티브를 주는 것이 실질적으로 필요합니다. 실질적인 인센티브만 제공된다면 서로 적극적으로 협조할 것이 명확하기 때문입니다.

그리고 행안부에서 새롭게 도입해 시행하고 있는 '전문직위군' 제도를 적용해 보기를 적극 제안합니다. 이 제도는 중앙부처에만 적용하던 것을 2016년부터 지자체에서도 시행할 수 있도록 확대한 것으로 「지방공무원 인사분야 통합지침」(행안부 예규 제126호, 시행 2020.09.22)에 제도적 근거가 명시되어 있습니다. 한 직위에서 3년 이상 근무를 제도적으로 보장하는 '전문직위제'를 유사한 정책 영역으로 확장하여 하나의 군(群)으로 묶어 5년 이상 근무하게 하는 것이 특징입니다. 이 제도를 활용하면 향후 인사 과정에서 행정협의회 내 유사 업무를 추진했던 부서 간 이동을 장려해 업무 연계성과 지속성을 강화할 수 있습니다.

예를 들어, 행정협의회에 소속된 담당부서를 공동체정책 전문직위군으로 묶어 인사이동에 반영한다면 업무 협조가 원활해질 것입니다. 아직 전국 지자체에서 시행된 사례는 확인되지 않지만, 순환보직제의 단점 극복(행정 과제 3)과 맞물려 매우 효율적인 제도라 할 수 있습니다. 행정협의회의 효율적 운영과 순환보직제 단점 극복이라는 두 마리 토끼를 잡을 수 있는 제도인 셈입니다. 문제는 이런 협업 활동에 인센티브가 부족하면 '그림의 떡'이 되고 만다는 점입니다. 농촌협약이나 지방소멸대응기금 같은 중대규모 국비사업에서 선도적 사례를 만들어내면 더욱 빨리 확산될 수 있을 것입니다. 어느 지자체에서 먼저 시작될지 매우 기대가 많습니다.

[행정 과제 3] 순환보직제 단점을 극복할 제도적 장치가 필요합니다

행정 공무원의 순환보직제는 민간 입장에서는 특히 심각한 문제에 해당합니다. 행정에 대한 불신을 강화하고 민관협치 자체를 저해하기 때문입니다. 특히 마을만들기 업무는 다양한 영역의 융복합 성격이 강해 전문성이 필요하고 마을 주민과의 신뢰관계가 중요하므로 업무 연속성이 강하게 요구됩니다. 주민들은 마을을 지키며 이런저런 학습을 통해 성장하는데, 행정이 법률과 사업지침만 강조하고 있다면 신뢰관계가 형성되기 어렵습니다. 또 중앙정부의 정책 변화가 빠르고 새로운 제도와 융복합 공모사업이 계속 도입되고 있으므로 기존의 순환보직제 방식으로 대응하는 것은 무리입니다. 행정이 총괄·조정 부서를 신설(행정 과제 1)하고 적절한 업무 협조체계를 구축(행정 과제 2)하는 것만으로는 민간과 협력관계를 맺기에 부족한 부분이 많다는 뜻입니다.

나아가 현재의 순환보직제로는 행정에 정책 전문성이 축적되지 못하고 깊이 있는 정책토론도 어렵습니다. 농촌 현실을 보면서 지역 특성에 맞도록 정책의 혁신적인 전환을 모색하는 것은 더더욱 어렵습니다. 이런 문제점에 대해서는 행정 스스로도 충분히 인정하고 있습니다. 이미 순환보직제의 단점을 보완하기 위한 제도적 장치로 1) 필수보직기간('전보제한기간'의 용어 개정) 준수, 2) 공모직위제

도입, 3) 전문직위제(전문관) 확대, 4) 개방형직위제 및 임기제공무원 채용 등 여러 방안이 마련되어 있습니다. 적어도 필수보직기간(2년)만은 지켜야 하며, 공모직위제나 전문직위제를 적극 도입하거나, 이것도 아니라면 민간에게 개방할 필요가 있다고 제안합니다. 각각에 대해 조금 더 구체적으로 살펴보겠습니다.

보완 장치 1: 공무원 필수보직기간(2년) 준수

지방공무원 임용령 제27조(필수보직기간과 전보·전출의 제한)는 공무원의 필수보직기간을 직렬에 따라 정하고 있습니다. 2018년 3월 20일 자로 개정된 임용령은 몇 가지 예외를 제외하고는 2년으로 늘어 현재까지 이어지고 있습니다. 국가공무원의 경우에 4·5급 이하는 3년을, 과장급 이상은 2년이 기본원칙입니다. 이렇게 법령으로 필수보직기간을 정하는 것은 인사권자의 인사권 남용을 예방하고, 그 직위에서 정해진 기간 동안 안정적으로 일할 수 있도록 하자는 취지입니다. 하지만 몇 가지 단서 조항이나 지자체 재량권을 인정하는 예외조치 때문에 잘 지켜지지 않는 것이 현실입니다.

담당 공무원이 발령 받은 지 2년도 안 되어 이동하면 업무 연속성과 효율성, 책임감을 떨어뜨리는 것이 분명합니다. 매년 시행되는 정기인사가 1월과 7월 두 번이나 있다 보니 인사철만 되면 주민들은 이번엔 얼마나 많은 공무원이 이동하게 될지, 우리 업무를 담당하는 공무원이 또 바뀌지는 않을지 늘 불안해합니다. 민간 활동가들은 "1년에 몇 번이나 바뀌는지 모르겠다", "우리 담당 공무원은 1년에 두 번이나 바뀌어 뭘 제대로 모른다", "이번에 팀장도 주무관도 모두 바뀌어 업무 적응하려면 한 1년 기다려야 할 판이다"라는 불만의 소리가 작지 않습니다. 한 공무원이 너무 오래 담당하는 것도 적절하지 않을 수 있지만, 필수보직기간조차 지켜지지 않고 수시로 바뀐다면 행정에 대한 신뢰 자체가 생기지 않는 셈입니다.

보완 장치 2: 공무원 공모직위제 도입

공모직위제란 "특정 부서 내 주요 직위에 대해 해당 기관 내부 또는 외부의 공무원을 대상으로 선발시험을 치러 임용하는 제도"를 말합니다. 간단하게 말해 그 직위 자체를 공모 방식으로 임명한다는 뜻입니다. 지자체 내부 공무원 위주의 폐쇄적 인사 운영을 개선하고자 중앙부처 및 다른 지자체 공무원과의 경쟁을 통해 적격자를 임용하려는 취지에서 2007년에 처음 도입되었습니다. 지방공무원법 제29조의4(개방형직위)와 함께 제29조의5(공모직위)에 제도적 근거가 있습니다. 또 '지방자치단체의 개방형직위 및 공모직위의 운영 등에 관한 규정'(대통령령 제32172호)에 자세한 내용이 정리되어 있습니다. 여기서 개방형직위는 공모 대상이 민간에도 열려 있는 반면, 공모직위는 공무원으로 한정된다는 차이가 있습니다. 대개 공모직위제는 같은 지자체 내에서 내부 공개경쟁을 거쳐 인사를 하는 경우에 적용되고, 개방형직위제는 고위직 공무원에 적용됩니다. 최근 읍·면·동 주민자치회 전환과 더불어 읍·면·동장을 민간인으로 채용하는 경우는 개방형직위제를, 일반직공무원 중에서 선정하는 '주민추천제'는 공모직위제 방식을 응용한 것입니다.

이런 공모직위제 방식으로 임명된 공무원은 매년 2회 있는 정기인사로 발령받은 공무원에 비해 공모에도 참여하고 심사과정을 거쳤기에 책임감이 강하고 정해진 기간 동안 열심히 할 수밖에 없습니다. 그래서 행정조직 개편을 통해 총괄·조정 부서(과)를 신설할 때 해당 과장(5급)이나 주요 팀장(6급)을 공모직위제 방식으로 임명하면 효과적이라 주장하는 것입니다. 마을공동체나 주민자치, 사회적경제, 푸드플랜 등 이런 업무들은 매우 어렵고 힘들기 때문에 적절한 사명감이 필요한 영역이라 할 수 있습니다. 그래서 적절한 인센티브도 전제되어야 하겠지만 공모직위제를 과장급과 팀장급에 적용하는 것은 순환보직제의 단점을 보완하고 정책의 책임성을 강화하는 효과적 제도임에 분명합니다.

보완 장치 3: 공무원 전문직위제(3년) 확대

전문직위제란 제도도 공무원의 업무 전문성이 필요한 직위에 공백이 생기지 않도록 도입한 제도적 장치입니다. 법적 근거는 지방공무원 임용령 제7조의3(전문직위의 지정 등)에 규정되어 있고, "전문직위에 임용된 공무원은 특별한 사유가 없으면 임용된 날부터 3년이 경과해야 다른 직위에 전보할 수" 있습니다. 전문직위의 분야는 업무의 계속성과 전문성이 특히 요구되는 직위이고, 구체적으로는 지자체의 '공무원 인사규칙'으로 정하게 됩니다. 대상 직급도 정해져 있는데, 광역지자체는 3~7급, 기초 지자체는 5~8급(상당 직급 포함)이고, 하위직으로 계속 확대되어 왔습니다. 전문직위에 임용된 공무원은 '전문관'으로 불리고, 3년간 전보가 제한되어 인사철마다 걱정하지 않고 안정적으로 근무할 수 있습니다. 인센티브로는 1) 경력평정 가산점 부여, 2) 직위수당 지급, 3) 능력개발 지원 등이 있습니다.

전국적 제도 운영 실태는 확인할 수 있는 자료를 찾기 어려워 구체적인 사례로 충남도청의 경우를 살펴보겠습니다. 2020년 6월 기준으로 총 67개 전문직위를 운영하고 있습니다. 공모 방식은 행정 내부 공문 및 행정 포털에 게시해 공개 모집하고, 실·국 및 인사위원회 심의를 거쳐 최종 선발합니다. 분야는 정책평가, 투자유치, 국제교류, 회계, 관광, 농정(마을가꾸기팀 포함), 건설, 교통물류, 재난 대응, 감염병 관리, 인재 양성, 감사 등 매우 넓습니다. 우대사항으로 특수업무수당을 근무기간에 따라 매월 7~40만 원 지급하고, 장기교육 대상자 선발 시에 우대하며, 근무성적 평가 시에 2년을 초과하는 1개월마다 가산점으로 0.05점을 부여하고 있습니다.

중앙부처의 경우, 인사혁신처 발표(2017.3.27.)에 따르면, 전문직위는 2013년 804개에서 2017년 4,463개로 5배로 급속하게 증가했고, 전체 직위의 18.7%를 차지한다 합니다. 2014년 세월호 참사가 큰 계기가 되었고, 전문직위군도 70개나 운영된다고 합니다. 지자체의 경우는 전국적 실태 자료를 확인하기 어려운데, 《머니투데이》가 행정자치부 자료를 인용한 보도(2016.01.07.)에 따르면, "광역은 41.2%, 기초는 6.2%만 전문직위제를 운영"하고, "운영 중인 지자체도 전문직위 지정 비율은 광역 1.5%, 기초 0.8%로 미미한 실정"입니다.

이처럼 전문직위제의 중요성에 비해 행정 현실에서는 크게 주목받지 못하고 있습니다. 여전히 근무 연차나 보직 경로에 따라 승진하는 경향이 높아서 전보가 제한되는 전문직위를 기피하는 흐름이 강하다고 볼 수 있습니다. 또 전문성이 요구되는 직무인지 불명확한 경우도 있고, 전문관에 대한 인센티브가 미흡하며, 당사자가 원하지 않는데도 전문직위에 발령받는 경우도 많아 제도적 보완책이 필요한 상황입니다. 앞에서 소개한 '전문직위군' 제도를 지자체도 적극 도입하여 좋은 사례를 만드는 시도도 꼭 필요합니다. 여러 공무원 간담회 자리에서 "실질적인 인센티브가 제공될 필요가 있다"는 주장이 많았고, 이런 점도 적극 고려되어야 할 것입니다.

보완 장치 4: 개방형직위제 및 임기제공무원 채용

개방형직위제란 "민간인과 공무원이 공개경쟁을 거쳐 직무수행 요건을 갖춘 최적격자를 주요 공직에 임용하는 공무원 임용제도"를 말합니다. 지방공무원법 제29조의4(개방형직위)에 근거를 두고 있고, "직위 중 전문성이 특히 요구되거나 효율적 정책 수립을 위해 필요하다고 판단되어 공직 내부나 외부에서 적격자를 임용할 필요가 있는 직위"를 개방형직위로 지정해 운영할 수 있습니다. 이 경우에 지방자치법이나 지자체 조례·규칙에 따라 시·도 광역 지자체는 5급(팀장) 이상, 시군 기초 지자체는 6급(팀장) 이상을 대상으로 합니다.

임기제공무원은 "한시적 사업, 외부 우수 인재 충원 등을 위해 근무기간을 정해 임용하는 경력직 공무원"을 의미하고, 정년은 보장되지 않지만 임기 동안 신분을 보장합니다. 예전의 계약직 공무원 제도가 바뀐 것으로 시행 근거는 지방공무원법 제25조의5(근무기간을 정해 임용하는 공무원)에 규정되어 있습니다. 주당 근무시간과 직급에 따라 보수(연봉제)는 다르지만 전문지식이나 기술, 임용관리의 특수성 등이 요구되므로 채용되는 전문가에게 일정한 경제적 대우를 하게 됩니다. 임기제공무원으로 채용되면 다른 일반직 직위로 전보가 불가하다는 특징도 있습니다. 개방형직위는 일반직 공무원도 신청할 수 있다는 점, 우리가 주변에서 보는 기간제(공무직) 근로자는 공무원이 아니라는 점에서 차이가 있습니다.

임기제공무원의 유형은 지방공무원 임용령 제3조의2(임기제공무원의 종류)에 따라 크게 네 가지로 구분됩니다([표 2-4] 참고). 이 가운데 '시간선택제 임기제공무원'은 공무원 '정원 외'로 취급되고 5년간 비교적 안정되게 근무할 수 있어서 가장 쉽게 선택할 수 있는 방식입니다. '전문임기제공무원'은 2017년 1월 1일 지방공무원 임용령 일부 개정을 통해 추가로 도입된 유형으로 주로 '정책결정의 보좌업무'를 위해 채용되고, 따라서 임용 당시의 지자체 단체장이 퇴직할 때 함께 면직된다고 규정하고 있습니다.

행안부(지방인사제도과)가 발간하는 『지방자치단체 공무원 인사통계』 자료(2021.12.31. 기준)에 따르면 일반임기제가 총 6,722명, 시간선택제가 12,006명, 한시임기제 971명, 전문임기제가 112명 등 약 2만 명이 채용되어 근무하고 있는 것으로 보고되고 있습니다. 전체 지방공무원 수(현원 기준 301,930명)의 6.56%에 해당됩니다. 가장 많은 시간선택제를 급수별로 보면 가급(5급 상당) 220명, 나급 593명, 다급 1,129명, 라급 1,732명, 마급(9급 상당) 8,332명으로 대부분 하위직임을 알 수 있습니다. 비교적 통계가 잘 나와 있는 일반임기제의 경우, 평균연령은 43.7세로 30대와 40대가 주축입니다. 공무원 총 근무연수는 대부분 5년 이내이지만 장기근무자도 적지 않아 평균 6.0년이고, 평균 근속연수는 3.1년입니다. 전체적으로 하위직이 대부분이지만 30~40대의 적지 않은 인원이 근무하고 있음을 알 수 있습니다.

충남의 경우, 시군 마을만들기 분야에서 개방형공무원을 채용한 실적은 없고, 임기제공무원은 2015년부터 단계적으로 채용이 확대되어 왔습니다. 특히 중간지원조직을 행정직영으로 운영할 경우에는 임기제공무원 혹은 기간제 근로자 방식으로 3명 내외가 주로 채용되어 근무했습니다. 직급은 나~라급으로 다양하고, 기간제 근로자로 채용되었던 일부 상근자는 공무직으로 전환했습니다. 행정 내에 마을만들기 임기제공무원을 채용한 경우는 (엄밀하게 보자면) 예산군 사례가 유일합니다. 예산군은 광역 중간지원조직의 제안을 받아들여 일찍부터 임기제공무원(다급)을 채용했으며(최초 채용 2015.11.02), 계약을 연장해 2022년 12월 현재 8년째 근무하고 있습니다.

최근 들어 행정 업무가 전문성을 요구하는 경향이 강해지고 사회적가치를 요구하는 정책 영역도 확대되면서 일반직 공무원이 담당하기 어려운 영역이 늘어나고 있습니다. 게다가 민간의 전문성을 행정에 도입해 공직사회에 활력을 불어넣자는 취지도 반영해 개방형직위제와 임기제공무원 제도가 계속 확대되는 편입니다. 하지만 중간지원조직의 민간위탁이 확대되면 임기제공무원의 채용 수요도 단계적으로 줄어들 것으로도 예상합니다. 하지만 행정 내부에 임기제공무원 수요가 과연 줄어들 것인지, 혹은 민간위탁 중간지원조직이 확대되면 일반직공무

〔표 2-4〕 지방자치단체 임기제 공무원의 유형과 특징 비교

구분	일반임기제	시간선택제	한시임기제	전문임기제
정원	정원 대체	정원 외	정원 외	정원 외
기준인건비	포함	포함	포함	포함
직급	일반직과 동일	가급(5급 상당)~ 마급(9급 상당)	5~9호	일반직과 동일
신규 임용	경력경쟁임용 (일반직과 동일)	경력경쟁임용 (별도로 규정)	경력경쟁임용 (별도로 규정)	경력경쟁임용 (별도로 규정)
근무시간	상근	주 15~35시간	주 15~35시간	상근
근무기간	총 5년 (신규임용자 5년, 5년 범위 내에서 연장 가능)		총 1년 6개월 (필요시 1년 6개월 연장 가능)	1년 단위(단체장 임기만료일 이전 연장)

자료 : 지방공무원법 제3조의2(임기제공무원의 종류)를 표로 정리

원의 숫자를 줄여도 되는 것인지, 여기에 대한 논쟁은 여전히 유효합니다. 또 행정직영의 중간지원조직이 민간위탁으로 전환될 때 기간제 근로자 신분으로 채용된 상근자가 '정년이 보장되는 신분(공무직)'을 버리고 민간센터(계약직)로 쉽게 이동할지도 의문입니다. 중요한 것은 일반 행정이 순환보직제를 고집할수록 개방형직위제와 임기제 공무원을 채용할 필요성은 줄어들지 않는다는 점입니다.

지자체 행정도 정책 변화에 선제적으로 대응해야 합니다

시대가 바뀌어 행정 공무원의 정책 전문성이 갈수록 강조되고 있습니다. 『자

치분권 시행계획』(2019.03)은, "지방공무원의 전문성 강화와 주민서비스 품질 제고를 위해" 지방 인사시스템의 혁신을 중요 과제에 포함했습니다. 또 직무 특성에 따른 '직위 유형 구분 및 보직 관리 차별화'를 제시하며 보직을 아예 장기근무형(전문가형)과 순환근무형(관리자형)으로 구분해 관리하겠다는 구상도 밝혔습니다. 또 필수보직기간을 더 확대하고 전문직위에 대한 가산점도 의무적으로 확대하겠다고 했습니다. 또 '직렬'은 법령으로 여전히 정해져 있지만 지방공무원 임용령 개정(2019.06.18)을 통해 지자체 조례로 '직류' 신설이 가능하게 개방했습니다(제3조의1). 이를 통해 일반직 공무원이지만 처음부터 전문가를 채용할 수 있는 폭이 더 넓어졌습니다. 지자체 특성을 반영한 직류, 예를 들어 공동체나 농촌재생 · 도시재생 · 사회적경제 등의 직류를 조례로 신설할 수 있게 한 셈입니다.

전반적으로 행정의 정책 전문성이 문제되고 있음을 중앙정부도 인정하고 이를 보완하기 위한 제도 개선책을 찾고 있는 것입니다. 농촌정책도 이제는 농촌협약과 농촌공간계획이 확대되면서 정책의 전문성이 매우 시급하게 요구되고 있습니다. 일반적인 순환보직제 상황에서는 담당 공무원들도 "업무 자체를 따라가기 어렵다"는 하소연이 많습니다. 이제는 정책의 협업과 사회적가치를 중시하는 분야, 지역의 오래된 과제이면서 민간과의 협력이 중요한 정책 영역은 지자체가 독자적으로 판단해 선제적으로 대응해야 할 시점입니다. 중앙정부의 정책 동향을 적극 활용하면서 선도적으로 시행하는 지자체가 나타나고 성과가 도출되면 급속하게 확산될 것입니다. 어느 지자체가 먼저 시작할 것인가의 문제일 뿐입니다.

행정 내부에서는 모순적인 태도를 취하고 있습니다

한국행정연구원은 2011년부터 매년 중앙부처 및 광역지자체 소속 일반직공무원을 대상으로 '공직생활실태조사'를 하고 있습니다. 기초 지자체 공무원을 제외하는 한계가 있지만, 공직 사회의 다양한 인식 변화를 파악할 수 있는 자료라고 볼 수 있습니다. 『2021년 공직생활실태조사』에서 행정의 정책 전문성과 순환보직제 관련 부분만 추려서 정리하면 다음과 같은 결과가 나옵니다. 총 4,133명이 응답한 '본인의 업무 전문성 수준'은 평균 3.45점(5점 척도)이었는데, 당연하게도 연령이나 재직기간, 직급이 높을수록 높게 인식하는 경향이었습니다. '전문성 향상을 저해하는 요인 1순위'는 성별, 학력, 재직기간, 직급에 관계없이 '순환보직으로 인한 잦은 인사이동'이 압도적으로 높았습니다. 2순위를 포함해도 마찬가지 결과인데, 그 다음으로 '연공서열식 평가 및 승진', '과다한 업무량'이 나왔습니다. 결과적으로 순환보직으로 인해 전문성이 축적되지 않으며, 시간만 흐르면 승진하니 전문성을 굳이 향상시킬 필요가 없거나 과다한 업무량으로 자기개발 기회가 부족하다는 것으로 이해할 수 있습니다.

반대로 '공직 전문성 강화를 위해 가장 효과적인 정책'에 대한 질문에서는 '다양한 교육훈련 프로그램 개발 및 교육 기회 확대'가 39.1%로 가장 높게 나타났고, 그다음으로 '필수보직기간 확대'와 '경력개발 관련 인사제도 활성화'로 이어졌습니다. 반면에 '민간 채용 확대로 공직 개방성 강화'는 4.0%로 매우 낮고, '전문직위 비율 확대 및 제도 활성화'도 15.6%에 그쳤습니다. 이런 경향은 성(性)과 연령·재직기간·직급에 따라서는 별 차이가 없지만, 학력별로 어느 정도 차이를 보였습니다. 학력이 높을수록 '전문직위 확대 및 활성화'와 '민간 채용 확대로 공직 개방성 강화'를 높게 선택했습니다. 전체적으로 공무원은 이 글에서 제안하는 여러 제도적 보완 장치에 대해 부정적인 입장이고, 교육훈련 프로그램이나 경력개발을 특히 강조하는 관점입니다. 순환보직제 문제가 심각하다고 인식하면서도 필수보직기간 확대에는 그다지 우호적이지 않은 셈입니다. 결국 행정 혁신의 관점에서 공무원들은 매우 모순적이고 소극적인 인식 상태라 평가할 수 있습니다.

공무원 스스로 행정개혁의 주인공으로 앞장서야 합니다

민관협치 관점에서 행
정의 지원체계를 정비하는 방향은 민간의 정책 수요를 정확하게 수렴하는 과정
을 거치면 쉽게 알 수 있습니다. 2015년부터 시군을 돌며 진행한 마을대학에서는
"모르쇠 행정이 아니라 서로 열린 마음으로 소통하고 해결해야 한다", "단일한 협
의 창구가 필요하고 정기적으로 만나야 한다", "행정의 필수보직기간을 연장해
야 한다", "행정이 현장을 자주 방문하고 이해해야 한다", "마을 일은 행정이 원
스톱으로 처리해야 한다" 등의 의견들이 공통으로 제기되었습니다. 또 지역사회
의 객관적 상황을 파악하면서 동시에 미래지향적 관점에서 중앙정부의 새로운
정책 동향에도 적극 대응하는 방향이 되어야 합니다. 특히 농식품부의 농촌협약
제도와 농촌공간계획 도입, 행안부의 주민자치회 전환과 지방소멸대응기금사업
확대, 자치분권(지방시대)위원회의 재정분권과 사무이양 등 이전의 동향이 향후
중요한 정책 흐름이 될 것입니다.

특히 농촌(마을)정책의 동향은 훨씬 복잡하고 빠르게 진행되고 있습니다. 신규
사업도 계속 늘어나고, 또 재정분권으로 지자체로 이양되는 사무도 계속 늘어날
것입니다. 농촌 현장은 사회구조적 문제와 맞물려 갈수록 어려워지고 있고, 메가
시티론처럼 지방소멸을 오히려 부추기는 논의도 확산되고 있습니다. 이런 상황
에서 지자체 행정은 어떤 길을 선택해야 할까요? 당연히 '자치'단체 공무원이라
면 지방자치의 관점에서 주인의식을 가지고 선제적으로 대응하는 것이 마땅합니
다. 우리나라 헌법(제7조의 2)이 직업공무원 제도를 채택하면서 정치적 중립성과
신분을 보장하고 국민 전체의 봉사자로서 주민주권을 제도적으로 구현하도록 요

구하는 것도 이런 맥락입니다. 이것은 어쩌면 지역사회 발전이란 측면에서 공공행정이 "개혁의 대상이 될 것인가?", 아니면 "개혁의 주체가 될 것인가?"라는 질문일 수도 있습니다. 지금처럼 지자체 인구가 줄어들어도 공무원 수가 계속 늘어나는 현실에서 이런 질문은 더욱 강해질 것이기 때문입니다.

중앙정부와 광역 지자체가 제도적 정비를 통해 해결해야 할 과제도 많지만, 기초 지자체 입장에서는 마냥 기다릴 수만은 없습니다. 변화를 기다리기만 한다면 자치단체 공무원으로서의 사명과 역할을 잊은 셈입니다. 사업지침으로 하달되는 단위 사업의 집행에만 매몰되지 말고, 농촌 현장의 객관적 상황을 보면서 지금 당장 실천할 수 있는 행정개혁을 서둘러야 합니다. 행정 내부에서 공무원끼리 학습동아리를 조직하기도 하고, 공무원노조나 지방의회, 지역언론 등과 협력해 정책연구 모임을 구성할 수도 있습니다. 민간에 제안해 연속 정책토론회를 개최할 수도 있습니다. 길은 찾는 자에게만 보이는 셈입니다.

마을만들기 행정, 공무원 스스로 말하다
시군 담당 공무원 간담회 기록

강성준 충남마을만들기지원센터 연구원

인터뷰 정석호(충남마을만들기지원센터)

참석자 고승우(홍성군), 김태영(보령시), 이상환(논산시)

장　　소 충남마을만들기지원센터

일　　시 2021년 7월 27일

　　이 간담회는 정석호 센터장의 질문에 논산시 이상환 팀장, 보령시 김태영 주무관, 홍성군 고승우 주무관이 답변하는 방식으로 진행되었습니다. 이상환 팀장은 2012년 7월부터 논산시 건설과 농촌개발팀의 팀원으로 마을만들기 업무를 시작해 지금은 자치분권과의 마을사업팀을 이끌고 있습니다. 김태영 주무관은 토목공학을 전공해 한국건설기술연구원에서 전임연구원을 거쳐 2019년 4월 보령시 도시재생과의 마을공동체팀에서 충남형마을만들기와 신활력플러스, 농촌협약을 담당하고 있습니다. 고승우 주무관은 2020년 7월부터 홍성군 건설교통과 마을공동체팀에서 지역역량강화, 공동체지원 등을 비롯한 마을만들기 관련 업무를 담당하고 있습니다. 근무하는 시군도 업무 과도 경력도 모두 다른 세 공무원에게 다양한 이야기를 듣고자 했습니다.

행정조직 개편의 과정과 결과 그리고 장단점

정석호 여러분 시군에서 이루어진 행정조직 개편 과정과 결과를 소개해 주십시오. 그리고 어려움은 무엇이었는지도 궁금합니다.

이상환 논산시는 2015년까지 건설과 농업기반팀에서 마을만들기 업무를 담당하고 있었습니다. 2016년에 마을만들기 전담팀 구성을 위해 전략기획실에 공동체경제팀을 신설했고, 농촌현장포럼과 소액사업, 사회적경제 조직 업무를 추진했습니다. 2017년에는 사회적경제과로 옮겼다가 2018년에 다시 건설과로 옮기고 팀 명칭도 마을공동체팀으로 변경했습니다. 그러던 중 2018년 말에 마을만들기 관련 업무를 총괄할 부서의 중요성이 다시 대두되면서 조직개편을 통해 2019년 1월 마을자치분권과가 신설되었습니다. 마을자치분권과는 마을사업팀 · 마을자치팀 · 공동체새마을팀으로 구성되었고, 마을사업팀에서는 농촌현장포럼 · 마을만들기공모사업 · 중심지활성화 · 기초생활거점조성사업을, 공동체새마을팀에서는 시군역량강화사업과 마중물소액사업 · 중간지원조직사업을, 주민자치팀에서는 행정리 마을자치회와 읍면 주민자치회 사업을 담당했습니다. 결국 마을자치분권과의 세 팀 모두에게 마을만들기 활성화와 공동체 회복, 주민 삶의 질 향상 등을 담당하는 역할이 부여되었지요. 여러모로 부족한 점도 많지만 연관 팀들이 한 과에 배치되어 부서 간 소통과 협업이 원활하게 이뤄지는 체계는 갖추어졌습니다. 앞으로 미진한 부분은 계속 보완하며 농식품부가 추진하는 농촌협약을 잘 준비하려고 노력 중입니다.

김태영 보령시 마을만들기팀은 2016년 시작 당시에는 건설과 소속이었습니다. 그러다 2018년 조직개편을 통해 도시재생과로 옮기면서 팀명을 마을공동체팀으로 변경해 현재 팀장 포함 5명으로 구성되었습니다. 보령시는 마을공동체팀이 도시계획·도시재생사업·도시디자인을 담당하는 도시재생과에 속한다는 점을 특이하게 생각하는 타 시군 분들이 많습니다. 도농복합지역이라는 지역 특성과 주민주도 내지 상향식 사업 추진 방식 등을 고려하면서, 도시재생사업과 일반농산어촌개발사업이 협업해 시너지를 얻기 위해 이러한 조직개편을 한 것으로 압니다.

그래서인지 사업의 계획 단계부터 시설 중복 투자에 대한 검토나 민간 의견 조율이 쉽게 이루어지고, 읍면 지역뿐 아니라 도시 주민들의 의견까지 들을 수 있는 기회가 많아졌습니다. 지자체 전체를 넓게 바라보는 관점에서는 긍정적 효과가 있다고 생각합니다. 다만 앞으로 농촌개발사업의 방향이나 확장성 측면에서 농촌협약이 매우 중요하게 다가오므로, 보령시도 농촌협약을 전담할 부서를 만들기 위한 절차를 밟고 있습니다. 다행히 공동체를 중심으로 전담 부서를 신설하는 방안에 대한 공감대가 있고 단체장의 방침까지 받은 상황입니다. 신속하게 개편하기 위해 노력하고 있으나, 농촌협약만을 전담하는 과 단위의 부서를 신설하기에는 협약 규모가 모호하고, 도시와 농어촌이 공존하는 지역 특성도 감안해야 하며, 중간지원조직 내부 인력 배치와 운영 등도 검토해야 하는 등 극복해야 할 난관이 많습니다.

고승우 홍성군도 기존 건설과에서 농촌기반팀으로 농촌기반시설과 마을만들기 등 일반농산어촌개발사업 업무를 담당하고 있었습니다. 2016년 조례를 새로 제정하고 2018년 마을공동체팀을 신설하면서 팀장 포함 총 4명으로 구성되었습니다. 홍성군이 전북 임실군과 함께 2020년 1월 농촌협약 시범사업에 처음 선정되었는데, 그 당시만 해도 전제조건으로 전담 부서에 대한 규정이 없었습니다. 그래서 선정 당시에는 조직개편을 고려하지 않았죠. 그러다가 2020년에 지침이 바뀌어 총괄부서의 필요성이 강조되면서 조직개편을 해야 한다는 필요성을 강하게 느끼고 있습니다. 2021년 1월 조직개편에서는 반영되지 못했지만 빠른 시일 내로 다시 검토해야 한다는 공감대가 있습니다. 인사 부서와도 협의하고 있는데 실무적으로 어려움이 많습니다. 전담 부서의 장점을 살리기 위해 농촌정책에 직접 관련된 팀들을 모아 총괄부서를 신설하는 방향으로 조직개편을 추진하고 있습니다. 농촌협약 시범사업을 준비하면서 과를 신설하지는 못했지만, 팀 인력이 5명으로 확장된 성과는 있습니다. 하지만 추가 1명이 배치되지는 못했습니다.

조직개편 방향에서는, 농촌과 공동체 사이에서 고민하다 농촌정책 중심으로 가는 쪽이 유력합니다. 다만 공동체정책도 함께 담당할지는 계속 협의 중입니다. 농촌 마을의 장점으로 품앗이·두레 등의 공동체적 기능이 있는데, 예산까지 투입해가며 지원할 필요가 있는지 여전히 의문을 가진 분들도 많습니다. 이런 인식 개선을 위해 노력하고 있지만 변화를 이끌어내기가 어려운 점이 있습니다.

어떻게 부서 간의 칸막이를 넘었는가? 그리고 필요한 방법은?

정석호 최근 농촌정책국 소관 사업에서 행정의 업무 협조체계가 강조되는데 현실적으로 어려운 것이 사실입니다. 공무원 입장에서 업무 협조가 어려운 이유와 협조체계를 구축하기 위한 아이디어에 대해 말씀해 주십시오.

김태영 보령시는 농촌협약을 준비하면서 행정협의체 회의를 여러 차례 했습니다. 처음 회의를 열었을 때는 농촌협약에 대한 개념부터 열심히 설명해도 아무도 쉽게 말을 못 했습니다. 사실 일반농산어촌개발사업을 직접 접해보거나 일부러 알아보지 않는 이상, 사업의 추진체계나 내용을 이해하기는 쉽지 않습니다. 그러니 당연한 반응이었다고 생각합니다. 그 뒤로는 관련 자료를 사전에 나누어 주고, 필요하면 직접 찾아가 설명도 했습니다. 이러다 보니 회의를 거듭할수록 행정협의체에서 다양한 의견을 나누게 되고, 나름대로 내실 있는 사업 계획을 수립할 수 있었습니다. 현재 거의 모든 지자체에서 행정협의체를 구성해서 운영 중일 텐데, 단순히 공모를 위한 형식적 협의체가 아니라, 실질적으로 내실 있게 작동하는 협의체가 되도록 노력하는 것이 우선이지 않을까 합니다.

고승우 보령시 이야기를 들으면서 공감이 간 부분은, 각자 자기 업무가 있는 상황에서 협조 요청을 하는 게 크게 부담이 된다는 점입니다. 순환보직제로 계속 순환하다 보니 마을만들기사업을 경험해보지 않은 분들은 사업 자체를 어려워합니다. 그래서 행정협의체에 대해 아무리 설명해도 업무 경험이 없거나 사전에 정보를 알아보지 않는 이상 이해가 쉽지 않죠. 홍성군은 '홍성통'과 같이 민간과 행정이 함께 협력하는 체계가 있고, 자기 업무 이외에도 다른 분야 업무나 활동에 대한 정보를 파악할 기회가 많습니다. 그래서 제도적 보완책도 중요하지만 일상적으로 소통하고 공유하는 네트워크를 구축하는 것이 협력을 원활하게 만드는 원동력이라고 생각합니다.

이상환 전담 총괄조정과에 속하지 않은 다른 부서 팀과 마을만들기 업무를 협조하기에는 현실적으로 어려움이 많습니다. 하지만 전담과가 구성되어 있다면 그나마 큰 문제는 없을 것입니다. 그래서 지자체별로 전담과 구성이 꼭 필요하다고 봅니다. 그리고 다른 실 · 과로부터 업무 협조를 얻기 위해서는 사전에 어떤 업무를 보는지 정보를 충분히 공유하는 게 우선입니다. 관련 사업의 포스터 홍보, 우수사례 공유, 담당 업무 홍보 등이 일상적으로 이뤄진다면 관련 부서 간에 이해도가 높아지리라 생각합니다. 예를 들어 농식품부에서 추진하는 '행복마을 콘테스트'는 포스터가 있어서 다른 부서에도 홍보가 많이 되어 업무 협조에 도움이 되었습니다.

농촌 마을 주민을 위한 마을만들기의 목적과 가장 가까운 정책 영역

정석호 마을만들기는 다른 정책과도 협력이 중요한데, 주민자치나 사회적경제 · 푸드플랜 · 도시재생 · 마을교육공동체 등 어떤 업무와 협력하는 것이 가장 중요하다고 생각하십니까?

이상환 소개한 모든 업무가 중요하고 협력이 필요합니다. 지자체마다 성격이 다르겠지만, 군이 우선순위를 정한다면 주민자치와 마을교육공동체 업무 순으로 제안하고 싶습니다. 주민자치는 행정에서 이끄는 것도 중요하지만, 지역의 리더를 양성해서 자치적으로 끌고 나갈 수 있는 시스템을 구축해야 하기에 가장 중요한 꼭지라고 봅니다. 마을교육공동체는 지역 리더 양성이나 중간지원조직의 다양한 역할을 통해 마을만들기 활성화를 촉진할 수 있다는 점에서 매우 중요합니다. 이 두 가지 영역과 협력이 잘 된다면 그 안에서 사회적경제, 푸드플랜, 도시재생 등의 업무도 연계하기 쉬울 것입니다.

김태영 보령시는 사회적경제를 가장 중시하는 셈입니다. 마을만들기사업이 일회

성으로 끝나지 않고 사업을 통해 만들어진 시설물을 관리하고 주민의 운영 역량이 지속가능한 형태를 갖추기 위해서는 사회적경제 모델을 반드시 구축해야 합니다. 그래서 마을공동체가 사회적경제 조직으로 성장해 가는 방향으로 유도하고 있습니다. 농촌 마을은 계속되는 고령화와 과소화로 소멸 위기에 있습니다. 마을의 지속가능성이나 경쟁력의 바탕은 결국 경제적 여건이라고 생각합니다. 그 마을이 가진 특성과 특색을 살린 사회적경제 모델을 만들어 주민들의 경제적 여건이 확보된다면, 주민 특히 청년층 유출이 줄어들고, 반대로 귀농·귀촌인의 유입은 늘 것입니다. 이런 방향에서 마을의 지속가능성이 커질 것이기에 사회적경제가 중요하다고 생각합니다.

이상환 마을만들기 업무를 담당하던 초기에는 주민들이 원하는 사업이 잘사는 마을을 만드는 소득사업이라고 생각했습니다. 하지만 업무를 오래 하다 보니, 마을이 사회적경제 조직을 만들고 소득사업에 필요한 역량을 갖추기가 매우 어렵다는 걸 알게 되었습니다. 그래서 마을만들기 초기 단계부터 소득사업을 목표로 세우기 보다는 주민들이 행복한 마을 만들기를 큰 목표로 정하는 게 중요하다고 봅니다. 이렇게 시작하면서 마을 특성에 따라 경관마을·문화마을·체험마을·소득사업마을 등으로 분화될 것입니다. 이런 방향으로 접근해야 오래 가고 멀리 가는 마을만들기가 가능하다고 생각합니다.

우리도 마을활동가다

정석호 공무원이 마을활동가로서의 역할을 충분히 할 수 있다고 봅니다. 스스로 마을활동가라고 여기는지 또 주민에게 존중받으면서 활동가 역할을 하자 면 어떻게 접근해야 한다고 생각하십니까?

김태영 마을공동체팀에서 일하며 느끼는 점은, 이 사업을 담당하는 공무원들은 이미 마을활동가가 아닌가 하는 것입니다. 이론적으로 마을활동가 개념 이 뭔지는 정확히 모르겠지만, 마을에서 주민 의견을 듣고 행정 사업으로 잘 반영하기 위해 노력하는 사람이라고 한다면, 마을만들기 담당 공무원 도 활동가라고 할 수 있을 것입니다. 실제로 현장포럼에 참여하거나 역량 단계별 지원체계를 통해 주민들의 의견을 듣고, 주민들이 정말 원하는 사 업이 무엇인지 중간지원조직과 함께 파악하려 노력합니다. 재작년에 마 을활동가 교육을 받으면서 많은 것을 배우고 느꼈는데, 작년부터 교육 대 상이 중간지원조직 상근자로 변경되면서 참여하고 배울 기회가 없어져 아 쉽습니다. 공무원도 활동가 교육에 참여할 수 있으면 좋겠습니다.

고승우 아무래도 업무가 업무다 보니 마을을 자주 방문합니다. 그래서 마을활동 가까지는 아니겠지만 마을을 통해 많이 배우고 있습니다. 나중에 다른 팀 으로 옮겨 다른 업무를 하게 되더라도 마을만들기를 이해하다 보니 도움 을 줄 수 있을 것입니다. 행정협의체로 계속 참여한다면 더욱 쉽겠지요. 이 런 점에서 마을활동가 역할을 계속할 수 있다고 생각합니다.

이상환 "농촌이 선진화가 되어야 대한민국이 선진국이 될 수 있다"는 말을 들은 적이 있는데, 이 말에 크게 공감합니다. 최근의 농촌 현실을 보고 20~30 년 후의 모습을 떠올려보면 마을이 소멸되거나 여러 마을이 하나로 통합되는 사례가 많을 듯합니다. 수백 년 이어온 마을이 사라지는 것을 막기 위해 우리 공무원도 활동가 역할을 해야 합니다. 더구나 마을만들기 업무를 담당하고 있으니 더 큰 책임감을 가져야 합니다. 공무원 한 사람의 마을활동가 역할은 여러 마을 리더를 하나로 모아놓은 것만큼이나 비중 있고 중요하다고 생각합니다.

순환보직제의 보완, 민관협력으로 계속 해야

정석호 순환보직제의 단점과 보완을 위한 제도적 장치로 직위공모제나 전문직위제, 임기제공무원 채용 등이 있죠. 여기에 대한 의견을 듣고 싶습니다.

김태영 순환보직제 단점을 보완하기 위해 팀 안에서 적어도 한 명은 전문관으로 지정되면 좋겠다는 논의가 실제로 있었습니다. 보령시에서 추진하는 역량단계별 마을만들기사업을 진행하다 보면, 한 마을이 거의 10년에 걸쳐 사업을 추진하게 됩니다. 그런데 담당자가 2년에 한 번씩 바뀌면 사업 흐름이 끊길 뿐 아니라, 마을 특성이나 주민 의견을 아는 사람이 없게 되죠. 이런 이유로 사업에 문제가 발생하기도 합니다. 그러니 사업 전반의 흐름을 파악하고 마을을 대변할 수 있는 전문관이 팀 안에 적어도 한 명은 있는 게 좋다고 봅니다. 저도 마을만들기 전문관을 신청할 생각이 있습니다.

고승우 저는 2020년 7월에 와서 잘 모르는 상태이긴 합니다. 그래도 업무 파악이 원활했던 이유는 다른 업무보다 광역센터나 농촌활성화지원센터, 농식품부 등에서 실시하는 교육이 많았기 때문입니다. 2020년 1월에 인사 이동으로 모두 바뀌어 업무를 아는 사람이 없었는데, 다행스럽게 홍성군은 중간지원조직이 잘 갖춰져 있어 업무와 마을 현황 파악에 도움이 많이 되었습니다. 직위공모제나 전문직위제 등등 많은 제도적 장치가 있지만, 중간지원조직이 잘 지원해준다면 순환보직제의 단점을 충분히 보완해줄 수 있다고 생각합니다. 우리는 행정에서 중간지원조직 체계를 잘 잡아주었던 임기제공무원이 있었고, 현장 경험과 정보가 많은 마을만들기지원센터가 협업을 잘해주고 있습니다. 행정뿐 아니라 민간과 협력하는 시스템으로 접근하는 게 중요합니다. 아무리 제도적으로 이런저런 장치를 만든다 해도 민간에서의 협력이 없다면 많이 어려울 것 같습니다.

이상환 마을만들기 업무가 중요하기는 하지만 행정 현실에서 공무원들은 대부분 이 업무를 기피합니다. 주민을 자주 상대해야 하고, 시작부터 끝까지 마을 발굴과 계획 수립, 공모 선정, 실제 추진, 준공과 관리 등 보통 4~5년이 걸리죠. 이 기간 내내 주민들과 소통하고 역량강화프로그램도 돌려야 합니다. 그러니 부담이 클 수밖에 없어 마을만들기는 기피 업무가 되는 듯합니다. 게다가 관련 사업지침과 추진 절차도 제도적으로 계속 강화되니 담당자가 바뀌면 업무 파악에만 1~2년 이상 걸립니다. 이러한 문제점을 지금 당장 개선할 수는 없을 것입니다. 하지만 실무 담당자들이 업무를 숙지하고 이해할 수 있는 질의응답식 '실무 가이드북' 같은 게 있으면 도움이 될 것입니다. 또 상향식 사업 추진의 주체인 주민들도 스스로 역량을 키울 수 있도록 주민들이 참고할 '상향식 역량강화 가이드북' 같은 안내서가 있어야 할 것입니다. 마을만들기 업무에는 연속성이 중요하므로 경험을 축적하고 전문성을 함양할 수 있도록 오랜 기간 근무할 수 있는 제도적 시스템이 중요합니다. 또한 농식품부에서 공모사업 추진 시에 인센티브를 부여한다면 빨리 정착될 수 있을 것입니다. 마을만들기와 같이 상향식 사업을 담당하는 부서의 업무 선호도를 높이고 연속성과 지속성을 이어가자면 인사 가점과 같은 인센티브나 전문관의 근무 여건 개선에 더 큰 관심을 가져야 합니다.

마을만들기 행정공무원이 부탁드립니다

정석호 행정공무원 입장에서 애로사항도 많으실 텐데요. 협력 주체인 민간영역(중간지원조직 · 마을만들기협의회 · 수탁법인)에게 부탁하고 싶은 부분이 있다면 한마디씩 해 주십시오.

김태영 중간지원조직에서 요구하는 사항을 행정에서도 적극 반영해드리고 싶지만 현실적으로 어려운 부분이 많아 죄송합니다. 행정도 최대한 노력하고 있음을 알아주셨으면 하고, 어려운 여건에서도 마을에 대해 고민하고 활동하는 중간지원조직과 수탁법인에 항상 감사를 드립니다.

고승우 마을만들기가 상향식 사업이다 보니 추진 과정에서 어려움이 적지 않습니다. 그래도 홍성군은 중간지원조직이 사업을 창의적으로 잘 추진해주셔서 항상 감사합니다. 마을만들기의 소프트웨어사업은 열심히 추진해도 성과가 잘 안 나오는 것처럼 보이고, 이 점을 오해하는 일이 많아 좀 아쉽기도 합니다. 행정이나 민간이나 마을만들기 사업 자체를 잘 알게 되는 기회가 많아졌으면 좋겠습니다.

이상환 마을만들기는 공무원에게도 어려운 사업이지만 주민들도 어려워하기는 마찬가지인 듯합니다. 처음 시작할 때는 의지와 열정이 높은데 공모사업에 선정되고 사업이 진행되면서 열정이 줄고 초심을 잃는 경우도 많습니다. 이런 모습을 볼 때 아쉽기도 하고 공무원의 사기도 더불어 저하되기도 합니다. 주민들이 초심을 잃지 않고 사업을 계속할 수 있는 방안을 행정에서도 찾아봐야 할 것 같습니다.

마을만들기 담당 공무원으로서 가장 보람찰 때

정석호 마지막으로 마을만들기 업무를 담당하면서 보람을 느낄 때가 언제인지 궁금합니다.

김태영 마을을 찾아갔을 때 만나는 주민들이 반가워해 주실 때 보람되고 고맙습니다. 사업에 대한 만족도가 높고 시설물이 잘 사용될 때 보람을 느끼죠.

고승우 어르신들을 모시고 역량강화교육도 하고 치매예방지도사 교육 같은 것도 하는데, 교육을 받고 스스로 실천하시는 모습을 볼 때 보람을 느낍니다.

이상환 마을을 처음 발굴할 때 보람이 많습니다. 마을만들기가 무엇인지 모르는 주민들에게 마을만들기를 설명해드리면, 해보고 싶었던 일을 이제야 찾았다는 듯이 반가워하십니다. '행복마을 콘테스트'를 준비할 때는 수십 번을 만나기도 하는데, 마을 어르신들이 격의 없이 편하고 즐거운 얼굴로 대해 주실 때마다 고맙고 기쁩니다.

인터뷰를 정리하며

두 시간이 넘는 동안 진행된 간담회 내용을 정리하면서 든 생각은 '마을만들기

공무원도 마을활동가'라는 점입니다. 간담회에 참석해준 분들은 마을만들기에 대해 고민하면서 주민 행복을 위해 주체적으로 일하고 있었습니다. 마을만들기 사업에서 가시적인 변화를 매번 보여주긴 어렵습니다. 그래서 '행정이 변하지 않는다', '공무원은 수동적이다'라는 주민들의 불만을 들을 때가 있겠지만, '마을활동가'의 마음가짐으로 앞으로도 맡은 업무에 최선을 다하는 모습을 기대합니다.

3부
마을만들기협의회,
마을과 마을의 연대와 협력

마을만들기협의회, 어떻게 설립하고 운영할 것인가?

홍성군 마을만들기협의회 설립과 활동

충남마을만들기협의회 설립 과정과 발전 방향

"스스로 말하게 하라"는 당사자운동의 원칙처럼 마을에 살고 있는 주민이 정책의 주인공으로 등장해야 합니다. 지금은 자신감이 부족하고, 역량이 미흡한 것처럼 보이지만 마을 주민들이 힘을 합치면 많은 것이 가능합니다. '주민들의 조직적인 자치 역량'이야말로 지역 문제 해결을 위한 근본 수단이며 동시에 바람직한 미래상입니다. 주민자치의 성장과 직접민주주의 확대는 모두가 꿈꾸는 바람직한 지역사회 모습입니다. 그래서 마을공동체를 조직하는 가장 기본적인 방법론으로 "주민 스스로 말하게 하라"는 관점과 자세가 중요합니다. 주민 개개인에게 '조직'이란 약자의 힘을 모아주는 주춧돌이고 의욕을 되새김하고 스스로 일어나 걸을 수 있게 하는 디딤돌이라 할 수 있습니다.

이처럼 공동체의 힘으로 당면한 여러 농촌 문제를 풀어가려는 전략이 중요합니다. 제3부에서는 마을과 마을이 왜 협력해야 하는지, 당사자협의체를 설립하고 운영하는 과정에서 어떤 쟁점과 개선과제가 있는지 짚어봅니다. 특히 농촌 마을리더(위원장)가 스스로 조직하는 마을만들기협의회가 어떤 의미를 갖는지, 어떻게 조직하고 운영하는 것이 바람직한지, 또 충남 시군의 설립 현황과 경험을 소개하고 과제가 무엇인지 확인하고자 합니다.

마을만들기협의회,
어떻게 설립하고 운영할 것인가?

구자인 마을연구소 일소공도 협동조합 소장

당사자운동이란 말이 있습니다. 사회적 차별이나 억압, 혐오와 같은 부조리를 직접 겪는 당사자 스스로 문제해결의 주체가 되어야 한다는 오래된 주장입니다. 주민운동이나 장애인 인권운동 같은 소수자 영역에서 발달해 왔습니다. 당사자가 아닌 자는 당사자의 고통을 정확하게 알 수 없고, 또 잘못 이해하거나 시혜적으로 접근하는 경우도 많기 때문입니다. 그래서 "스스로 말하게 하라"는 원칙을 강조합니다.

한국 사회에서 마을만들기는 1990년대 이후 지방자치의 진전과 더불어 풀뿌리 주민자치운동으로 성장했습니다. 농촌은 여러 역사적이고 구조적 한계, 그리고 도시에 비해 상대적으로 열악한 여건 속에서 행정사업을 매개로 더디게 진전되어 왔습니다. 마을 주민들이 직접 주인공으로 나서는 관점을 중시했습니다. 마을에 살며 문제 해결을 위해 스스로 전면에 나서는 주민이야말로 진정한 당사자라 할 수 있습니다. 그들이 실천 주체로 등장할 때 당사자성도 확보할 수 있는 셈입니다. 행정이나 중간지원조직은 어디까지나 서비스를 제공하고 지원하는 조직입니다. 농촌정책에서 강조하는 '주민 주도, 상향식'도 이런 관점을 반영한 원칙이라 할 수 있습니다.

하지만 한국 농촌 현실에서 이러한 당위적 원칙을 실현하기란 정말 쉽지 않습니다. 여기에는 여러 이유가 있습니다. 첫째, 지방자치의 경험이 너무 미흡하고 풀뿌리 보수주의가 만연합니다. 당사자 스스로 정치적 권리의식도 미약합니다. 둘째, 주민이 실질적인 권한을 가져본 적이 없고, 사회단체도 분열되어 있습니다. 권력을 행정이 독점하는 관행이 여전히 강하고, 민간단체 칸막이도 행정만큼이나 높습니다. 셋째, 도시화의 물결 속에 인적 자원은 고갈되고, 당사자 조직도 발달하지 못했습니다. 시군 지자체 단위의 민간단체는 대체로 전국 혹은 광역 단체의 지부 성격이 강하고, 상근자까지 두는 조직은 찾기 어렵습니다. 면 단위로 내려오면 더욱 심각합니다.

결국 이런 구조적 요인 속에서 농촌 문제 해결은 갈수록 어려워지고 있습니다. 하지만, 그럼에도, 이런 현실을 극복하기 위해서라도 당사자운동은 여전히 중요할 수밖에 없습니다. 당사자가 직접 나서지 않는 한, 외부 지원으로는 충분하지 않고 오히려 부작용이 더 클 수 있기 때문입니다. 소위 역량강화사업도 당사자가 스스로 조직을 만드는 과정을 도와주는 것이 핵심입니다. 그래서 주입식 교육이 아닌 학습을 중시하고, 학습동아리 활동도 강조하는 것입니다.

마을자치로 해결할 일과 외부 협력으로 해결할 일을 구분하자

우리 마을의 문제는
모든 마을의 문제이기도 하다는 인식이 중요합니다

마을만들기는 '주민주도, 상향식'의 방법론을 운동과 정책 양 측면에서 중시해왔습니다. 또 마을 내부 문제는 주민 스스로 자치적으로 해결하며 역량을 강화하는 것을 원칙으로 합니다. 마을 주민의 주도성 없이는 당면 과제 해결도 마을 발전도 가능하지 않기 때문입니다. 하지만 대한민국 농촌의 지방자치 현실에서는 마을 주민 힘만으로는 해결할 수 없는 구조적 문제가 매우 많습니다.

농촌은 인구 감소와 초고령화, 양극화, 생활권 확대 등이 급속도로 진행되고, 농업 구조가 세계 시장경제와 맞물려 있습니다. 그래서 마을 문제 역시 복잡하게 얽혀 있어 주민 스스로 해결하기가 쉽지 않습니다. 이런 상황에서는 무엇보다 마을마다 공통적인 문제를 안고 있는 대표(위원장)들이 모여서 공동으로 학습하고 토론하며 함께 대응 방향을 찾는 것이 중요합니다. '물고기 잡는 법'을 배워야 합니다. 행정의 시혜성 보조사업은 일시적인 '마약'에 불과하기 쉽습니다. 농촌 마을이 가진 문제의 원인을 찾아 근본적으로 접근하되 단계적이고 전략적인 자세를 취해야 합니다.

물론 농촌 마을마다 형성된 역사나 지리적 특성, 주민 구성은 모두 다릅니다. 따라서 문제 해결의 출발점이나 경로도 다를 수밖에 없습니다. 하지만 해결해야 할 과제나 지향하는 목표는 크게 다르지 않습니다. 마을만들기의 주민 당사자인 마을위원장들이 모여 현재 상황과 공동 과제를 진단하고 해결 방향을 함께 모색해야 합니다. 오히려 개별 마을 단위보다 공동으로 해결해야 할 과제가 더 많다고 할 수 있습니다. 이런 상황은 충남에서 매년 개최한 마을대학에서 충분히 확인할 수 있습니다. 예를 들어, 아래 [표 3-1]은 제1회 서산시 마을대학에서 마을 리더들이 모여 토론한 결과를 정리한 애로사항과 해결 방향입니다.

이제는 "우리 마을만 힘든 게 아니다", "우리 마을 문제는 다른 마을의 문제이기도 하다", "제도적으로 먼저 해결해야 할 부분도 많다", 이런 관점에서 마을 문제 해결 방향을 찾아야 합니다. 특히 마을만들기의 희로애락을 몸으로 경험해 동병상련의 마음을 가진 마을 리더들은 서로 뭉치기가 쉽습니다. 행정사업에 선정되기 위해 서로 경쟁하는 측면도 있지만, 선배 리더의 경험담을 들어보면 경쟁보

〔표3-1〕 마을 리더의 애로사항과 해결방향 토론 결과

분야	애로사항	해결 방향	
		개별 마을 / 조직 해결	마을과 마을의 공동 해결
사람 · 조직 (인적자원 · 사회적 네트워크)	· 소통, 갈등 관리 어려움 · 고령화, 인력 부족 · 개인주의, 협동심 부족 · 낮은 참여도, 무관심 · 선주민과 후주민의 융화 어려움	· 주민 소통 기회 마련 · 이웃과 함께 소일하기 · 봉사 활동, 문화 활동 · 주민들의 상생협력 · 주민 역량 강화 교육 · 지역 주민 인재 활성화	· 협의회를 구성하여 솔직한 의사소통 진행 · 상시적인 교육, 상담, 컨설팅 시스템 확보 · 찾아가는 방문교육 실시 · 소통과 협동을 위한 교육 시스템 마련
돈 · 사업 (프로그램)	· 전문성 부족 · 회계, 조직 신고 등 역량 부족 · 사업비 활용에 대한 의견 차이 · 홍보 및 교육 부족	· 마을협동조합을 구성하여 연속성 있는 마을사업 추진 · 주민 역량에 맞는 실질적인 사업 지원 필요 · 원스톱 행정 처리	· 마을사업 관련 신속한 정보 전달 · 마을 공동 경영체 조직 설립 · 마을 복지 활동 전개 · 소득 증대 활동 전개 · 깨끗한 환경 조성 · 통합형 중간지원조직 설립 · 중간지원조직 전문성 강화 · 공동체를 통한 사업 추진
생활환경	· 거리가 멀어 소통 어려움 · 자연자원 부족	· 소통 공간 마련 · 환경 개선 사업	

주. 제1회 서산시 마을대학 일환으로 개최된 분과토론(2019.8.6.~7) 결과를 정리함

다 협력이 더 필요하다는 걸 빨리 깨우치게 됩니다. 아무리 많은 행정예산을 '끌어와도' 마을이 발전하는 것은 아닙니다. 행정보조사업은 '약'이 되는 경우도 있지만 '독'이 되는 경우가 훨씬 많기 때문입니다. 이것은 지난 20여 년의 경험으로 충분히 확인할 수 있습니다.

마을만들기의 당사자가 나서서 협의체를 설립해야 합니다

주민이 당사자고 마을이 당사자 조직이라면 마을과 마을이 협력하는 방향으로 발전해야 합니다. 여기에는 "우리 마을의 문제는 모든 마을의 문제이기도 하다"는 인식이 전제되어야 합니다. 마을의 경관환경 관리, 농산물의 안정된 판매, 노인복지 문제, 청년 후계자 양성 등은 모든 마을마다 공통된 숙제이기 때문입니다. 마을과 마을이 협력하고 '한목소리'를 낸다면 해결 못할 과제도 아닙니다. 적어도 지방정치의 관행적 풍토를 볼 때 전체 마을의 10%만 조직되어 있어도 절대 무시당하지 않을 것입니다. 이렇게 우리 농촌이 직면한 가장 큰 과제는 행정리 마을의 한계를 극복하고 마을 사이의 칸막이를 극복하는 일입니다. 지금까지 공모방식의 행정보조사업은 마을과 마을을 분단시키고 서로 경쟁하는 관계로 만들었습니다. 이런 점을 반성하며 행정보조사업에 '줄 서며' 서로 협력하지 못했던 과거를 빨리 청산해야 합니다.

그래서 마을만들기 당사자들이 모여 마을 공통의 문제를 해결하기 위해 전면으로 나서서 당사자협의체를 설립하고 대응하는 방향은 상대적으로 쉽고 강력합니다. 또 마을 리더들이 협력하여 한목소리를 낼 수 있다면 행정제도 개선이나 신규 사업 도입, 중간지원조직 설치 및 운영 등 제도적 부분도 빨리 해결할 수 있습니다. 마을 내부의 문제가 외부의 구조적이고 제도적인 부분과 밀접한 관계가 있음을 깨닫고 '전체를 보며 단계적으로 접근하는 관점'을 가져야 합니다. 그래서 앞의 32쪽 [그림 1-1]에서 제시한 전체적인 관점이 중요합니다.

이런 면에서 전북 진안군의 마을만들기지구협의회가 구성되고 발전해온 역사적 경험에서 배울 점이 많습니다. 진안군 마을만들기의 오래되고 풍부한 경험을 단시간에 따라잡기 쉽지 않겠지만, 시행착오를 줄이고 타산지석으로 삼을 수 있다는 점에서 매우 유용합니다. 진안군 협의회는 20여년에 걸쳐 사업별 칸막이를 극복하여 설립하고, 다양한 사업을 펼치며 행정과 대등한 협력관계를 구축해왔습니다. 또 2019년 10월에 결성된 충남마을만들기협의회의 경험도 소중합니다. 충남 협의회는 13개 시군 협의회가 모인 광역 협의체에 해당합니다. 지난 민선 8기 도지사 선거에서는 후보자들과 정책협약을 체결할 정도로 성장했습니다. 이렇게 마을과 마을이 협력하여 네트워크로 발전하고 농촌정책의 전면으로 등장하는 경로는 충분히 가능하고 시급합니다.

진안군 마을만들기지구협의회의 오랜 경험에서 배울 점이 많습니다

진안군의 마을만들기는 2001년부터 시작되었으니 20년 이상의 역사를 가지고 있습니다. 출발 당시부터 지역사회개발 측면에서 매우 획기적인 정책으로 평가받았습니다. 행정에 임기제 공무원을 2000년 10월 처음 채용하였고, 주민 주도와 상향식 방법론을 내세운 내발적 발전론의 관점을 견지하며 마을만들기 활동을 점과 선, 면으로 확장해 왔습니다. 2006년 9월에 마을만들기의 당사자협의체를 민간 주도로 처음 설립하여 단계적으로 발전한 대표 사례에 해당합니다. 진안군의 이런 경험을 체계적으로 검토한다면 후발 주자들은 시행착오를 상당 부분 줄일 수 있습니다. 이런 역사적 과정을 간단하게 소개하고자 합니다.(자세한 전체 내용은 구자인 외, 2011.12,『마을만들기, 진안군의 10년 경험과 시스템』에 잘 소개되어 있습니다.)

진안군의 당사자협의체는 으뜸마을가꾸기추진위원회(2003.3~2006.8)가 당사자협의체의 전 단계라 볼 수 있습니다. 이 위원회는 2003년 제정된 으뜸마을가꾸기 조례에 설치 근거가 있고, 진안군수가 당연직 위원장이라는 점에서 정책위원회 성격도 강했습니다. 3년 정도의 운영 경험을 쌓은 후에 마을위원장들은 민간주도성이 떨어지는 한계를 인식하고 순수 민간조직인 으뜸마을위원장협의회(2006.9~2008.11)를 설립했습니다. 이는 다시 자체학습과 일본 연수, 토론회 등을 거치며 2년 뒤에는 행정사업의 칸막이를 극복하고 마을만들기위원장협의회(2008.12~2010.2)로 발전했습니다. 지자체 자체 예산으로 추진하던 으뜸마을 뿐만 아니라 녹색농촌체험마을(농식품부), 전통테마마을(농촌진흥청), 정보화마을(행안부), 산촌생태마을(산림청) 등도 포괄하는 조직으로 확장된 것입니다.

이런 과정에서 마을간사(사무장) 제도 도입(2006년), 마을만들기 전담부서 및 행정협의회 신설(2007년), 마을사업 5단계 역량단계별 지원체계 정립(2007년), 매주 금요일 금요장터 운영(2008년), 마을축제 개최(2008년) 등 전국 최초의 획기적 시도들이 많이 시작되었습니다. 이러한 다양한 경험을 축적하며 마을만들기의 협력 네트워크를 확장하고 민간 대표성이 강화된 현재의 마을만들기지구협의회(2010.2~현재)가 탄생했습니다. 진안군 마을만들기의 '새로운 10년'을 이끌어갈 전문조직으로서의 대표성을 강화한 셈입니다. 이처럼 진안군 협의회는 행정주도 조직에서 민간주도로 정체성을 명확히 하고(내발적 발전론의 관점), 행정사업별 칸막이가 생기는 문제점을 일찍부터 인식하고 전체 마을의 대표 조직으로 확대해 온 것입니다.

2021년 4월 기준 회원 수는 27개 마을(권역 포함)이고, 조직 형태는 전라북도 비영리 민간단체로 등록되어 있습니다. 사무실은 2012년 12월에 개소한 마을만들기지원센터 내에 약 14개 관련 단체들과 함께 입주했습니다. 주요 활동으로는 격월로 정기회의를 개최하고, 연간 2~3회 위원장 연수, 상근 사무간사 운영 (2009.4 최초 채용), 마을축제 주관 및 참가, 마을만들기대학 운영, 마을만들기주간 공동운영, 마을간사 제도 운영 등을 담당하고 있습니다.

협의회 자체는 행정과 협력하며 내부 역량 강화와 마을축제 등의 비영리사업을 담당하고, 분과 체계 없이 관련 기관이나 단체들과 협력관계를 유지하며 활동하고 있습니다. 다양한 토론과 경험 등을 통해 실제 사업을 수행하는 조직은 별도 사업단으로 분리 독립하는 방식을 선택했습니다. 30여 개 회원 마을 사이에는 공동 사업과 관련하여 다양한 이견이 존재하므로 자부담이 필요한 사업을 공동으로 추진하기에는 한계가 있다는 합의가 있었기 때문입니다. 이처럼 협의회는 마을과 마을이 모여 공통의 문제를 해결하고 지역사회 발전을 위해 학습을 강화하며 공적 역할을 수행한 결과, 마을만들기의 대표성을 확보할 수 있었습니다. 2010년 5월 발효된 「마을만들기 기본조례」에 단체 명칭이 명시된 것도 이런 대표성을 인정받은 성과라 할 수 있습니다. 또 마을만들기지원센터 수탁법인인 (사)마을엔사람 이사회 다수를 마을위원장들이 맡고 있는 것도 이런 대표성 때문입니다.

이처럼 진안군 마을만들기는 개별 행정리 마을 단위에서 출발하여(점), 당사자협의체를 구성하고(선), 기본조례 제정과 중간지원조직 설치 등 제도적 개선책까지 도출하며 지자체 전체의 민관협치 시스템을 구축하는(면) 방향으로 성장해 왔습니다. 2007년 행정의 지원체계 정비(전담팀 구성, 계약직 공무원 채용, 역량 단계별 지원체계 정립 등)를 어느 정도 완비하고, 2010년 민관협력에 기초한 모범적인 기본조례도 제정하여 안정된 시스템으로 발전할 수 있었습니다. 2012년 8월에 마을만들기의 네트워크 법인으로 (사)마을엔사람을 설립하고, 2013년부터 중간지원조직을 수탁 운영하면서 민관협치 시스템은 제도적 측면에서 어느 정도 완성되었습니다. 그 밑바탕에 마을만들기의 당사자협의체로서 마을만들기지구협의회가 든든하게 자리하고 있었기 때문입니다.

하지만 그 뒤로 민선 6, 7기에 걸쳐 단체장이 연이어 바뀌고 행정이 우호적이지 못한 태도를 보이면서 마을만들기지구협의회 활동도 정체된 느낌이 있습니다. 그럼에도 불구하고 진안군 마을만들기는 쉽게 무너지지 않는 제도적 시스템으로 기본적인 활동은 지속되고 있습니다. 2021년에는 농촌활력과가 신설되고, 신활력플러스사업과 농촌협약에 선정되어 한 단계 도약을 준비하고 있습니다.

마을만들기 당사자협의체를 설립하기 위한 3대 기본 방향이 있습니다

충남에는 2022년 12월 현재 13개 시군에서 마을만들기 당사자 협의체가 설립되어 활동하고 있습니다. 전국 광역 단위에서 단기간에 가장 활발하게 조직된 셈입니다. 주민주도성을 강화하고 민관협력의 제도적 시스템을 튼튼하게 구축하기 위해서는 당사자협의체가 가장 중요하다고 보았기 때문입니다. 이런 경험 속에서 당사자협의체는 다음 세 가지 기본 방향으로 설립하는 것이 바람직하다고 제안합니다.

첫째, 마을만들기의 전체적인 시스템을 이해하면서 설립해야 합니다. 주민 주도, 상향식의 마을만들기를 둘러싸고 전체 시스템을 볼 줄 알아야 시행착오를 줄일 수 있기 때문입니다. "전 지구적으로 생각하고 지역적으로 실천하자"는 1992년 브라질 리우회의의 슬로건을 상기해야 합니다. 개별 마을활동에만 집중하지 말고 마을리더가 공동학습과 토론을 반복하면서 한국 풀뿌리 지방자치 역사와 농촌정책 동향, 민관협력체계 등을 이해할 수 있어야 합니다. 이런 학습과정에서 실패하지 않는 길을 선택하게 됩니다.

둘째, 여러 마을의 힘을 모아 작지만 강한 협의체를 설립해야 합니다. 마을만들기(위원장)협의회를 설립하는 출발 자체는 작고 미약하지만 서로 힘을 합치면 큰일도 할 수 있다는 자신감을 가져야 합니다. 처음부터 크고 화려한 출발은 가능하지 않습니다. 행정이 도와주면 많은 마을이 참가할 수 있지만 무조건 많이 모이면 갈등만 많아질 뿐입니다. 진안군과 같은 선행 경험을 빠르게 벤치마킹하면서 시행착오를 줄이고 작지만 강한 협의체를 모색하며 단계적으로 발전해나가야 합니다. 초기 출발에는 회원들의 강력한 규율이 필요합니다.

셋째, 행정사업의 칸막이를 극복하고 관련 기관이나 단체들과 적극적으로 협력하겠다는 관점에서 설립해야 합니다. 협의회 내부 역량을 강화하면서 동시에 다양한 민간단체들과 협력관계를 구축해야 합니다. 협의회의 초기 기반이 안정되면 농촌관광과 6차산업·귀농귀촌·학교급식 등의 농촌정책 영역과 협력하고, 주민자치와 사회적경제·평생학습·도시재생 등의 지역정책 영역과도 강하게 협력해야 합니다. 이를 통해 협의회만으로는 수행하기 힘든 경제사업 전개나 삶의 질 향상, 인재 유치 등 온전한 마을만들기를 기대할 수 있습니다. 협의회가 모든 일을 다 하겠다는 발상은 무리입니다. 상근자가 확보되고 역량을 갖추는 속도만큼 할 수 있는 일도 늘어날 것입니다.

이런 세 가지 방향에서 마을위원장들의 공동학습 과정인 마을대학을 여러 번 집중적으로 개최하는 것이 좋습니다. 기초과정, 심화과정을 거치면서 마을리더가 농촌마을정책의 제도적 시스템을 이해하고 협의회 설립 필요성에 대한 충분한 공감대가 형성되어야 합니다. 특히 회원 자격이나 권리와 책임·벌칙 등 협의회 정관에 대해서는, 충분한 학습과 토론·합의 과정을 거쳐야 합니다. 다음에서는 사전에 충분히 토론하고 합의해야 할 5대 쟁점에 대해 소개하고자 합니다.

마을만들기협의회를 설립하고 운영할 때 5대 쟁점을 소개합니다

충남 시군의 13개 협의회는 뒤에서 소개하는 5대 쟁점에 대해 어느 정도 학습 과정을 모두 거쳤지만 아직은 부족한 점이 많고 이해도에서도 차이가 작지 않습니다. 그래서 매년 공동학습 과정을 반복하는 것이 중요하고, 선배 마을이 후배 회원을 지도하는 방식도 필요합니다. 행정도 중간지원조직의 상근자도 역시 충분한 이해가 있어야 협력관계를 발전시킬 수 있습니다. 당사자협의체의 의미와 중요성을 이해하지 못하면 마을을 항상 교육 대상으로만 이해하는 오류에 빠지게 됩니다. "뿌리가 튼튼해야 꽃 좋고 열매 많다"는 말처럼 마을은 민관협치의 출발점이자 종착점에 해당합니다. 마을만들기의 당사자들이 공동학습과 토론, 합의를 통해 제안하는 '한목소리'는 충분히 존중받아야 합니다.

물론 협의회가 발전하기 위해서는 협의회 스스로 아래에서 제시하는 쟁점들을 충분히 이해하고 지역 실정에 맞게끔 잘 정리하고 있어야 합니다. 매년 신규 회원 마을을 포함하여 반복 학습을 해야 하고, 정기총회에서 재확인하는 절차도 필요합니다. 협의회 정관이 정해지고 수정되는 이유에 대해서도 행정과 중간지원조직에 충분히 설명해야 합니다. 일부 쟁점 부분은 마을만들기의 성장과 함께 제도적으로 확보해야 할 권리 부분이기도 합니다. 새롭게 마을만들기협의회를 설립하려는 지자체라면 학습모임부터 구성하여 각각의 쟁점별로 심층토론을 충분히 해야 튼튼한 협의회로 출발할 수 있습니다. 쟁점토론을 생략하고 다른 지자체의 정관을 모방하는 정도에 그치면 언젠가 큰 갈등이 발생할 수 있다는 점에 유의해야 합니다.

쟁점 1: 협의회 참여 동기와 필요성 공유 방안

"우리 마을이 왜 협의회에 참가해야 하는가? 참가하면 무슨 도움이 있나?"

무엇보다 마을의 참여를 자극하는 동기 부여가 명확해야 합니다. 참여하는 이익과 명분, 재미라는 삼박자를 잘 갖출 때 협의회에 가입할 필요성이 명확해지고, 계속 참가하고 싶은 동기도 작동하며, 협의회도 건강하게 잘 유지될 수 있습니다. 모든 조직에게 적용되는 원리이기도 합니다.

첫째, '이익' 측면에서 마을의 실질적 필요에 적절하게 대응할 수 있어야 합니다. 선배 마을이 신규 마을의 마을사업에 대한 궁금증과 애로사항 등을 상담해주며 자신들의 경험을 잘 전수해주는 것도 큰 도움이 됩니다. 농산물 판매, 농가공, 노인복지 등 새로운 행정사업에 대한 정보를 잘 제공받는 것도 마을의 직접적 이해와 필요에 부응하는 방법입니다. 반드시 경제적 이익일 필요는 없지만, 실질적이고 구체적인 도움을 제공하는 것이 중요합니다. 행정이 협의회 회원 마을에만 제공하는 특혜가 있다면 이것도 큰 매력일 것입니다. 마을 기금으로 정기회비를 납부하는 만큼 혜택을 구체적으로 실감할 수 있을 때 참여 동기는 계속 유지될 수 있습니다.

둘째, '명분' 측면에서 지역사회 발전에 기여하고 있다는 공익성과 사명감을 제공해야 합니다. 농촌 마을 발전을 이끌어가는 대표 조직으로서 협의회에 참여하는 보람과 자부심을 가질 수 있어야 합니다. 마을만들기의 희로애락을 공유하며 동지 의식이 생겨야 합니다. 이를 위해 협의회는 설립과 운영 과정이 투명하고 공개적이어야 하고 활동 자체가 공익적이어야 합니다. 회원증을 발급하고, 간판을 제작하여 마을마다 부착하게 하는 것도 한 방법입니다. 행정도 협의회 정기회의에 참여하여 각종 정보를 제공하고 정기총회에 단체장이 축사로 인사하는 것도 큰 명분이 될 수 있습니다. 앞으로 5년, 10년 내다보며 지치지 않고 오래가기 위해서는 이런 명분이 정말 중요합니다.

셋째, '재미' 측면에서 협의회 활동이 즐겁고 유익해야 합니다. 의무감만 강조하는 활동은 오래가기 어렵습니다. 회의 운영방식이 민주적이어야 하고 회의 기법을 개선하여 참가하는 재미가 있어야 합니다. 일상적으로 소통·공유하는 방법을 도입해 안건만 토론하는 단순한 회의 방식을 극복해야 합니다. 사회관계망서비스(SNS)를 통해 즐겁고 흥미로운 정보들을 자주 공유하는 것도 필요합니다. 1년에 한 번쯤 축제나 한마당, 성과공유회 형식으로 서로 격려하고 응원하는 행사도 기획해야 합니다. 마을만들기를 함께 실천하는 즐거움이 협의회에서 공유된다면 민관협치의 강력한 지렛대가 될 수 있습니다.

이렇게 해서 참여하고 싶고 참여를 권유할 수 있는 협의회가 되어야 오래갈 수 있습니다. 단순하고 명확한 방향이지만 실제 운영에서는 물론 쉽지 않습니다. 협의회 정관 규정 사항을 뛰어넘어 임원들이 민주적이고 효율적이며 재미있는 조직운영을 항상 고민해야 합니다. 명예만 추구하거나 정치적 의도가 있는 임원이 협의회를 주도하면 갈등을 수반할 수밖에 없습니다. 상식에 속하는 쟁점이지만 현실에서는 늘 만만치 않다고 할 수 있습니다.

쟁점 2; 회원으로서 책임에 따르는 권한 부여 방안

"회원으로 참여하면 어떤 권한이 생기나? 어떤 책임을 부여해야 하는가?"

개인이 아닌 마을 대표로 협의회에 가입하기 때문에 성실하게 마을공동체 활동을 수행할 의무가 있습니다. 또 적극적인 회의 참여와 정기회비 납부, 공동활동 분담금 제공 등과 같은 의무 사항과 책임감이 부여됩니다. 이를 어길 시에는 회원 제명 같은 강력한 벌칙도 감수해야 합니다. 그리고 이와 같은 회원의 의무와 책임에 수반하여 권한도 명확하게 부여해야 합니다. 비록 무보수 명예직의 위원장이지만 희생과 봉사에 따른 구체적인 권한이 보장될 때 권위도 생기고 책임감도 높아집니다. 이러한 권한들은 대부분 행정과 충분한 협의를 통해 보장되고 확보할 수 있습니다. 예를 들어, 협의회 회원 마을에 대해서는 다음과 같은 권한을 제시할 수 있습니다.

1) 회원 마을에만 우선 부여되는 소액 행정사업비 지원

2) 국 · 도비 마을만들기 사업을 신청할 수 있는 권한

3) 상근 사무장이나 청년 일자리 등 인력 배치를 보장받을 수 있는 권한

4) 협의회 상근 간사 배치 권한(혹은 중간지원조직 상근자의 겸임 역할 명시)

5) 협의회 공동사업 지원(해외연수 등 역량강화사업, 농특산물 판매장터 등)

6) 기타 협의회 내부토론과 활동경험을 통해 발굴한 사업에 대한 협의 권한

이러한 권한이 협의회 정관에 명시되고 명확하게 실감할 수 있을 때 협의회에 참가하는 마을이 늘어나고 회비 납부율도 높아집니다. 특히 행정과의 관계에서 협의회의 대표성과 공공성이 존중받을 때 그 권한은 더욱 확장될 수 있습니다. 협의회 운영이 잘되는 지자체는 지역사회와 행정에서 이런 권위를 인정받는 지역입니다. 한편으로 협의회가 재능기부나 자원봉사도 열심히 하고, 고유활동이 활발할수록 위상은 더욱 높아집니다. 이런 자치 활동 없이 권리(권한) 요구만 많으면 오히려 갈등이 더 많아질 수 있습니다. 책임과 권한은 서로 비례하면서 강화될 수밖에 없다는 점에 항상 유의해야 합니다.

쟁점 3: 협의회 회원 자격 기준과 의무 사항 명시 방안

"회원 자격을 어떻게 규정해야 하나? 어떤 의무 사항을 부여해야 하나?"

협의회의 회원 자격이 엄격하게 관리되어야 회원 마을이라는 점이 명예롭게 받아들여질 것입니다. 동시에 의무 사항을 위반하면 벌칙이 명확해야 조직이 잘

유지될 수 있습니다. 신규 회원 마을에는 이런 의무 사항을 잘 설명해야 합니다. 매년 정기총회를 준비하며 이것을 반복적으로 확인해야 조직으로서 규율이 유지됩니다. 의무 사항을 잘 모른다거나 위반해도 벌칙이 없으면 열심히 노력하는 회원 마을이 불만을 가질 수밖에 없습니다.

회원 자격 기준의 가장 큰 쟁점은 위원장 개인 이름으로 가입하느냐 마을 이름으로 가입하느냐에 있습니다. 협의회 설립 초기 단계에는 마을위원장 개인 이름으로 가입하는 것도 인정하되, 협의회의 대표성과 권한이 확대되면 마을총회를 거쳐 마을 이름으로 가입하도록 요청해야 협의회의 대표성이 높아집니다. 결사의 수준은 2단계로 나누어 접근할 수도 있고, 곧바로 위원장 개인이 아닌 마을 이름으로 가입하게 할 수도 있습니다. 뒤의 경우에는 마을기금으로 회비를 납부하고, 탈퇴 시에도 마을총회를 거쳐 동의서를 의무적으로 제출하도록 요구한다는 점에서 매우 높은 수준의 결사체가 되는 셈입니다. 협의회 설립을 논의할 때 충분하게 합의를 봐야 할 쟁점입니다.

또 농촌마을정책의 역량 단계별 지원체계에 비추어 자격 기준을 행정사업 경험 여부로 제한할 수 있습니다. 행정사업을 전혀 경험하지 못한 마을이 참여하면 협의회에서 논의 자체가 낮은 수준에 머무를 수 있다는 비판도 충분히 가능합니다. 물론 원론적으로는 행정사업 경험 여부가 크게 중요하지 않을 수 있습니다. 하지만 1단계 현장포럼 사업은 신청만 하면 대부분 선정되고, 이런 경험조차 없는 마을이 참여하면 오히려 분란만 생길 수 있기 때문에 이런 주장은 설득력이 있습니다. 게다가 회원 마을 수가 처음부터 30개 이상이 되면 회의 자체가 어려울 수 있으므로 적어도 1단계 이상 행정사업을 경험한 마을로 참여를 제한할 필요가 있습니다.

회원 마을에 대한 의무 사항은 결의 수준에 따라 다양한데, 처음엔 권한에 비례하여 낮은 책임을 강조하다가 단계적으로 확대할 필요가 있습니다. 예를 들어, 준회원 단계를 6개월 혹은 1년 두는 것도 한 방법입니다. 회비 납부는 마을기금에서 통장으로 자동이체하는 것을 원칙으로 해야 합니다. 액수는 권한에 비례하여 결정하되, 마을 역량과 협의회 연간 운영비 등을 고려해 최소 월 1만 원 이상은 되어야 할 것입니다. 가입비를 별도로 규정할 수도 있습니다. 그리고 '회비 6개월 연체 및 회의 연속 3회 불참 시 제명'과 같은 벌칙 규정을 명확히 해야 합니다. 매년 정기적으로 점검하고 사전에 통지하여 오해의 소지를 없애야 합니다.

또 협의회 회원인 마을위원장 개인의 선거 출마나 선거운동 지원 시에는 자진 탈퇴하도록 하는 것이 바람직합니다. 물론 개인의 정치적 자유는 보장해야 하므로 무조건 적용하는 것은 비판받을 수도 있기에 협의회 내부의 합의가 중요하다 봅니다. 다만 협의회 자체는 정치적 중립을 원칙으로 해야 하고, 그래서 협의회 이름으로 특정 선출직 후보자를 지지하는 것은 금지해야 합니다. 매니페스토 운동처럼 후보자 초청 토론회, 마을만들기 공약 비교 분석과 자료집 배포, 정책협약 체결 등의 활동은 내부 결의를 거쳐 적극적으로 전개할 필요가 있습니다. 마을만들기 자체는 생활정치의 일환이기에 직접민주주의 활동은 적극 장려하는 것이 좋습니다.

협의회 회원 자격은 가능하면 개방하는 것이 바람직하지만 동시에 회원으로서 책임과 의무를 수반하는 '문턱이 있는 조직'이 되어야 규율도 서고 오래갈 수 있습니다. 이를 위해 마을만들기 행정사업 경험이 있는 마을로 자격을 제한해 내부 규율과 공감대를 충분히 형성한 뒤 단계적으로 개방하는 전략이 현명할 것입니다. 회원 자격 기준과 의무 사항은 내부 합의를 거쳐 충분히 변경할 수 있습니다. 하지만 규율이 작동되지 않을 때 협의회 존재 자체가 위태로울 수 있다는 점을 충분히 인식해야 합니다.

쟁점 4: 협의회 조직 형태와 분과, 회의 체계 방식 등

"바쁜 사람 더 바쁘게 하는 것 아닌가? 옥상옥(屋上屋) 조직이 아닌가?"

협의회에 참여하는 위원장이 너무 바쁘지 않도록 조직 및 운영 체계를 효율적으로 구성해야 합니다. 협의회 조직이 복잡하고 회의가 많으면 피로도가 높아질 수밖에 없습니다. 마을을 지켜야 할 위원장들이 외부로 많이 다니는 것은 바람직하지 않습니다. 농사일이 많은 위원장이라면 매우 부담스러울 수 있습니다. 그래서 꼭 모여야 할 때 반드시 모일 수 있는 체계가 효율적입니다. 협의회는 행정사업별 칸막이를 넘어 단일한 당사자 조직으로 출범하되 다음과 같은 사항을 염두에 두어야 합니다.

첫째, 조직 형태를 처음부터 굳이 법인으로 할 필요는 없습니다. 세무서에 등록만 하면 되는 임의단체로 출발하는 것이 효율적입니다. 이 정도로도 기본적인 활동은 모두 가능합니다. 법인화는 추후 조직 역량이 충분히 강화되고 사업 영역이 다양해지면 전환할 수 있습니다. 내부 합의에 따라 100명 이상 회원(명)이 필요한 비영리 민간단체, 혹은 비영리 사단법인이나 사회적협동조합을 검토할 수 있습니다. 수익사업을 하기 위해 영리법인이 필요하다면 관심 있는 마을이 모여 협의회 산하에 별도로 설립하는 방식이 바람직합니다. 충남처럼 광역 협의회를 사단법인으로 등록하고 시군 협의회는 지부 형태를 취하는 방식도 가능합니다. 무엇보다 협의회 운영을 위해 사무국 업무량이 늘어나지 않도록 해야 효율적입니다. 상근자가 필요할 정도로 사업량이 늘어나면 그때 법인으로 전환하는 것이 바람직합니다.

둘째, 분과 체계는 협의회 초기 단계일수록 간단한 형태가 좋습니다. 아마도 초기에는 다음 [그림 3-1] 예시처럼 마을사업 경험이 유사한 마을끼리 행정사업 유형별로 분과를 구성하면 효율적일 것입니다. 여기서 체험휴양마을분과는 선배

〔그림 3-1〕 시군 마을만들기협의회의 기본적인 조직 체계와 협력 네트워크(안)

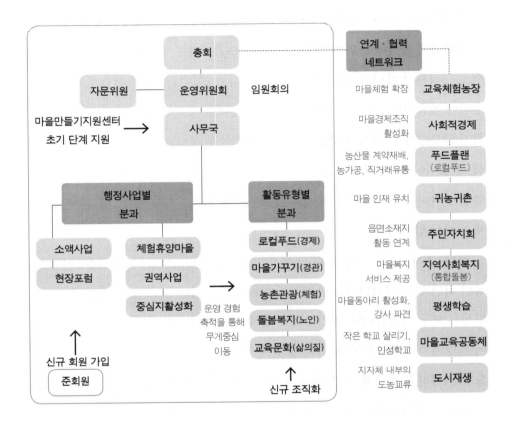

마을 역할을 하면서 모범을 보이고, 대외적으로는 광역 협의회(사단법인)의 시군 지부 성격을 가지면 될 것입니다. 이외에 행정사업과 마을 특성을 반영하여 권역 사업분과, 중심지사업분과, 희망마을분과, 현장포럼분과 등으로 나눌 수 있을 것입니다. 이렇게 활동하면서 서로 경험을 축적하고 회원 마을의 관심과 필요에 따라 주제별 분과로 무게중심을 전환해가는 것이 좋습니다. 마을 공동의 필요와 시급성 순서로 예를 들자면, 로컬푸드(경제), 마을가꾸기(경관), 농촌관광(체험), 돌

봄복지(노인) 등입니다.

셋째, 정기회의는 격월 1회, 운영위원회 임원회의는 월 1회, 정기총회는 연간 1회 혹은 반기별 1회가 적절합니다. 여기에 분과회의까지 고려하면 임원 위원장은 월 1~2회는 만나야 하는 셈이니 조금 부담이 될 정도입니다. 다만 협의회 초기에는 역량 강화와 상호협력 차원에서 모든 위원장이 월 1회 이상 회원 마을(읍면 단위)을 순회하면서 모이는 것이 좋습니다. 또 회원 마을의 멤버십 강화를 위해서는 연 2회 이상 선진지 견학을 겸하여 1박 2일 숙박 워크숍을 실시하는 것이 효과적입니다. 조직이 안정되고 사무국 체계도 강화되면 정기회의 빈도는 더 줄일 수 있습니다. 그리고 코로나19 상황에서 경험했듯이 화상회의를 잘 활용하면 꼭 모여야 할 때만 모이는 방향으로 발전할 수 있습니다.

넷째, 협의회의 초기 사무국 역할은 마을만들기지원센터가 겸임으로 담당해 주는 것도 한 방법입니다. 협의회가 상근 사무국을 운영하기에는 인건비 부담이 크고, 마을위원장 중 한 명에게 사무국장 역할을 요청하기에는 개인적으로 큰 부담이 될 수밖에 없기 때문입니다. 초기에는 비상근 사무국 체계를 유지하되 공익적 활동에 대해 상호협력 차원에서 마을만들기지원센터가 전담자 1인을 지정하여 적절한 역할을 담당하면 될 것입니다. 지역사회에서 대표성과 공공성이 인정되어 보조사업도 늘어나고 자체 재원도 일부 확보되면 행정 협조를 통해 상근 사무국장을 채용할 수 있습니다. 수익사업으로 안정된 예산을 확보할 수 있다면 더욱 많은 일을 해볼 수 있을 것입니다.

전체적으로 협의회는 초기에 회원 마을에 직접 도움이 되는 회원 사업 중심으로 조직을 운영하면서 지역사회에 도움이 되는 공공성 영역으로 단계적으로 확장하는 것이 좋습니다. 또 마을 특색에 맞게 관심 분야별로 분과 체계나 특별위원회를 구성하는 방향도 효과적입니다. 이런 방향에서 회원들에게 권한을 배분하고 함께 책임지는 민주적 방식이어야 오래 지속되는 협의회가 됩니다.

쟁점 5: 관련 민간단체와의 협력 네트워크 구축 방안

"어떤 조직과 협력해야 하나? 협력할 이유는 무엇이고 어떤 도움이 되나?"

마을만들기협의회가 마을 문제 해결에 어디까지 역량을 발휘하고 어느 영역까지 확장할 수 있을지는 단계적으로 접근할 수밖에 없습니다. 협의회 스스로 농촌관광이나 로컬푸드 같은 소득사업도 필요하고, 인재유치 활동도 사회적경제조직도 육성해야 합니다. 경관환경과 교육·문화·복지 영역도 개척해야 합니다. 하지만 마을만들기 특성상 협의회가 직접 여러 사업을 모두 추진하기보다는 관련 단체와 협력하여 추진하는 것이 더 효율적입니다. 예를 들어 다음과 같습니다 (『실천편』 참고).

첫째, 마을 체험관광의 확장이나 도농교류를 위해서는 농촌관광협회의 교육농장이나 체험농장, 체험휴양마을협의회, 그리고 농민단체, 마을교육공동체, 사회적농장, 도시재생지원센터 등과 협력하는 것이 좋습니다. 둘째, 마을 단위로 협동조합이나 마을기업, 사회적기업 같은 경제공동체를 조직하려면 광역의 6차산업센터나 사회적경제 중간지원조직으로부터 협조를 받을 수 있습니다. 셋째, 마을 농산물의 계약재배나 안정된 판로 확보는 학교급식, 로컬푸드, 푸드플랜 등의 중간지원조직과 협력하면 훨씬 쉽습니다. 넷째, 마을의 인재유치는 귀농귀촌협의회나 귀농귀촌지원센터, 평생학습협의회와 협력하면 보다 효과적입니다. 다섯째, 읍면 단위의 주민자치(위원)회와 지역사회보장협의체, 마을교육공동체도 마을의 교육·문화·복지 영역에서 협력할 내용이 아주 많습니다. 협의회가 모든 활동을 책임질 필요까지는 없는 셈입니다.

이렇게 관련 기관이나 단체와 상호협력의 네트워크를 구축하면 작은 마을의 한계를 극복할 수 있습니다. 마을대학 심화과정이나 협력 네트워크 행사, 정책토론회 등을 통해 이런 협력 방안을 구체적으로 검토해야 합니다. 나아가 민간단체 협력 네트워크 법인까지 설립한다면 지역사회에서 더 큰 역할을 할 수 있습니다. 현실적으로 마을만들기 중간지원조직을 행정에서 독립시키거나 보조사업의 한계를 극복하여 민간 주도의 활동을 전개하기 위해서는 이런 비영리법인의 존재가 필수적입니다. 나아가 농촌정책의 중간지원조직을 통합형으로, 민간위탁형으로 운영하기 위해서는 네트워크 법인이 꼭 필요합니다. 여러 민간단체가 정책 칸막이를 극복하면 할 수 있는 가능성도 훨씬 확장되는 셈입니다.

충남 광역 및 시군 마을만들기협의회 설립과 운영 현황

충남의 마을만들기는 전국 광역 중에서 당사자협의체가 가장 잘 발달되어 있습니다. 시군 마을만들기협의회는 민선 5기에 '3농혁신'의 일환으로 희망마을만들기 학습조직에서 출발하여 단계적으로 발전해왔습니다. 하지만 홍성과 논산, 보령 이외에는 오래 지속되지 못했습니다. 이에 2015년부터 광역 마을만들기지원센터가 주도하여 3농대학, 충남대회, 대화마당, 정책워크숍, 시군 마을대학 등의 기회를 활용하여 주민주도성을 확보할 수 있도록 당사자협의체 설립을 적극적으로 지원했습니다. 이런 노력을 통해 단계적으로 협의회가 설립되기 시작하여 2022년 12월 기준으로 13개 시군에서 협의회가 설립되어 활동하고 있습니다 (아래 [표 3-2] 참고). 각 협의회의 운영방식은 조금씩 차이가 있지만 대체로 역량강화 활동을 열심히 하면서 정기회의 개최, 중간지원조직 협력, 정책 협의 등의 공동활동을 추진하고 있습니다.

시군	창립일	회장	회원 마을수	광역 협의회	비고
홍성	2013.03.11.	오필승	53		6대 회장, 희망마을협의회에서 전환
보령	2014.07.01.	권영진	22	대표 회장	희망마을포럼에서 전환
논산	2017.01.17.	박정용	55		2대 회장, 희망마을포럼에서 전환
서천	2017.04.11.	하창호	18	감사	
예산	2017.09.26.	신웅균	60	사무국장	3대 회장
천안	2018.04.13.	박익순	45		3대 회장
청양	2018.09.17.	이경우	46		2대 회장
아산	2019.12.09.	유진돈	26	부회장	회원수에 개인 포함
공주	2020.01.17.	양근승	60		2대 회장
부여	2020.12.08.	이민우	40		
당진	2021.04.05.	문한석	25		2대 회장
금산	2022.02.02	배순철	35		
태안	2022.03.05	조대현	35		

주 : 창립일순으로 기재. 2022년 12월 기준. 전체 회원 마을 수는 520개

2017년부터는 광역 협의회 설립도 계속 논의되어 2020년 10월 15일에 전국 최초로 창립총회를 개최했습니다. 최초의 논의는 제6회 마을만들기 대화마당(서천, 2017.7.28.)이었습니다. 이 자리에서 "시군 협의회 구성과 운영"을 주제로 5개 시군 사례 발표와 토론을 진행하였고, 10대 쟁점 토론을 거쳐 시군 협의회 설립 필요성과 방향을 공유했습니다. 또 1년 뒤인 제5회 마을만들기 충남대회(예산, 2018.11.2)에서는 "8개 시군 협의회 임원진 간담회"를 개최하였고, 이 자리에서

〔자료 3-1〕충남마을만들기협의회와 2022년 지방선거 도지사 후보와의 정책 협약(본문)

충남도민 행복과 농산어촌 마을 살리기 10대 정책 협약(본문)

1. 농산어촌 마을 살리기의 근본적인 대안으로 법령과 예산의 범위 안에서 마을공동체 활성화기금을 신설한다.
2. 마을 소농(노인농, 청년농, 귀농귀촌인 등)의 안정된 판매망을 구축하기 위하여 조직화하고 푸드플랜 · 로컬푸드와 연계시킨다.
3. 마을공동체 단위로 통합적, 맞춤형 돌봄망을 지원하고, 관련 정책사업이 읍면 단위로 협력하는 시스템을 구축한다.
4. 모든 면소재지에 공공임대주택을 조성하여 학부모, 청년, 귀농귀촌인 등의 주거 수요를 해결하고, '돌아오는 농촌'을 실현한다.
5. 마을 살리기를 위해 희생, 봉사하는 민간단체의 공공성 활동에 대해 적극 지원한다.
6. 현재 추진 중인 '충남형 마을만들기' 사업을 지속적으로 지원하고, 수정 · 보완하면서 현장 실정에 맞게끔 확대한다.
7. 농촌정책 관련 중간지원조직은 통합형으로 설치하여 칸막이를 극복하고 효율성을 증대시킨다.
8. 농산어촌 살리기를 위해 마을리더와 현장활동가의 심화교육을 지원하는 인재교육연수원을 설치 · 운영한다.
9. 향후 10년간 지속되는 지방소멸대응기금 사업(광역계정, 시군계정)을 농산어촌 살리기에 최우선적으로 활용한다.
10. 우리는 정기적인 만남과 토론을 통해 민관협치의 농촌마을정책을 실현하기 위해 노력한다.

〔그림 3-2〕"충남도민 행복과 농산어촌 마을 살리기" 정책협약식 개최

2019년부터 매월 마지막 주 금요일 오전, 대화마당 개최 전에 정기적으로 광역협의체 설립을 논의하기로 결의했습니다.

이후 매월 1회 정기회의를 개최하였고, 12월 정기회의(2019.12.19)에서 9개 시군협의회 임원진 40명이 참석하여 "시군 협의회의 광역 네트워크 구축" 간담회를 개최했습니다. 이 자리에서 "하나, 전체 행정리의 10% 이상이 참여하도록 시군 조직을 확대한다. 둘, 2020년 1월부터 광역 협의회 정관을 본격 논의하여 6월 말경으로 예정된 충남대회(천안)에서 설립총회를 개최한다"고 결의했습니다. 이후 충남대회 개최는 코로나19로 취소되었지만, 2020년 10월 15일 시군 협의회마다 운영위원 3명씩 모여 충남마을만들기협의회 창립총회를 개최했습니다.

이후 2021년 말과 2022년 초에는 "국민총행복과 농산어촌개벽대행진" 행사에 적극 참여하여 기존에 농업정책 중심이었던 흐름에서 농촌 마을공동체 복원의 중요성을 강조하고, 마을공동체수당과 같은 정책도 새롭게 제안했습니다. 2022년 지방선거에서는 도지사 후보 2명과 각각 '10대 정책협약'을 체결했습니다([자료 4-1], [그림 4-2] 참고). 김태흠 당선자와는 10대 항목에 대해 이행 방향에 대한 협의를 거쳐 "수용 5건, 장기검토 3건, 곤란 2건"이란 회신을 받았습니다. 여기서 수용 곤란은 마을공동체 활성화 기금([자료 4-1]의 협약 1)과 민간단체 지원(협약 5)이었고, 장기 검토는 통합돌봄(협약 3), 중간지원조직 통합 운영(협약 7), 인재교육연수원 설치(협약 8) 등이었습니다. 이렇게 2년간의 운영 경험을 축적하면서 더 큰 활동을 하고자 2022년 10월 13일에는 사단법인으로 전환하였고, 13개 지부, 520개 마을이 참여하는 큰 조직으로 발전했습니다.

마을만들기 당사자협의체 운영 과제와 전망

마을만들기 당사자인 마을 리더들이 행정사업의 칸막이를 극복하고 협의회를 구성한 사례는 많지 않습니다. 전북 진안군이 가장 오래되고, 그 영향으로 전북 지역에 일부 설립된 셈이고, 충남이 특별히 많은 셈입니다. 다른 지역은 체험휴양 마을협의회의 시군 지부가 있는 정도에 그칩니다. 충남도 협의회 운영의 역사가 짧아 경험이 부족하고 부여된 권한도 적어 아직은 활동이 많지 않습니다. 상근자가 있는 사무국이 없고 제도적으로 보장된 권위도 미흡하다는 것이 가장 큰 요인입니다. 그럼에도 당사자 주민이 주인공이 되어 농촌마을정책과 마을공동체 운동의 전면에 나서야 마을 문제를 근본적으로 해결할 수 있다는 점은 분명합니다.

마을만들기협의회가 더 발전하기 위해서는 다음과 같이 세 가지 과제가 있습니다. 첫째, 전체 마을의 최소한 10% 이상이 참가하여 대표성을 확보해야 합니다. 여기에 더해 협의회 스스로 공동학습, 토론, 합의 등의 역량 강화를 통해 '한 목소리'를 도출할 수 있어야 합니다. 합의 수준이 높고 지역사회 발전을 위한 실천 사례가 축적되면 당연히 공공성도 인정됩니다. 그렇지 못한 경우에는 보조사업에 의존하는 단체에 불과하게 됩니다. 충남의 협의회는 광역도 시군도 이미 회원 수가 10%를 넘었고, 광역 네트워크를 구축하여 서로 협력하는 시스템을 구축했습니다. 2022년 지방선거 과정에서 후보자들과 정책 협의를 한 사례를 통해 확인하듯이 대표성과 전문성을 어느 정도 인정받았다고 확인됩니다.

둘째, 행정과 협의를 거쳐 적절한 권리를 확보하고 협력 시스템을 구축해야 합니다. 협의회의 운영 경험을 축적하고 공공성을 확보하며 무보수 명예직에 따른 권리를 행정에 적극적으로 요구할 필요가 있습니다. 마을공동체 활동 자체가 보조사업으로만 집행할 수 없는 공공성이 있으므로 당당하게 주장할 수 있습니다.

상근자 1인의 배치가 가장 시급하고 중요한 권리에 해당하고, 매년 회원 마을에 대해 안정된 지원사업이 있어야 합니다. 협의회 임원이 각종 위원회나 심사에 대표성을 가지고 참여할 수 있는 권위도 확보되어야 합니다. 각종 공모사업에서는 회원 마을이 우대받을 권리도 보장되어야 합니다. 협의회에 가입하여 공동활동에 열심히 참여하는 마을과 무임승차 하듯이 공모사업에 도전하는 마을은 분명히 구분될 필요가 있습니다. 행정도 이런 점을 충분히 배려해야 합니다. 충남은 이런 협의가 비교적 활발하고 상대적으로 나은 상황이라 봅니다.

셋째, 상근 사무국을 구성하고, 관련 기관·단체와 협력관계를 구축하며 칸막이를 극복하기 위해 끊임없이 노력해야 합니다. 마을을 지켜야 할 위원장이 이런 활동까지 감당하기가 쉽지 않다는 것은 분명합니다. "바쁜 사람, 더 바쁘게 해서는 일이 안된다"는 원칙을 지켜야 하겠지만 협의회 설립 초기 단계에 일부 임원들의 희생과 봉사는 피할 수 없어 보입니다. 그래서 중간지원조직도 초기 단계에는 사무국 역할도 일부 담당해주고, 행정도 사무국 간사를 배치할 수 있도록 각종 사업으로 배려해야 합니다. 협의회 임원들이 적절하게 역할을 분담하여 대응하는 것은 기본입니다. 이런 기반 위에 관련 기관·단체와의 협력적 활동도 활발해질 수 있습니다. 충남은 전직 위원장도 협의회 활동에 참가할 수 있도록 권장하고, 중간지원조직이 주도하여 당사자협의체 사이의 협력 활동 기회를 자주 제공합니다.

넷째, 시군 지자체 단위의 협의회는 어느 정도 제도적 세계에서 움직일 수밖에 없다는 점을 인정하고 읍면 단위의 생활운동으로 빠르게 넘어가야 합니다. 지자체 규모가 지나치게 큰 한국 현실에서 시군 협의회는 당사자로서 마을 리더가 회의에 자주 참여하고 공동 활동을 하기가 쉽지 않습니다. 그래서 마을 관점에서는 인근 마을과 공동으로 실천하는 읍면 조직이 더 필요하고, 이런 점에서 주민자치회와 더 강력한 연계가 필요한 것입니다(제6부 논의 참고). 시군 협의회의 읍면 지부 성격으로 주민자치회 산하에 마을공동체분과를 조직하는 방향이 중장기적으로 타당할 것입니다. 정책 칸막이로 인해 이런 방향성이 쉽지 않지만, 마을 입장에서 주민주도성을 강화하자면 이런 방향이 꼭 필요합니다. 주민자치회는 제도적으로 설치되는 것이 아니라 마을과 마을이 서로의 필요를 공동으로 해결하기 위해 주민자치 관점에서 스스로 설립하는 것입니다. 중앙부처와 지자체 행정의 담당 부서가 다를 뿐이고, 주민들의 생활세계로서 마을은 동일하기 때문입니다.

전체적으로 농촌 마을의 소득구조가 열악한 상황에서 당사자협의체 활동도 만만치 않은 것은 분명합니다. 역으로 이런 활동이 없으면 개별 마을로 대응할 수 없는 제도적 과제도 너무 많습니다. 할 일은 많고 갈 길은 멉니다. 하지만 협의회의 공적 권위는 이렇게 스스로 만들어낼 수밖에는 없습니다. 충남은 2015년 이후로 '마을 외부에서 마을을 지원하는 제도적 시스템'을 갖추기 위해 노력해왔고, 이런 시스템은 상대적으로 전국에서 가장 발달해 있다고 평가할 수 있습니다. 앞으로 민관협력의 제도적 시스템을 기반으로 읍면 단위 주민자치회 전환과 강력하게 결합해야 합니다(제6부 참고). 또 이런 제도적 환경을 적극적으로 활용하여 행정리 마을자치 시스템을 강화하는 방향으로 빠르게 나아가야 합니다(『기본편』 참고). 이러한 발전 경로에서 마을만들기협의회는 가장 중요한 당사자 조직이고, 그 역할이 크게 기대됩니다.

현재의 추세로 볼 때 농촌 마을의 구조적 문제는 계속 심각해질 것으로 예상합니다. 농촌 전체가 무너지는데 몇몇 마을만 재생될 수는 없습니다. 우리 모두 향후 10년이 '골든타임'이라는 위기감을 가지고 적극적으로 행동할 때입니다. 마을 리더의 '연대와 협력' 활동 없이는 현재의 어려운 상황을 극복하기 어렵습니다. 누가 대신 해결해줄 것이라는 기대는 잘못된 생각입니다. '마을 만들어주기'가 아니라 주민들이 주인공으로서 나서는 '마을 만들기'가 되어야 합니다. 이러한 기대를 현실로 만들 수 있는 것은 '깨어 있는 마을의 유연한 연대', '칸막이를 극복하고 협동하려는 작은 실천'에 달려 있습니다. 이것이 마을만들기 당사자협의체의 역사적 사명이라 할 수 있습니다.

홍성군 마을만들기협의회 설립과 활동

안현경 마을연구소 일소공도 협동조합 이사

2021년 3월 17일 수요일 오전, 청운대학교 수신관 4층에 있는 홍성군 마을만들기지원센터 사무실. 대학과는 어울리지 않을 듯한 나이 지긋한 분들이 마스크를 쓰고 회의 중입니다. 회의 진행을 하는 사람은 젊은 연구원입니다.

"올해 희망마을협의회에서 뭐 할지 정하기만 하세요. 꽉꽉 밀어드릴 테니까!"

기세 좋게 회의를 진행하는 사람은 홍성군 마을만들기지원센터 이혜성 연구원입니다. 희망마을협의회 임원들과 안건을 만들기 위해 이사회 전에 임시회의를 하는 중입니다.

"코로나 때문에 올해 희망마을 한마당을 할 수 있을까요?"

"일단 계획했다가 연말에도 안 되면 다른 방법을 생각해봐야죠."

"협의회 자체 학습은 뭐로 가죠?"

"원예치료사 자격증이 괜찮더라고요. 내가 기술센터에서 배우고 따로 자격증까지 해봤는데 지원받는 것도 그렇고 신청할 수 있는 게 많아요."

"우리 마을에는 문패 서각사업을 했는데 주민들이 상당히 좋아하더라고요. 그걸 이사회 안건으로 올려서 협의해봅시다."

"제가 이장 임기가 끝나서 새로 이장이 된 분과 함께 왔습니다. 이제는 새 이장님이 협의회에 참여하실 거예요."

"이장과 위원장이 함께 참여해도 돼요. 마을 일은 이장이 하는 거지만 협의회 임원 임기가 내년까지니까 마저 하면 돼요."

이런저런 이야기가 이어지고 회의록과 안건 정리는 이혜성 연구원이 맡기로 했습니다. 회의를 마치고 1층 구내식당에서 밥을 먹고 헤어집니다.

2013~2014년, 행정 주도로 설립되며 겪은 우여곡절

익숙하게 한해 사업을 논의하고 헤어지는 모습이지만 처음부터 그렇지는 않았습니다. 홍성군 희망마을협의회는 2013년 설립됐습니다. 2012년, 충청남도에서 희망마을만들기사업을 시작하자 홍성군은 이를 가장 적극적으로 받아들여 추진했습니다. 농촌개발팀에 마을만들기 전담 인력 1명을 두었고, 친환경농정발전기획단 농촌정책전문위원의 자문을 받아 다양한 시도를 많이 했습니다. 공무원과 마을위원장, 전문가들로 이루어진 희망마을포럼을 개최하면서 마을만들기를 지속하려면 마을 밖에서 지원할 조직이 많아야 한다는 공감대를 형성했습니다. 다른 시군의 마을만들기사업이 마을별 사업 성공에 초점을 두고 있을 때, 홍성군은 네트워크의 중요성을 먼저 생각했습니다. 이는 홍성에 협동사회경제네트워크나 농촌체험관광협의회 같은 관련 주체들의 네트워크가 이미 활발히 진행되고 있었기 때문이기도 합니다.

처음엔 행정이 주도하여 희망마을협의회를 설립하고 운영을 지원하는 방식이었습니다. 마을위원장을 대상으로 열었던 마을대학에 네트워크 관련 교육과 견학을 포함하고, 안건 만들기, 포럼 개최, 협의회 규약 초안이나 총회를 위한 의례 준비 등을 도맡아했습니다.

2012년 희망마을리더 43명이 참여한 준비위원회를 세 차례 개최한 끝에 2013년 3월 창립총회를 열었습니다. 1대 회장으로 선출된 조권영 반교마을 이장은 홍성에서 열린 제1회 마을만들기 충남대회의 공동운영위원장을 맡기도 했습니다.

행정은 협의회에 마을만들기 정책 전반을 논의하는 파트너 역할을 기대했습니다. 하지만 협의회가 그런 역할에 미흡하자 운영에 회의를 느꼈습니다. 협의회에도 마을 의견이 모여 전달되기보다는 회장 개인의 의견이 많았고, 마을은 마을대로 여러 민원성 요구가 늘어났습니다. 행정은 협의회 사무까지 맡아주는 형국이 되어버렸고, 이대로는 지속할 수 없다는 판단 아래 재편 방안을 모색하게 되었습니다. 결국 임원들이 일괄 사퇴한 뒤 다시 준비위원회를 거쳐 규약을 개정하고 임원을 새로이 선출했습니다.

2014~2016년, 자체 활동과 중간지원조직 설립을 위한 목소리

소정식 황곡마을 추진위원장이 2대 회장이 되면서 협의회가 자체적으로 사무를 맡고 별도 사업을 진행하는 시도를 했습니다. 회원 마을의 교류 행사인 희망마을 한마당을 개최했고, 별도 공모사업을 통해 예산도 확보했습니다. 마을위원장들이 참여하는 장승학교를 열어 협의회의 결속을 도모했습니다.

하지만 2014년 말에 행정 전담 인력이 임기 만료로 이동하고, 담당 공무원도 순환보직으로 바뀌자 협의회 위상도 휘청거렸습니다. 마을만들기는 정책 연계가 필요한 사업이라 신규 담당자가 일을 배워나가는 데 시간이 필요했습니다. 소득사업이나 문화복지 등으로 건물을 짓게 되면 주민 갈등이 불거졌고, 협의회 정기회의에 참여하는 마을 수도 급격하게 줄어들었습니다. 마을리더들은 협의회 일보다 당장 마을에 떨어진 불부터 끄기 바빴죠. 협의회 소득사업으로 추진했던 농촌관광버스 사업도 잡음이 생기면서 결국 마을별로 냈던 출자금을 돌려주는 것으로 마무리됐습니다. 하지만 이런 가운데서도 해마다 너덧 마을이 희망마을 현장포럼을 신청하는 등 새롭게 참여했습니다.

이러한 상황에서 건설교통과 농촌개발팀이 아닌, 친환경농정기획단이 2015년 충청남도에서 새롭게 도입한 '마을만들기 지원시스템 구축 및 중간지원조직 설립' 공모사업을 신청했습니다. 기획단은 사업 담당자가 아니었지만, 마을만들기 정책에 협력하고 '홍성통'이라는 민관 거버넌스 활동을 담당하고 있었기에 가능했습니다.

공모사업에는 선정되었지만, 의회에서는 이와 같은 복잡한 사정을 이해하지 못해 관련 예산을 통과시키고 조례를 제정하는 데 2년이 걸렸습니다. 이 과정에서 협의회는 마을대학에 참석해 공부를 하면서 꾸준히 한목소리를 내주었습니다. 지역신문 기획 취재나 군 의회 방문 등을 통해 희망마을만들기를 지속하기 위해서는 중간지원조직이 꼭 필요하다고 설득했습니다.

2016~2018년, (사)홍성지역협력네트워크 설립과 운영에 적극 참여

의회의 동의를 구해 지원센터를 설치하기까지는 긴 시간이 걸렸지만 민간 영역의 네트워크 구축은 빨리 진행됐습니다. 충남마을만들기지원센터의 컨설팅을 받아 희망마을협의회뿐 아니라 홍성협동사회경제네트워크, 농촌체험관광협의회 등 관련 민간단체들의 협력 조직으로 사단법인 홍성지역협력네트워크를 2016년 5월에 설립했습니다. 그리고 법인 사무국이 희망마을협의회 간사 역할을 맡기로 하면서 재도약기를 맞이했습니다.

법인은 먼저 희망마을협의회의 조직, 회계, 규약 등을 재정비했습니다. 이전에는 현장포럼을 시행한 마을은 의무 가입하는 형식이었으므로 마을별 이해도나 참여도가 처음부터 제각각이었습니다. 참여자 정족수 미달로 총회가 불발되기도 하고, 정족수 미달로 회장 재선거를 치르기도 했습니다.

그와 같은 폐해를 없애기 위해 마을별로 일일이 가입 의사를 물었고, 연회비 10만 원을 낸 마을을 회원 자격으로 하여 조직을 재정비했습니다. 기존에 제대로 관리되지 못했던 회계도 정리하여 수입과 지출을 보고했습니다. 또 희망마을 한마당 행사 운영도 지원하고, 마을만들기지원센터를 수탁받은 2016년 11월부터는 더욱 밀접하게 지원 활동을 하고 있습니다. 협의회 자체학습 차원에서 인근 시군 마을이나 협의회를 방문하고, 『마을독본』 주제에 따라 마을재산 찾기, 마을규약 사례, 주민조직 구성 등의 학습 활동을 꾸준히 해오고 있습니다.

3대 회장인 조병혜 신곡마을 이장은 협의회의 유일한 여성이었습니다. 이전 회장들이 행동력으로 사람을 모았다면, 조병혜 회장은 특유의 서글서글함으로 회원들에게 자주 연락해 참여를 이끌었습니다. 행정에서도 2017년 조직개편을 통해 마을공동체팀으로 전환되면서 마을만들기사업 전반을 총괄 조정하는 역할을 담당하게 되었고, 조병혜 회장을 마을사업의 심사위원으로 선정하여 협의회의 위상을 높이기 위해 노력했습니다.

2018년~현재, 안정적인 운영

현재 4대 조홍식 회장은 2014년부터 희망마을 만들기에 참여해온 장곡면 천태1리 이장 겸 위원장입니다.

"홍성군에서 마을만들기사업을 한 마을이 100군데가 넘는데, 지금 협의회에 참여하는 마을은 50개 정도입니다. 실제로 활동하는 마을은 35개 정도 되는 것 같고요. 그런데 이 정도도 다른 시군에 비하면 많은 마을이 참여하는 겁니다. 다른 시군과 비교해 홍성군 상황이 그래도 나은 듯해요."

협의회에 가입하면 마을별로 주민들이 배우고 싶은 프로그램을 지원하는 소액사업을 할 수 있고, 희망마을 한마당에 나아가 발표도 하게 됩니다. 큰 사업을 하지 않더라도 마을이 협의회에 참가할 동력은 충분하다는 설명이죠.

"우리 마을 어르신들은 나이가 드셔서 노인 일자리사업으로 감자 캐던 것도 못 하시거든요. 그런데 이제 같이 모여서 그림도 배우고 혼자서 집에서도 그림을 그리셔요. 그 그림들을 마을 한가운데 있는 정자에 걸어 전시하는데 그거면 충분한 것 같아요."

조홍식 회장을 비롯한 4대 임원진은 코로나19로 2021년까지 임기가 1년 연장되었습니다. 협의회 규약이 여러 차례 개정을 거쳐 달라졌지만, 그래도 바뀌지 않은 부분은 바로 임원의 연임 금지입니다. 처음에는 행정이 정치조직으로의 변질을 경계해서 넣은 규약이었지만, 마을위원장이 돌아가면서 임원을 하니 협의회가 수평적으로 운영되는 장점이 있습니다. 물론 길게 보자면 중장기적 사업을 추진하기 힘들다는 단점도 있습니다.

앞으로의 숙제

마을만들기협의회에서는 발전 방향을 크게 두 가지로 말합니다. 하나는 읍면 단위 주민자치(위원)회에 참여하는 것이고, 다른 하나는 진안군의 마을만들기지구협의회처럼 경제사업을 고민하는 것입니다.

홍성군 협의회 임원들은 읍면 상황에 따라 주민자치(위원)회에 대해 각기 다른 반응을 보입니다.

"우리 장곡면은 마을만들기 교육에 가장 많이 참여했고, 재작년에는 2030 발전계획도 세웠어요. 마을학회도 있고 주민자치회로도 전환되어 젊은 사람도 많이 들어왔어요. 그런 활동이 자연스럽게 일어날 것 같습니다."

"우리 지역은 주민자치는 안 하고 정치하려는 사람들만 거기에 들어가 있어요. 마을에서도 인정받지 못하는 사람이 읍면 얘기를 하고 있다니까요. 그런 상황에서 마을 일도 바쁜데 거기까지 들어가기는 어렵지요."

홍성군의 주민자치회는 개인 참여 외에도 희망마을협의회가 추천한 마을위원장이 참여할 수 있는데 아직 그렇게 적용된 적은 없다고 합니다.

홍성군은 협의회 차원의 수익 활동을 논의하고 시도한 적이 있는데, 최근에는 경제사업은 물론이고 자체 사업을 해보자는 논의가 이루어지지 않고 있습니다. 마을만들기지원센터가 설립되면서 협의회가 안정적으로 운영되는 측면도 있지만, 한편으로는 지원센터에 대한 의존도가 너무 높아졌다는 한계도 있습니다. 지원센터에서도 이런 문제를 개선할 방안을 고민 중입니다. 홍성군의 희망마을만들기 역사가 만 10년을 바라보는 이때, 협의회가 또 한 번 크게 도약하기를 기대합니다.

충남마을만들기협의회 설립 과정과 발전 방향

정석호 충남마을만들기지원센터 센터장

강성준 충남마을만들기지원센터 연구원

충남마을만들기협의회(이하 충남협의회)는 시군 마을만들기협의회의 광역 네트워크 조직으로 2020년 10월 15일 전국 최초로 설립되었습니다. 2021년 4월 현재, 11개 시군 마을만들기협의회가 회원으로 가입되어 충청남도 농촌마을정책에 당사자협의체 활동을 펼치고 있습니다. 인터뷰는 2021년 3월 22일, 매월 1회 개최하는 정기회의 자리를 빌려 충남 홍성군 장곡면에 있는 마을연구소 일소공도협동조합 회의실에서 정석호 센터장의 질문에 권영진 회장을 비롯한 다른 시군협의회 회장의 답변으로 진행되었습니다.

충남마을만들기협의회의 설립과 목적

충남협의회를 설립하기까지의 경과가 궁금합니다.

충남협의회 설립 논의는 2015년 충남에서 '시군 마을만들기 정책 시스템 구축' 사업을 착수하면서 자연스럽게 시작되었습니다. 충남마을만들기지원센터 개소 전부터 3농대학, 정책워크숍, 충남대회 등의 자리를 통해 마을만들기의 당사자인 마을리더끼리 교류가 있었지요. 이런 자리에서 시군 당사자들이 기초 단위로 협의회를 설립하고, 향후에 광역 협의체도 구성하자는 이야기가 나왔습니다. 2017년에는 시군협의회들이 모여 사례를 발표하고 토론하면서 광역협의회 구성에 대한 방향과 필요성을 공유했습니다. 그리고 2018년 말에 8개 시군협의회 임원진이 매월 정기적으로 모이는 광역 정기회의를 대화마당 개최 전에 열기로 약속했지요.

그래서 2019년 1월부터 매월 1회 꾸준히 만나면서 광역협의회 설립을 논의하다가, 12월 19일 회의에서 2020년 6월로 예정되어 있던 충남대회(천안)에서 설립 총회를 하기로 결정했습니다. 그러면서 2020년 1월 17일 공주시 소랭이마을에서 공주시 협의회 설립을 축하하면서 광역협의회 설립에 대한 본격적인 논의가 시작되었지요. 우선 기존에 논의되었던 광역협의회의 목적과 주요 쟁점을 재확인하고, 이어 3월에 개최된 대화마당에서 주요 쟁점들을 종합적으로 정리했습니다. 그리고 매월 정기회의에서 정관의 쟁점을 계속 토론했습니다. 8월까지 열심히 공부하고 고생하면서 초안을 작성했습니다. 하지만 코로나19로 2020년 6월로 예정되었던 창립총회가 연기되었고, 임원진은 7월에 선출했지요. 그 뒤 9월 충남대회가 취소되면서 10월 15일 충남협의회 창립총회를 하면서 광역협의회를 설립하게 되었습니다.

충남협의회를 설립한 구체적인 목적이 무엇인가요?

협의회의 목적은 정관에도 나와 있듯이 시군 마을만들기협의회 사이의 상호협력체계를 구축해 마을별 공동사업을 활성화하고, 관련 기관과 단체들과 함께 충남 농촌마을정책이 발전할 수 있도록 하기 위해서입니다. 체험휴양마을, 산촌

생태마을, 교육체험농장 등은 광역협의회가 있지만 해당 요건이 안 되는 마을들은 같은 농촌임에도 불구하고 마을들이 함께 할 수 있는 광역협의체가 없었습니다. 그러다 보니 힘이 약하고 의견 전달도 힘들었지요. 도민 제안사업을 통해 광역 단위 협력 활동을 시군협의회 이름으로 추진해본 적이 있는데, 광역의 대표성이 없어 도에서 지원해줄 수 없다고 했습니다. 앞서 말했던 다른 협의회들은 상근자도 있어서 회원의 요구사항을 행정에 대변하면서 적극적으로 지원하는 것을 보니 더 필요성을 느꼈죠. 그래서 시군 마을만들기협의회가 모여서 각 마을의 의견을 종합할 수 있는 단체를 구성하게 된 것입니다.

앞으로의 활동 방향과 과제

앞으로 협의회의 활동 방향을 어떻게 생각하시나요?

각 시군이 떨어져 있으니 시군협의회가 교류할 수 있는 네트워크를 구축하는 것이 중요합니다. 이를 통해 친근감 조성, 이웃 시군에 대한 이해, 정보교환 등을 하고 마을만들기에 대한 상호학습을 할 수 있게 하려고 합니다. 그리고 충남협의회가 소규모 사업을 확보해 각 시군에 나눠줄 수 있도록 역량을 키우려고 합니다.

그리고 농촌마을정책 발전을 위한 세미나를 열고 의견을 모아 결의서와 같은 형식으로 한목소리를 낼 예정입니다. 이를 위해서라도 시군 아래에 읍면 지회나 주민자치회 분과 형태로 읍면 단위 조직을 구성해 협력 네트워크를 확장할 생각입니다.

협의회 차원에서 충남 농촌 마을의 과제는 무엇이라고 보시나요?

우선 가장 시급한 과제는 충남형 마을만들기사업의 예산 문제 해결입니다. 새로 시작하는 마을들이 성장하고 확장하기 위해 가장 시급한 문제입니다. 그리고 "마을이 민주적으로 운영되는가?"라는 물음에 답변할 수 있어야 합니다. 마을이 소수나 약자의 의견을 듣는 건강한 상태여야 하는데, 현실적으로 어려움이 있습니다. 이는 마을교육을 통해 민주적인 의사결정 시스템을 만들면 갈등을 예방할 수 있을 것 같습니다. 농촌 마을은 귀농귀촌인과 본래 주민, 노인과 청년 등 각계 각층의 사람이 모여 살기 때문에 서로 소통하는 것이 중요합니다. 이런 문제들을 해결하기 위해 협의회에 상설 사무국을 설치하려 합니다. 이는 협의회가 자생적으로 움직이는 기반을 마련하기 위해 꼭 필요하다는 생각입니다.

중간지원조직과 새로 시작하는 마을에 대한 부탁 사항

마을만들기협의회와 중간지원조직(센터) 사이의 관계는 어떻게 설정해야 할까요?

마을만들기협의회와 센터는 각자 바라는 바가 있습니다. 센터는 협의회에게 정책 제안을 하거나 센터의 입장을 대변해주길 바라고, 협의회는 센터에게 사업 지원이나 컨설팅 등 직간접적인 도움을 많이 바랍니다. 센터가 행정에 대한 관점과 입장을 제대로 정립하고 마을을 대변해줄 필요가 있습니다. 통합형 센터 같은 경우에는 모든 공동체 영역을 담당하다 보니 업무가 과중해서 감당을 못 하는 경우도 많습니다. 마을이 지원사업 요건을 갖춰도 상담을 제대로 못 해줄 때도 있고, 사업 자체가 진행되지 않을 때도 있습니다. 이를 해결할 방안이 필요합니다.

최근에는 민간 역량이 어느 정도 성장했다 판단해서 센터가 더 이상 사업계획서 작성을 도와주지 않는 경향입니다. 하지만 농촌 마을에는 고령자가 많고 문서 작성 능력이 없는 분도 많아서 행정사업 지원 측면에서 격차가 많이 생깁니다. 이런 현실을 반영하여 사업계획서 작성 교육을 하는 등, 신규로 진입하는 마을에 대한 배려가 필요합니다. 협의회 차원에서도 선배 마을이 신규 마을을 지원하거나 주민자치회와 함께 평생교육사를 양성해서 읍면 사무장 개념으로 지원하는 방안 등을 모색하고 있습니다. 물론 이런 방안들도 해당 마을에 대한 낮은 이해도, 예산의 불확실성 등 여러 문제가 있겠지요. 센터의 업무가 과중하다는 점은 공감하지만, 협의회에는 상근 사무인력이 없어 결국 센터에 지원을 바랄 수밖에 없습니다. 이런저런 어려운 점은 서로 나눠가며 현명한 방법을 찾아야 할 것입니다.

어느 시군협의회는 자체적으로 성장해서 센터에 업무 부담을 주지 않고 독자적인 활동을 하기도 합니다. 또 어느 시군협의회는 센터와 사이가 좋지 않아 갈등을 겪기도 합니다만, 전체적으로 최근에는 협의회와 센터 관계가 많이 좋아진 것은 분명합니다.

협의회 입장에서 센터에게 추가로 바라는 점이 있다면?

시군센터의 수탁법인을 구성할 때 대개는 당사자협의체가 마을만들기협의회뿐이라 법인 이사진의 활동 분야가 다르고 그래서 갈등이나 오해가 생기기도 합니다. 이 점을 방지하기 위해 협의회의 역할과 목적에 대한 교육이 반복적으로 필요합니다. 올해 열리는 대화마당과 『마을독본』에 많은 기대를 하고 있습니다. 시군센터와 협의회, 법인에서도 많이 참여했으면 좋겠습니다.

또한 협의회에는 명확한 역할과 권한이 있어야 합니다. 협의회에 신규 마을을 가입시키기 위해서는 이런 권한이 필요합니다. 마을대학과 같이 센터가 주관하는 교육사업을 이수하면 행정사업 지원 측면에서 이점이 있어야 한다고 생각합니다. 지금은 교육사업에 참여하나 안 하나 큰 차이가 없습니다. 그리고 마을사업을 수행하면서 마을위원장들이 물질적으로도 큰 희생을 하게 되는데 이 점을 고려해 실비 지원이 필요합니다. 이런 것들 외에도 아쉽고 속상한 이야기들이 많지만 이만 줄이겠습니다.

선배 활동가로서 센터 상근자에게 해주고 싶은 말은?

우선 충남마을만들기지원센터에 고맙다는 말을 하고 싶습니다. 협의회 구성 과정에서 꾸준히 도움을 주신 덕에 무사히 창립할 수 있었습니다. 광역 단위 협의회 중에서 전국 최초로 창립할 수 있었던 건 광역센터의 도움 덕분입니다. 시군센터 상근자 대상으로 교육이 꾸준히 이루어지고 있으나 이직률이 높은 지역도 있습니다. 그 이유가 단순하진 않지만, 충남에 전문적인 연수원이 없어 실무나 심화 교육을 받을 수 없는 탓도 크다고 봅니다. 당분간은 충남의 14개 센터 상근자 선배가 후배를 잘 이끌어주면서 함께 성장하는 센터가 되었으면 합니다.

4부
마을 네트워크 법인,
농촌마을정책의 전문조직

정책의 세계는 법과 제도를 다루기에 복잡하고 어려운 점도 있지만, 행정과 민간이 대등하게 만나 협의할 기회도 많이 열려 있습니다. 하지만 농촌마을정책의 영역에서는 행정이 민간(마을)에 사업·예산을 직접적이고 일방적으로 지원하는 보조사업 방식에만 익숙하여 민간법인의 중요성을 인식하지 못했습니다. 민관협치 관점이 미약했고, 농촌재생의 주체가 아니라 보조사업 대상자로만 인식했기 때문입니다. 또 민간 스스로도 모래알처럼 흩어져 법인을 설립할 필요성조차 못 느꼈기 때문입니다.

"작은 조직은 네트워크로 성장한다"는 말처럼 문제를 해결하고 함께 성장하기 위해서는 민간 네트워크 법인의 설립이 매우 중요합니다. 행정의 정책 파트너로서도 네트워크 법인은 꼭 필요합니다.

제4부에서는 민간 네트워크 법인을 설립하자면 어떤 원칙에서 출발하고, 어떤 과정으로 접근해야 하는지, 또 실제 운영하고 있는 법인의 애로사항은 무엇이고 개선 과제는 무엇인지 짚어봅니다. 그리고 충남의 경험에서 사단법인(홍성군)과 재단법인(청양군) 설립 사례 그리고 법인 설립을 위해 치열하게 토론했지만 결과적으로 실패했던 아산시 사례도 소개합니다.

마을 네트워크 법인 설립과 운영,
어떻게 할 것인가?

구자인 마을연구소 일소공도 협동조합 소장

마을만들기는 연대와 협력을 통해 발전합니다. 마을 스스로 자치적으로 해결해야 할 과제가 있는가 하면, 마을과 마을이 협의회를 구성하여 '한목소리'를 내면서 공동으로 해결해야 할 과제도 있습니다. 앞의 제3부에서 다룬 것처럼 지자체마다 마을만들기의 대표 협의회를 설립하는 것이 우선적으로 중요합니다. 행정사업별로 협의회를 각각 구성하는 것이 아니라 모든 추진위원장들이 함께 참여하는 것을 강조했습니다. 이런 당사자협의체는 주민자치나 사회적경제, 농촌관광, 귀농귀촌 등 모든 영역에서 필요하고 지역사회마다 어느 정도 설립되어 있는 셈입니다.

나아가 행정과 협력하면서 정책적·제도적으로 해결해야 할 과제도 적지 않습니다. 민관협치 관점으로 보자면 32쪽의 [그림1-1]에서 제시한 것처럼 농촌마을 문제를 해결하기 위한 4대 경로에서 '민간 네트워크 법인' 설립이 매우 중요하고 시급합니다. 그렇다면 어떤 영역과 먼저 협력해야 할까요? 농촌 마을만들기는 주민 삶의 모든 영역과 관련되어 있고, 그래서 특정 정책 분야로만 국한되지 않는다는 특징이 있습니다. 따라서 민간협의체(단체)가 설립되어 있는 영역들이 모두 모여 칸막이를 극복하고 지역사회 발전을 위해 함께 노력할 때 농촌 마을 문제도 근본적으로 해결할 수 있습니다.

그러자면 다양한 민간단체들이 어떻게 협력 네트워크를 구축하고 법인도 설립해야 하는지, 이런 방향성과 원칙에 대해 구체적인 방법론을 이해해야 합니다. 공동학습과 토론, 합의 과정은 필수적입니다. 이렇게 법인까지 설립할 때 행정과 '대등한 협력관계'도 가능합니다. 또 제5부에서 다룰 중간지원조직(○○지원센터)을 수탁하여 운영하기 위해서는 제도적으로 비영리법인이 지역 내에 설립되어 있어야 합니다. 이것이 전제조건이기도 합니다. 하지만 행정의 칸막이를 강력하게 비판해왔음에도 민간의 칸막이는 오히려 더 높고 견고합니다. 이런 당면과제를 지역사회에서는 과연 어떻게 풀어가야 할까요?

이 글은 마을만들기와 관련한 다양한 민간단체들이 어떻게 협력관계를 구축하고, 어떤 경로를 거쳐 법인을 설립해야 하는지, 또 설립된 법인은 어떻게 운영하는 것이 효율적인지 다루고 있습니다. 전북 진안군에서 (사)마을엔사람을 설립하고, 충남에서 2015년 이후로 마을대학에서 학습과 토론을 통해 발전시켜온 내용들입니다. 전국적으로 이런 네트워크 법인이 설립된 곳은 아직도 10여 개에 불과합니다. 주로 전북과 충남에 사례가 집중되어 있습니다. 하지만 설립 역사도 짧아 여전히 시행착오가 있고 애로사항도 많은 상황입니다. 농촌 발전을 위해서는 아주 핵심적인 과제이기 때문에 설립 방법과 운영 형태를 둘러싼 다양한 쟁점을 충분히 이해할 필요가 있습니다. 행정도 이런 점을 숙지할 때 민관협치도 발전되고 농촌문제도 해결될 수 있습니다.

민간 네트워크 법인은 왜 중요하고, 어떻게 접근해야 할까요?

민간 네트워크 법인, 이런 논의가 왜 필요하고 중요할까요?

먼저 우리는 왜 이렇게 복잡한 내용을 논의할 수밖에 없는지 설명해야 할 것 같습니다. 사실 네트워크 법인의 설립 경로는 간단하지 않고, 운영도 만만치 않습니다. 쟁점도 많습니다. 민간단체들이 모여 네트워크를 꼭 구축해야 할까? 그것이 필요하다면 누가, 왜, 어떻게 추진해야 할까? 네트워크와 법인은 무엇이 다를까? 법인 형태는 무엇이 좋고, 또 운영 예산은 어떻게 확보해야 할까? '바쁜 사람이 더 바빠지는' 옥상옥 조직이 아닐까? 이렇게 구체적으로 들어가면 질문이 꼬리에 꼬리를 물며 등장합니다. 하지만 이런 질문을 계속 던져야 네트워크 법인의 설립과 운영 과정에서 반드시 직면하게 될 오해와 갈등을 예방할 수 있습니다. 시행착오를 줄이기 위해서라도 쟁점을 이해하고 '다시 돌아가야 할 원점'을 거듭 재확인해야 합니다.

아마도 핵심은 민간단체 사이의 칸막이 극복에 있습니다. 행정에 대해 칸막이 문제가 심각하다고 자주 비판하지만, 사실 민간 영역의 칸막이 문제는 더 심각하고 오래되었습니다. 시민사회가 발달했다는 지역일수록 이런 문제가 잘 드러납니다. 이런 현상의 출발점은 "행정의 칸막이가 민간의 칸막이를 확대 재생산해왔다"는 것에 있습니다. 행정 칸막이 극복이 그래서 선결과제이고 중요한 셈입니다. 그럼에도 민간 스스로도 칸막이를 극복하려 노력하지 않는다면 행정과 '대등한' 협력관계를 형성할 수 없습니다. '긴장과 균형'이 사라지고 일방통행의 지시 혹은 비난만 많아집니다. 그래서 이런 논의가 왜 필요하고 중요한지 아래와 같이 정리할 수 있습니다.

첫째, 농촌 마을의 구조적이고 근본적인 과제를 해결하기 위해서는 여러 민간단체가 스스로 협력해야 합니다. 농촌 문제는 농업의 소득 문제를 포함하여 한국의 근대화와 도시화 과정에서 생긴 근본 문제들이 마을에서 압축적으로 드러난 것입니다. 그래서 쉽게 해결하기 어렵습니다. 마을의 노력만으로 극복하기 어렵고 마을만들기협의회만으로도 많이 미흡합니다. 이런 한계를 인정한다면, 다양한 민간단체들이 협력해야 가능하다는 답도 당연히 도출됩니다. 작은 조직은 네트워크로 연결되어야 문제 해결의 힘도 강해집니다. 모든 지역마다 다양한 민간단체들이 있지만 서로 협력하지 않는 것이 가장 큰 숙제인 셈입니다.

둘째, 행정과 대등하고 긴장된 협력관계를 구축하려면 민간단체의 강력한 네트워크 조직이 필요합니다. 지역사회에서 행정은 제도적 권한이나 예산, 인력 등을 가진 매우 강력한 '권력 집단'입니다. 특히 농촌에서 더욱 그러합니다. 행정과 민간이 협력하는 민관협치 시스템을 구축하려면 민간단체도 협력 네트워크 조직을 반드시 만들어야 합니다. 민간의 네트워크 협력 구조가 없으면 개개인은 언제나 '동원'되는 존재일 수밖에 없습니다. 행정의 보조사업에만 의존하고 다른 민간단체와 협력하지 않으려는 조직은 당사자의 등장과 성장을 오히려 방해하는 걸림돌일 뿐입니다. 협력 네트워크를 논의해보면 이런 문제가 잘 드러납니다.

셋째, 민관협치 관점에서 설치되는 중간지원조직을 민간이 수탁 운영하기 위해서라도 네트워크 법인은 꼭 필요합니다. 중간지원조직은 행정과 민간의 합의를 통해 조례를 제정하고, 이에 근거하여 설치해야 제 역할을 담당할 수 있습니다. 운영 자체도 행정이 아니라 민간에서 운영하는 것이 가장 바람직합니다. 특히 마을공동체와 농촌협약, 사회적경제, 주민자치 등 몇 가지 정책 영역이 결합한 통합형 중간지원조직을 수탁 운영하기 위해서는 전제조건의 하나로 네트워크 법인이 반드시 필요합니다. 이런 법인이 지역사회에 없으면 행정이 직접 운영할 수밖에 없고, 그렇게 되면 "오히려 없는 게 더 낫다"고 할 정도로 여러 부작용도 우려

됩니다. 당장은 중간지원조직의 통합형 설치와 관련하여 네트워크 법인 논의가 시급한 셈입니다(제5부 참고).

민간 네트워크 구축 경로를 둘러싼 몇 가지 용어와 개념을 소개합니다

기본적으로 지역사회에는 다양한 기관·단체가 있는데 성격에 따라 몇 가지 유형으로 구분할 수 있습니다(이하 [그림 4-1] 참고). 해당 문제의 직접적인 주체로 '당사자'가 있는데, 여기에는 개별 마을이나 법인, 개인 등 다양합니다. 무슨 마을일 수도 있고, 협동조합 법인이나 농업경영체일 수도 있으며, 귀농귀촌인 같은 개인일 수도 있습니다. 또 이들 당사자가 모여서 설립하는 '당사자협의체' 조직이 있고, 명칭은 협의회나 협회, 연구회 등 다양합니다. 주로 당사자의 이해와 필요를 반영하기 위해 공동으로 협의하는 기능인데, 대부분 행정사업별로 조직된 임의단체 성격입니다. 그리고 이들 협의체가 여러 개 모여 협력하기 위한 '네트워크' 조직이 있는데, 사회적경제네트워크나 농민단체협의회, 지역사회보장협의체, 시민사회연대회의 등이 여기에 해당한다고 분류할 수 있습니다. 이런 네트워크 조직도 임의단체인 경우가 대부분인데, 이번 제4부에서 다루는 주제는 네트워크 조직이 주도하여 설립하는 '법인'에 해당합니다.

풀뿌리 주민운동은 당사자조직에서 출발하여 당사자협의체 → 민간협력 네트워크 → 법인 등의 상향식 경로로 조직이 발전하는 것이 일반적입니다. 물론 중앙이나 광역 조직이 먼저 설립된 뒤에 하향식으로 설립되는 경우도 많이 보입니다. 속칭 '관변단체'는 대부분 이런 경로를 밟아 설립된 셈입니다. 조직의 성격에 따라 명칭도 정해야 하는데, 일반적으로 사용하는 '네트워크'란 명칭은 '당사자협의체'들이 모인 용어로 사용하는 것이 혼선을 예방할 수 있습니다. 그리고 조례

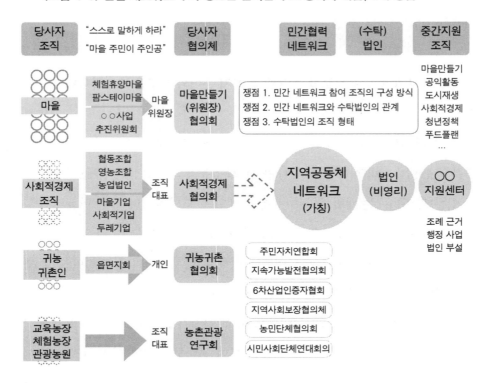

〔그림 4-1〕민간 네트워크 구축 경로를 둘러싼 주요 용어와 개념, 3대 쟁점

에 근거하여 '설치'되는 중간지원조직을 민간법인과 혼동하는 경우도 자주 봅니다. 중간지원조직은 흔히 민관협치 관점에서 설치되는(되어야 하는) 'OO지원센터'란 명칭으로 불리고, 그 명칭 자체도 조례에 명시되어 있습니다. 수탁법인이란 이런 중간지원조직을 「행정사무의 민간위탁 조례」에 근거하여 공개모집과 심사, 선정의 절차를 거쳐 협약까지 체결하여 운영하는 모법인에 해당합니다.

이처럼 민간 네트워크 구축 경로를 둘러싸고 기관·단체나 조직의 명칭, 성격을 구분하여 이해할 필요가 있습니다. 또 이러한 조직화 경로에서 검토해야 할 다양한 쟁점이 있는데, 이 부분은 뒤에서 자세하게 다루어보려 합니다. 여기서는 용어나 개념을 명확하게 이해하지 못하면 계속 오해와 혼선이 생기기 때문에 미리 정리해본 것입니다. 다만, 민간단체의 네트워크 조직이 반드시 법인과 일치할 필요는 없다는 점, 법인 자체가 '지원센터'라는 명칭을 사용하는 것은 엄밀하게 보자면 오류라는 점, 중간지원조직은 제도적 측면에서 '설치'하는 것이지 '설립'하는 것이 아니라는 점 등은 미리 짚어둡니다.

네트워크 구축 방향의 '5대 기본원칙'을 제안합니다

거듭 강조하지만 당사자들이 모여 민간단체(협의체)를 설립하고, 나아가 정책 칸막이를 극복하여 협력 네트워크를 구축하며 법인까지 설립하는 과정은 쉽지 않습니다. 개인적으로나 단체로나 서로 신뢰관계가 형성되어야 하고, 공동의 목표와 지향점이 명확해야 하며, 또 설립을 논의하고 결정하는 과정 자체가 민주적이어야 합니다. 설립 목적의 명분과 정당성, 절차적 민주성 등이 모두 확보되어야 갈등을 예방하고, 그래야 튼튼한 네트워크 법인도 설립할 수 있습니다. 특히 여러 협의체가 모여 네트워크 법인을 설립하는 사례는 한국 농촌 현실에서 아직까지 드문 사례에 해당합니다. 그래서 아래와 같은 방향성을 기본원칙으로 제안합니다. 반복되는 주장도 있지만 꼭 강조하고 싶기 때문입니다.

첫째, 지역사회의 '대표성' 확보라는 관점에서 접근해야 합니다. 일부 정책 영역만이 참여하는 '그들만의 리그'가 아니라 다양한 그룹이 모여 '우리 모두를 위한 협력 네트워크'를 모색해야 합니다. 일부 개인이나 단체만 참여하는 네트워크 조직은 지역사회에서 대표성을 인정받기 어렵습니다. 그렇다면 누가 중심이 되고, 어느 단체가 주도하며, 범위는 어디까지 참여해야 할까요? 어디까지나 모여서 함께 토론하여 결정할 사항인데, 지역에서 유명한 몇몇 개인 중심으로 설립하면 대표성을 확보하기 어렵다는 점은 분명합니다. 그래서 당사자협의체의 임원들이 주도하여 설립하는 과정 자체를 중시하는 것입니다.

둘째, 네트워크 구축 과정에서 '민주성'에 기반을 둔 의사결정이 이루어져야 합니다. 당사자협의체가 다수 참가하여 지역사회의 대표성과 대중성을 확보하면서, 동시에 각종 쟁점에 대한 의사결정 과정이 공개적이고 민주적이어야 합니다. 네트워크 구축의 목표를 명확히 하면서 절차적 민주성을 확보하기 위해 세련되게 접근해야 합니다. 시간이 부족하다는 이유로 토론과 합의 과정을 무시하면 오해와 갈등이 발생합니다. 특히 임원을 결정하는 과정에서 "누구누구는 절대 안 된다"는 방식으로 배제하면 조직이 오래갈 수 없습니다. 회의 결과를 공유하고, 지난 번 회의 결과도 거듭 확인하며, 기본원칙에 따라 단계적으로 합의를 보는 것이 중요합니다. 이런 과정 자체가 민주주의 훈련이기도 하고, 설립된 네트워크 법인이 지속가능할 수 있는 기반이기도 합니다.

셋째, 현재 조직되어 있거나 조직하려는 당사자협의체의 '상징성'이 존중되어야 합니다. 역량이 높은 개인이라도 당사자협의체를 대표하지 못한다면 어디까지나 개인에 불과합니다. 물론 당사자협의체를 대표하여 회의에 참여하는 사람도 조직 내부의 합의 과정을 거친 결과를 대변하는 방식으로 참여해야 합니다. 당사자협의체가 설립되지 않았다 하여 참여 자체를 제한하는 것은 바람직하지 않겠지만, 권한 자체가 동등할 수는 없다 봅니다. 또 네트워크 법인의 이사와 회원 구성도 협의체의 대의원 방식으로 적정 비율로 배분하는 것이 바람직합니다(뒤의 홍성군 법인 사례 참고). 당사자협의체의 네트워크 법인이 되어야 지역사회의 대표성과 실천력을 확보할 수 있기 때문입니다.

넷째, 네트워크 구축 자체에 매몰되지 않고 '효율성'이 높은 운영 시스템을 모색해야 합니다. 네트워크 조직은 '옥상옥' 조직이 아니라 실제로 '일하는 조직',

'서로 도움이 되는 조직'이 되어야 합니다. 여러 정보의 공유와 소통, 각종 회의 진행과 기록 관리, 공동의 실천과 비용 분담, 재정 확보 등 사전에 검토하고 합의할 것이 적지 않습니다. 이런 점까지 고려하여 네트워크 법인을 설립하고 운영해야 합니다. 하지만 실제로 어떻게 운영하는 것이 효율적인지는 여러 사례와 경험을 분석해야 할 것입니다. 개별 사례에서 배울 점도 많고, 여러 기술적인 방법론이 활용되어야 할 부분도 많은 것은 분명합니다.

다섯째, 운영 과정에서 가장 핵심적인 과제는 재정적인 '독립성'이고 이 문제를 충분히 검토해야 합니다. 설립 초기단계는 회원 회비나 분담금이 가장 중요한 재정 기반일 수밖에 없고, 1인 상근자를 채용할 수 있을 정도는 확보해야 합니다. 상근사무국으로 출발하기 어렵다면 여러 당사자협의체의 합동사무국 형식을 취할 수도 있고, 자원봉사 형태로 역할을 분담할 수도 있어야 합니다. 일상적이고 지속적인 지역문제를 해결하고자 만든 네트워크 조직은 사무국 역할을 누군가 담당해야 실질적 활동이 이루어질 수 있습니다. 중간지원조직을 수탁받아 운영하는 초기에는 사무국 역할도 맡길 수 있지만 장기적인 대책이 되지 못합니다. 재원 확보 방향에 대해서는 뒤에서도 소개하겠지만 처음부터 행정사업에 의존하려는 발상으로는 문제가 많다는 점을 강조합니다.

민간 네트워크 구축과 법인 설립, 어떤 경로를 선택해야 할까요?

네트워크 논의에 참여할 영역으로 세 가지 방향이 있습니다

농촌 지역사회에는 이미 구성된 네트워크 조직도 있습니다. 농업 영역에서는 농민단체협의회가 대표적입니다. 협의회라고 명칭이 붙어 있지만 다양한 농민단체들의 네트워크 조직에 해당합니다. 또 시민사회단체연대회의, 사회적경제네트워크, 여성단체협의회 같은 네트워크 조직도 거의 모든 지자체마다 설립되어 있습니다. 여기에 농업회의소, 지속가능발전협의회, 지역사회보장협의체, 자원봉사단체협의회 등 법률과 제도에 근거를 둔 네트워크 조직도 있습니다. 이런 영역은 전통적인 사회운동이나 법, 제도의 동향에 따라 설립된 경우가 대부분입니다. 그래서 지역사회에서 현재는 조직되어 있지 않지만 새롭게 조직해야 할 필요성이 요구되는 네트워크로 '공동체' 영역이 있습니다. 주로 공동체란 사회적가치를 지향하고 비교적 최근에 등장하였으며 사회정책에 속한(경제나 복지가 아닌) 영역입니다.

그렇다면 농촌에서 구체적으로 민간단체의 협력 네트워크에 참여해야 할(참여하기를 기대하는) 영역은 어디일까요? 어디부터 제안하고 논의를 시작해야 할까요? 지역마다 특수성이 있기에 공동체 네트워크에 포함할 수 있는 영역을 특정할 수는 없습니다. 논의하는 과정에서 또 달라질 수도 있습니다. 중앙정부 정책 동향이나 농촌 현실을 볼 때 대체로 다음과 같이 세 가지 방향을 검토하는 것이 현실적일 것입니다. 어느 안이나 장단점이 있습니다. 전략적인 관점에서는 민관협치와 민간주도성을 전통적으로 중시하고, 또 중간지원조직 설치 요구가 명확한 영역부터 검토하는 것이 바람직합니다. 여기에 지자체 행정의 조직 구성과 단체장 의지, 당사자협의체 설립 현황 등도 반영해야 할 것입니다.

제1안은 좁은 의미에서 농식품부 농촌정책 영역을 중시하는 방향입니다. 농촌 마을공동체와 도농교류(농촌관광), 귀농귀촌, 6차산업, 로컬푸드(푸드플랜), 사회적농업 등의 그룹을 우선하여 검토하는 방향입니다. 이런 방향은 농촌 특성상 행정사업과 강하게 결합할 수밖에 없다는 점을 인정하고, 농업·농촌 영역으로 네트워크를 집중하는 방향에 해당합니다. 농촌 마을공동체와 상대적으로 동질성이 강하고 농정 분야로 국한되기에 결합도가 높다는 장점, 또 마을 주민들 관점에서도 관련성을 이해하기 쉽고 행정의 전통적 업무 체계와도 일치한다는 장점이 있습니다.

하지만 주민자치나 사회적경제, 평생학습, 도시재생 등의 정책 영역과 단절되기 쉽고 사회적가치 지향성이 취약해지는 문제점이 발생합니다. 이들 영역과 농정 영역은 행정 내부에서 협력관계가 아주 미약하고, 그래서 민간 역시 협력 네트워크를 구축하는 것이 더 어려워진다는 한계가 있습니다. 무엇보다 농정 영역의 당사자협의체 자체가 구성되지 않았거나 행정 의존적인 경향이 강하다는 문제도 있습니다. 이것은 농식품부 농촌정책 영역을 중심으로 네트워크를 구축하면 행정 부서와 강력한 협력관계를 유지할 수도 있고, 반대로 행정의존적으로 빠르게 전환될 수도 있다는 점을 의미합니다. 농식품부나 농정 부서가 얼마나 민관협치 관점을 이해하고, 대등하게 협력하려 할지가 결국 핵심적인 선택 기준이 될 것입니다.

제2안은 사회적가치 지향의 지역사회 정책 영역을 중시하는 방향입니다. 마을공동체와 주민자치, 사회적경제, 평생학습(마을교육공동체), 도시재생, 지속가능발전 등의 그룹이 여기에 포함됩니다. 앞의 1안에서 예시한 영역보다 사회적가치 지향이 더 명확하고 중간지원조직 논의도 활발하여 공동의 지향점을 찾기가 훨씬 쉽습니다. 민간단체도 비교적 잘 발달되어 논의하기도 쉽습니다. 하지만 행정의 칸막이가 높은 경우에는 실질적인 활동으로 발전하기 어렵다는 단점이 있습니다. 행정개혁이 없고, 제도적인 지원이 없으면 네트워크 자체를 유지하기도 어렵습니다. 또 각각의 개별 당사자조직 활동이 튼튼하지 못하고 협의체 조직도 취약한 상태에서는 네트워크 활동의 시너지효과도 없고 오히려 갈등이 발생하기 쉽습니다. 이런 영역 중심으로 네트워크 법인까지 구성한 사례가 많지 않아 배울 만한 곳이 별로 없다는 것도 큰 숙제입니다.

지자체마다 상황이 다르기에 어느 방향이 바람직하다고 단정하기는 어렵습니다. 도농통합 시와 농촌 군은 특히 다를 수 있습니다. 대체로 민간단체의 자율성과 운동성이 높은 지역에서는 2안이 유리할 것입니다. 특히 행정이 조직개편을 통해 공동체 전담 부서를 신설한 지역이라면 2안이 더 현실적입니다. 충남에서는 민선 7기에 들어와 7개 시군(청양, 논산, 공주, 부여, 서산, 당진, 태안)이 공동체 전담과를 신설했습니다. 공통적으로 주무 팀이 주민자치 업무를 담당하고, 농촌 마을공동체와 일반농산어촌개발사업 업무가 결합하고, 여기에 시군에 따라 푸드플랜, 사회적경제, 도시재생 등이 결합되는 방식이었습니다(제2부 [표 2-1] 참고). 이런 점에 주목한다면 이들 지역은 2안이 보다 쉬운 선택지가 될 수 있습니다.

결국 지자체 현실에서는 앞의 1안과 2안을 조합하는 제3의 방향으로 결정할 수밖에 없습니다. 이것이 제3안이라 할 수 있습니다. 충남에서 대표적인 사례가 홍성군의 (사)홍성지역협력네트워크라 할 수 있습니다. 하지만 이렇게 넓은 영역으로 네트워크 법인을 구성하는 것은 현재의 지자체 상황으로 보자면 매우 어려운 것이 사실입니다. 또 민선 7기 하반기부터 농식품부가 도입한 농촌협약제도가 강력하게 시행되면서 지자체마다 큰 혼선을 겪고 있습니다. 하지만 농촌협약제도 자체로만 본다면 사업지침에서 민관협치의 제도적 시스템을 마찬가지로 강조하고 있기 때문에 1안이나 2안이나 지역 스스로 선택하면 됩니다. 민간 네트워크 법인에 참여할 영역도 '뜻 있는 사람, 조직'이 모여 먼저 논의를 시작하는 것이 출발점입니다. 향후 자치분권이 더 진전되고 민관협치 관점에서 농촌협약제도가 확산된다면 제3의 방향으로 다양한 네트워크 법인이 설립될 것입니다. 현재로서는 이런 방향성을 제안하는 정도에 그치고, 다양한 사례를 공부하며 지역 실정에 맞도록 좋은 선택을 해야 한다는 점을 강조합니다.

민간 네트워크(법인)와 통합형 중간지원조직은
왜 불가분 관계일까요?

　　　　　　　중간지원조직은, 다음 제5부에서 자세하게 다루겠지만, 행정과 민간 사이에서 매개 역할을 하는 조직으로 1) 행정이 직영하는 경우(행정직영), 2) 민간에 위탁하는 경우(민간위탁), 3) 재단법인으로 운영하는 경우(재단법인) 등이 있습니다. 여기서 민간위탁이 가능하기 위해서는 지역사회에 중간지원조직을 수탁 운영할 수 있는 비영리법인의 존재가 전제되어야 합니다. 여기에 정책의 칸막이를 극복하자면 중간지원조직을 통합형으로 설치해야 할 것이고, 이를 민간위탁으로 운영하기 위해서는 민간에 통합형의 네트워크 법인이 전제될 필요가 있습니다. 그래서 민간 네트워크 구축은 현실적으로 통합형 중간지원조직을 수탁 받을 수 있는 법인 설립과 불가분의 관계에 있는 셈입니다. 행정도 유사한 공동체 업무 영역이 하나의 과(課)로 모이도록 조직개편을 해야 하고, 중간지원조직도 통합형으로 설치하는 것이 바람직하다면 민간단체도 협력관계를 구축하여 네트워크 법인이 되어야 한다는 논리입니다. 어느 주체나 정책 칸막이를 극복하자는 방향성의 일환입니다.

　하지만 행정이나 민간이나 중간지원조직을 둘러싼 제도적 이해가 부족하여 오해와 갈등이 발생하는 경우를 자주 봅니다. 중간지원조직은 어디까지나 '행정 사무의 민간위탁' 성격으로 조례에 설치 근거가 있고, 공개적인 절차를 거쳐 수탁 기관을 선정합니다. 예를 들어, 마을만들기 중간지원조직은 「마을만들기 활성화 조례」에 설치 근거가 있고, 구체적 위탁 기준이나 절차와 방식 등은 「행정 사무의 민간위탁 조례」에 정해져 있는 셈입니다. 시군 조례에 따라 명칭이나 표현이 다를 수 있지만 수탁기관의 자격은 '비영리법인·단체'로 한정되는 것이 일반적입니다.

한국 농촌 지자체 현실에서는 수탁기관이 될 수 있는 이런 민간법인을 찾기가 쉽지 않습니다. 특히 마을만들기나 사회적경제, 주민자치 등 사회적가치 지향의 정책 영역에서는 민간법인이 발달하지 못한 것이 현실입니다. 임의단체 정도의 협의체 조직이 있는 정도입니다. 앞으로 중간지원조직을 설치하지 않고서는 각 정책 영역의 질적 발전을 기대하기 어려운데, 이와 맞물려 민간법인에 대해서도 많은 관심이 필요합니다. 그러므로 민간 네트워크 구축과 법인 설립의 경로나 방법, 형식 등은 농촌 현실을 고려하여 현실적 판단을 할 수밖에 없습니다. 예를 들어, 중간지원조직을 먼저 행정직영으로 설치하고, 당사자협의체와 민간 네트워크 구축 및 법인 설립 등의 과정을 지원하는 경로도 있다는 점입니다. 경로가 어떻게 되든지 민관협치 관점에서 중간지원조직의 통합형 설치와 민간 네트워크 법인 설립은 불가분의 관계에 있고 동시에 검토할 수밖에 없습니다.

무엇보다 공동학습과 토론, 합의의 과정을 중시해야 합니다

민간 네트워크 구축의 출발점은 당사자협의체가 관련 단체와의 협력 필요성을 내부적으로 충분히 공유하는 것입니다. 필요를 느껴야 구체적인 행동으로 나아가게 됩니다. 또 공동의 작은 행동을 시도하면서 서로가 효능감을 느끼고, 그런 성과가 조금씩 축적되면서 한 걸음씩 나아가게 됩니다. 농촌 마을만들기 영역에서는 역사적으로 볼 때 체험휴양마을협의회와 농촌관광협회가 가장 가까운 협력 조직입니다. 하지만 현실적으로 '중간지원조직의 통합형 설치'라는 목적이 작동하면, 앞의 2안에 포함되는 민간 영역에 네트워크 논의를 먼저 제안해보는 것이 좋습니다. 민간단체 사이의 칸막이를 극복하고 중간지원조직 설치를 민간이 주도하기 위해서라도 이런 영역에서 먼저 논의를 시작할 필요가 있습니다. 이런 과정 전체는 공동학습과 병행되어야 논의가 깊어지고 현명한 선택도 가능합니다.

먼저 출발 과정에서는 마을대학과 같이 공동학습의 장을 형성하는 것이 좋습니다. 한번이 아니라 5~6회의 연속 시리즈 형태로 기획하고, 이 책을 기본교재로 활용하는 것도 좋은 방법입니다. 이를 통해 민간 네트워크를 구축해야 할 필요성과 법인 설립 방향, 조직 형태, 주요 사업, 임원 구성 등에 대해 지속적인 학습과 토론을 거치는 것이 중요합니다. 일부 그룹만 참여해서는 지역 대표성과 상징성, 민주성을 확보하기 어렵습니다. 물론 초기에는 뜻있는 몇몇 사람이 모여 작게 출발할 수도 있습니다. 하지만 앞에서 제시한 것처럼 민간 네트워크 구축의 기본원칙에 충실하면서 지역 상황을 고려하고 민간단체 사이의 합의 과정을 중시해야 합니다. 특히 지역의 준비 역량이 충분하지 않은 상태에서 일부 단체 위주로만 추진하면 큰 반발이 생길 수 있습니다. 이런 갈등을 줄이거나 예방할 수 있도록 다양한 단체에 충분히 홍보하고 참여하도록 요청해야 합니다.

중간지원조직을 제도적으로 이해하려면 상당한 공부가 필요합니다. 제도적 측면을 충분히 이해해야 행정도 민간도 합의점에 도달하기 쉽습니다. 이처럼 민간 네트워크를 논의하는 초기단계에는 공동학습 형태로 충분히 토론하면서 공감대를 형성하는 것이 중요합니다. 언어를 통일시키는 훈련을 해야 합니다. 이런 전제위에 마을만들기지원센터, 사회적경제지원센터, 주민자치지원센터, 먹거리통합지원센터, 도시재생지원센터 등 현실적으로 등장하는 중간지원조직들을 염두에두고 네트워크의 참여 범위를 조정해야 할 것입니다. 또 중간지원조직의 민간위탁 시점을 내부적으로 합의하고 행정과 협의하면서 네트워크 법인의 설립 일정을 역순으로 배치하는 것이 좋습니다. 행정도 비영리법인 설립에 대해 '적절한 신호'를 보내는 것이 중요합니다. 이렇게 공동학습과 토론, 합의의 과정 전체가 대외적으로 충분히 공개되면 지역사회의 지지를 얻는 것이 더 쉬워집니다.

민간 네트워크 구축과 법인 설립 과정에는 '3대 쟁점'이 있습니다

농촌 현실에서 민간 네트워크 구축 및 법인 설립 과정은 그리 간단하지 않습니다. 지역 내부 역량이 부족한 탓도 있고, 행정사업 중심으로 단체가 설립되어 나중에 유명무실해지는 경우도 많았습니다. 많은 민간단체가 일부 리더의 지나친 희생과 봉사 혹은 독주로 사유화되었다는 비판도 강합니다. 이렇게 부정적인 경험과 인식은 주변에서 흔히 볼 수 있습니다. 이런 이유 때문에라도 준비 단계부터 신중하게 접근해야 하고, 공동학습과 토론 및 합의 과정을 중시해야 한다고 강조하는 것입니다.

특히 민간 네트워크 법인은 한국 농촌에서 설립 사례가 매우 한정적이어서 선행학습으로 배울 만한 지역도 적습니다. 중앙정부에서 이런 '정책적 신호'가 명확하지 않으니 민간도 굳이 네트워크 법인을 설립할 필요성조차 잘 인식하지 못하는 경향입니다. 그나마 충남과 전북 지역에 네트워크 법인 설립 사례가 많고 논의도 풍부한 편입니다. 아래에서는 민간 네트워크 구축과 법인 설립 과정에서 등장하는 여러 쟁점 중에서 가장 핵심적인 세 가지를 소개하고자 합니다. 3대 쟁점은 2015년과 2016년에 걸쳐 아산시에서 진행한 두 번의 마을대학에서 1차 정리되고, 이후 타 시군 마을대학에서 논의가 발전된 성과에 해당합니다. 향후 중간지원조직의 수위탁을 둘러싼 제도적 측면에서도 중요한 부분이므로 충분한 토론이 필요합니다.

그리고 각 쟁점에서 제시하는 선택지는 지역 내부의 토론을 통해 중간 지점이 있을 수 있으며 단계적으로 접근할 수도 있습니다. 또 각각 장단점이 있으므로 어느 안을 선택하더라도 단점을 보완하기 위한 대책이 필요합니다. 어디까지나 당사자인 마을 리더와 활동가, 협의체 임원, 중간지원조직(행정직영) 상근자 등이 모여 공동학습 과정을 거쳐 결정할 사항입니다. 또 민관협치 관점에서 행정과 충분히 소통하면서 토론하여 결정할 필요도 있습니다. 경험이 부족한 상태에서 어렵게 받아들여질 내용이지만 이런 논의 과정이 충분하지 않으면 네트워크 법인의 설립과 운영도 쉽지 않고, 행정과도 갈등이 지속적으로 반복될 우려가 있습니다.

쟁점 1: 민간 네트워크 참여 조직의 구성 방식

민간 네트워크를 구축할 때 참여하는 영역을 앞에서 제1안(농식품부 농촌정책 중심), 제2안(사회적가치 지향의 지역사회정책 중심), 제3안(1안과 2안의 조합)으로 구분하여 제시했습니다. 현실적인 문제는 영역별로 당사자협의체가 구성되어 있지 않거나 이름뿐인 경우도 많다는 점입니다. 그래서 참여 조직을 구성할 때 제1안 '협의체 중심형'과 제2안 '회원제 중심형'으로 구분할 수 있습니다. 1안은 마을만들기협의회 같은 당사자협의체의 임원이 중심이 되어 대의원 방식으로 구성하는 네트워크 조직 형태입니다. 2안은 참여를 희망하는 개별 마을과 단체 및 개인이 대등하게 회원제 방식으로 참여하는 조직 형태입니다. 두 가지 형태의 장단점은 다음과 같이 설명할 수 있습니다 ([그림 4-2] 참고).

제1안 '협의체 중심형'은 각각의 협의체 임원들이 중심이 되어 구성하므로 지역 대표성이 강하고 협력 효과도 크다 할 수 있습니다. 또 협의체 내부 의견을 수렴하기 쉽고, 그래서 의사결정 결과도 집행력이 강한 편입니다. 하지만 임원 개인의 주장이나 성향이 강하면 여러 측면에서 갈등을 유발하기 쉽고, 임원들이 '감투'를 여러 개 쓰는 셈이라 회의 참여나 업무 부담이 가중될 수 있는 단점이 있습니다. 또 중간지원조직을 설치하지 못한 영역의 당사자협의체는 역할이 불분명해 네트워크 조직의 운영에서 소외되거나 불성실해질 우려도 있습니다.

[그림 4-2] 쟁점 1. 민간 네트워크 참여 조직의 구성 방식과 장단점 비교

민간협력 네트워크

쟁점 1. 구성 형태

[충남 상황]
- 1안을 원칙으로 출발: 아산, 홍성, 보령, 서천
- 2안을 원칙으로 출발: 천안, 논산, 금산

홍성: '홍성통' 경험을 확장하여 협의체 임원 중심
천안: 개인과 단체 활동가들의 자발적 참가 중심

1안) 사업별 협의체의 협력 네트워크

장점 지역 대표성, 빠른 의사결정
- 해당 영역의 협의체 중심이라 지역 대표성 인정
- 소수의 협의체 임원 중심으로 조직이 단순 명확
- 협의체 의견을 반영하여 내부 의사결정이 신속

단점 개인 성향 돌출, 임원 부담 가중
- 임원 개인의 주장이나 성향이 갈등 유발 우려
- 임원 개개인의 회의 참여나 업무 부담이 과중
- 중간지원조직을 수탁받지 못한 영역은 소외 우려

2안) 개별 마을, 단체, 개인의 회원제

장점 자발성과 대중성, 합의제
- 많은 마을과 단체들의 자발적 참여로 구성
- 뜻이 맞는 사람들 중심이라 의사결정 용이
- 의사결정 과정에서 합의 민주주의 실현

단점 지역 대표성 취약, 개인 역량 의존
- 해당 영역의 정책적 대표성이 취약
- 새롭게 설립되는 당사자협의체의 역할이 모호
- 임원 개인의 역량에 지나치게 의존

제2안 '회원제 중심형'은 네트워크에 참여하는 개별 마을과 단체, 개인 등이 모두 동등한 자격으로 참여하므로 대중적이고 개방적인 조직이라 할 수 있습니다. 뜻이 맞는 사람들이 동등하게 참여하니 합의가 중시되고, 조직이 가벼우니 의사결정도 비교적 쉽게 이루어진다는 장점이 있습니다. 반면에 대다수 마을과 단체가 참여하기 어려워 대표성에 문제가 발생하기 쉽다는 단점이 있습니다. 또 새롭게 당사자협의체를 설립하기가 쉽지 않고, 설립하더라도 역할이 모호해질 우려가 있습니다. 그리고 당사자협의체가 뒷받침이 되지 않기에 임원 개인의 역량에 지나치게 의존해야 하는 문제도 있습니다. 회원 수가 너무 적으면 대표성에 문제가 있고, 너무 많으면 의사결정이 어렵다는 문제도 있습니다.

　대체로 지역사회의 풀뿌리 주민자치운동이 성장한 곳은 1안을 선택하는 것이 바람직한데, 이런 지역이 매우 드문 것이 현실입니다. 충남에서는 아산, 홍성, 보령, 서천 등에서 1안을 원칙으로 출발했습니다. 홍성군의 (사)홍성지역협력네트워크가 가장 명확한 1안 형태로 설립되어 운영되고 있는 셈입니다. 보령시와 서천군은 1안에서 논의를 출발하여 일부 협의체만으로 법인을 설립했습니다. 천안시와 금산군은 당사자협의체가 발달하지 않아 처음부터 2안으로 출발하여 설립된 경우에 해당합니다. 예산군은 마을대학을 통해 당사자협의체를 여럿 설립한 후에 1안에 가까운 형태로 설립·운영되고 있습니다. 아산시와 공주시도 1안으로 논의를 출발했지만 결국 마을만들기 영역의 참여가 불명확한 상태로 네트워크만 구축하는 데 그쳤습니다.

쟁점 2: 민간 네트워크와 중간지원조직 수탁법인의 관계 설정

　　　　　　　　　　　　　　　　　　　　앞에서 민간 네트워크 법인은 현실적으로 중간지원조직 설치와 불가분의 관계에 있음을 설명했습니다. 다만 민간단체의 협력 네트워크 조직은 그 자체가 수탁법인이 될 수도 있고(일치형), 분리하여 각각 설립하는 방안(분리형)도 있을 수 있습니다. 복잡하게 보지 않고 단순하게 일치시키겠다는 발상이 제1안 '일치형'에 해당하고, 두 조직의 역할이 다르기에 분리시켜 설립하려는 구상이 제2안 '분리형'에 해당합니다. 한국 농촌 지방자치 현실에서는 매우 중요한 쟁점인데 각각 다음과 같은 장단점이 있습니다([그림 4-3] 참고).

　제1안 '일치형'은 민간 네트워크 조직 자체를 법인으로 설립하고 중간지원조직의 수탁법인 자격도 가지는 방안입니다. 조직 형태가 비교적 단순하고 개별 조직의 대표성과 현장성을 잘 반영하여 집행력도 높은 셈입니다. 또 중간지원조직 운영 측면에서 마을이나 민간단체의 직접적 참여와 욕구 파악이 용이하다는 장점도 있습니다. 반면에 규모가 크거나 중간지원조직이 설치된 영역의 당사자협의체가 법인 운영을 주도하기 쉽고, 그래서 단체나 임원 사이에 갈등이 발생할 우려가 있습니다. 또 네트워크 조직에 참여하는 당사자협의체 임원들이 법인 이사진을 겸하면서 조직운영이 불안정해지거나, 임원의 전문성 결여, 내부 의사소통 미흡, 네트워크 조직의 고유 활동 저하 등 단점이 부각될 수 있습니다. 이런 문제점과 단점은 수탁으로 받은 중간지원조직의 사업과 운영에도 직접적인 영향을 미칠 우려도 큽니다.

제2안 '분리형'은 민간 네트워크 조직 자체는 일반 민간단체로 남아 행정과 적절한 긴장관계를 유지하고, 이와 분리하여 별도 법인을 설립하는 방안입니다. 법인은 네트워크 조직의 임원진 중심으로 이사회를 구성하여 '인적 통제'를 하는 방식입니다. 이 경우에 네트워크 조직은 민간의 고유 활동에 집중할 수 있고, 행정과 적절한 긴장관계를 유지하며 때로는 비판적 입장에서 자유롭게 발언할 수 있습니다. 수탁법인은 중간지원조직 사업을 중심으로 행정 협조와 예산 확보, 상근자 채용 등이 용이하고, 이를 통해 전문성과 안정성, 지속성을 확보할 수 있다는 장점이 있습니다. 반면에 네트워크 조직과 법인이 이원화되면 갈등의 여지도 있고, 임원이 중복되면서 옥상옥 성격으로 변질할 우려도 있습니다. 특히 법인이 당사자협의체와 분리되어 몇몇 임원 중심으로 운영되기 쉬운 단점도 있습니다. 또 중간지원조직이 통합형으로 설치되고 활동이 확대되면 수탁법인도 규모도 커지게 되는 반면, 민간 네트워크 조직의 역량은 오히려 크게 약화될 우려도 있습니다.

대체로 농촌 현실에서는 2안 '분리형'을 선택하기가 쉽지 않습니다. 운동성이

〔그림 4-3〕 쟁점 2. 민간 네트워크 조직과 수탁법인의 관계 설정과 장단점 비교

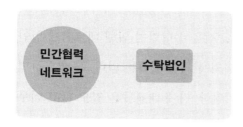

쟁점 2. 관계 설정

[충남 상황]
– 1안을 원칙으로 출발: 천안, 홍성, 보령, 서천, 금산
– 2안을 원칙으로 출발: 아산

홍성: '홍성통' 민간영역(지역협력네트워크) 법인화
아산: 분리형을 장기간 논의, 최종적으로 무산

1안) 일치형 '민간 네트워크 법인'

장점 대표성과 현장성, 참여도

– 단순한 구조, 높은 집행력, 민간 욕구 파악 용이
– 높은 민간 대표성, 전문성과 현장성 겸비
– 마을, 민간단체의 높은 관심과 참여 용이
– 네트워크 조직과 중간지원조직 관계 설정 용이

단점 단체 간 갈등, 충돌, 불안정

– 큰 협의체가 법인 주도, 단체 간 이해관계 충돌
– 법인 이사진의 잦은 교체로 내부 의사소통 우려
– 네트워크 조직의 고유 활동 저하 우려
– 임원의 전문성 결여 우려

2안) 분리형 '별도 수탁법인 설립'

장점 전문성과 안정성, 지속성

– 네트워크 조직은 자체 고유 활동에 집중 가능
– 법인은 전문성과 책임성 강화, 객관적 입장 견지
– 네트워크 조직은 행정과 적절한 긴장관계 유지
– 법인은 행정 협조와 예산 확보, 조직 안정성 용이

단점 이원화, 옥상옥, 지역 괴리

– 네트워크 조직과 법인의 이원화로 갈등 우려
– 임원의 중복으로 옥상옥 조직화 가능성 우려
– 법인의 현장 괴리감 발생, 행정 의존 심화 우려
– 중간조직 성장으로 네트워크 조직 역량 약화 우려

상대적으로 높은 시민사회단체협의회 같은 네트워크 조직도 법인 형태인 경우는 많지 않습니다. 충남에서 시군을 돌며 토론할 때 아산에서만 유일하게 처음부터 2안을 지향하며 장기간 논의가 이루어졌습니다. 하지만 시민사회 역량이 높다고 평가되는 아산시조차 합의를 거친 네트워크 조직도 법인도 설립하지 못했습니다. 홍성, 천안, 보령, 서천, 금산 등은 처음부터 1안 '일치형'으로 논의를 시작했고, 모두 사단법인으로 설립한 셈입니다. 그만큼 2안이 이상적이기는 하지만 농촌 현실에서 어렵다는 것을 보여줍니다.

충남에서는 마을만들기 대화마당이나 마을대학 등의 자리에서 이 쟁점으로 토론을 진행한 적이 여러 번 있습니다. 여기서 1안인 일치형을 반대하는 의견이 적지 않게 나왔습니다. 예를 들어, "중간지원조직을 수탁받기 위해 네트워크 법인을 설립한다는 오해를 받아서는 안 된다. 미리 전제할 필요는 없다. 꼭 필요하면 별도로 법인을 만드는 것이 낫다", "마을위원장, 단체 대표들은 일도 많고 너무 바쁘니 전문가 중심으로 별도 법인을 만들어 운영하는 것이 좋다", "네트워크 조직과 법인을 분리해야 행정과 긴장된 협력관계 유지에 도움이 된다"는 등의 의견입니다. 하지만 결과적으로 "2안인 분리형이 바람직하지만 현실적으로는 결국 1안인 일치형으로 출발해야 한다"는 결론으로 정리되었습니다. 그래서 한국 농촌 현실에서는 1안 일치형으로 먼저 출발한 뒤에 중간지원조직이 정착하고 민간 역량이 성숙해지면(특히 재정적 독립이 이뤄지면) 2안으로 발전하는 경로를 선택해야 할 것으로 봅니다.

쟁점 3: 중간지원조직 수탁법인의 의사결정 권한(이사회 구성)

우리는 중간지원조직이 통합형을 지향해야 한다는 당위론에 병행하여 민간도 네트워크형 법인을 설립해야 한다고 주장했습니다. 현실적으로 네트워크 조직이 중간지원조직의 수탁법인이 된다(제1안 일치형)는 것을 전제로 할 때 법인의 실질적 운영에서 여러 세부 쟁점이 있습니다. 예를 들어, 법인의 이사회 구성을 어떻게 하고, 의사결정 권한은 누가 어떻게 가지며, 법인 운영 실무를 누가 맡을 것인지 등입니다. 이렇게 세 번째 쟁점도 현실적인 당면과제에 해당합니다. 여기에도 크게 두 가지 대안이 있습니다([그림 4-4] 참고).

제1안 '전문가 중심형'은 당사자협의체의 임원 일부 외에 중간지원조직의 상근 직원(특히 센터장)과 외부 연구자 등의 전문가도 참여하여 이사회를 구성하는 방안입니다. 당사자협의체 대표들의 부족한 정책 전문성이 보완되고 의사결정이 쉬워 추진력과 집행력이 있다는 것이 가장 큰 장점입니다. 또 법인 운영에서 중장기적 기획이 가능하고, 신규 사업 개척도 비교적 쉬운 편입니다. 반면에 전문가 중심이라 지역사회 대표성이 낮아지는 것이 단점이고, 현장과의 접점이 좁아져 당사자의 의견이 충분히 반영되지 못할 우려도 있습니다. 또 중간지원조직 센터장은 전문성이 높지만 집행기능을 담당하기에 법인 이사회의 의사결정에 직접 참여하면 충돌할 우려도 있습니다. 이사회에 참여하는 외부 전문가들은 특별한 보상(수당) 없이 희생 봉사만 해야 하고, 그래서 회의 참가조차 점차 꺼려할 우려도 예상할 수 있습니다.

제2안 '협의체 임원 중심형'은 당사자협의체 및 개별 단체 임원이 중심이 되어 이사회를 구성하는 방안입니다. 협의체 임원이 직접 참여하기에 지역 대표성 논란이 적다는 것이 가장 큰 장점입니다. 지역사회의 다양한 의견 수렴이 용이하고, 임원들의 현장 경험을 잘 반영할 수 있다는 장점도 있습니다. 또 참가하는 협의체를 통해 협력 네트워크를 확장하여 큰 네트워크 행사도 감당할 수 있습니다. 반면에 공동학습 수준이 높지 않으면 비전문성 문제로 이사회 내외부에서 갈등과 대립이 반복되기 쉬운 단점이 있습니다. 각 협의체의 조직이기주의가 이사회에서 나타날 우려도 높습니다. 또 기존 협의체에서 임원이 바뀔 때마다 이사진 구성에 영향을 주게 되고, '명망가' 중심이라 하향식 지시 방식으로 중간지원조직이 운영될 우려도 있습니다. 중간지원조직 운영 경험이 길어지면 전문성 수준에서 상근자와 법인 이사진 사이에 갈등이 더 커질 수 있다는 점도 현실적 과제에 해당합니다.

충남의 경험에서 보자면 2안 '협의체 임원 중심형'을 우선으로 논의했습니다.

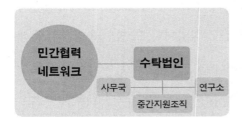

쟁점 3. 이사회 구성

[충남 상황]
– 1안을 원칙으로 출발: 천안
– 2안을 원칙으로 출발: 홍성, 예산, 보령, 서천, 금산

천안: 활동가 개인, 농민단체 리더, 교수 등이 중심
홍성: 협의체 임원이 대의원 방식으로 참여

1안) 전문가 중심형 '전문법인'

장점 정책 전문성, 추진력, 안정성

– 전문가 중심으로 실무적이고 능동적 역할 수행
– 높은 추진력과 책임성, 의사결정 용이
– 정책적 이해도가 높고 중장기적 기획 가능
– 새로운 신규 사업 영역 개척 용이

단점 낮은 지역 대표성, 현장 괴리

– 지역사회 조직적 기반이 약하여 대표성 논란
– 현장과의 접점이 좁고 의견 수렴에 괴리 발생
– 전문성 영역의 차이로 센터 상근자와의 갈등 우려
– 이사진에게 높은 희생 봉사 요구로 지속성 무리

2안) 협의체 임원 중심형 '대표조직'

장점 지역 대표성과 주민 의견 반영

– 민간 당사자의 대표성 확보와 의견 수렴 용이
– 민간단체 임원의 다양한 현장 경험 반영 용이
– 협의체 회원을 통해 다양한 네트워크 활용 가능
– 네트워크의 규모 있는 연대 협력 행사가 가능

단점 이사회 내부 갈등, 비전문성

– 기존 협의체 임원 개편 시에 이사회 안정성 문제
– 명망가 중심의 이사회 구성으로 하향식 활동 우려
– 전문성 수준 차이로 센터 상근자와의 갈등 우려
– 이사회 내에서 협의체 사이의 힘겨루기 우려

보수적인 농촌 현실에서는 지역 대표성 확보가 가장 큰 과제라 보았기 때문입니다. 그래서 마을만들기협의회를 먼저 설립하고, 이와 병행하여 관련된 협의체와 협력하여 네트워크 법인을 설립하는 경로가 대부분이었습니다. 천안과 같이 농촌정책의 당사자협의체가 발달하지 못하고 마을만들기 행정사업도 늦게 시작한 지역에서는 1안을 선택할 수밖에 없었습니다. 예산군처럼 마을만들기 중간지원조직을 먼저 설치하고(공주대 예산캠퍼스 산학협력단), 중간지원조직이 마을만들기협의회와 네트워크 법인 설립까지 주도하면서 직접 임원진에 참여한 사례도

있었습니다. 시간이 흘러 센터장이 이사를 겸하는 경우도 늘어났습니다. 각각 지역 특성을 반영해 다양한 방식으로 구성되고 운영되는 셈입니다. 이런 쟁점에도 명확한 정답은 없고 지역 실정과 학습 수준을 반영하면서 발전해갈 수밖에 없을 것입니다.

민간 네트워크 법인의 조직체계와 운영 모델을 제안합니다

민간 네트워크 법인 설립에는 집중적이고 강도 높은 학습이 필요하고, 이런 논의 수준에 따라 지역사회의 협력 네트워크가 강화되고 발전할 수 있습니다. '중간지원조직의 수탁 운영'이라는 좁은 시야에 매몰되면 '행정사업을 대행하는 역할'에 국한되기 쉽습니다. 민-민 칸막이를 극복하면서 주민이 지역사회 주인공으로 등장하도록 지원하고, 행정과 대등한 협력 파트너가 되기 위해 꾸준히 노력해야 합니다. 앞의 충남 사례에서 살펴보았듯이 법인의 설립 경로는 지역 실정에 따라 매우 다양합니다. 그 과정에서 다양한 쟁점을 확인하고 토론하며 하나하나 극복해 왔습니다. 법인 설립 논의를 멈춘 곳은 중간지원조직이 여전히 행정직영으로 운영되고 있습니다.

그렇다면 네트워크 법인을 설립하자면 구체적으로 어떤 명칭과 구성 방식, 조직 형태를 검토해야 할까요? 설립 이후에 어떻게 운영할 수 있을까요? 특히 재정 문제와 관련하여 현실적인 애로사항이 적지 않게 예상됩니다. 충남에서의 경험을 중심으로 몇 가지 제안합니다.

네트워크 법인의 명칭과 구성 방식, 조직 형태를 제안합니다

앞의 쟁점과 연계하여 볼 때 네트워크 법인의 전형적인 구성 방식(쟁점 1)은 제1안 '협의체 중심형'과 제2안 '회원제 중심형'을 조합하는 형태였습니다. 당사자협의체가 중심이 되고, 협의체가 없는 영역에서는 당사자 개인이 참여하는 방식입니다. 네트워크 조직과 수탁법인의 관계(쟁점 2)에서는 제1안 '일치형'이 현실적일 수밖에 없다는 점을 인정해야 합니다. 그리고 수탁법인의 이사회 구성 방식(쟁점 3)은 제2안 '협의체 임원 중심형'에 제1안 '전문가 중심형'을 가미하는 형식을 선택하는 것이 다수라 볼 수 있습니다. 이러한 선택지가 충남의 경험으로 보자면 일반적이라 제안할 수 있습니다. 여기에 명칭과 구성 방식, 조직 형태 관련하여 몇 가지 제안을 덧붙입니다.

첫째, 법인의 명칭은 다양한 정책 영역이 네트워크로 모이게 되니 공통분모가 되는 '공동체'란 용어를 포함하는 것이 바람직합니다. '공동체'란 공통의 사회적 가치를 지향한다는 점에서 주민자치와 사회적경제, 도농교류, 귀농귀촌, 푸드플랜, 도시재생, 지속가능발전 등을 포괄할 수 있는 명칭이라 할 수 있습니다. 그래서 '공동체' '협력' '네트워크' 등이 중요한 키워드가 될 수 있습니다. 그리고 농촌 마을공동체와 관련성이 높은 사회적경제를 강조한다면 '공동체경제'라는 명칭도 검토해볼 수 있습니다. 자주 사용되는 '사회적공동체'란 명칭은 논리모순이 되는 용어라 잘못된 조어에 해당합니다.

둘째, 법인 이사의 구성 방식은 관련 활동 영역을 구분하고 당사자협의체 임원이 대의원 방식으로 참여하는 방안(쟁점 1의 제1안)이 기본이 되어야 합니다. 대의원 배분 방식은 개별 당사자협의체의 역사나 규모, 활동성 등을 고려하여 합의해야 할 사항입니다. 수탁받는 중간지원조직의 영역도 중요한 고려사항입니다. 그리고 영역별 대의원 외에 민간 전문가가 개인 자격으로 참가할 수 있는 경로도 개방하는 것이 향후 조직운영 측면에서 유리합니다. 법인 대표(이사장 혹은 상임이사)는 영역별 대표자를 선출하여 공동대표제로 출발하는 것이 초기 갈등을 예방하는 측면에서 바람직합니다. 법인 등기에 등재되고 외부적으로 대표하는 이사장은 지역 대표성과 신망, 전문성, 연속성 등을 종합적으로 고려하여 충분한 합의가 필요합니다. 회원(조합원)은 지나치게 많지 않는 것이 바람직하고, 향후 당사자협의체로 분리 독립할 영역을 분과 형태로 유지하는 것도 한 방법입니다.

셋째, 법인의 조직 형태로 선택할 수 있는 것은 비영리사단법인과 사회적협동조합, 재단법인, 비영리민간단체 등 네 가지입니다. 여기서 비영리민간단체는 중간지원조직의 수탁을 고려한다면 법적 대표성이 부족하기에 권장하기 어렵습니다. 지역사회에서 동의를 거쳐 자산을 모을 수 있다면 비영리재단법인도 적극 검토할 수 있을 것입니다. 하지만 현실적으로는 사단법인과 사회적협동조합 중에서 선택하게 됩니다. 각각은 설립 절차가 상이하고 장단점이 있는데([표 4-1] 참고), 농촌 지역에서는 설립이 용이하고 조직의 운영·관리가 편하며 주민들에게 익숙하다는 점에서 사단법인을 많이 권장합니다. 향후 법인이 경험을 축적하고 네트워크 역량이 발전하면 사회적협동조합으로 전환하는 것도 검토할 수 있을 것입니다.

네트워크 법인의 활동은 '4대 사업' 영역으로 구분할 수 있습니다

네트워크 법인은 참여하는 당사자협의체 사이의 정보 공유와 소통을 가장 기본적인 사업으로 하고, 상근자를 확보하면서 단계적으로 발전하는 전략을 취해야 합니다. 현실적으로 중간지원조직의 수탁이 초기에는 가장 큰 사업이 될 수밖에 없고, 상근자

〔표 4-1〕 사단법인과 사회적협동조합의 인가 절차 및 장단점 비교

구분	(비영리)사단법인	사회적협동조합
설립 인가	·설립하려는 법인의 목적 사업을 관할하는 행정관청(주무 관청) ·충남은 농촌활력과(마을가꾸기팀) 경유	·관계 중앙행정기관의 장, (예) 학술 목적의 경우 교육부, 자선 목적의 경우 보건복지부 등 *지방행정관청으로 인가 신청 불가
담당 기관	·각 주무 관청이 정한 신청서류를 갖추어 제출 *각 주무 관청의 허가 요건이 상이한 점에 유의. (예) 회원 수 100인 이상, 운영 재산 1천만 원 이상, 사업 수행 실적 등	·협동조합기본법이 정한 신청서류를 갖추어 제출 *모든 주무 관청의 허가 요건 동일
필요 임원	·발기인 2명 이상 ·일정 회원 수 규모를 요구하는 경우도 있음	·발기인 5명 이상(서로 다른 이해관계자 2인 이상 필수)
장 점	·상대적으로 빠른 허가 소요 시간 (통상 1개월) ·비영리 목적에 따른 일부 세금 공제 및 지정기부금단체 등록 가능(사회적협동조합도 동일 혜택)	·공익을 추구한다는 대외적 당위성 갖춤 ·설립 기본재산 부담이 없음. (예) 1구좌 1만 원씩 5만 원도 가능 ·향후 재정지원사업 수혜 가능성 있음
단 점	·각 주무 관청의 허가 요건에 따라 회원 수나 운영 재산을 맞추기 어려움 ·사회적기업 인증을 불허하는 추세	·최종 인가까지 시일 걸림(통상 3개월 이상) ·매년 경영공시 의무(회계년도 결산일부터 3개월 내 기획재정부 또는 사회적협동조합연합회 홈페이지 공시. 위반 시 100만 원 이하 과태료)

와 이사진의 역량이 축적되면 다른 사업 영역으로 계속 확장할 수 있습니다. 크게 볼 때 다음의 4대 사업 영역으로 구분할 수 있고([그림 4-5] 참고), 중요도에 따라 다음 순서로 제안할 수 있습니다.

첫째, 법인 설립 목적을 달성하기 위한 '고유사업' 영역입니다. 네트워크 법인의 고유 목적에 해당하는 핵심 사업으로 당사자협의체 간의 주요 정보를 일상적

으로 공유하고, 공동의 실천활동을 조직하는 것, 그리고 내부 합의를 거쳐 행정에 한목소리를 내는 것이 중요합니다. 조례에 규정된 정책위원회나 민관협조회의에 참여하여 민간의 주장을 체계적으로 반영하여 정책의 질적 발전과 민관협치 역량 강화를 도모해야 합니다. 여기에 연 1회 '공동체경제 한마당' 같은 네트워크 행사 개최, 공동 소식지 발간, 공동 정책 제안서 제출 등과 같은 연대 활동으로 조금씩 확장해갈 수 있습니다.

둘째, 중간지원조직 '수탁사업' 영역입니다. 조례에 근거하여 설치되는 중간지원조직의 수탁사업으로 일단 농촌 마을만들기 영역이 출발점이 됩니다. 행정의 조직개편과 중앙정부 정책 동향, 법인의 역량 등에 따라 수탁사업은 계속 확장될 수 있습니다. 법인의 사업비나 상근자 수는 민간위탁의 업무량 및 예산에 비례하여 늘어나게 됩니다. 행정에 대해서는 중간지원조직의 성격에 맞게끔 인건비 중심으로 예산을 편성하도록 요청해야 합니다. 전체 위탁금 예산에서 인건비 비중이 절반 이상 되어야 중간지원조직의 고유 역할에 충실할 수 있습니다. 2단계로 역량강화 전담기구, 신활력플러스추진단, 농촌협약지원센터 등 농촌정책 영역의 중간지원조직이 각종 사업지침에 따라 수탁사업으로 결합될 수 있습니다. 향후 수탁사업 영역과 업무량은 갈수록 크게 늘어날 것으로 예상합니다.

셋째, 각종 행정 '보조사업' 영역입니다. 행정 보조사업은 가짓수도 많고 담당하는 부서도 다양합니다. 네트워크 법인의 역량이 높아지고 중간지원조직을 안정적으로 운영하면 보조사업 수행을 요청하는 행정부서가 급격히 늘어날 수 있습니다. 적절하게 판단하여 지원받아야 하고, 특히 인건비(활동비)를 포함하지 않는다면 자제하는 것이 마땅합니다. 중간지원조직의 상근자가 보조사업을 담당하는 것은 원칙적으로 잘못된 방식입니다. 법인 사무처(사무국)의 상근인력 유지에 도움이 되고, 법인의 고유 목적 실현에도 도움이 되는 보조사업만 수행하는 것이

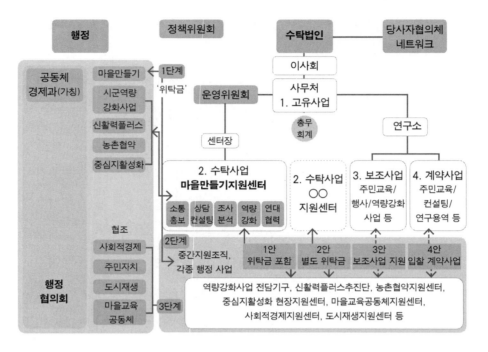

〔그림 4-5〕 중간지원조직의 민간위탁 설치와 수탁법인의 4대 사업 영역, 행정사업 수행 방식

타당합니다. 초기 단계에 이런 관점을 잘 유지해야 하고, 행정도 이런 성격을 잘 배려해야 오해가 생기지 않습니다.

넷째, 계약을 통한 '수익사업' 영역입니다. 네트워크 법인은 행정이나 민간(마을)과의 계약을 통해 주민교육, 마을컨설팅, 조사분석 등의 용역을 수행할 수 있습니다. 비영리 법인이라도 수익사업 자체는 가능하기 때문입니다. 특히 마을에 지원되는 여러 보조사업 중에서 교육컨설팅이나 역량강화사업 같이 계약을 통해 수행할 수 있는 방법은 많이 있고, 지자체와 수의계약을 통해 추진하는 방법도 있습니다. 법인의 역량이 축적되면 각종 중앙정부 공모사업이나 입찰 계약에 참여할 수도 있습니다. 다만 상근인력을 안정되게 운영하기 위해서는 매년 일정 정도의 매출액을 확보해야 하므로 처음부터 숫자를 늘리는 것은 쉽지 않습니다. 그럼에도 법인의 재정적 독립과 지속가능성 측면에서 매우 중요한 사업 영역입니다. 그래서 좀 더 자세하게 소개하겠습니다.

네트워크 법인의 재정 자립과 상근자 확보를 위한 '4대 방법'이 있습니다

네트워크 법인을 설립하고 운영하자면 안정된 재정 확보가 가장 큰 걱정입니다. 운영예산을 어떻게 확보해야 할까요? 법인 운영의 공공성과 수익성이 적절하게 균형을 맞추어야 지속가능합니다. 하지만 네트워크 법인은 설립 목적이 수익을 내고 배당을 많이 하는 것이 아니므로 무엇보다 상근자의 안정된 인건비를 확보하고 고용을 확대하는 것에 집중해야 합니다. 지역 현장에 밀착하여 안정적으로 활동할 수 있는 상근자 확보(일자리 제공)가 법인 설립의 최대 목적인 셈입니다. 규모가 많이 커지면 자회사 유형으로 일부 영역을 독립시키는 것도 한 방법입니다. 그렇다면 구체적으로 어떤 전략과 방법이 있을까요?

첫째, 법인 출자금과 회비를 통해 초기 운영자금을 확보하고, (반)상근 일자리를 확보하는 것이 출발점입니다. 법인에 참가하는 당사자협의체나 개인이 출자금을 모아 법인을 설립해야 하고, 또 일정하게 정기회비를 납부해 초기 활동비로 충당해야 합니다. 법인 설립 논의 단계부터 참가자들이 열의를 모아 일정 규모의 초기 재정을 확보할 필요가 있습니다. 균등하게 분담할 수도 있고, 일부 임원과 회원의 기부금(혹은 차입금까지)도 고려해야 합니다. 출발하는 첫해는 법인 설립과 시범 운영 기간에 해당하고, (반)상근 활동가 시스템을 유지하면서 시작해야 합니다. 그래서 일정 기간의 수입지출계획을 수립하고, 참가자들의 분담금(출자

금)과 정기회비 및 기부금 등의 액수를 결정해야 합니다. 법인 설립 과정과 중간
지원조직 수탁 준비, 초기 운영 등을 담당할 (반)상근자 인건비 확보에 집중하는
것이 무엇보다 중요합니다. 중간지원조직의 수탁을 염두에 두고 처음부터 비상
근으로 출발하면 법인의 고유사업이 축소되고, 계속 행정예산에 의존하는 문제
점이 발생하기 때문입니다.

둘째, 수탁사업(위탁금)으로 추진하는 중간지원조직은 자체적으로 인건비와
사업비가 확보되는 셈입니다. 그 규모는 법인 설립 과정에서 행정과 사전에 협의
하여 어느 정도 결정할 필요가 있습니다. 너무 작게 시작하면 나중에 확장하기가
매우 힘들어집니다. 중간지원조직 역할에 충실할 수 있도록 행정 사무량을 반영
한 적절한 인력 규모에 대해 충분한 협의가 이루어져야 합니다. 농촌 마을만들기
영역만으로 최소 4명은 확보되어야 기본 활동이 가능합니다. 지방이양 사무이지
만 일반회계에 일정액이 반영된 셈이라 권리로서 행정에 요구할 수 있습니다. 당
연히 인건비 중심으로 편성하도록 요청하고(인건비 비율이 절반 이상), 사업비 자
체는 농식품부 역량강화사업을 중심으로 중앙정부 국비 예산을 적절하게 활용하
면 됩니다. 수탁 기간은 제도적으로 최대 5년까지 가능한데, 최소 3년 이상이 되
어야 초기에 역량 있는 상근자를 확보할 수 있습니다. 중간지원조직 위탁금 예산
에서 역량 있는 상근자가 다수 채용되면 나머지 사업예산을 확보할 기회는 더욱
많아집니다. 상근자의 활동 경험이 더 축적되면 법인의 전체적인 역량과 위상도
높아지고 수익사업을 개척할 가능성도 확장됩니다.

셋째, 행정 보조사업(보조금)으로 법인의 부족한 사업예산과 상근자 활동비를
보완할 수 있습니다. 중간지원조직 담당부서는 물론이고 다른 부서에도 보조사
업은 정말 많습니다. 일부 사업은 위탁사업으로 처리해야 할 성격도 있지만, 매년
반복적으로 추진되는 보조사업의 일부는 법인이 수행할 수 있습니다. 당사자협

의체가 수행할 수도 있지만 상근인력이 있는 곳에서 담당해야 문제도 해결되고 활동 성과도 축적됩니다. 농식품부 시군역량강화사업은 위탁금으로 편성하는 것이 원칙인데, 보조금으로 편성하더라도 상근자 2명의 인건비를 지출할 수 있도록 2020년부터 제도 개선이 이루어졌습니다. 일반적으로 보조사업을 담당하는 상근자는 인건비가 아니라 활동비로만 예산이 지원되므로 안정성과 지속성이 부족한 단점이 있습니다. 그래서 다음의 수익사업 영역과 합쳐서 상근자 운영체계를 검토할 필요가 있습니다.

넷째, 수익사업 영역을 지속적으로 개척해야 법인 상근자의 인건비도 안정적으로 확보할 수 있습니다. 농촌 지자체에서 주민교육과 마을컨설팅, 소액 연구용역 등 법인이 수익사업으로 추진할 수 있는 계약사업은 적지 않습니다. 지금까지 행정은 이런 사업을 농어촌공사와 같은 공기관이나 외부 컨설팅기관에 맡겨 왔습니다. 법인이 일정한 역량만 확보하면 충분히 수행할 수 있는 사업입니다. 매년 마을만들기나 중심지활성화(기초생활거점조성) 사업으로 지원되는 예산에는 반드시 역량강화(교육)사업이 포함되어 있습니다. 대략 전체 예산의 10%에 해당하고, 매년 적어도 3~4억 원은 지출된다고 볼 수 있습니다. 이런 사업을 지역 스스로 수행하고 경험을 내부에 축적하는 것은 법인 설립의 목적에 해당하므로 역량 있는 상근자를 초기에 확보하는 것이 중요합니다. 매년 예산 규모를 고려할 때 최소 2명이 상근할 수 있습니다. 1명에서 출발하더라도 상근자를 채용하는 것이 우선이고, 활동 경험을 축적하면서 단계적으로 확장하는 전략을 선택해야 합니다. 중간지원조직에서 보고서 작성이 가능한 상근자 일부가 수익사업을 담당하는 조직([그림 4-5]의 연구소에 해당)으로 넘어오는(인사이동) 경로가 가장 바람직하다고 볼 수 있습니다.

2020년부터 중간지원조직 사무에 대해 위탁수수료(일반관리비)를 인정하는 방향으로 바뀐 것도 법인 운영에서는 매우 우호적인 환경입니다. 행안부(자치분권 제도과)가 중간지원조직의 민간위탁 사무에 대해 "적정 위탁수수료 및 일반관리비를 민간위탁예산에 포함하여 운영"하도록 권장하는 「협치형 민간위탁 활성화 가이드라인」(2020.9)을 발표했던 것입니다. 그동안 법인이 행정 사무를 수탁 운영하면서도 법인 예산을 추가로 투자할 수밖에 없는 불합리함에 대해 민간에서 제도개선을 꾸준히 요구해온 결과에 해당합니다. 하지만 행안부는 민간위탁 제도가 지방사무이기 때문에 권장하는 수준에서만 제시할 수밖에 없었고, 그래서 정확한 비율은 지자체별로 여전히 정해야 하는 과제가 남아 있습니다. 위탁금 규모에 따라 다를 수 있는데 대체로 5% 내외로 위탁수수료를 편성할 수 있어서 법인의 재정 부담을 그나마 줄일 수 있게 되었습니다. 위탁금 규모에 따라 다르지만, 법인의 고유사무를 담당할 수 있는 반상근 일자리 1명을 확보할 수 있는 금액은 될 것으로 기대됩니다.

네트워크 법인이 행정사업을 수행하는 여러 방식이 있습니다

네트워크 법인은 농촌 현실에서 보자면 행정과 끊임없이 상호작용할 수밖에 없는 위치에 있습니다. 이를 목적으로 네트워크 법인을 설립한 것이기도 합니다. 하지만 행정사업을 둘러싸고 민관협치 관점이 부족하면 갈등과 충돌이 발생할 수 있습니다. 또 법인으로 각종 사업이 몰린다고 지역사회에서 크게 오해할 수도 있습니다. 특히 위탁금과 보조금을 구분하지 못하는 것이 농촌 현실이라 이런 점에 매우 유의해야 합니다. 제도적 측면에서 보자면, 행정사업을 법인이 수행하는 방식은 크게 네 가지 유형으로 구분됩니다. 이미 중간지원조직을 수탁하여 운영하고 있는 법인에 추가적으로 행정사업을 지원하는 방식을 전제로 다음과 같이 설명할 수 있습니다.

각각은 행정의 담당부서 입장이나 사업 성격, 법인과의 신뢰 관계 및 역량 등이 종합적으로 작용하기에 일률적으로 정하기 어렵습니다. 지자체의 민관협치 수준에 따라 결정되는 측면도 강합니다.

먼저 중간지원조직의 위탁사무에 포함하여 통합성을 높이는 방식([그림 4-5]의 1안)입니다. 행정사업 성격 자체가 위탁사무에 해당하고 현재의 중간지원조직 업무와 연계성이 높은 경우입니다. 농식품부 역량강화 전담기구나 신활력플러스 추진단, 농촌협약지원센터가 여기에 해당합니다. 처음부터 통합하여 위탁공고를 내는 것이 훨씬 효과적이고 법인 운영 측면에서도 간단합니다. 농촌 마을만들기에서 출발하여 신활력플러스, 농촌협약, 농촌공간계획으로 발전하는 것은 지극히 자연스럽고 행정의 담당부서도 동일하기에 비교적 쉽게 이해될 수 있습니다. 다만 행정사업의 절차나 시행방식, 정산 등이 사업지침마다 다르기에 실무적으로는 복잡합니다. 그래서 농식품부 담당부서가 서로 협력하여 사업지침을 일관성 있도록 정리하는 것이 우선입니다.

둘째, 현재 수탁받고 있는 중간지원조직 이외에 유사 센터를 별도 위탁절차를 거쳐 협약을 맺어 법인이 운영하는 방식(2안)입니다. 한 법인이 중앙부처가 다른 중간지원조직을 따로따로 수탁받는 경우에 해당합니다. 위탁시기나 협약기간, 인건비 수준 등 전혀 다른 사업지침의 적용을 받기에 수탁법인 입장에서는 매우 번거롭고 불편한 일이 많습니다. 그래서 적어도 지자체의 행정조직을 개편하여 하나의 과에 배치하여 업무 관계가 명확하도록 계속 요구할 필요가 있습니다. 또 「통합형 중간지원조직 설치 및 운영 조례」를 제정하여 위탁 절차를 통일하여 앞의 1안처럼 처리될 수 있도록 요구해야 합니다.

셋째, 보조사업으로 지원받아 중간지원조직의 사업과도 연계하여 협력이 이루어지도록 하는 방식(3안)입니다. 앞에서 강조한 것처럼 인건비(엄밀하게는 활동비) 지원이 전제되어야 함을 강조해야 합니다. 사업을 담당하는 인력은 엄격하게 구분하되, 내용 측면에서는 연계성을 높여야 사업 효과를 도모할 수 있습니다. 예를 들어, 마을교육공동체(교육청)나 사회적경제(고용노동부, 행안부 등), 주민자치(행안부) 등의 정책 영역에서 중간지원조직 설치 근거가 없다면 보조사업 방식으로라도 네트워크 법인이 수행하는 것이 훨씬 더 효과적일 수 있습니다. 이런 보조사업도 엄밀하게 보면 위탁금으로 편성해야 할 공적 사업인 경우도 적지 않습니다. 당장은 보조사업으로 편성하여 법인이 수행하더라도 장기적으로는 수탁사업으로 추진하는 것이 바람직합니다.

넷째, 계약(입찰 혹은 수의)사업으로 추진하는 방식(4안)입니다. 그동안 외부 컨설팅 기관이 수행했던 역량강화사업을 법인이 직접 수행하는 방식인데, 행정과 계약할 수도 있고, 마을이나 다른 민간법인과 계약을 통해 수행할 수도 있습니다. 2천만 원 이내의 수의계약 형식에서 출발하는 것이 일반적이고, 소액 연구용역도 가능합니다. 법인의 역량이 성장하고 실적이 축적되면 각종 입찰에도 참가하여 수행할 수 있습니다. 중대규모의 기본계획 수립 용역에 공동으로 참여하는 방안도 가능합니다. 계약사업으로 추진하면 사업비에서 인건비와 일반관리비, 이윤을 편성할 수 있다는 장점이 있습니다. 다만 무리하게 많이 수행하면 중간지원조직을 운영하는 공공성이 훼손될 수 있고, "컨설팅업체와 다를 바 없다"는 비판을 받을 수도 있기에 유의해야 합니다.

충남은 마을만들기 민간 네트워크 법인을 선도적으로 설립했습니다

대통령직속 농어업 · 농어촌특별위원회(이하 농특위)는 지난 2019년 12월 본

위원회에서 "지방자치단체 농어촌정책의 민관협치형 추진체계 구축"을 의결(의안번호 2019-5호)했습니다. 4대 주요 의제와 7대 세부 과제를 결정했고, 6번 세부 과제로 '민간 협력 네트워크를 위한 비영리법인 육성'이 포함되어 있습니다. 그동안 충남에서 실천했던 경험이 많이 반영된 내용인데, 그만큼 농촌정책의 민관협치 강화와 '정책 틀 전환' 차원에서 민간의 네트워크 법인이 중요함을 인정한 셈입니다. 이를 위해 중앙정부가 '민간 네트워크 법인 설립과 현장밀착형 전문 컨설팅기관 육성', '민간의 조직화와 성장 과정을 적극 지원하는 정책 환경 조성'을 위해 노력해야 함을 강조하고 있습니다(농특위, 2019.12, 『농촌정책 추진체계 개편 및 농촌공간의 체계적 관리 방안』, 24~30쪽).

하지만 농촌정책 영역에서 민간 네트워크 법인이 설립된 사례는 여전히 소수에 불과합니다. 대부분 충남과 전북에서 중간지원조직의 수탁운영과 연계하여 발전되어 있는 정도입니다. 전북에는 (사)지역활력센터(전북도), (사)전북지역농업연구원(전북도), (사)마을엔사람(진안군), (사·협)완주군사회적경제네트워크, (사)임실군마을가꾸기협의회, (사)장수지역활력센터, (사)10년후순창 등이 있습니다. 비교적 많은 수이지만, 제도적 측면에서 충분한 토론 과정 없이 시군마다 각개약진하듯이 설립되었다고 평가할 수 있습니다. 이외 지역에서는 2003년에 협의회로 설립되어 단계적으로 발전해온 (사·협)원주협동사회경제네트워크, 2018년 10월에 창립한 (사·협)상주다움 정도가 눈에 띕니다. 최근에는 일부 시군에서 농식품부 시군역량강화사업 및 신활력플러스사업을 추진하면서, 또 농촌협약을 준비하면서 민간 법인이 설립됐지만 논의가 풍부했던 것으로는 보이지 않습니다.

충남에는 2022년 12월 현재, 15개 시군 중에서 14개 시군에서 마을만들기지원센터가 설치되어 있습니다. 이 중에서 마을만들기 네트워크 법인이 설립된 곳

은 6개 시군이고, 중간지원조직의 수탁법인은 5개입니다([표 4-2] 참고). 서천군
의 법인은 중간지원조직을 수탁 운영하다가 재단법인으로 전환되면서 새로운 진
로를 모색하는 사례에 해당합니다. 앞에서 소개하였듯이 다양한 토론과정을 거
쳐 시군 실정에 맞게끔 중간지원조직 수탁 운영과 연계하여 네트워크 법인을 설
립한 사례입니다. 다음에서는 이렇게 법인 설립을 위해 논의해온 과정과 결과를
소개합니다. 다른 지역에서도 참고가 되기를 바랍니다.

〔표 4-2〕 충남 시군의 마을만들기 네트워크 법인 설립 현황

지역명	법인 명칭	설립년도	조직화 방식	비고
홍성군	(사)홍성지역협력네트워크	2016. 4.	당사자협의체의 대의원 방식 + 전문가 참여	'홍성통'의 민간 영역 발전
천안시	(사)공동체네트워크 함께이룸	2016. 5.	마을리더 개인과 활동가, 전문가 주도	농촌사업 및 협의체 미발달
보령시	(사)만세보령공동체네트워크	2016.12.	마을만들기협의회 주도 + 전문가 보완	농촌 일반 모델
예산군	(사)예산군행복마을네트워크	2017.11.	마을대학 5회로 협의체 조직화 + 네트워크 구축	지원센터 인큐베이팅 모델
서천군	(사)서천마을누리네트워크	2019. 4.	마을만들기협의회 주도 + 지속가능발전협의회 연계	2021년부터 지원 센터는 재단 전환
금산군	풀뿌리주민네트워크 (사)금산&사람들	2020. 1.	마을대학, 워크숍 + 분야별 개인, 단체 결합	지원센터 인큐베이팅 모델

주. 2022년 12월 기준이고, 농촌 마을만들기와 직접 관계되는 법인만 정리함

설립 경로나 방식은 시군별로 매우 다양합니다

충남에서 네트워크 법인 설립 논의는 2015년부터 중간지원조직 설치와 병행하여 본격적으로 시작되었습니다. 충남연구원 산하 충남마을만들기지원센터(설치 준비 과정 포함)가 주도하여 시군 단위로 마을대학, 워크숍, 간담회 등을 개최하고, 앞에서 살펴본 3대 쟁점에 대한 공동학습과 토론 과정이 이루어졌습니다. 매월 1회 시군을 순회하며 개최하는 마을만들기 대화마당에서도 집중적인 쟁점 토론이 진행되었습니다. 계간지로 발간하는 『마을독본』에도 논의 결과가 소개되는 등 기록도 많이 남아 있는 셈입니다. 민간 네트워크 법인 외에도 마을만들기협의회 설립과 중간지원조직의 설치 및 운영, 행정의 지원체계 개편 등에 대한 논의도 함께 진행되었습니다.

이런저런 논의를 해본 결과, 네트워크 조직 자체가 법인이 되는 일치형 방식을 취하고(쟁점 2의 1안), 법인 형태는 협의체 임원이 중심이 되어(쟁점 1의 1안) 설립이 용이하고 의사결정이 단순한 사단법인(쟁점 3의 2안)으로 모두 결정되었습니다. 이것은 농촌 지자체의 현실적인 상황과 제도적 측면을 고려할 때 일반적인 경로라고 할 수 있습니다. 하지만 네트워크 조직의 결합 형태(쟁점 1)는 지역 특성과 마을만들기 및 지역사회 역량, 중간지원조직 역할 등에 따라 차이가 많이 나타났습니다. 시군마다 논의 과정이 치열하였고, 다양한 갈등을 겪으면서 '최선보다 차선에 타협'한 결정이었습니다. 결과적으로 보자면 네트워크 법인의 구성 방식과 조직 형태, 임원진 등을 지역 스스로 모두 결정한 셈입니다. 충남도청의 광역예산으로 중간지원조직의 설치를 지원하는 과정과 병행하여 진행되었기에 단기간에 집중적인 토론도 가능했습니다. 또 충남 마을만들기지원센터가 컨설팅 형태로 밀착하여 논의 과정을 지원했던 것도 크게 도움이 되었습니다.

네트워크 법인의 설립 경로 유형은 1) 당사자협의체 주도형, 2) 전문 활동가 중심형, 3) 중간지원조직 주도형의 세 가지로 구분해볼 수 있습니다. 마을만들기 경험이 풍부하고 행정도 이해도가 높은 곳은 1번 유형을 선택했습니다. 하지만 대부분의 시군은 중간지원조직을 행정직영으로 우선 설치하고, 상근 활동가가 마을대학 등의 역량강화사업을 활용하여 법인 설립 과정을 직접 지원하는 3번 유형이었습니다. 천안시는 논의를 일찍 시작했는데 지역 여건이 성숙하지 않았지만, 중간지원조직을 민간위탁으로 운영하는 것이 타당하다고 판단하여 지역사회의 전문가와 활동가, 일부 마을리더가 참여하는 법인을 먼저 설립한 2번 유형에 해당합니다. 각 유형별 사례를 중심으로 몇 가지 특징을 살펴보겠습니다.

당사자협의체 주도형: 홍성군, 보령시

홍성군은 당사자협의체가 주도한 대표 사례에 해당합니다. 이미 2011년부터 민관협치 거버넌스 조직으로 '홍성통'이 활동하고 있었고, 마을만들기 당사자협의체도 2013년 3월에 창립하여 활동하는 상태였습니다. 이런 여건 속에서 홍성군청 농정기획단의 제안과 주도로 2014년 말에 홍성통 회의에서 중간지원조직 설치를 논의했고, 때마침 충남도청에서 공모사업으로 2015년 1월에 설명회도 개최하여 법인 설립 논의도 빠르게 진행될 수 있었습니다. 2015년 5월에는 홍성통의 민간 영역이 모인 '홍성지역협력네트워크'가 임의단체로 먼저 발족했습니다. 이와 동시에 마을대학을 통해 '농촌마을정책의 민관협치형 추진체계'를 본격적으로 논의하기 시작했고, 1년간의 토론을 거쳐 2016년 4월에 사단법인으로 전환했습니다.

조직은 크게 마을공동체(농촌), 사회적경제, 농도교류(체험관광, 귀농귀촌) 등 3개 영역의 당사자협의체 5개와 전문가집단(재능기부) 영역 등 4개 그룹으로 구성되었습니다. 임원과 회원은 당사자협의체의 유형별로 배분하는 대의원 방식으로 조직되었습니다. 그래서 지금도 회원 수는 20명으로 고정된 셈입니다. 그리고 법인은 행정과 함께 군의회를 설득하는 과정을 거쳐 2016년 9월에「마을만들기 조례」를 통과시키고 12월부터 중간지원조직도 수탁운영하게 되었습니다.

법인은 그 이후에 사회적경제 청년활동가, 지역착근형 청년인재육성, 청년농부 인큐베이팅, 청년마을조사단 등의 보조사업을 수행했고, 2019년 3월부터는 도시재생지원센터도 수탁운영하기 시작했습니다. 2022년 12월 현재, 임기 3년의 이사 6명, 회원 20명, 중간지원조직 2개 12명과 사무처 3명 등 상근인력 15명의 큰 조직으로 발전했습니다. 여기서 이사와 회원은 4개 그룹에서 선출된 대의원에 해당합니다. 수익사업으로는 현장포럼(5개소)과 희망마을선행사업(4개소), 마을교육공동체 등의 컨설팅을 수행하고, 수익금 일부는 적립하고 있습니다.

보령시는 충남도가 주관하는 각종 워크숍과 직무연수, 세미나 등에 참여하면서 2015년 12월「마을만들기 조례」를 먼저 제정했습니다. 그리고 이듬해인 2016년도 충남도 공모사업에 선정되어 3월부터 마을만들기지원센터가 행정직영으로 설치되어 운영되기 시작했습니다. 그 이전부터 활동하던 희망마을협의회가 이 과정을 주도했고, 담당 공무원의 적극적인 의지도 크게 작용했습니다. 그 이후 제1회 마을대학을 통해 민관협치형 추진체계를 학습하면서 법인 설립 경로에 대해서도 논의했습니다. 이 과정에서 중간지원조직을 행정직영으로 운영하는 어려움과 한계를 깨닫고, 2017년부터 민간위탁으로 전환하기 위해 9월부터 빠른 속도로 법인 설립을 준비했습니다.

충남 마을만들기지원센터의 제안을 바탕으로 마을만들기협의회가 주도하여 민간의 공동학습과 토론, 합의 과정을 거치며 (사)만세보령공동체네트워크를 2016년 12월 설립했습니다. 이사회는 마을만들기협의회 임원을 중심으로 농촌관광, 사회적경제, 도시재생 영역의 마을 리더도 참여하는 형태로 구성하였고, 회원은 별도로 두지 않기로 결정했습니다. 네트워크 법인과 행정이 합의한 대로 2017년 1월부터 민간위탁 절차를 진행하여 3월에 완료했습니다. 이 과정에서 행정이 지나치게 빠른 속도로 법인 설립을 요구했다는 점, 중간지원조직 상근자들이 소극적인 입장을 취했다는 점, 그리고 민간 법인 이사진의 심화학습 과정이 부족했다는 점 등이 맞물려 초기에는 다양한 갈등이 노출되기도 했습니다. 2022년 12월 현재, 상근 센터장 시스템으로 전환하기로 결정하고, 마을만들기협의회는 충남도청 등록 비영리 민간단체로 활동하고 있습니다.

전문 활동가 중심형 : 천안시

천안시는 2015년 4월부터 법인 설립 논의가 시작되었습니다. 하지만 2010년부터 5년간 농식품부 일반농산어촌개발사업이 시행되지 못하여 마을만들기 활동 경험이 충남도 사업으로 제약되는 한계가 있었습니다. 그래서 마을만들기 사업 경험을 가진 마을 수가 적었고, 당사자협의체 설립 논의도 발전하지 못했습니다. 법인 설립에 참여할 수 있는 마을 리더를 발굴하는 것 자체가 쉽지 않았습니다. 그럼에도 천안시 NGO센터가 주관하고 충남연구원이 참여하는 형태로 '민관협치 워크숍'(천안시의회 지원)을 연속 개최(6~10월)하면서 행정의 조직개편과 중간지원조직 설치, 민간 법인 설립 등을 종합적으로 검토했습니다. 때마침 2015년부터 일반농산어촌개발사업을 시행할 수 있도록 농식품부 규정이 변경되었고, 충남도 자체 사업까지 시행하면서 새로운 마을 발굴도 시작되었습니다.

민관협치 워크숍에서 논의한 결과, 천안시는 민간 법인을 우선 설립하고 중간지원조직도 행정직영 절차 없이 처음부터 민간위탁 형식으로 설치·운영하기로 결의했습니다. 또 천안시장이 주관하는 2015년 12월 회의에서 중간지원조직 설치를 공식화했습니다. 또 민간위탁으로 설치 방향을 정리하고, 행정의 담당부서도 확정(지역경제과)했습니다. 이에 민간에서는 법인 설립 논의를 본격적으로 진행했습니다. 법인의 형태는 사단법인으로 하고, 이사진은 농촌마을과 농촌관광, 공익활동, 사회적경제, 도시재생 등의 다양한 정책 영역에서 활동 중인 전문가 중심으로 구성하기로 결정했습니다. 당사자협의체는 중간지원조직을 수탁 받은 후에 마을대학 과정을 운영하면서 단계적으로 설립하는 전략을 수립했습니다.

2016년 5월에 네트워크 법인으로 (사)천안시공동체네트워크 함께이룸을 설립하였고, 이후 중간지원조직의 민간위탁 절차가 진행되어 2016년 8월에 위탁 설치되었습니다. 이후 마을대학을 꾸준히 개최하면서 마을만들기의 당사자협의체가 2018년 4월에 설립될 수 있었습니다. 창립 초기부터 법인 산하에 연구소를 두고 여러 수익사업을 진행하는 시도도 했으나, 2022년 12월 현재는 마을만들기 중간지원조직 운영에 집중하면서 신활력플러스추진단 사무국도 운영하고, 농촌협약 공모사업 준비를 지원하는 활동을 하고 있습니다. 행정의 조직개편이 불명확하여 담당 부서가 자주 바뀌고, 업무 담당자도 계속 바뀌면서 민관협치 수준이 높아지지 못하고 법인도 애로 사항을 자주 호소하고 있습니다.

중간지원조직 주도형: 예산군, 서천군, 금산군

예산군은 2015년 3월 충남도 공모사업에 선정될 당시부터 중간지원조직을 우선 설치하는 전략을 선택했습니다. 다만 일반적인 행정직영 방식이 아니라 공주대(예산캠퍼스) 산학협력단에 민간보조사업 형태로 설치하는 전략이었습니다. 지역사회에 당사자협의체가 발달하지 않은 현실을 받아들인 결과이기도 하고, 행정이 직영 방식의 중간지원조직보다 민간이 운영하는 것이 바람직하다고 판단한 결과였습니다. 대신에 행정은 충남 마을만들기지원센터의 제안을 받아들여 임기제 공무원을 채용하여 창구 역할을 담당하게 했습니다.

이러한 전략에 따라 2015년 12월 중간지원조직으로 예산군행복마을지원센터를 공주대에 설치했고, 그 이후 마을대학을 집중적으로 개최하면서 당사자협의체를 의식적으로 조직하기 시작했습니다. 매년 2~3회 마을대학을 집중 개최하여 마을만들기와 귀농귀촌, 6차산업, 평생학습 등 다양한 당사자협의체 설립을 주도했습니다. 이런 성과를 모아 당사자협의체의 네트워크 형태로 (사)예산군행복마을네트워크를 2017년 11월 설립할 수 있었습니다. 그리고 2018년 1월부터는 법인이 중간지원조직을 민간위탁 방식으로 운영할 수 있게 되었습니다. 2022년 12월 현재, 법인은 마을만들기 중간지원조직과 신활력플러스추진단을 수탁 운영하고, 역량강화전담기구로도 지정되었습니다. 또 농촌협약지원센터로도 지정되어 법인의 규모가 계속 커지고 있습니다.

서천군은 충남도 공모사업 2년차인 2016년도에 선정되어 종합적인 공동학습과 토론을 시작했습니다. 논의는 치열하게 진행되었지만 민간에 마을만들기 당사자협의체가 설립되지 않은 상황이라 2017년 1월 마을만들기 중간지원조직을 행정직영으로 우선 설치하게 되었습니다. 이후에 공식적으로 제1회 마을대학을 개최하면서 마을만들기협의회 설립과 네트워크 법인 설립에 대해 치열하게 토론했습니다. 논의 과정에는 마을만들기와 사회적경제, 농촌관광, 평생학습 등의 영역이 주로 참여했습니다. 이러한 성과로 2017년 4월 마을만들기협의회가 우선 설립되었습니다. 하지만 법인 설립 논의는 민관협치 시스템이 미흡한 상태에서 지지부진하게 진행되었고 갈등도 적지 않았습니다. 그 이후 중간지원조직이 2년간의 활동을 통해 마을만들기협의회와 기존의 지속가능발전협의회가 협력하는 형태로 (사)서천마을누리네트워크를 2019년 4월 창립했습니다.

이에 따라 2020년 1월부터 민간위탁이 이루어졌고, 중간지원조직을 행정에서 독립시킬 수 있었습니다. 하지만 행정의 민관협치 관점이 부족하고 지역사회에서 토론이 활성화되지 못하면서 중간지원조직은 2020년 12월 설립된 지속가능발전재단으로 흡수되는 형태로 정리되었습니다. 재단법인은 마을만들기와 도시재생, 사회적경제, 상권활성화 등의 중간지원조직을 통합형으로 운영하고 있습니다. 결국 사단법인의 존재감이나 역할은 크게 축소되었고, 2022년 12월 현재, 중간지원조직 운영은 재단법인에 맡기고 향후에 고유사업을 할 수 있는 계기를 기다리며 당분간 활동을 중단한 상태에 있습니다.

금산군은 충남도 공모사업 3년차인 2017년도에 선정되면서 논의가 시작되었습니다. 하지만 본격적인 법인 설립 논의는 2018년 8월 행정직영으로 마을만들기지원센터가 설치되고 상근자가 채용되면서 진행되었습니다. 역량이 높은 사무국장이 마을대학과 민관합동워크숍, 정책토론회 등을 개최하면서 당사자협의체보다 법인 설립을 우선하고 민간위탁을 서두르는 전략을 선택했습니다. 1년간 활동 경험을 축적하면서 2019년 7월부터 마을만들기와 농촌관광, 주민자치, 사회적경제, 도시재생, 대안교육, 문화예술 등 다양한 영역의 활동가가 참여하여 네트워크 법인 설립 방향을 본격적으로 검토했습니다. 이러한 논의를 거쳐 '풀뿌리주민네트워크 (사)금산&사람들'이 2020년 1월 창립총회를 개최했습니다.

법인 정관의 설립 취지로 "주민이 주도하는 마을만들기, 도시재생, 사회적경제, 주민자치, 평생학습, 기타 공적 영역의 주민활동을 촉진하고 지원하며, 민-관, 민-민의 협력 강화를 도모함으로써 지속가능한 생활공동체 · 경제공동체 · 복지공동체 활성화에 이바지함을 목적"으로 했습니다. 이런 취지를 반영하여 법인 창립 당시에 회원 수는 164명이고, 법인 산하에 12개 분과가 구성되었습니다. 중간지원조직의 민간위탁 논의는 이후에도 지속되어 2020년 10월에 민간위탁 절차가 마무리되었습니다. 하지만 민관협치와 중간지원조직에 대한 이해가 부족한 상태에서 수탁법인 임원과 회원 내부에 의견 차이가 커지면서 2021년 5월 비상근 센터장으로 교체되고 법인의 성격과 위상도 재정비하는 과정에 있습니다. 또 당사자협의체인 마을만들기협의회도 2022년 1월에 창립했지만 법인과 명확한 관계 설정을 하지 못한 채 출발하여 큰 과제로 남아 있습니다.

다른 지자체에서도 법인 설립 논의가 다양하게 있었습니다

아산시는 민간 네트워크 법인 설립을 위해 2015년 상반기부터 가장 열심히 토론하고 움직인 지역에 해당합니다. 마을대학 2회를 포함하여 공식 회의만 22회 가졌고, 실무회의까지 포함하면 총 40회 이상 회의와 세미나를 한 셈입니다. 우여곡절을 거쳐 네트워크 법인은 설립하지 못하고 2016년 11월 아산시공동체네트워크(처음 명칭은 공동체경제네트워크)란 임의단체를 창립했습니다. 활동가 개인 자격으로 결합하는 형태였기에 지역사회 대표성에 한계가 있었고 중간지원조직의 수탁법인으로도 발전하지 못했습니다. 이후 행정사업별 칸막이를 넘어선 마을만들기협의회가 2019년 12월 설립되고, 이를 중심으로 네트워크 법인 설립 논의가 더디지만 이어져 왔습니다. 하지만 행정직영의 마을만들기 중간지원조직이 농촌협약을 계기로 신설하는 재단법인에 흡수되는 것으로 결정되면서 법인 설립 논의는 거의 중단된 상태라 할 수 있습니다.

공주시도 2015년부터 네트워크 법인 설립 논의가 시작되어 각종 워크숍과 토론회, 마을대학 등에서 지속적으로 이어졌습니다. 충남도 공모사업은 4년차인 2018년에 착수하였지만 법인 설립 논의는 일찍부터 시작한 셈입니다. 하지만 행정의 담당부서와 담당자의 잦은 변경, 민간단체 내부의 경쟁구조 형성, 지방선거 등이 겹치면서 논의가 집중적으로 진행되지 못했습니다. 이런 과정에서 주로 읍ㆍ면ㆍ동 단위로 활동하는 개인과 시민단체가 결합하여 (사)공주시마을공동체네트워크가 2018년 12월 창립총회를 가졌습니다. 마을만들기협의회는 이와 별도의 흐름으로 2020년 1월 임의단체로 설립되었고, 법인 구성원에서 농촌 마을위원장이 대부분 빠지면서 지역사회 대표성에 한계가 있다는 평가입니다. 그래서 중간지원조직도 행정직영으로 설치될 수밖에 없었고, 향후 진로와 관련하여 재단법인과 민간위탁 방식이 동시에 논의되었습니다. 중간지원조직은 행정직영이지만 행정조직 개편으로 마을만들기와 주민자치, 사회적경제를 모두 포함하는 주민공동체과가 신설되면서 이런 활동을 통합하여 지원하는 형태입니다. 2022년 6월 지방선거 이후로 법인 설립 논의는 중단된 상태이고, 행정이 민간위탁의 방향을 명확히 할 때 네트워크 법인 논의도 진전이 있을 것으로 예상합니다.

청양군과 부여군은 민간에서 네트워크 법인을 결국 설립하지 못하고 중간지원조직이 지자체 출연의 재단법인으로 최종 정리된 사례입니다. 청양군 사례는 이어지는 사례 2의 노승복 센터장 글을 참고하기 바랍니다. 부여군은 2017년부터 법인 설립 논의가 있었지만 행정 담당 공무원의 잦은 교체와 민간 역량 부족, 지방선거 등이 복잡하게 작용하여 더디게 진전되었습니다. 하지만 인근 청양군이 재단법인을 설립하는 영향을 받아 2020년 11월 재단법인을 설립했습니다. 서천군도 균형발전 사업으로 사회적경제와 일자리 영역의 하드웨어 건축물을 완공하면서 재단법인으로 정리되었습니다.

논산시(2015년)와 태안군(2016년)도 초기부터 네트워크 법인 설립 논의를 진행했지만 지금은 중단된 상태입니다. 논산시는 마을만들기협의회(논산희망마을포럼의 명칭 변경)가 일찍부터 활동하고 있었지만 협력할만한 당사자협의체가 없고, 행정직영 중간지원조직을 오래 유지하면서 법인 설립 논의까지 발전하지 못했습니다. 태안군도 논의는 일찍부터 시작되었지만 일반농산어촌개발사업이 해양수산부 소관으로 넘어가고 지역사회 내부의 갈등이 많은 이유도 있어 마을만들기협의회도 2022년 4월에야 설립될 수 있었습니다.

당진시는 2019년부터 논의를 시작했고, 마을만들기협의회가 2021년 4월 먼저 설립되었습니다. 그리고 2022년도 신활력플러스 공모사업에 선정되면서 읍면 단위 법인 설립도 논의하고 있어 네트워크 법인 설립 논의가 보다 체계적으로 진행될 것으로 기대하고 있습니다. 현재는 (사)당진다움이 '전문가 중심형(쟁점 3의 1안)'으로 설립되어 신활력플러스추진단을 운영하고 있고, 향후 네트워크 법인으로 성장하는 전략을 가지고 있습니다. 서산시도 2019년부터 논의를 시작했지만 마을만들기협의회도 설립하지 못한 상태입니다. 하지만 농식품부 농촌협약에 2022년에 선정되고, 기존에 논의하던 재단법인 설립 논의가 지방선거 이후에 중단되면서 네트워크 법인 설립 논의도 시작될 것으로 예상됩니다.

마지막 계룡시는 2003년에 지자체로 독립하였고, 행정구역이 3개 면, 1개 동이며, 면적도 60.68제곱킬로미터에 불과한 작은 지자체입니다. 이런 특수성으로 인해 마을만들기 활동도 미흡하고, 충남도 공모사업에도 계속 소극적이었습니다. 행정부서도 불명확하고, 담당자도 업무가 과중한 결과로 볼 수 있습니다. 그래서 네트워크 법인 설립 논의는 물론이고 당사자협의체조차 시도되지 못했습니다. 중간지원조직도 충남에서 유일하게 설치되지 못했습니다. 작은 지자체이기에 또 다른 가능성이 있지만 지역사회 내부에서 주민이 주도하는 움직임을 별도로 가지지 못한다면 이런 상태가 계속 유지될 것으로 예상됩니다.

결국 충남에서 네트워크 법인이 설립되어 일정한 역할을 계속 수행중인 곳은 홍성군과 천안시, 보령시, 예산군, 금산군의 5개로 볼 수 있습니다. 나머지 지역은 민간 스스로 칸막이를 극복하고 민관협치형 정책 시스템을 이해하며 중장기 발전 방향을 모색하지 않는 한 네트워크 법인 설립은 쉽지 않아 보입니다. 충남도 광역에서 지속적으로 자극을 제공하고, 지자체 행정도 이런 방향성을 인식해야 논의가 진전될 것이기 때문입니다. 그래서 행정직영 상태로 중간지원조직을 운영하는 지자체는 앞으로도 민간위탁이 쉽지 않은 현실입니다. 아마도 청양군과 부여군, 서천군 사례처럼 대부분 재단법인으로 정리되리라 예상됩니다. 특히 농촌협약 공모사업에 선정되어 추가적인 중간지원조직 설치가 논의되면 재단법인 설립 논의가 더욱 강조될 것입니다. 지자체가 100% 출연하는 재단법인 설립이 결과적으로 민간의 네트워크 법인 설립을 가로막는 결과라고도 할 수 있습니다.

네트워크 법인의 과제는 무엇이고, 향후 전망은 어떻게 될까요?

민관협치 관점을 농촌정책 영역에 적용하면 중간지원조직이 쉽게 부각될 수밖에 없고, 또 행정직영보다는 민간위탁이 바람직하다는 결론에 쉽게 도달하게 됩니다. 그래서 충남에서는 충남도 행정의 정책적 신호와 충남마을만들기지원센터의 제안이란 현실적인 이유를 배경으로 네트워크 법인이 설립되었습니다. 민간 스스로 필요성을 느껴 네트워크 법인을 설립하는 경우는 매우 예외적이라 할 수 있습니다. 또 지역사회 역량을 진단하며 네트워크 법인 설립을 포기하고 재단법인 유형으로 바로 전환된 경우도 3개 시군(청양군, 부여군, 서천군)이 있고, 이런 방향을 행정은 대체로 선호하는 경향입니다.

충남에는 마치 '백화점 물건'처럼 다양한 경험이 축적되어 있습니다. 대체로 네트워크 법인은 설립도 운영도 여러 모로 어려운 부분이 많고, 특히 중간지원조직의 수탁과 운영 과정에서 극복해야 할 제도적 과제도 많습니다. 일단 행정이나 민간이나 민간위탁 제도 자체를 이해하기 어려워합니다. 기존의 보조사업과 구분하지 못하고, 중간지원조직 자체가 '행정 사무'에 해당한다는 사실을 자주 놓칩니다. 또 법인 운영 측면에서도 독자 수익사업이 없는 상태에서 일부 임원의 자비 부담과 노력 봉사 등 많은 희생을 요구하고 있습니다. 게다가 법인 이사로 마을만들기협의회도 참여하고 다른 당사자협의체 임원과 전문가도 참여하는 등 이해관계 측면에서도 매우 복잡합니다. 여기에 중간지원조직 상근자의 인력관리, 세무회계 문제, 행정과의 대등한 관계 설정 등 과도한 부담을 지게 됩니다. 결국 제도 개선 같은 정책 환경 변화를 계속 요구하고 법인 스스로 자치역량을 키우면서 길게 보며 접근하는 '시간과의 싸움'이 필요한 상황입니다.

네트워크 법인 운영의 5대 과제, 공동학습과 신뢰관계 형성을 통해 극복해야 합니다

농촌정책 영역에서 중간지원조직 설치 요구는 갈수록 늘어갈 것으로 예상됩니다. 지방이양된 사무로 마을만들기가 있고, 역량강화전담기구, 농촌협약지원센터가 있으며, 국회 발의 중인 「농촌공간 재구조화와 재생 지원에 관한 법률안」 제35조에는 농촌공간전문기관도 지정하도록 되어 있습니다. 여기에 푸드플랜(먹거리)지원센터나 사회적농업, 농촌사회서비스 등의 영역에서도 계속 논의가 이루어지고 있습니다. 이에 맞추어 네트워크 법인의 설립 필요성은 매우 중요하고 시급하지만, 아쉽게도 중앙정부의 정책 칸막이로 인해 이런 신호는 매우 미약하기만 합니다.

당연히 법인 스스로 자치역량을 키워가야 합니다. 법인이 활동하는 농촌 현장을 계속 점검하고 중앙정부의 정책 동향도 지켜보면서 미래 방향을 설계할 수 있어야 합니다. 원칙적으로 법인은 당사자협의체가 여럿 모인 네트워크형이 되어야 통합형 중간지원조직 운영도 가능하고, 정책 칸막이도 극복할 수 있다는 점은 분명합니다. 또 당장은 여러 어려움이 있지만 5년 앞을 내다보고 중간지원조직 수탁사업 이외에도 수익사업 영역을 개척하면서 자치역량을 키워나갈 수밖에 없습니다. 시간을 두고 천천히 개선하면서 한 걸음씩 나아가야 할 것입니다. 이 과정에서 네트워크 법인 내부와 이해관계자 사이의 공동학습과 신뢰관계 형성이 가장 중요한 원동력이 될 것입니다. 중간지원조직의 수탁법인이 풀어야 할 과제와 해결 방향에 대해 다음과 같이 정리하고자 합니다. 이런 점은 제5부 중간지원조직 부분에서도 다룰 것입니다.

첫째, 네트워크 법인은 무엇보다 중간지원조직의 성격, 역할, 관계 등을 둘러싼 공동학습을 반복적으로 진행해야 합니다. 특히 중간지원조직의 설립과 운영을 둘러싼 제도적 측면에 대해 법인 내외부의 이해도가 높아야 합니다. 법인 이사진이나 담당 공무원이 교체될 때마다 정기적으로 공동학습(합동 워크숍)이 이루어져야 갈등도 예방하고 농촌발전에 기여하는 협력관계를 기대할 수 있습니다. 다른 시군의 우수 사례 견학이나 초청 토론회, 마을대학 등을 통해 공동의 인식 토대를 확보하는 것이 중요합니다. 또 법인의 설립 목적을 거듭 확인하면서 고유 사업 영역을 확장하고, 중간지원조직의 효율적 운영 방향과 보조사업 활용 방식, 수익사업 영역 개척 방안 등에 대해서도 계속 토론해야 합니다. 공동학습이 부족하면 갈등과 오해가 반복될 수밖에 없다는 점을 명심해야 합니다. 단체장이 바뀔 때마다 중간지원조직의 존폐가 논의되고 수탁법인이 바뀌는 것은 이런 공동학습이 부족하고 지역사회가 잘 이해하지 못한 탓이 큽니다.

둘째, 네트워크 법인에 참여하는 조직과 개인의 책임·규율을 강조하며 지속적인 협력을 유지할 수 있는 제도적 장치를 마련해야 합니다. 네트워크 법인은 마을만들기협의회를 중심으로 사회적경제와 주민자치, 도시재생 등의 당사자협의체, 활동가, 전문가 등이 참여하는 민간 전문조직입니다. 다양한 주체가 참여하는 만큼 법인 내부의 갈등 요소들을 사전에 잘 파악하고, 개인과 조직의 자발성을 중시하되, 일정 정도의 책임과 규율을 강조해야 합니다. 총회와 정기이사회, 임원회의 등 회의를 잘 운영하면서 이사진의 참여율을 높이고, 회의 결과는 문서 형태로 정리하고 공유해야 합니다. 회의 수당을 줄 정도의 재정은 되지 못하겠지만, 그렇다고 참석하지 않는 이사들을 방치하면 법인의 규율(책임)이 서지 않습니다. 또 법인의 사무 처리와 관련된 내규(사무편람)를 정비하고 합리적인 절차에 따라 조직을 투명하게 운영할 수 있도록 제도적 장치를 계속 마련해야 합니다. 이를 통해 법인이 지역사회의 대표성과 전문성, 안정성을 확보하도록 지속적으로 노력해야 합니다.

셋째, 네트워크 법인은 초기 구성원의 물리적 결합 방식에서 화학적 결합으로 발전해야 합니다. 초기 단계 네트워크 법인은 당사자협의체와 민간단체, 개인 등의 기계적이고 물리적인 결합 성격이 강합니다. 정보 공유와 소통이 가장 중요한 활동일 수밖에 없습니다. 작더라도 활동성과를 서로 공유하고 신뢰관계를 구축해야 튼튼한 네트워크로 성장할 수 있습니다. 다양한 이해관계자의 네트워크 활동 경험을 축적하고 칸막이를 극복하면서 연대와 협력의 화학적 결합으로 나아가야 합니다. 민-민 칸막이를 유지한 상황에서는 농촌정책의 행정 파트너로 성장할 수 없다는 점을 잊지 말아야 합니다. "작은 조직은 네트워크로 성장한다"는 인식을 서로 공유하며 차이점만 강조하는 오류를 범하지 않도록 해야 합니다. 어렵고 힘든 과정이지만 최선보다 차선에 합의하고 길게 보며 함께하는 재미와 보람을 찾아야 할 것입니다.

넷째, 협력 네트워크의 거점 공간을 확보하며 공간적 결합도 강화해야 합니다. 네트워크 법인에 참여하는 다양한 조직들이 중간지원조직과 함께 동일 공간에 입주한다면 협력관계를 구축하기가 더 쉽습니다. 한 공간에 모여 있으면 다양한 조직 사이의 갈등 요소도 적지 않겠지만, 정보 공유와 소통이 훨씬 쉽고 대면 접촉이 많아 결속력도 더 높아질 수 있습니다. 회의만 하고 헤어지는 한계를 극복할 수 있습니다. 시군 단위의 네트워크 활동은 물리적인 거리감이 큰 장벽이 될 수 있기에 거점 공간의 중요성을 충분히 인식해야 합니다. 그래서 한목소리로 '지역혁신플랫폼(가칭)' 같은 여러 중간지원조직의 거점 공간 확보를 행정에 요구하는 것도 필요합니다. 농촌정책 영역의 여러 당사자협의체와 민간단체가 참여하는 물리적 결합(네트워크 법인 설립)은 이해관계 조정에 시간이 꽤 걸리므로 중장기 과제로 하더라도, 당장은 네트워크 법인과 중간지원조직 상근자들이 수시로 만날 수 있는 공간적 결합은 시급한 과제인 셈입니다. 거점공간에 입주하는 기관·단체 간 상호협력과 적절한 경쟁을 거치면서 민간 네트워크는 질적으로 발전할 수 있습니다. 시군 단위로 활동하는 작은 조직들은 "흩어지면 망한다"는 자세로 접근해야 합니다.

다섯째, 네트워크 법인도 '적어도 5년 앞'을 내다보고 중장기 발전계획을 수립해야 합니다. 당장은 행정과 협력하면서 수탁사업 중심으로 중장기 전략을 세우는 일이 시급할 것입니다. 하지만 수탁사업 외에 고유사업과 보조사업, 수익사업의 균형을 맞추면서 재정적인 안정성 확보 방안을 마련하는 것이 더 중요합니다. 또 중간지원조직 상근자의 역량강화와 신규 인력 확보, 창업 조직 육성 등을 통해 법인 주변에 다양한 활동가들이 결합할 수 있는 일자리 생태계를 구축해야 합니다. '적어도 5년 앞'을 내다보고 접근할 수 있어야 합니다. 이것은 모든 수탁법인의 공통 과제이기도 합니다. 그래서 광역 차원에서 공동워크숍, 숙박토론회, 상호견학 등을 통해 중장기 발전계획을 공동으로 검토하는 것도 한 방법입니다. 광역중간지원조직은 이런 계기를 적극 기획하고 지원하는 것이 본연의 역할이기도 합니다. 행정도 민관협치 활성화를 위해 네트워크 법인의 성장 과정을 '정책적 인큐베이팅' 관점에서 적극 지원해야 합니다. 처음에는 중간지원조직을 더 중요하게 받아들일 수 있겠지만, 궁극적으로는 네트워크 법인이 성장하고 안정되는 것이 농촌정책의 민관협치를 강화하는 목표에 해당하기 때문입니다.

네트워크 법인의 향후 전망, 어떻게 개척해나가야 할까요?

민간 네트워크 법인의 미래가 앞으로 어떻게 전개될지 예측하기란 쉽지 않습니다. 앞에서 살펴본 것처럼 내부적으로 자치역량을 성장시키면서 새롭게 개척하거나 극복해야 할 과제가 적지 않습니다. 해야 할 일은 너무 많고 벅차 보이기도 합니다. 또 중앙정부의 자치분권과 균형발전, 농촌협약 등 외부적인 변수도 많습니다. 인구감소와 초고령화, 양극화 등 농업·농촌을 둘러싼 구조적 환경도 그리 긍정적이지 않습니다. 그럼에도 앞에서 소개한 충남 사례처럼 광역과 기초 지자체, 행정과 민간, 민간과 민간이 협력관계를 구축하며 민관협치의 제도적 장치를 마련하기 위해 공동으로 노력한다면 단시간에 여러 성과를 도출할 수 있습니다. 실질적인 변화는 더 많은 시간이 걸리겠지만, 노력한 만큼 성과를 도출할 수 있는 제도적 환경은 빠르게 구축할 수 있습니다. 앞으로 진행될 여러 정책 변화도 미리 내다보며 지역 스스로 지혜롭게 대처해야 할 것입니다. 충남의 경험으로 보자면 향후 5년 사이에 아래와 같은 요구가 계속 늘어날 것으로 예측됩니다. 이러한 시대적 요구에 어떻게 답할 수 있을지, 아니 어떻게 답해야 하는지 네트워크 법인도 행정도 진지하게 검토할 필요가 있습니다.

첫째, 중간지원조직 중심으로 네트워크 법인에게 요구되는 역할은 앞으로 계속 늘어날 것입니다. 농촌 문제가 심각해질수록 중앙정부로부터 중간지원조직 설치 요구가 많아질 것입니다. 농촌 현장에서도 문제해결을 기대하는 수요(필요)가 당사자협의체와 법인에게 집중될 것입니다. 또 자치분권 추세에 따라 중앙정부의 권한이 지방으로 이양될수록 민간 법인이 담당해야 할 역할은 늘어날 수밖에 없습니다. 이미 모든 마을만들기 중간지원조직 수탁법인은 농식품부 역량강화전담기구 역할을 담당하고 있고, 농촌협약지원센터로도 지정되어 있습니다. 신활력플러스추진단을 운영하는 경우도 많습니다. 법인 스스로 이런 시대적 요구를 먼저 예상하고 체계적으로 준비해야 합니다. 특히 농촌협약은 매우 큰 정책전환에 해당하고(현재의 제도로는 한계가 여전히 많지만), 수탁사업만이 아니라 보조사업과 수익사업 영역도 크게 늘어날 수밖에 없습니다. 지역사회에 공공성을 가진 민간 법인이 거의 유일한 상태이기 때문에 수탁법인은 이런 상황 속에서 어떻게 적극적으로 대응해야 할지 전망을 스스로 만들어야 합니다. 법인으로서는 부담이 계속 커진다고 볼 수도 있고, 역할을 할 수 있는 기회가 계속 늘어난다고 볼 수도 있습니다. 무엇보다 지역사회에 역량 있는 활동가를 발굴하고 육성하는 (혹은 유치하는), 또 다양한 민간 전문조직(사회적경제조직)을 육성하는 전략에 집중할 필요가 있습니다.

둘째, 앞으로 읍면 정책이 강화되고 주민자치회와의 협력관계가 강력하게 요구될 것입니다. 현재의 중간지원조직은 '민관협치의 제도적 시스템' 차원에서 시군 단위로 설치되는 것이고, 네트워크 법인이 이를 수탁 받아 운영하는 방식입니다. 하지만 한국의 기초지방자치단체는 면적이나 인구 규모가 지나치게 크고 직접 민주주의가 작동하기 어렵다는 한계가 있습니다. 주민들의 의견을 정책에 직접 반영하는 것은 어렵고 제도적으로 해결할 수밖에 없습니다. 또 중간지원조직은 요구되는 역할에 비해 상근자가 지나치게 적은 것이 현실입니다. 그래서 시군 단위로 활동하는 현재의 네트워크 법인이 현장성을 높이기 위해서는 읍면 단위의 주민자치회(특히 사무국)와 강력하게 협력할 수밖에 없습니다. 이런 협력관계가 강화되고 안정되면서 중간지원조직과 네트워크 법인에게는 더 높은 수준의 정책적 역량이 요구될 것입니다. 대신에 현장 실천은 읍면 단위의 주민자치회가 주도하고, 또 새롭게 설립해야 할 사회적경제조직이 감당하게 될 것입니다. 이런 방향이 생활민주주의와 '주민 주도 마을만들기'가 발전하는 길이라 할 수 있습니다. 이 부분에 대해서는 제6부에서 더 자세하게 소개하고자 합니다.

셋째, 중간지원조직의 통합형 설치 논의가 발전할수록 재단법인 설립도 크게 요구될 것입니다. 푸드플랜(먹거리) 영역까지 포함하여 중간지원조직을 통합형으로 설치하자면 상근자 규모가 금방 50명 이상이 된다는 것이 충남 청양군의 경험입니다. 농촌협약과 농촌공간계획까지 고려하면 이런 경향은 훨씬 더 강력해질 것입니다. 사실 중간지원조직 규모가 20명 이상이면 현재의 민간위탁 방식은 적용하기 쉽지 않습니다. 그래서 행정과 네트워크 법인이 협의하면서 민관이 공동 출연하는 재단법인 설립도 적극 논의할 필요가 있습니다. 행정이 100% 출연하는 재단법인 사례가 충남에서는 청양, 부여, 서천에 있는데 아무래도 행정이 강하게 주도하는 조직이라 제약이 많습니다. 민관협치 관점에서 네트워크 법인은 재단법인을 공동으로 설립하고 이사진을 균형 있게 배분하는 방향을 검토할 필요가 있습니다. 이런 과정에서 네트워크 법인은 재단법인으로 이양할 역할(공공성이 아주 높은 수탁사업 영역)과 고유하게 계속 유지해야 할 역할(수익사업과 보조사업, 협력사업 등)을 구분하며 읍면 풀뿌리 기반을 더욱 강화하는 방향으로 분화할 필요가 있습니다. 물론 재단법인의 업무 영역에서 일부가 민간위탁으로 다시 전환되는 경로도 상상해볼 수 있습니다.

우리는 지역의 여러 문제를 겪으면서 많은 경우 '사람이 핵심'이라고 진단합니다. 선진지 견학이라는 학습여행에서도 쉽게 이런 결론을 내립니다. 하지만 사람이 바뀌어도 문제가 반복되는 현실을 보면서 '제도와 조직, 시스템'이 중요하다는 점에도 주목해야 합니다. 또 제도가 개선되지 않으면 좋은 선진 사례라도 널리 전파되지 않는다는 현실도 오랫동안 경험해 왔습니다. 그래서 민관협치라는 관점에서 현재의 제도적 시스템 정비를 강조한 것이고, 이런 차원에서 민간 네트워크 구축과 법인 설립이 민간 영역의 핵심과제라고 보는 것입니다. 적어도 농촌 정책에 당사자로 깊이 관여하거나 지역사회 문제를 민간 주도로 해결해야 한다고 믿는 사람이라면 이 점을 놓치지 말아야 할 것입니다.

작은 조직은 네트워크로 발전해야 합니다. 우리 안의 칸막이를 극복하고 협력하는 훈련을 반복해야 합니다. 민간이 농촌정책의 주인공이 되고 행정과 대등한 협력관계를 구축하기 위해서는 네트워크 법인을 반드시 설립해야 합니다. 당장의 어려움을 네트워크로 극복해야 다음의 밝은 미래를 꿈꿀 수 있습니다. 중간지원조직도 결국에는 민간의 조직화와 네트워크 구축, 튼튼한 법인 설립이 핵심적인 역할입니다. 행정도 민간의 정책 파트너가 있을 때 고유 역할에 충실할 수 있다는 점을 인식하고 길게 보며 권한을 이양해야 합니다. 민간 네트워크 법인이 스스로 훈련하고 성장할 수 있는 기회를 적극적으로 보장해야 합니다. 민간 네트워크 법인의 성장이야말로 행정도 중간지원조직도 존재하는 의미라고 말할 수 있습니다.

민간단체 협력 경험으로 설립한
(사)홍성지역협력네트워크

안현경 마을연구소 일소공도 협동조합 이사

사단법인 홍성지역협력네트워크 설립의 경과

홍성군은 2015년 초 충남도의 '마을만들기 지원 시스템 구축' 공모사업에 선정되어 충남연구원(충남마을만들기 지원센터)의 컨설팅을 받으며 마을대학을 개최하고 각종 쟁점들에 대해 하나하나 논의해갔습니다. 마을만들기, 농촌체험관광, 사회적경제, 귀농귀촌 등 분야별 당사자협의체가 이미 구성되어 있었기에 분야별로 민간과 행정 인원을 할당해 마을대학에 참여토록 했죠. '지역거버넌스 홍성통'을 통해 진행 사항과 쟁점을 다시 한 번 공유했고, 희망마을협의회에서는 따로 중간지원조직의 필요성과 쟁점에 대해 학습하는 시간을 가졌습니다.

그 이전에 홍성군의 희망마을 역량강화사업을 담당하던 지역재단 이창신 부장은 아예 홍성으로 이주했습니다. 2015년 5월에는 홍성지역협력네트워크라는 이름의 임의단체를 설립하고 사무국장을 맡았습니다. 공동대표 방식으로 희망마을협의회 소정식 회장, 협동사회경제네트워크 정상진 대표, 농어촌체험관광지원센터 임영택 센터장이 취임했습니다.

하지만 마을만들기 조례 제정과 중간지원조직 설치가 늦어지면서 사무국은 1명의 인건비를 만들어내기에도 빠듯했습니다. 당시에는 시군역량강화사업 5천만 원을 보조사업으로 지원받고 희망마을 선행사업 컨설팅을 수익사업으로 진행하며 인건비를 마련했습니다. 사무실도 따로 구하지 못해 농어촌체험관광지원센터에 책상 하나를 두고 시작했습니다.

임의단체에서 사단법인으로, 공동대표에서 단일대표로

행정이 의회를 설득하여 조례를 제정하고, 도비 지원예산을 통과시키는 데 어려움을 겪는 사이 민간에서는 차근차근 수탁법인 설립 절차를 진행했습니다. 2016년 1월에 총회를 열어 법인화 방향을 두고 논의했는데 수탁법인을 별도로 설립할 것인지, 아니면 지금 임의단체가 바로 법인이 될 것인지가 핵심 쟁점이었습니다. 이미 당사자협의체들이 설립되어 있고, 이들이 모여 행정과 협의할 수 있는 홍성통도 작동하고 있는 점을 반영하여 현재의 임의단체와 분리하여 수탁법인을 새로 만들기보다 직접 사단법인으로 전환하기로 결정했습니다.

'88만원 세대'로 잘 알려진 학자 우석훈은 『사회적경제는 좌우를 넘는다』(문예출판사, 2017, 288~289쪽)에서 의사결정의 중요성을 이렇게 얘기합니다. "넘어야 하는 벽은 자본, 인력, 지식과 같은 경제적 요소가 아니다. 어떻게 조직 내부의 문제를 해결하고 많은 것을 결정할 것인가, 그런 의사결정에 관한 문제다. (중략) 착한 사람들이 모여서 많은 것을 고려하다 보면 아무 결정도 못 내리는 상황에 빠지게 된다. (중략) 판단을 해야 하는 마지막 순간에는 전문지식이 중요해지지 않는다. 기본상식과 약간의 지식, 그리고 많은 토론과 의논이 중요해진다."

너무 많은 인원이 참여하면 신속한 의사결정과 토론 그리고 책임 있는 추진을 하기 힘듭니다. 그러면서도 다양한 분야와 단체를 아우르는 대표성은 필요하죠. 이런 고민 속에서 마을만들기, 농도교류, 사회적경제 등의 당사자협의체, 여기에 전문가 그룹을 더해 최소한의 인력으로 법인을 구성하고 지금의 이사장도 선출했습니다. 당사자협의체 회원 전체를 대상으로 네트워크 법인 설립을 알리고 임원을 소개하는 행사도 열었습니다. 분야별로 배분하여 20여 명이 대의원처럼 참여함으로써 네트워크 법인으로서의 대표성과 공개성을 갖추었습니다(그림 1).

법인 형태는 사회적협동조합과 사단법인을 두고 토론하였는데 비교적 설립이 쉬운 사단법인으로 결정했습니다. 사단법인은 도청 인허가 사항이었기에 담당부서에서 기본재산 액수나 갖춰야 할 절차가 어렵지 않도록 배려해 주었습니다.

당시에는 민간 위탁 사례도 별로 없었고 재단법인은 수원시와 같은 대도시에나 있었기 때문에 고려 대상은 아니었습니다. 한번 만들어진 법인의 형태는 웬만하면 바꾸기 어렵습니다. 청양군처럼 재단법인으로 설립했다면 업무 확장이나 안정적 운영 측면에서 더 좋았을 수도 있었겠다는 생각도 듭니다.

하지만 행정의 의지가 중요하고 그만큼 행정이 더 많이 개입할 것입니다. 안정적인 운영이 가능하다는 장점도 있지만, 관료화될 우려도 큽니다. 법인 형태도 중요하지만 결국 지속적으로 문제점을 자각하고 개선하기 위한 논의를 할 수 있을 것인가, 이것을 위한 단체의 공개성과 대표성이 계속 있는가를 고민하는 수밖에 없을 듯합니다.

네트워크 법인 설립을 가능케 한 선행 경험들

홍성군에는 법인 설립 이전에 민간 영역에 희망마을협의회 이외에도 협동사회경제네트워크, 농촌체험관광협의

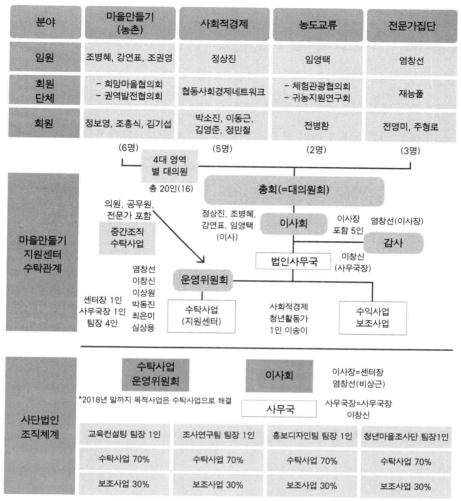

〔그림 4-6〕 (사)홍성지역협력네트워크 법인 구성의 방법론

분야	마을만들기 (농촌)	사회적경제	농도교류	전문가집단
임원	조병혜, 강연표, 조권영	정상진	임영택	염창선
회원 단체	- 희망마을협의회 - 권역발전협의회	협동사회경제네트워크	- 체험관광협의회 - 귀농지원연구회	재능풀
회원	정보영, 조흥식, 김기섭	박소진, 이동근, 김영준, 정민철	전병환	전영미, 주형로
	(6명)	(5명)	(2명)	(3명)

4대 영역 별 대의원
총 20인(16)

의원, 공무원, 전문가 포함
중간조직 수탁사업

총회(=대의원회)

정상진, 조병혜, 강연표, 임영택 (이사)

이사회

이사장 포함 5인 염창선(이사장)

감사

법인사무국

이창신(사무국장)

운영위원회

염창선 이창신 이상원 박동진 최은미 심상용

마을만들기 지원센터 수탁관계

센터장 1인 사무국장 1인 팀장 4인

수탁사업 (지원센터)

사회적경제 청년활동가 1인 이송이

수익사업 보조사업

사단법인 조직체계

수탁사업 운영위원회		이사회	이사장=센터장 염창선(비상근)
*2018년 말까지 목적사업은 수탁사업으로 해결		사무국	사무국장=사무국장 이창신
교육컨설팅 팀장 1인	조사연구팀 팀장 1인	홍보디자인팀 팀장 1인	청년마을조사단 팀장1인
수탁사업 70%	수탁사업 70%	수탁사업 70%	수탁사업 70%
보조사업 30%	보조사업 30%	보조사업 30%	보조사업 30%

* 출처: (사)홍성지역협력네트워크 2017년 총회 자료

회 등 다양한 네트워크 조직이 있었다는 특징이 있습니다. 농촌체험관광협의회
는 농식품부의 체험휴양마을뿐만 아니라 개인 체험농장, 교육농장 등 지역의 다
양한 농촌체험관광 주체들이 모여 있었고 이들의 중간지원조직 격인 농촌체험관

광지원센터가 활동하고 있었습니다. 여기에 귀농귀촌지원센터와 협력하여 도농순환센터라는 이름으로 다양한 국도비 공모사업에 선정되기도 했습니다. 협동사회경제네트워크도 사회적기업, 마을기업뿐만 아니라 시민단체와 희망마을협의회 등 크고 작은 주체들이 가입되어 있었습니다. 이처럼 다양한 형태의 네트워크 조직이 분야별로 활동하고 있었습니다.

행정에는 민간 전문위원이 상근하는 친환경농정발전기획단이 주도하여 2012년 말부터 민관협력 거버넌스 조직(이후 홍성통)을 만들기 위한 논의를 시작했습니다. 여기서 장기적으로 중간지원조직 설치에 대한 논의도 이미 진행하고 있었고, 그때 나온 중간지원조직 명칭이 가칭 '지역협력센터'였습니다. 이 논의를 이어받아 네트워크 법인의 명칭이 '지역협력네트워크'로 자연스럽게 정리된 셈입니다.

흔히 마을만들기 수탁법인 이름에는 '마을'이나 '공동체'가 들어가기 마련인데, 이보다는 '기존 네트워크들의 협력'이라는 정체성에 중점을 둔 명칭입니다. 물론 정관에는 공동체나 마을만들기 등의 용어를 사용하고 있습니다. 홍성군은 조직 명칭에서 특정 중앙부처에 맞추기보다 최대한 두루뭉술한 표현을 자주 써왔는데 그러는 편이 다양한 사업을 연결하는 데 좋다고 경험적으로 알았던 것 같습니다.

민간에서도 홍성통 활동을 통해 네트워크 법인을 왜 만들어야 하는지, 중간지원조직을 왜 설치해야 하는지에 대해 어느 정도 이해를 했습니다. 다만 이것을 관련 주체들 모두에게 널리 알리고 공개적으로 진행할 필요까지 있겠냐는 의문도 있었습니다. '센터를 하나 더 만든다'는 정도로 이해하고, 네트워크 법인으로서의 대표성 확보나 향후 확장 가능성 등에 대해서는 깊게 고민하지 못했던 것 같습니다. 기존의 당사자협의체를 수탁법인으로 하는 방안도 검토한 적이 있습니다.

2015년에 설립한 임의단체 홍성지역협력네트워크에서는 희망마을선행사업 컨설팅과 시군역량강화사업을 맡아 진행해보기도 했습니다. 하지만 함께 모여 공동으로 학습하고 행정과 논의하면서 설립한 네트워크 조직이 아닌 탓인지, 참여 주체들이 서로 협력하는 과정은 그리 순탄치 않았습니다. 그래서 네트워크 법인을 새로 설립하기로 결정했을 때 일부 그룹은 서운함을 내비치기도 했죠. 하지만 법인을 설립하고도 의회의 반대에 부딪쳐 조례 통과도 센터 설치도 난항을 겪자 다들 일이 진행될 수 있도록 같은 목소리를 내며 도왔습니다. 의회의 반대는 네트워크 법인 구성원들에 대한 개인적인 선입견이나 호불호도 컸습니다. 실제로 법인에 참여하는 활동가 다수가 진보적인 정치 성향을 가지고 있었기에 지방의회는 이러한 부분에 민감하게 반응했습니다.

이런 일들을 겪으면서 법인이나 중간지원조직의 필요성이라는 명분에 비해 실제 일이 현실적으로 쉽지 않음을 많이 느꼈습니다. 염창선 이사장도 "그때 일이 잘 안 풀리니까 의회나 행정을 설득해주면 좋겠다 해서 이사장을 맡기로 했다"고 솔직히 말합니다. 그리고 "임원진들이 욕심을 내거나 다툰 적이 없었다. 나중에 지원센터를 수탁받으면서 내가 비상근직이라 활동비를 전혀 안 받아서 다른 지역 센터들에게 원성을 들었던 것만 기억난다"고 회고했습니다. 의회의 반대와 같은 어려운 상황이 오히려 내부의 결속을 도와준 셈입니다.

지금 그리고 앞으로의 네트워크 법인

2021년 6월 현재, (사)홍성지역협력네트워크는 마을만들기지원센터, 도시재생지원센터, 청년마을조사단, 법인 사무인력 등 이사장을 제외하고도 15명의 직원이 상근하고 있습니다. 대외적인 이유로 법인 이사장이 오랫동안 비상근 센터장을 겸임해왔는데, 2021년부터 겸임을 그만

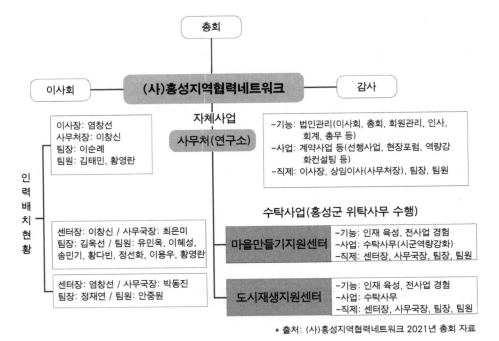

〔그림 4-7〕(사)홍성지역협력네트워크의 2021년 주요 사업 구조

총회

(사)홍성지역협력네트워크

이사회

감사

인력배치현황

이사장: 염창선
사무처장: 이창신
팀장: 이순례
팀원: 김태민, 황영란

자체사업
사무처(연구소)

-기능: 법인관리(이사회, 총회, 회원관리, 인사,
　회계, 총무 등)
-사업: 계약사업 등(선행사업, 현장포럼, 역량강
　화컨설팅 등)
-직제: 이사장, 상임이사(사무처장), 팀장, 팀원

수탁사업(홍성군 위탁사무 수행)

센터장: 이창신 / 사무국장: 최은미
팀장: 김옥선 / 팀원: 유민옥, 이혜성,
송민기, 황다빈, 정선화, 이용우, 황영란

마을만들기지원센터

-기능: 인재 육성, 전사업 경험
-사업: 수탁사무(시군역량강화)
-직제: 센터장, 사무국장, 팀장, 팀원

센터장: 염창선 / 사무국장: 박동진
팀장: 정재연 / 팀원: 안중원

도시재생지원센터

-기능: 인재 육성, 전사업 경험
-사업: 수탁사무
-직제: 센터장, 사무국장, 팀장, 팀원

* 출처: (사)홍성지역협력네트워크 2021년 총회 자료

두고 이창신 사무국장이 상근 센터장으로 내부 승진했습니다.

　초기에는 법인 운영이 어려웠지만, 지금은 중간지원조직 위탁수수료도 받고 계약사업(마을 단위 역량강화사업, 희망마을선행사업 컨설팅 등)으로 수익사업도 진행하여 기금이 어느 정도 적립되어 있습니다. 법인 설립 당시부터 고유 사업 영역 개척에 대한 요구가 계속 있었기에, 최근에는 적립금을 어떻게 활용할지에 대한 논의를 계속하고 있습니다. 이창신 센터장은 "법인 운영이 안정적이 되면 걱정이 없을 줄 알았는데 걱정이 더 많아지는 것 같다"고 농담처럼 말합니다.

　법인 회원은 대의원 방식으로 초기에 20여 명으로 정한 이후에 큰 변동이 없습니다. 도시재생지원센터를 수탁받으면서 도시재생 분야를 신설하여 전문가 그룹

약간 명을 충원했습니다. 처음에는 농촌 주체들이 강력하게 결합하고 참여했지만, 최근에는 도시재생지원센터를 수탁운영하면서 읍소재지 주민들의 참여도 많아졌습니다. 홍성통의 상설 분과도 2021년 6월 현재 청년, 교육, 관광 등이 설치되어 있는 것처럼, 네트워크 법인의 활동 범위도 농촌정책 영역 중심에서 지역사회 정책 전반으로 확장되는 중입니다.

최근 법인 사무국에서는 독자 사업으로 회원 서비스를 통해 다양한 정보를 제공하고 교류를 활성화하고자 노력 중입니다. 초대 이사장이 사임 의사를 이미 밝힌 바도 있어 이후 대책에 대해서도 논의를 지속하고 있습니다. 앞으로 더 많은 기관·단체와 협력을 강화하기 위해 공간 문제도 심각하게 고려하고 있습니다. 지금은 법인과 센터 모두 홍성읍에 있는 청운대학교 학생회관 건물의 빈 사무실을 임대하여 쓰고 있습니다. 학교 측에선 더 임대해줄 공간이 없다 하고, 행정에서 제안하는 공간은 도시재생지원센터와 마을만들기지원센터만 들어가기에도 빠듯합니다. 공간 확장성이 있어야 업무와 인력도 더 확장될 수 있는데 앞으로 행정과 계속 협의하며 해결해나가야 할 부분입니다.

사단법인으로 네트워크 법인이 설립된 지 이제 만 6년. 홍성은 행정 칸막이를 넘어 다양한 사업을 협의하고 추진해볼 수 있는 민간의 '그릇'은 만들었습니다. 하지만 내용을 충실히 쌓아가고 있는가 하는 부분에 대해서는 여전히 고민이 많습니다. 그래도 그릇이 크니까 고민도 큰 것이라고, 주어진 것을 잘하고 있으니까 다른 것도 생각해볼 수 있는 것이라고, 앞으로도 (사)홍성지역협력네트워크의 발전을 응원합니다.

청양군 지역활성화재단 설립과 운영 그리고 과제

노승복 청양군 지역활성화재단 마을공동체지원센터장

청양군의 통합형 중간지원조직과 재단법인 설립 논의

청양군은 2017년 4월부터 마을만들기 중간지원조직(마을만들기지원센터)을 행정직영으로 설치하여 운영해왔습니다. 현실적으로 행정직영 방식에서 채용된 기간제근로자는 공무직(무기계약직)으로 전환되지 않는 한, 2년 이상 근무가 불가능하므로 처음부터 한계를 안고 출발했습니다. 또한 청양군의 인구가 3만 명에 불과하고 전문가(활동가)가 부족하다는 점, 정책 영역마다 중간지원조직이 각각 설치되어 칸막이 우려가 컸다는 점, 이에 따라 주민 필요를 반영하지 못하고 피로감을 느낀다는 점 등을 이유로 통합형 설치를 적극적으로 검토할 수밖에 없었습니다.

당시 실시한 설문조사에서도 확인할 수 있듯이, 유사 중간지원조직의 통합 운영 필요성에 대해 행정과 민간이 크게 동의했고(80% 찬성), 정책사업 간 융복합 가능성, 민간과 행정의 가교 역할 등에 대한 기대감도 높았습니다.

2019년에는 마을만들기 중장기 발전계획 연구용역을 수행하면서 다른 지역

의 운영 사례를 살펴보았습니다. 타 지역에는 민간위탁 방식이 많았으나, 청양군은 민간 역량이 부족하고, 당사자협의체가 발달하지 못했으며, 역량 있는 민간 법인이 없는 상황이라 민간위탁은 어렵다고 판단했습니다. 그래서 중장기적 관점에서 사업을 수행해야 하는 중간지원조직 특성을 고려해 안정적인 기반을 갖출 수 있는 방식을 모색했습니다. 연구용역을 통해 다양한 협의 절차를 거쳐 행정직영과 민간위탁의 중간에 위치하고, 두 방식의 장점을 취할 수 있는 제3의 방식인 재단법인을 통합형 중간지원조직의 운영 방식으로 결정했습니다.

이런 결정에는 실무적인 판단도 있었습니다. 행정직영의 마을만들기지원센터 외에도 부자농촌지원센터가 이미 2016년부터 재단법인으로 설립되어 있었기 때문이죠. 그리고 청양군은 농식품부의 '푸드플랜 패키지 지원사업'에 선정되어 먹거리 영역의 중간지원조직 설치를 논의하고 있었고, 운영 방식으로 재단법인 방식을 검토하고 있었습니다. 그래서 추가적인 출자 부담이나 예산 투입 없이도 시행착오를 줄이며 재단법인으로 통합할 수 있다고 판단했습니다.

〔표 4-3〕 재단법인과 민간위탁의 장단점 비교

	재단법인	민간위탁(사단법인)
장점	· 안정적인 재정 확보로 조직 안정 · 상근자 고용 안정 · 사업 수행 및 시설 운영의 안정성 확보 · 공공성 확보 및 수혜 대상 확대 가능 · 다양한 정책사업 융복합 가능	· 민간의 주체성, 자율성, 창의성 발휘 · 주민 수요에 적합한 사업 추진 가능 · 민간의 자유로운 활동 보장 · 지역주민과의 연계성 높음 · 공공부문의 행정조직 확대 방지
단점	· 자율성과 독립성 부족 · 지자체 출자출연기관의 한계 · 재단과 행정의 이해 상충 우려 · 조직의 관료화 경향 · 임직원의 역량이 운영 성과 좌우	· 고용의 불안정으로 전문성 부족 · 지자체 정책 방향과의 조정 어려움 · 운영관리 경험과 역량 부족 · 수익성 추구에 따른 공공성 훼손 · 행정 지원 지속적 요구 우려

민간위탁과 재단법인의 장단점 비교

중간지원조직의 운영 방식으로 재단법인이 좋은 점은 무엇보다도 예산(재원) 확보와 운영, 그리고 고용 등의 안정성 확보가 가능하다는 점입니다(표 1). 이러한 안정성이 확보되면 전문 인력 고용이 가능하고, 조직 운영의 지속가능성도 확보됩니다. 민간위탁 방식은 행정에서의 위탁 예산 확보 유무와 재계약 여부에 따라 조직 운영 자체가 좌우되어 안정적으로 지원 활동을 추진하는 데 한계가 있습니다. 수탁법인은 부족한 재원 마련을 위해 중간지원조직 활동보다 수익사업 위주로 운영되면서 컨설팅업체와 비슷해지는 문제가 생기기도 합니다.

재단법인 방식의 또 다른 장점은 자치단체와 유기적 협력관계를 유지하는 데 용이하고, 다양한 정책사업으로 확대하기에도 유리하다는 점입니다. 재단법인은 정책(사업) 간 융복합의 기반이 되는 인적 물적 인프라를 구축하기 쉽고, 관련 사업 간의 연계성을 증대시켜 중앙정부의 공모사업에 적극적으로 대응할 수 있습니다. 이런 장점들을 고려하여 청양군은 푸드플랜과 마을공동체, 도시재생 등 여러 정책 영역을 통합한 중간지원조직의 법인 유형으로 재단법인 방식을 선택했습니다.

하지만 지자체가 100% 출연하는 재단법인은 여러 가지 한계가 있다는 점도 명확합니다. 재단법인이 행정 하위기구가 아닌 민관협치 기구로서 위상을 가지기 어렵고, 이에 부합하는 자율성과 독립성을 확보하기도 쉽지 않습니다. 이렇게 되면 민관협력의 창구로서 기능을 수행하지 못하고 행정사업을 전달하는 '옥상옥 조직'이 될 우려가 큽니다. 또한 조직의 관료화 경향이 나타날 수 있고, 주민역량강화나 현장 밀착형 지원 역할에도 충실하지 못할 가능성도 커집니다.

재단법인 전환 과정에서 느낀 시사점

청양군은 중간지원조직의 수탁법인으로 재단법인 방식을 선택한 뒤 행정 절차를 거쳐 2020년 7월 1일 총 54명 규모로 발족했습니다. 이제 겨우 만 1년에 불과하여 종합적인 평가는 어렵지만, 전환(설립) 과정에서 느낀 점을 몇 가지로 정리하고자 합니다. 청양군에 이어 부여군과 서천군도 재단법인을 설립했고, 다른 지자체도 적극 검토 중이라 하니 청양군의 선행 경험을 전달할 필요가 있다고 판단하기 때문입니다.

첫째, 연구용역이 중요합니다. 지자체가 출연하는 재단법인을 설립하기 위해서는 필수적으로 '재단 설립 타당성 검토 연구용역' 절차를 거쳐야 합니다. 이런 연구용역은 중간지원조직 자체에 대한 이해도가 높은 기관에서 수행하도록 해야 합니다. 또 통합형의 여러 정책 영역의 이해관계자들이 모여 협의하는 구조 속에서 충분한 토론을 거쳐 서로의 업무를 공유하고 유사 중복된 기능이나 협업 과제를 찾아야 합니다. 청양군은 새롭게 조직을 설립하는 방향이 아니라, 기존에 있던 조직을 묶어내는 방향을 택했습니다. 그래서 기존 조직 간에 임금과 근로 조건 차이 조정, 공동의 비전 수립, 업무 협업 과제 발굴 등 신규 조직 설립보다 갈등이 생길 가능성이 오히려 더 많았습니다. 그러므로 사전에 충분한 공감대 형성을 위한 절차와 과정이 중요하다고 강조합니다.

둘째, 통합형 중간지원조직의 특성으로 볼 때 재단법인이라도 민관협력 방식으로 설립하고 운영하는 게 바람직합니다. 그래서 행정 주도로 조직된 재단법인과 차별성을 가지고 민관협치 창구로서의 독립성을 보장하기 위해 기존에 단체장 혹은 부단체장이 이사장을 맡는 관행에서 벗어나 민간 전문경영인을 채용하는 것이 좋습니다. 또 지자체가 100% 전액 출연하는 것이 아니라, 민간(마을, 당사자협의체, 농협 등)에서도 기본재산과 출연금을 조성하도록 해야 합니다. 그래야 재단법인이 행정의 하부조직으로 작동하지 않고 민간과 행정의 가교로서(수평적 파트너) 자율성과 독립성을 가질 수 있습니다.

셋째, 연구용역을 수행할 때 중앙정부의 정책 변화에 대응하여 재단법인의 중장기 로드맵을 충분히 검토하고 합의하여 보고서 내용에 담아야 합니다. 연도별 단계별로 새로운 중간지원조직 수요를 흡수하는 방식, 재단법인의 조직 정비와 확대 방안, 이에 맞는 인력관리계획 등이 정리되어야 불필요한 오해나 갈등을 예방할 수 있습니다.

이런 쟁점 외에도 검토해야 할 과제는 많습니다. 재단법인의 경영평가 시스템, 상근자 고용승계 방식과 임금체계, 행정 파견 공무원의 역할, 신규 직원 채용 방법, 지방의회 설득과 주민 공감대 형성 과정 등이 짧은 기간에 풀어야 할 숙제입니다. 시간 제약으로 짧은 시간에 빠르게 진행하다 보면 이런 쟁점을 제대로 검토하지 못하고 생략하거나 간단하게 처리하기 쉽습니다. 민관협력의 운영이라는 원칙에서 벗어나 행정이 일방적으로 주도하거나 제도적 장벽에 막혀 유연성을 발휘하지 못합니다. 또 통합형의 시너지 효과를 어떻게 발휘할 것이냐는 의미보다 기계적 통합(임금체계, 직급 등)에 그치고, 지방의원들에게 예산 절감 효과만 강조하는 결과로 이어집니다.

재단법인 설립 및 운영에 관한 제안

중간지원조직의 운영 방식을 결정할 때 가장 중요한 것은 무엇일까요? 무엇보다 중간지원조직이 민관협력기구로서의 역할을 해내기 위해 가장 적합한 방식이 무엇인지를 결정하는 것입니다. 민간위탁이든 재단법인이든 지자체의 여건과 상황에 맞게 알맞은 방식을 결정해야 합니다. 청양군은 다양한 정책 영역의 중간지원조직을 통합하는 방향을 초기부터 검토해왔고, 지역 내 역량 있는 민간단체가 없었으며, 이미 운영하던 재단이 있었다는 점 등을 고려하여 재단법인으로 빨리 결정할 수 있었습니다.

농촌인구 감소와 초고령화와 같은 보편적 여건을 고려할 때, 통합형 중간지원조직의 운영 법인은 현실적으로 재단법인 방식을 받아들일 수밖에 없을 것입니다. 하지만 설립 초기에는 행정이 주도하고 재원을 100% 출연하는 것을 인정하되, 민간에서도 민관협력의 거버넌스 시스템을 구축하기 위한 노력을 반드시 동시에 진행해야 합니다. 이런 노력이 병행되어야 재단법인이 농촌의 구조적 문제를 해결할 지원기구로서 주민에게 신뢰를 얻고 지속가능성도 확보할 수 있습니다. 반대로 이런 노력이 없으면 재단법인이 행정의 하부조직이 되거나 주민에게 불필요한 또 다른 옥상옥 조직에 그칠 수 있습니다.

큰 틀에서 중간지원조직의 운영 방식을 재단법인으로 정했어도 내부 운영을 세세하게 어떻게 풀어나가느냐에 따라 전혀 다른 형태의 재단법인이 될 수도 있습니다. 예를 들어, 민간의 공동 출연, 민간 이사장 채용, 이사회의 민간 참여 비율, 행정공무원 파견, 상근자 임금체계와 복지 및 평가 시스템, 신규 직원 채용 기준과 현장활동가 경력 인정, 행정 서류 간소화 등등 이러한 쟁점들을 재단법인 설립 초기부터 공개적으로 충분히 논의하고 지역의 중장기 미래를 내다보며 합의하는 과정을 거쳐야 재단법인으로서의 장점을 발휘할 수 있습니다. 청양군 역시 크고 작은 시행착오를 거치고 이를 극복하며 새로운 비전을 모색하고 있습니다.

아산시 마을 네트워크 법인 설립 논의와 시사점

윤흔상 아산시 마을공동체소통협력센터 사무국장

아산시는 2013년 3월 '주민참여 마을만들기 지원조례'를 제정하고, 2015년 1월부터 마을만들기 독자 사업을 시작했습니다. 2015년 3월에는 커뮤니티비즈니스 6회 연속 포럼을 진행하고, 7월에는 공동체지원센터(CB센터)를 행정직영으로 개소했습니다. 이러한 선행 과정을 거치며 민간에서 마을 네트워크 법인 설립 논의도 본격적으로 시작되었습니다. 충남도청에서 추진한 '마을만들기 지원시스템 구축' 사업에 선정되고, 충남연구원이 연구용역을 진행하면서 민간 법인 설립의 필요성을 강하게 제기한 것이 직접적인 계기였습니다.

그 이후 아산시는 집중 학습과 치열한 논의를 단기간에 진행했습니다. 행정에서는 민간 법인이 설립되면 중간지원조직도 민간위탁으로 전환시키겠다는 신호를 강력하게 보냈습니다. 하지만 결과적으로 보자면 아산시는 민간 법인 설립에 실패했습니다. 이 글에서는 법인 설립 논의 과정에서 제기된 쟁점과 결과적으로 무산된 원인, 직영센터로 운영되고 있는 현재 상황의 장단점과 최근 동향 등을 소개하고자 합니다.

네트워크형 법인 설립의 논의 과정은 어떠했고, 쟁점은 무엇이었나?

2015년

8월 제1회 아산마을학교(총 5회)를 진행했는데, 이 자리에서 민간 네트워크의 의의와 필요성, 구축 과정과 운영, 중간지원조직 구축 방향 등의 내용을 종합적으로 학습했습니다. 마을학교 수료와 동시에 '아산시 마을만들기 민간 네트워크 준비위원회 발족을 위한 실무회의'(이하 실무회의)를 구성하고 운영했습니다. 준비위원회 발족 이전에 심화학습과 실무 준비를 위해 구성한 회의 구조에 해당합니다.

실무회의는 제1회 아산마을학교에 참여한 각 분야의 리더 11명과 아산시공동체지원센터가 결합하는 형식으로 구성했습니다. 여기에 아산시 사회적경제과와 충남연구원이 지원조직으로 결합했습니다. 주요 역할로는 준비위원회를 구성하기 위한 실무 준비와 민간 네트워크 구축 방법론에 대한 집중학습, 지역 대표성을 가진 네트워크 설립을 위한 홍보 활동 등이었습니다. 실무회의는 격주 1회로 총 14회 진행되었고, 2016년 1월부터 개최된 제2회 아산마을학교(총 8회)와 병행하여 진행되었습니다.

실무회의 논의 결과, 네트워크 명칭은 가칭 '아산시공동체경제네트워크'로 정하고 준비위원회에 참여할 대상은 마을만들기와 사회적경제, 도시재생, 자활, 시민사회단체, 주민자치회, 이장단협의회, 귀농귀촌 등으로 정했습니다. 네트워크의 참여 방법으로는 개인이 아니라 협의회(당사자협의체) 단위 참여를 원칙으로 정했습니다. 이런 논의를 거친 후에 '아산시공동체경제네트워크 준비위원회'(이하 준비위원회)를 구성하고 2016년 2월 4일 1차 회의를 개최했습니다. 준비위원회가 출범하면서 실무회의는 해산했습니다.

준비위원회에는 최종적으로 12개 협의체가 참가하고 실무위원 6명을 선임했습니다. 기본적으로 1, 2회 아산마을학교를 통해 민간 네트워크의 필요성에 공감한 수강생과 실무위원회에서 추천한 당사자협의체의 대표들이었습니다. 여기에 아산시공동체지원센터가 사무국 역할을 담당하고 충남연구원(충남마을만들기 지원센터)이 자문하는 형식으로 결합했습니다. 준비위원회에 참가한 당사자협의체를 유형별로 보면 농촌개발 4곳(희망마을협의회, 권역개발사업협의회, 중심지활성화사업협의회, 체험휴양마을협의회)과 사회적경제 4곳(사회적기업협의회, 아산배방사회적경제네트워크, 협동조합협의회, 지역자활센터)으로 가장 많았고, 기타 시민단체협의회, 귀농귀촌협의회, 배방도시재생주민회의, 풀뿌리여성연대 등이었습니다.

마을학교와 준비위원회 논의 과정에서 쟁점 토론이 치열하게 이루어졌습니다. 크게 아래와 같은 세 가지 쟁점이 있었습니다.

쟁점 1: 참가 네트워크의 범위와 자격 기준

충남연구원 구자인 박사가 타 지역의 경험을 참고하여 5대 영역 구분을 제안했고, 토론을 통해 농촌마을공동체, 사회적경제, 도시마을공동체(도시재생), 지역사회단체, 개별공동체 이렇게 다섯 가지로 결정했습니다. 기존에 네트워크로 구성되어 있던 농민단체협의회, 시민사회단체연대회의, 지역사회보장협의체 등에 포괄되지 않은 영역이었습니다. 회원 자격은 분야별 대표성을 갖춘 협의체 단위의 참여를 원칙으로 했습니다. 개인 또는 협의체가 없는 개별 단체들은 개별공동체 영역으로 참여하거나 기존 협의체에 가입하는 방식, 혹은 향후 협의체를 설립한 이후에 참여하도록 개방했습니다.

쟁점 2: 민간 네트워크 조직과 중간지원조직 수탁법인과의 관계

논의 초기에는 중간지원조직이나 민간위탁 둘 다 구성원 모두에게 생소한 개념이었습니다.

준비위원회 구성 이전부터 네트워크를 법인화하고 중간지원조직을 수탁하는 일치형, 네트워크는 민간단체로서 행정과 협력관계를 형성하되 수탁법인을 별도로 만드는 분리형, 이 두 가지 방향을 놓고 많은 논의를 했습니다. 실무회의에서는 잠정적으로 분리형으로 결론을 내린 상태였고, 준비위원회에서도 민간 네트워크 조직과 중간지원조직 수탁법인을 분리하여 이원화하는 방향을 재확인했습니다.

쟁점 3: 수탁법인의 법인격

제도적 측면에서 중간지원조직을 수탁할 수 있는 비영리법인으로 사단법인과 사회적협동조합의 장단점에 대해서도 학습하고 토론했습니다. 준비위원회에서는 비교적 설립이 쉽고 운영이 단순한 사단법인으로 결정하고 추진하기로 했습니다.

위의 세 가지 쟁점이 정리되면서 준비위원회는 네트워크 발족식(7월 중)과 수탁법인 출범식(8월 중) 시기를 잠정적으로 결정했습니다. 그 이후 네트워크 발족을 위한 실무 준비가 한창일 때 농촌마을공동체와 사회적경제 영역의 일부 대표가 준비위원회에서 탈퇴하겠다는 의사를 밝혔습니다. 농촌마을공동체 영역에서 내세운 이유는 네트워크 회원 범위와 참가 자격에 대한 문제 제기였지만, 개인에 대한 호불호도 강하게 작용했습니다. 일부는 당사자협의체 자체의 내부 강화에 더 집중하겠다는 이유를 내세우기도 했습니다.

이후 네트워크 조직의 정관에 대한 세부 쟁점을 다시 논의하고 농촌마을공동체 영역이 반드시 참여해야 한다는 원칙을 확인했습니다. 하지만 농촌마을공동체 영역의 탈퇴는 번복되지 않았습니다. 네트워크 설립 동력은 크게 줄었고, 애초에 세운 원칙들도 변경될 수밖에 없었습니다. 결국 탈퇴하지 않고 남아 있던 영역과 개별공동체 영역이 주도하여 개인까지 정회원으로 인정하기로 결정했습니다. 이런 과정을 거쳐 '아산시공동체경제네트워크'가 2016년 11월 임의단체로 출범하게 되었습니다. 하지만 준비위원회에서 핵심 조직이 탈퇴하고 출발한 네트워크 조직은 지역사회를 온전히 대표하지 못하는 한계를 보일 수밖에 없었습니다. 출범 이후에도 다양한 활동을 전개했지만, 중간지원조직의 수탁법인으로서의 위상과 대표성은 인정받지 못했습니다. 그 결과 2019년 총회에서 '아산시공동체네트워크'로 명칭을 바꾸고 새로운 전환점을 계속 모색하고 있습니다.

법인 설립 실패, 어떻게 평가하고 있는가?

아산시는 2015년부터 총 40회가 넘는 공식 회의와 교육, 공청회 등을 통해 공동학습과 토론 및 합의의 절차를 거쳤습니다. 하지만 결과적으로 법인 설립은 무산되었고 민간 네트워크 조직은 지역의 대표성을 갖지 못하고 있습니다. 개인과 단체가 모인 또 하나의 협의체 수준에 머무르고 있는 것이 솔직한 현실입니다.

사실 준비되지 않은 것은 민간만이 아니라 행정도 마찬가지였습니다. 민간 네트워크와 법인을 바라보는 관점은 표면적 합의와 달리 매우 다양하게 작동했습니다. 모두가 경험하지 못한 새로운 길을 가기에는 진통이 큰 과정이었죠. 이후 행정에서는 '행정 칸막이가 민간의 칸막이로 이어지는 문제'를 해결하기 위해 건설과에 있던 일반농산어촌개발사업 팀을 사회적경제과로 옮겨 업무 통합성을 강화하고, 행정협의회를 통해 협업을 강화하고 있습니다. 그리고 기존의 '주민참여마을만들기 지원조례'를 '마을공동체활성화 지원조례'로 전면 개정해 전반적인 정책 변화에 대응하고 있습니다.

돌이켜보면 초기 네트워크 논의에 참여했던 민간협의체들은 각각의 영역에서 축적한 역량을 바탕으로 수준 높은 토론과 협의 과정을 진행했습니다. 아마도 아산시 지역사회에서 전무후무한 과정이었다고 평가할 수 있습니다. 하지만 결과적으로 타 영역에 대한 이해 부족과 조직 이기주의, 개인 성향 등이 발목을 잡아 목표했던 결과는 도출하지 못했습니다. 여기에 행정의 조정 능력 부족은 두고두고 아쉬운 부분으로 남습니다.

초기 논의에 참여했던 조직들의 현재 상황도 많이 달라졌습니다. 양적 질적으로 성장하여 각자의 영역을 잘 구축하고 있는 조직이 있는가 하면, 성장이 더디거나 정체된 조직도 있고, 심지어는 유명무실한 조직도 있습니다. 그래서 2015년과 같은 논의를 다시 시도하기에는 현실적이지 않은 상황이죠. 하지만 새롭게 공동체 활동을 펼치고 있는 마을공동체와 동아리들이 등장하고 있는 점도 분명합니다. 특히 농식품부 일반농산어촌개발사업을 진행한 마을들이 모여 2019년 11월 '아산시마을만들기협의회'를 설립하고 농촌공동체 활성화를 위해 왕성하게 활동하고 있습니다.

아산시는 아직도 네트워크 조직이 설립되지 못하고 무산된 후유증에서 벗어나지 못하고 있습니다. 그래서 앞으로 더욱 조심스럽게 접근해야 합니다. 하지만 마을만들기협의회를 중심으로 준비된 조직들이 사전 틀을 잡고 후발 조직을 견인하는 방식으로 네트워크 논의를 다시 시작할 시점이 조만간 올 것입니다.

행정직영 상태로 유지되는 상황에서 장단점은 무엇인가?

아산시 중간지원조직인 마을공동체소통협력센터(개소 당시는 아산시공동체지원센터)는 행정직영으로 2015년 9월 개소하여 만 6년에 접어들고 있습니다. 처음 계획은 2016년 말에 법인을 설립하여 2017년 하반기에 민간위탁으로 전환하려는 구상이었습니다.

전국적으로 행정직영 체계가 이렇게 오래가는 지자체는 없다고 알고 있습니다. 그리고 개소 당시에는 마을공동체(마을만들기)와 사회적경제, 도시재생 등 3개 정책 영역의 통합형 중간지원조직으로 출발했으나 지금은 마을공동체 영역만 실질적으로 기능하고 있습니다. 이런 배경에는 민간의 조직력이 부재한 탓도 있지만, 행정의 무관심과 무엇보다 당사자들의 무능이 낳은 결과라 할 수 있습니다.

중간지원조직은 행정과 민간 사이에서 매개 역할을 담당하는 조직입니다. 하지만 민간 영역에서는 중간지원조직이 아니라 행정의 하부조직으로 인식하는 경향이 강해지고, 행정에서는 행정업무 일부를 맡아 실무적으로 처리하는 조직으로 점점 더 강하게 인식되고 있습니다. 행정직영 상태를 오래 유지하면서 조직의 경직성 같은 단점들이 강하게 부각되는 상황입니다. 예를 들어, 현장은 빠르고 다양하게 변해가고 있건만 행정에서는 이를 지원해줄 인력 충원이 쉽지 않다는 점, 한정된 인원으로 일인다역을 맡을 수밖에 없기에 전문성 축적이 현실적으로 어렵다는 점, 정해진 기본 업무 외에 지역사회가 요구하는 영역으로 활동을 확장할 수 없다는 점, 연초에 정해진 예산을 도중에 변경하기가 매우 어렵다는 점 등입니다. 행정직영이기에 '외풍에 흔들리는 일이 적다'는 점 외에는 장점이 별로 보이지 않습니다.

그럼에도 아산시는 민간 영역에서 마을만들기협의회도 출범하고, 행정에서 조례도 개정하고 업무 영역도 다시 조정하는 등 그동안 침체되었던 민간협치의 분위기가 새롭게 형성되고 있습니다. 형식적으로 운영되던 마을만들기위원회도 '마을공동체위원회'로 재구성되어 매월 1회 개최되면서 실질적인 정책위원회 기능도 담당하기 시작했습니다. 이런 우호적 정책 환경들이 조성되면 민간 네트워크 법인 설립도 조심스럽게 다시 논의될 수 있을 것입니다. 행정직영 상태의 단점이 더 커지기 전에 서둘러야 한다고 마음만은 급하게 달려가고 있습니다.

5부

마을만들기 중간지원조직,
농촌 마을의 친구

한국 사회에서 민관협치 논의가 발전하면서 정책의 공동집행을 담당할 '중간지원조직'에 대한 관심이 지난 10여 년 사이에 급속하게 늘었습니다. 하지만 아직도 친숙하지 않은 용어이고, 개념도 여전히 모호하게 사용되고 있습니다. 같은 용어를 쓰면서 다른 이미지를 상상하면 대화와 소통에 어려움이 클 수밖에 없습니다. 또 한국 농촌사회 혁신을 위해 민간 영역에서 '전략적으로 선택'하여 요구한 측면도 강해 여러 애로사항과 시행착오가 있습니다. 하지만 어려운 농촌 현실을 고려할 때 현장에 밀착하여 활동할 수 있는 전문조직이 꼭 필요하고, 젊은 활동가의 전업적 일자리도 보장한다는 측면에서 중간지원조직의 설치 효과는 매우 큽니다.

제5부에서는 중간지원조직의 제도적 성격과 등장배경, 설치 유형별 장단점을 먼저 검토하고 있습니다. 기존의 학술적 논의와 달리 제도적 측면에서 '조례에 규정된 행정사무'라는 점을 강조하고 있습니다. 또 충남 광역이 주도하여 시군 단위로 설치해온 역사와 전략, 그 과정에서 나타난 쟁점을 자세하고 살펴보고 향후 과제와 전망까지 짚어봅니다. 그리고 충남에서 설치 유형별로 행정직영(공주시), 민간위탁(예산군), 재단법인(부여군) 사례를 각각 소개하고 있습니다. 법과 제도의 영역을 다루다 보니 가장 어려운 부분에 해당하리라 봅니다. 앞으로 실천 경험을 더 많이 축적하고 드러나는 문제와 시행착오를 빨리 해결하면서 다음 단계로 발전해야 합니다.

중간지원조직의 제도적 성격과
충남의 경험, 쟁점 및 전망

구자인 마을연구소 일소공도 협동조합 소장

최근 들어 중간지원조직의 시대라 할 만큼 다양한 정책 영역에서 중간지원조직이 새롭게 많이 등장하고 있습니다. 마을만들기(공동체) 외에도 도시재생, 주민자치, 사회적경제, 공익활동, 마을교육공동체 등 매우 다양합니다. 마을만들기의 중간지원조직은 2005년에 전국 최초로 광주 북구청에서 행정직영으로 개소했고, 그 이후에 경기 안산시와 강원 강릉시(2008년), 전북 완주군(2010년), 경기도 수원시(2011년), 서울시 성북구(2011년) 등의 순서로 개소했습니다. 광역은 조금 늦게 전북도(2009년)를 시작으로 서울시(2012년), 부산시(2013년) 순서로 개소했습니다. 2020년 12월 기준으로 전국 244개 지자체 중에서 211개가 마을만들기(공동체) 조례를 제정했고, 이 중에서 169개에 중간지원조직 설치 근거가 명시되어 있습니다.

전국 조직인 한국마을지원센터연합에 가입된 중간지원조직은 2022년 12월 기준으로 64개(준회원 10개 포함)이고, 가입되지 않은 곳까지 포함하면 전국에 100개 이상이 설치되어 있습니다. 농촌협약지원센터 이름으로 활동하는 중간지원조직까지 포함하면 훨씬 많을 것으로 추정됩니다. 한국마을지원센터연합의 2021년 10월 조사 결과에 따르면, 전국의 마을만들기 중간지원조직은 설치 유형별로 행정직영 43개, 민간위탁 69개, 재단법인 4개, 기타 유형 7개이고, 상근자 수는 총 661명으로 추정하고 있습니다. 최근에 농촌신활력플러스나 농촌협약 같은 농촌 정책 영역에서도 중간지원조직이 많이 설치되고 있어 앞으로 계속 늘어날 것으로 예상됩니다. 하지만 제도적 측면에서 보자면 중간지원조직의 개념이나 성격은 충분히 정리되지 못해 앞으로 계속 논의하고 토론할 것이 매우 많습니다. 같은 용어를 사용하면서도 개념적으로 정리되지 않은 채 쉽게 사용하는 경향입니다. 서구의 논의를 그대로 빌려와 학계에서 논의하고 한국 사회에 적용하려는 오류도 있습니다. 또 법률적인 근거를 갖추지 못하여 행정과 수탁법인 사이에서 정체성이 명확하지 못한 문제도 있습니다.

　필자는 1990년대 초반 대학원 시절에 처음 민관협치를 이론적으로 접했고, 일본의 몇몇 지자체를 견학하면서 중간지원조직을 알게 되었습니다. 하지만 한국 상황에서는 시기상조라 판단했고, 지방자치가 어느 정도 성숙해야 논의를 시작할 수 있으리라 판단했습니다. 2004년 12월 전북 진안군에서 임기제공무원으로 근무를 시작하면서 농촌마을정책의 시스템을 구축하는 전략을 추진할 때에도 그랬습니다. 중간지원조직은 다양한 민간 활동의 경험이 축적되고 자치역량이 성장해야 가능하다고 보았기 때문입니다. 결국 진안군은 10여 년의 경험을 축적한 이후에 2012년 12월 개소했고, 그만큼 지역사회에서 동의를 얻는 과정을 중시했습니다.

　제5부에서 다루는 중간지원조직이란 주제는 일단 어렵고 복잡하다는 것을 전제로 논의를 시작할 수밖에 없습니다. 그리고 앞의 제2부부터 제4부까지의 주제와도 밀접하게 연결되어 있기에 함께 읽어야 전체 맥락이 이해될 수밖에 없다는

점도 미리 말씀드립니다. 특히 중간지원조직의 통합형 설치를 검토한다면 행정도 수탁법인도 통합할 영역 사이의 협력 구조도 매우 중요합니다. 이런 전제조건 위에 공동학습 과정을 병행하여 복잡한 제도적 측면에 접근해야 논의가 더 진전될 수 있습니다. 시대적 대세로 등장한 중간지원조직의 개념을 어떻게 규정하고, 어떤 쟁점과 과제가 있는지, 또 미래의 방향을 어떻게 설정해야 할지 등 논의해야 할 부분이 많습니다. 이 글은 이런 내용을 총론적으로 다루고 있습니다. 훨씬 더 복잡한 논의도 있지만 어느 정도 합의되고 정리된 내용 중심으로 소개하고자 합니다. 지금까지 공부하거나 참고할만한 자료가 너무 없었는데, 어렵고 딱딱한 내용이 대부분이지만 중간지원조직을 이해하는데 도움이 되기를 바랍니다.

중간지원조직의 개념과 등장 배경 그리고 필요성

중간지원조직의 개념과 성격은 좁게 규정해야 오류가 적습니다

중간지원조직이란 흔히 '○○지원센터'라 불리는 조직입니다. '지원센터'란 명칭은 아니지만 지속가능발전협의회, 주민자치지원단, 상권활성화재단, 도농교류센터, 에너지센터 등과 같이 유사한 조직 명칭으로 비슷한 역할을 하는 조직도 있습니다. 이런 조직 유형을 흔히 정책적으로 '중간지원조직'이라 부릅니다. 이번 주제에 본격적으로 들어가기 전에 중간지원조직 개념부터 정리할 필요가 있습니다. 말뜻대로 풀어보자면 '중간'에서 '지원'하는 '조직'에 해당합니다. 하지만 여기에도 여러 측면이 숨어 있고, 그것이 중간지원조직의 성격과 역할 규정에 대한 모호함으로 연결됩니다. 넓은 뜻으로 중간지원조직은 다음과 같은 용어 풀이로 설명할 수 있습니다([그림 5-1] 참고).

첫째, 무엇과 무엇의 '중간'이냐 하는 점입니다. 흔히 행정과 민간(주민) 사이의 중간이란 뜻으로 자주 설명됩니다. 하지만 넓게는 행정과 행정, 민간과 민간, 그리고 지역 내부와 외부의 중간이란 뜻으로도 해석합니다. 학술적으로는 이렇게 넓게 해석하는 경우가 많습니다. 행정과 주민 사이를 연결하면서 동시에 행정의 여러 부서 사이, 민간단체들 사이의 가교 역할, 그리고 지역 외부와도 네트워크를 유지하는 중간 역할도 한다는 뜻입니다. 행정과 민간 사이의 중간만 강조하면 행정사업의 '전달'만 강조되어 정체성이 왜곡되기 쉽고, 민관협치 체계를 발전시켜야 할 역사적 책무가 간과되기 쉽다는 문제의식 때문입니다.

둘째, 무엇을 '지원'하느냐 하는 점입니다. 행정에서 예산으로 수립된 사업을 민간에 지원하는 것으로 좁게 보는 경향이 강한데, 이렇게 되면 행정에서 직접 지원하는 업무와의 차별성이 불분명해지고 중간지원조직의 고유한 정체성이 사라지기 쉽습니다. 중간지원조직은 행정의 예산을 배분하는(공모 방식을 통해) 역할도 있지만 마을에 필요한 다양한 정보와 사람을 지원하는 역할이 훨씬 중요합니다. 지역사회의 다양한 자원을 동원(수집)하고 적절한 곳에 전달하는 것이 가장 핵심적인 지원 내용인 셈입니다. 또 주민들의 애로사항과 요구를 정리해서 행정에 반영하는 경로의 지원도 중요한 역할입니다. 일방통행적인 지원이 아니라 민간의 수요(필요)를 행정에 전달하는 지원도 중요한 역할로 인식해야 합니다.

셋째, 어떤 '조직'이냐 하는 점입니다. 이 부분이 가장 모호할 수 있습니다. 상근하는 사람이 있고 조직 형태를 갖춘 전문기관 성격이지만, 동시에 사무실 공간을 갖춘 장소적 개념도 있고, 다양한 자원을 연결하는 컨트롤타워 역할로도 이해할 수 있습니다. 서구사회에서는 자선단체나 종교기관까지도 중간지원조직의 범주에 포함하고, 흔히 '민간 스스로 설립해서 운영하는(민설민영)' 민간단체까지

〔그림 5-1〕 말뜻으로 풀어보는 중간지원조직 개념 : 넓은 의미의 이해

도 중간지원조직 범주에 포함해서 개념이 혼란스러워집니다. 이런 성격 때문에 중간지원조직 자체가 법인격을 가진 것처럼 오해도 많이 합니다.

이처럼 중간지원조직의 성격과 개념은 매우 폭넓게 규정할 수 있습니다. 그래서 오히려 한국 사회에서 논의 자체가 진전되지 않고, 행정과 민간 사이에 갈등이 생기는 오류도 발생하게 됩니다. 이런 점을 고려하여 정책과 제도 영역에서는 중간지원조직을 보다 엄밀하게 정의하여 접근할 필요가 있습니다. 가장 명확한 규정은 '조례에 규정된 행정사무'라는 것이고, 이 점이 학술적 논의와 비교하여 가장 중요한 차이점입니다. 행정과 민간이 협의하여 조례로 규정할 만큼 공적 사무 성격이 강하다는 점, 그리고 조직 형태로 수행해야 할 만큼 사무의 양이 많다는 점을 지역사회에서 '합의'했다는 의미입니다.

이를 마을만들기 영역에 적용해보면, 마을공동체 활성화를 위해 마을을 방문해 컨설팅을 하고, 상담과 자문을 하며, 역량강화를 위해 교육 기회를 제공하며, 이런저런 네트워크 활동을 하는 것 모두 행정이 수행해야 할 사무로 받아들인다는 약속입니다. 예전에는 주민 스스로 수행하거나 행정이 보조사업과 용역으로 수행하던 업무들이었지만, 이제는 공공 행정이 일상적으로 수행해야 할 사무로 인정한다는 대단한 전환인 셈입니다. 또 단순 사무가 아니라 해야 할 역할의 범위가 넓어 중간지원조직 형태로 설치해야 할 정도라고 인정한 셈입니다. 주민자치나 사회적경제, 도시재생 등의 영역에서도 마찬가지입니다. 그래서 조례 제정 과정을 강조하고, 설치 근거를 조례에 꼭 명시해야 한다고 주장하는 셈입니다.

중간지원조직에 대해 이렇게 엄밀하게 규정하지 않으면 각종 정책토론회나 사업예산 협의 과정에서 혼선이 생길 수밖에 없습니다. 예를 들어, '지원센터'란 명칭은 조례에 규정되어 있고, 그래서 민간이 스스로 만든 조직이 아니기에 '설립'이란 표현은 적절하지 않고 '설치'란 표현을 써야 합니다. 또 '수익사업이 아닌 공적 활동'을 수행하는 조직이므로 '독립채산제 운영' 요구는 성격을 잘못 이해한 주장인 셈입니다. 그리고 '사단법인 ○○지원센터'란 조직 명칭도 민간이 공적 조직 성격을 가진 것처럼 보일 수 있기 때문에 엄밀하게는 잘못된 것입니다.

또 중간지원조직 예산과목을 '위탁금'이 아니라 '보조금'으로 편성하는 것도 조직 성격을 잘못 이해한 오류입니다. 상근자 인력 수에 비해 과도한 역할을 요구하거나 조례에 명시된 역할 이외를 요구하는 것도 문제가 됩니다. 이런 여러 오류를 극복하기 위해서라도 중간지원조직의 성격을 더 좁고 엄밀하게 규정하는 것이 바람직합니다. 이런 개념과 성격 규정은 서구의 중간지원조직 논의와 분명 다르고, 한국 행정의 제도적 풍토에서 도출된 것입니다. 지금 당장은 이런 정도에서 출발하되, 민관협치 수준이 높아지면서 단계적으로 확장하는 전략이 필요하다 봅니다.

한국 농촌 현실에서는
중간지원조직에게 주어진 '역사적 책무'가 있습니다

중간지원조직 자체는 현대사회의 복잡다단한 문제를 해결하는 방법론으로 21세기 들어와 특히 강조되었습니다. 서구에서 도입되어 학술적 논의가 시작된 지는 약 30년, 현장 실천에서 직접 등장한 지는 15년 정도가 된 셈입니다. 주민들이 현장에서 실천하면서 이런 요구가 크게 증대되었습니다. 마을만들기 영역이 가장 선도적이고 대표적인 영역이었습니다. 또 중앙정부가 추진하는 정책에서도 기존의 행정 체계로는 문제해결이 어렵다는 판단도 작용했습니다. 특히 중대규모 사업이면서 장기 지속되는 사업이라면 행정(예산 주체)과 민간(사업 현장) 사이를 매개하는 전문조직이 필수불가결하다는 판단이었습니다. 구체적으로 주민운동과 지역정책 영역에서 중간지원조직을 강조하게 된 배경은 다음과 같이 두 가지 방향으로 설명할 수 있습니다.

첫째, 직접적으로는 기존 행정의 일하는 방식에 여러 문제들이 대두되면서 중간지원조직에 주목하게 되었습니다. 마을만들기도 그렇지만 주민들이 주도하고 사회적가치를 추구하는 영역에서 행정의 전통적인 방식으로는 문제해결에 한계가 명확하게 드러났습니다. 인허가 업무처럼 매뉴얼 방식으로 대응할 수 없는 지역문제가 너무 많이 등장하기 때문입니다. 행정이 민간의 협력을 구하고 공동으로 대응하지 않으면 해결할 수 없는 문제가 너무 많은 셈입니다. 마을공동체 복원도 지역순환경제 형성도 주민참여계획 수립도 모두 민간의 주도성이 전제되어야만 가능합니다. 공공행정이 적절하게 대응할 수 있었다면 중간지원조직이 굳이 필요하지 않을 것입니다. 또 청소나 보건 업무처럼 공공성이 아주 높은 업무라면 행정이 직접 집행하는 것이 바람직합니다. 만약에 현대 사회의 주민 수요를 행정이 모두 수용한다면 '행정 비대화'라는 문제에 다시 직면하게 됩니다. 이런 관점에서 행정이 직접 해결해야 할 영역(공공행정)과 주민이 스스로 해결해야 할 영역(주민자치)을 구분하고, 또 민과 관이 협력하여 해결해야 하는 영역(민관협치)이 크게 대두되면서 중간지원조직 논의가 활발해졌습니다.

둘째, 비슷한 맥락이지만 민간의 장점을 정책 영역에 적극 도입하려는 추세를 반영한 제도적 장치의 하나로 중간지원조직이 강조되었습니다. 공공행정의 영역으로 새롭게 들어오는 사무 중에서 행정이 직접 수행하기보다 민간 전문가가 수행하는 것이 훨씬 효율적인 사무들이 중간지원조직의 역할로 명시되었습니다. 특히 지역정책의 민관협치형 추진체계가 강조되고, 전문조직이 현장에 밀착해서 지원하는 방식을 강조하면서 중간지원조직 제도의 효용성에 크게 주목했습니다. 도시재생은 법률적으로 중간지원조직 설치를 의무화한 셈이고, 최근의 신활력플러스나 농촌협약에서도 사업지침으로 명시하고 있습니다. 반면에 마을공동체 영역은 민간의 풀뿌리 운동 경험이 축적되면서 지자체 행정에 요구하여 설치되기 시작했다는 점에서 차이가 있습니다. 공공행정이 필요성을 먼저 인식하여 법과 제도를 갖추어 출발하지 않았다는 점이 다른 정책 영역과 크게 다른 지점입니다.

이런 배경에서 중간지원조직이 대두되고 강조되기 시작했습니다. 하지만 중간지원조직이 제 역할을 할 수 있는 정치적·제도적 여건이 갖추어지지 못한 채 논의가 이루어지고 설치되었습니다. 한국사회는 지방자치도 민관협치도 발전하지 못했고, 특히 농촌은 더욱 그렇기 때문입니다. 지자체 행정의 단순 사무위탁만을 명시한 조례에 근거하여 중간지원조직의 민간위탁 절차가 여전히 이루어지는 것도 문제입니다. 행정 조직에 이런저런 구조적 문제가 있고(제2부 참고), 주민들의 자치역량은 부족한(그럴 기회조차 주어지지 않았던) 불안한 상황에서 중간지원조직도 출발할 수밖에 없었던 것입니다. 다르게 말하면, 중간지원조직에 관한 법·제도가 처음부터 완벽할 수 없었고, 또 민간 스스로 제도를 개선하며 성장해 가야 하는 역사적 책무가 있는 셈입니다. 2022년 6월 지방선거 이후에 단체장이 중간지원조직의 필요성이나 역할과 기능을 둘러싸고 여러 비판성 기자회견을 하고, 수탁법인을 바꾸는 등 우여곡절을 겪는 것도 이런 불안함을 반영한 셈입니다.

행정의 공공서비스 전달(제공)이란 측면에서 보자면 중간지원조직에 대한 평가는 정책 수요자인 주민들이 직접 판단하는 것이 가장 정확합니다. 예산투자와 정책효과는 반드시 비례하지 않기에, 중간지원조직이 설치되어 있을 때와 없을 때를 비교하여 평가해볼 필요도 있습니다. 중간지원조직이라도 있었기에 마을을 찾아주고, 주민들이 말할 공간이 마련되고, 주민들의 관계망도 형성되었다는 점에서 순기능이 큰 것은 분명합니다. 하지만 중간지원조직이 평상시에 주민들과 얼마나 밀착되어 있고, 주민들의 자치역량이 성장하도록 지원했는지는 지방선거 전후에 극명하게 드러납니다. 주민들 속에 중간지원조직의 존재감이 명확하게 인정된다면 필요성과 역할에 대해 좋은 평가가 있을 수밖에 없습니다.

결국 중간지원조직은 민간과 행정이 협력하는(민관협치) 풍토가 발달된 지역 정치 상황에서 효율적으로 작동됩니다. 행정과 민간이 '정책의 공동생산과 공동집행'이라는 민관협치 관점을 충분히 숙지하고 있을 때 중간지원조직도 제 역할을 수행할 수 있고, 효율적으로 작동되며, 지역사회 문제도 차근차근 해결될 수 있습니다. 다른 말로 표현하자면, 주민들의 자치역량이 성장하여 행정과 '대등한 협력관계'를 구축할 수 있을 때 민관협치의 제도적 장치도 작동하고, 중간지원조직도 적절한 위상과 권위를 확보할 수 있는 셈입니다. 중간지원조직은 이러한 민관협치가 성숙되도록 중간에서 징검다리 역할을 해야 하는 '역사적 책무'까지 짊어져야 하는 것이 한국 농촌 현실이라 할 수 있습니다.

농촌마을정책에서 특히
중간지원조직의 필요성이 일찍 대두되었습니다

한국 농촌마을정책 영역에서 중간지원조직 필요성이 대두되고 확산된 것은 현장 문제 해결에 실용적으로 도움이 되었기 때문입니다. 2002년부터 본격적으로 시작된 각종 체험마을사업의 실패 경험에서 배운 결론이고, 외부 컨설팅 기관과 농어촌공사에 지나치게 의존하는 문제점을 반성한 결과이기도 합니다. 제2부에서 설명한 것처럼 행정의 여러 문제점에 눈뜨고, 기존 방식으로 마을 문제에 접근할 수 없다는 자각이기도 했습니다. 하지만 당사자 주민들이 스스로 주장했다기보다 마을 활동가들이 현장에서 그 필요성을 느끼고 전략적으로 제안한 셈입니다. 지자체 행정도 스스로의 한계를 인정하고 중간지원조직이 필요하며 도움이 된다는 것을 인식하였기에 확산되어 왔던 것입니다. 도시재생처럼 법률에 근거하여 설치되지 않았고, 민간 스스로의 노력과 요구를 지자체 행정이 수용하여 설치되기 시작한 셈입니다. 구체적으로 다음과 같은 필요성과 실용성이 평가받았기 때문이라 볼 수 있습니다.

첫째, 농촌 마을에 밀착하여 지원해줄 전문조직이 생기는 셈입니다. 마을의 다양하고 복잡한 문제를 해결하기 위해서는 지역 상황을 잘 알고 가까이에서 쉽게 도움을 받을 수 있는 전문조직이 꼭 필요합니다. 행정 공무원은 순환보직제로 자주 바뀌고 마을을 수시로 방문하기 힘들기 때문에 한계가 명확합니다. 컨설팅 기관도 사업기간에만 들락거리고 마을 내부 현실을 모르는 소리도 많이 합니다. 이런 이유로 마을을 자주 방문하여 주민의 애로사항을 들어주고 문제점을 함께 해결해갈 수 있는 민간 전문조직이 별도로 필요하다는 목소리가 계속 높아진 셈입니다. 중간지원조직이 설치됨에 따라 행정은 정책의 기획과 예산 확보, 집행 모니터링 등 고유 역할에 더욱 충실할 수 있게 됩니다. 컨설팅 기관과도 역할 분담이 되어 서로 도움이 될 수 있습니다. 주민들은 언제라도 찾아갈 수 있는 조직과 공간이 생겨 외롭지 않고(친구), 마을 리더도 덜 지치며(동지) 오래갈 수 있게 되었습니다. 이런 이유로 마을도 행정도 중간지원조직 설치에 빨리 합의할 수 있었던 셈입니다.

둘째, 마을 스스로도 길게 보며 문제 해결에 접근할 수 있습니다. 마을 일에는 흔히 '오만 가지'가 있다고 말할 정도로 분야도 넓고 할 일도 많습니다. 그래서 마을만들기의 초기 단계부터 주민들의 공동체 활동에 밀착하여 지원하고, 장기간에 걸쳐 근본적인 해결책을 모색할 수 있도록 지원할 필요가 있습니다. 일회성의 단기 행정사업으로 끝나지 않고, '역량단계별 지원체계'에 맞추어 지속적으로 관심을 가지고 여러 정보도 제공해줄 전문기관이 있어야 가능합니다. 또 주민자치나 사회적경제, 6차산업, 농촌관광, 귀농귀촌, 평생학습 등 관련 정책 영역과도 효과적으로 연계해야 합니다. 행정 입장에서 보더라도 중복 투자를 예방하며 적은 예산으로 큰 효과를 낼 수 있기에 효율성이 증가합니다. 중간지원조직이 있음으로 해서 마을과 행정, 민간단체를 연계하고 매개하면서 체계적으로 접근할 수 있습니다. 마을 입장에서도 행정사업을 한 번 지원받는 것에 그치지 않고 5년, 10년 앞을 내다보며 '지치지 않고 오래갈 수 있는 길'을 선택할 수 있습니다.

셋째, 행정 측면에서도 국도비 공모사업을 신청하고 또 집행할 때 중간지원조직 필요성을 충분히 느낍니다. 지자체 공무원 입장에서는 공모사업에 선정되는 것은 걱정하지 않지만, 현재 업무량으로 볼 때 집행과 사후관리가 크게 걱정된다고 합니다. 공모사업 선정 이후의 집행까지 염두에 두면 중간지원조직이 있고 없고는 큰 차이로 느낍니다. 기존처럼 농어촌공사나 용역사만 믿고는 사업 집행 자체가 '겁이 날' 정도라고 호소합니다. 또 사업지침 속에 '전제조건으로 중간지원조직 설치'를 반드시 명시해주기를, 그것도 상근인력 수와 인건비 수준까지 높게 명시해주기를 바랍니다. 그만큼 행정도 대규모 국도비 공모사업을 기존 방식대로 수행하기는 어렵다는 점을 크게 느끼고 있는 셈입니다. 그래서 최근에는 신활력플러스사업이나 농촌협약처럼 공모사업의 선정조건에 중간지원조직 설치가 전제조건으로 제시되는 경우가 늘고 있습니다. 이렇게 되면 각종 공모사업에 도전하여 선정되더라도 집행 자체가 걱정이 되어 주저하는 일은 줄어듭니다.

넷째, 길게 보면 농촌사회에 젊은 인재가 돌아오고 성장하는 기반이 구축됩니다. 중간지원조직은 젊은 인재들이 고향을 떠나지 않고, 혹은 귀향하여 고향 발전을 위해 자신의 재능을 발휘할 수 있도록 좋은 기회(일자리)를 제공하는 셈입니다. 도시 청년 활동가가 농촌에서 새롭게 도전해볼 계기도 됩니다. 중간지원조직 자체가 직접적인 공공 일자리에 해당하고, 나아가 관련 사업을 활용하여 사회적기업과 마을기업, 청년창업 등의 형태로 새롭게 일자리를 창출할 수 있는 기회도 제공할 수 있습니다. 농촌사회에 부족한 전문적인 일자리가 늘어남에 따라 지역문제 해결형 사회적경제조직도 함께 성장할 수 있습니다. 이렇게 현장 활동가가 지역에 정착하고 성장할 수 있는 거점조직 역할을 하면서 '돌아오는 농촌'도 가능해지고, 농촌사회의 총체적인 역량도 성장하며, 중장기적인 희망도 가질 수 있게 됩니다. 현재의 농촌 지자체 여건에서는 중간지원조직만큼 좋은 일자리는 없다고 해도 과언이 아닐 것입니다.

이런 현실적인 실용성이나 장점이 기존의 정책 추진방식에 대한 반성과 결합하여 마을만들기 중간지원조직이 계속 확산되고 있습니다. 물론 현장에서는 여러 시행착오와 갈등이 드러나고, 중간지원조직의 근무여건도 크게 좋지는 않습니다. 여전히 법과 제도의 결함이 많고, 좋은 실천 사례도 축적되어 있지 못하며, 시행착오 경험도 정리되어 있지 못합니다. 이 모든 것이 역사적 과제이기도 하기에 "이 또한 넘어가야 할 산"으로 이해해야 할 것입니다. 길게 보며 '시간과의 싸움'을 통해 공동으로 해결책을 찾아야 합니다. 전체를 보지 못하고 당장 눈앞에 보이는 문제점에만 주목하면 농촌문제를 결코 해결할 수 없습니다. 누구에게나 문제 자체는 쉽게 보이지만, 이를 해결할 단계적 전략을 제안하는 사람은 아주 드뭅니다. 따라서 농촌문제를 근본적으로 해결하기 위한 전략의 출발점(교두보)이란 측면에서 중간지원조직을 아주 중요한 핵심 수단으로 제안하는 것입니다.

중간지원조직의 제도적 규정과 설치 유형, 장단점 비교

중간지원조직은 지자체 조례를 근거로 설치되고 운영됩니다

중간지원조직은
제도적 측면에서 어떻게 설치해야 할까요? 또 무슨 역할을 어디까지 수행해야 할
까요? 운영은 어떤 방식으로 해야 할까요? 무엇보다 지자체 조례에 명시된 성격
과 역할이 가장 중요합니다. 조례는 지역사회에 대한 약속이고, 제도를 움직이는
기준입니다. 행정과 민간, 의회가 합의하여 정한 지자체 운영원리입니다. 그래서
조례에 규정된 범위에서 벗어난 역할을 요구하는 것은 원칙적으로 잘못되었고,
조례 자체가 잘못되었다면 그것을 개정하는 것이 우선입니다. 조례는 지역사회
의 약속이고 합의이기 때문입니다. 그리고 조례에는 중간지원조직의 설치 근거
와 역할만이 아니라 행정의 총괄·조정 부서와 행정협의회(제2부), 정책위원회
설치, 기본계획 수립, 민간위탁 근거 등 민관협치의 제도적 체계가 모두 포함되어
야만 합니다.

이런 점에서 조례를 처음 제정할 때 주민과 행정 공무원, 지방의원, 전문가 등
지역사회 관계자가 모여 토론 과정을 충분히 거쳐 꼼꼼하게 검토하고 합의 사항
을 반영해야 시행착오를 줄일 수 있습니다. 이런 과정 자체가 생략되거나 미흡하
면 중간지원조직을 잘못 이해하여 계속 오해와 갈등이 발생합니다. 더구나 행정
의 순환보직제로 인해 업무 담당자가 바뀔 때마다 이런 갈등이 반복되는 경향입
니다. 수탁법인도 이사진의 학습 수준이 미흡하면 중간지원조직 상근자에게 무

리한 요구를 하거나 잘못된 지적을 하게 됩니다. 적어도 조례가 제정된 이후라도 '조례 읽기' 학습모임을 운영하거나 각종 교육에서 충분히 설명해야 하는 이유가 여기에 있습니다.

예를 들어, 충남도와 충남마을만들기지원센터는 전국 사례를 분석하고 주민 의견을 수렴하여 2015년 10월에 "충남도 시군 마을만들기 지원 조례 표준안"을 작성하여 배포했습니다(이하 [표 5-1] 참고). 이 조례를 참고하면서 시군 지자체 의 마을만들기 조례도 제정되었습니다. 제정 과정은 지자체 실정과 역량을 반영 하며 조금씩 다르고, 민관협치 관점에서 보자면 조례 내용에 수준 차이가 있습니 다. 그래서 중간지원조직 규정을 포함하여 민관협치의 제도적 장치를 거듭하여 읽고 보완하는 과정이 꼭 필요합니다. 더구나 신활력플러스나 농촌협약과 같이 유사한 정책이 도입될 때 민관협치의 제도적 장치를 조례에 어떻게 명시하고, 마 을만들기 조례와 어떻게 관계 설정을 할 것인지 많은 토론이 필요합니다. 그래서 지역사회에서 공동학습 과정이 꼭 필요하다고 거듭 제안하는 것입니다.

중간지원조직의 역할 범위를 규정하는 변수가 여럿 있습니다

중간지원조직의 역할은 조례에 반드시 명시되어 있습니다. 충남도 시군 마을만들기 조례 표준안 제30조에도 그 역할(업무)을 일곱 가지로 나열하고 있습니다([표 5-1] 참고). 마을 만들기 분야만이 아니라 다른 정책 영역에서도 거의 유사하게 명시됩니다. 기본 적으로 비영리 활동이고, 중간에서 지원하는 조직으로서 해야 할 공통 역할로 이 해할 수 있습니다. 또 이런 역할들이 모여 행정 사무의 전문적인 집행과 정보 자 료실(연구소), 기관·단체 협력 플랫폼 기능을 하는 셈입니다.

조례에 역할이 명시되어 있지만 실제 수행할 수 있는 역할 범위는 현실적으로

〔표 5-1〕 충남도 마을만들기 조례 표준안에 규정된 중간지원조직 관련 조항

제29조 (중간지원조직의 설치)	① 군수(시장)는 마을만들기 정책을 체계적이고 종합적 · 전문적으로 지원할 수 있는 전담조직으로 중간지원조직을 설치하거나 민간에 위탁할 수 있다. ② 마을만들기 중간지원조직은 "OO지원센터"(이하 "지원센터"라 한다)라 하고, 마을만들기 관련 정책 영역과 협력관계를 통해 설치하고 운영해야 한다.
제30조 (지원센터의 업무)	① 지원센터는 다음 각 호의 업무를 수행한다. 　1. 마을에 대한 일상적인 교육 프로그램 운영과 상담 및 컨설팅 　2. 마을만들기 사업 완료지구에 대한 사후관리 　3. 마을만들기 관련 통계정보 수집과 조사 및 정리, 분석 　4. 마을만들기의 홍보와 소통을 위한 미디어 제작과 배포 　5. 국내외 마을만들기 방문객 대상의 견학 안내 및 연수 　6. 마을만들기 관련 민간단체와 국내외 네트워크 구축 　7. 그 밖에 행정이 위탁한 사업 및 마을만들기에 필요한 제반 분야에 대한 지원사업 ② 군수(시장)는 지원센터에서 제안된 사업에 대해 예산의 범위 내에서 사업의 일부 또는 전부를 지원할 수 있다.
제31조 (민간 위탁 및 운영)	① 군수(시장)는 지원센터를 효율적으로 운영하기 위하여 관련 비영리 법인이나 단체에 제30조 제1항 각 호의 업무를 위탁할 수 있고, 예산의 범위에서 지원센터의 운영에 필요한 경비와 사업비 등을 지원할 수 있다. ② 지원센터를 위탁받아 운영하는 자(이하 "수탁기관"이라 한다)는 마을만들기 분야의 전문성을 가지고 지원센터의 효율적 운영을 책임질 수 있는 비영리 법인 · 단체로서 주사무소를 OO군(시)에 두어야 한다. ③ 제1항에 따른 위탁기간은 3년으로 하고, 군수(시장)가 필요하다고 인정할 경우에는 정책위원회의 심의를 거쳐 연장하여 재계약할 수 있다. ④ 수탁기관은 연도별 사업계획을 수립하여 정책위원회의 심의를 거쳐 군수(시장)의 승인을 얻어야 한다. ⑤ 군수(시장)는 지원센터의 효율적 운영을 위하여 필요하다고 인정하는 경우에는 「지방공무원법」 제30조의4 규정에 의하여 소속 공무원을 파견할 수 있다. ⑥ 제1항에 따라 지원센터의 관리 · 운영을 위탁하는데 필요한 절차 및 방법 등 필요한 사항은 「OO군(시) 행정사무의 민간위탁 조례」를 준용한다.

자료: 충청남도 · 충남연구원(2015.10), "충남도 시군 마을만들기 지원 조례 표준안"을 기본으로 일부 문구는 수정, 보완함

여러 요인에 의해 결정될 수밖에 없습니다.

첫째, 운영비(인건비)와 사업비 규모에 따라 다를 수밖에 없습니다. 2~3명이 상주하는 규모라면 최소한의 사무 기능에 그치기 쉽습니다. 상근자 수에 비해 사업비가 지나치게 많은 경우에는 행정사업을 대행하고 배분하는 역할에 급급하기 쉽습니다. 농식품부에서 국비로 지원하는 시군역량강화사업 예산이 4억 원 내외라 본다면, 적어도 5~6명이 상주해야 기본적인 역할이라도 수행할 수 있습니다. 중간지원조직 예산은 최대한 인건비 중심으로 설계해야 고유한 역할에 충실할 수 있습니다.

둘째, 뒤에서 설명할 설치 형태에 따라서도 달라집니다. 행정직영으로 설치된 경우에는 업무 집행에 여러 행정적 제약이 많아 실제 역할이 한정적일 수밖에 없습니다. 센터장이 독립적이지 않아 자율성과 재량권도 많이 부족합니다.

셋째, 센터에 상근하는 활동가의 역량에 따라서도 달라집니다. 특히 센터장이 경험이 많고 역량이 높으면 더 많은 일을 할 수 있습니다. 현실적으로 월급 수준을 반영할 수밖에 없지만, 이 또한 지역사회의 합의 수준을 반영한다고 할 수 있습니다.

넷째, 민관협치와 민간위탁 제도에 대한 이해 수준도 중요한 요인입니다. 제도적 이해 수준이 낮으면 다양한 갈등 관리에 많은 시간을 소모해야 합니다. 중간지원조직이 조례에 명시된 본연의 역할 수행보다 이해관계자를 만나 설명하고 자료 만드는 일이 더 많아질 수 있습니다.

다섯째, 수탁사업 외에 조례의 역할과 직접 연결되는 보조사업이 결합되는 경우입니다. 매년 반복되지 않는 보조사업(특히 국비사업)이고 센터가 직접 집행하는 것이 효율적인 경우에 수탁법인이 동의하여 센터가 수행할 수도 있습니다. 특히 사업비가 부족하면 이런 방식이 흔히 사용됩니다. 원칙(제도)적으로는 맞지 않는 방식이지만, 중간지원조직의 역할 범위에 들어오기 때문에 현실에서는 많이 적용되는 방식입니다.

이외에도 여러 요인들이 작용하여 센터의 역할 범위가 결정됩니다. 이런 요인들을 잘 이해하기 위해서라도 설치 과정에서 공동학습이 매우 중요한 셈입니다.

'행정사무'라는 의미는 복잡하고, 그 이해도에 따라 설치 유형이 달라집니다

거듭 강조하지만 중간지원조직의 역할은 조례에 규정된 '행정사무'에 해당합니다. 행정사무로 인정할 만큼 지역사회 전체가 동의했다는 것을 의미합니다. 그래서 조례가 중요하고, 중간지원조직의 설치 근거를 조례에 명시한다는 것은 정책 집행 방식에서 '패러다임 전환'이라 할 정도로 큰 변화에 해당합니다. 단순히 중간지원조직 설치 자체가 중요하다고 주장하는 것이 아니라, 지역사회에서 "기존 방식으로 정책을 집행하는 것이 아니라 이제는 민관협치 관점에서 중간지원조직을 설치하고 각 주체별 역할 분담을 통해 서로 권한과 책임을 명확히 해야 한다"는 합의가 필요합니다. 이런 인식 위에서 설치되어야 제 역할을 수행할 수 있고, 그 다음 경로로 단계적인 발전도 가능한 셈입니다.

여기서 행정사무라는 것이 무엇을 의미하는지 추가적으로 설명할 필요가 있습니다. 행정사무 자체가 시민의 권리·의무와 직접 관계되어 공공성이 매우 강하다면 공공행정이 직접 수행하는 것이 바람직합니다. 일반적인 인허가 업무나 감독 업무를 행정이 직접 수행하는 것도 이 때문입니다. 최근에는 선출직 단체장 및 지방의원을 통해 민원성 업무가 행정으로 많이 흡수되고, 매우 복잡한 지역문제도 많아지는 경향이라 그 경계가 매우 불명확해졌습니다. 또 행정효율성이 강조되어 상하수도나 공공시설 관리를 '민영화'하는 사례가 늘어나는 것도 이런 경계의 모호함 때문입니다. 현대 사회의 복잡한 지역문제 해결에 행정이 어떤 역할까지 해야 할지 '수비 범위'에 대한 논쟁도 여전합니다. 예를 들어, 쓰레기문제나 아파트 층간소음, 부부싸움 등 행정의 역할 범위는 계속 논란거리입니다. 이런 점에서 행정사무라는 것도 민관협치를 바라보는 관점이나 사무 성격, 공공성 기준 등 시대에 따라 바뀐다고 볼 수 있습니다.

중간지원조직에 대한 필요성이나 설치 유형도 이런 측면에서 바라볼 수 있습니다. 일단, 행정사무를 수행하는 방식 측면에서 보자면 행정의 '직접 운영'과 '간접 운영'으로 구분할 수 있습니다. 직접 운영도 일반직 공무원이 행정 업무의 일환으로 직접 집행하는 방식과 중간지원조직을 행정직영으로 설치하여 운영하는 방식으로 구분할 수 있습니다. 간접 운영은 재단법인, 지방공사·공단, 민간위탁 등으로 구분할 수 있습니다. 운영 방식의 차이는 운영 책임자에서 크게 나타나는데, 직접 운영 방식은 행정기관의 담당 팀장인데 반하여, 간접운영 방식은 위탁조직의 대표 혹은 센터장이 됩니다. 각각의 유형마다 성격이 다르고 장단점이 있습니다([표 5-2] 참고). 중요한 것은 중간지원조직의 성격과 역할을 어떻게 이해하느냐에 따라 지역사회가 가장 좋은 방식을 선택해야 한다는 점입니다.

지역주민 관점에서 보더라도 중간지원조직은 설치 유형마다 각각의 장단점이 있습니다. 그래서 제공하는 공공서비스의 유형에 따라 적절한 설치 유형이 다를 수 있습니다. 전통적으로는 행정에도 신자유주의 영향이 있어 경영학 관점의 민영화가 강조되었고, 이것은 수익성이 있는 공공서비스 영역을 민간기업에게 맡기는 방식으로 많이 적용되었습니다. 하지만 민관협치 관점에서 강조되는 중간지원조직 서비스는 수익사업이 전혀 없기 때문에 완전한 민영화가 어려운 것입니다. 또 행정이 직접 수행하는 것도 여러 단점들이 부각되기 때문에 [표 5-2]와

〔표 5-2〕 중간지원조직 설치 형태의 장단점 비교 1: 행정사무의 수행 방식 측면

구분	직접운영(행정직영)	간접운영		
	지방자치단체 (행정부서, 직영센터)	재단법인 설립	지방공사/공단 위탁	민간법인 위탁
의미	· 지자체 직접 관여로 사업 수행, 시설 운영	· 지자체 출연금으로 자율 운영	· 각종 공공시설 통합 관장	· 지자체가 민간에게 비용 지불
재원	· 지자체 예산 · 수입은 지자체 귀속	· 지자체 지원금 +자체수입 · 수입은 자체예산 편성	· 지자체 지원금 +자체수입 · 수입은 자치단체 귀속(공단)	· 지자체의 지원금 +자체수입 · 수입은 자체예산 편성
인력 성격	· 일반직 · 임기제 공무원 · 기간제(공무직) 근로자	· 법인 직원 (전문인력) · 기간제 근로자	· 기관 직원 (준공무원)	· 법인 소속 직원
감독 책임	· 지방의회	· (직원)이사회 · (기관)자치단체, 지방의회	· (직원)이사회 · (기관)자치단체, 지방의회	· (직원)이사회 · (기관)자치단체
업무 범위	· 공공적 사업 수행 · 시설 운영	· 공공적 사업 수행 · 공공시설 운영	· 지자체 소유의 각종 시설 관리 · 운영	· 공공적 사업 수행 · 공공시설 운영
설치 운영	· 조례	· 조례, 재단 규정	· 조례, 위탁 규정	· 조례, 위탁규정
장점	· 안정적, 지속적 공급 · 행정의 책임성 확보 · 투자재원 조달 용이	· 전문인력 확보 용이 · 공익성 · 안정성 용이 · 장기적 접근 가능	(재단법인과 유사)	· 민간 자율성 높음 · 활동가 채용 용이 · 민간단체 성장 가능
단점	· 정책전문성 문제 · 재원 활용 비탄력적 · 운영자율성 미흡	· 출연자(행정) 통제 · 조직의 관료화 우려 · 느린 의사결정구조	· 조직과 센터의 성격 차이 발생 · 운영자율성 미흡	· 재원 확보 불안정성 · 고용안정성 미흡 · 정치적 변동 영향

자료 : 청양군, 2019.10, 『청양군 지역활성화재단 설립 타당성 검토(최종보고서)』, 121쪽을 수정, 보완

같이 여러 방식을 동시에 검토하게 되는 것입니다.

하지만 마을만들기는 기본적으로 '주민 주도, 상향식'을 강조하고 민관협치의

관점에서 현장밀착형 지원을 중요하게 보기 때문에 민간위탁 방식을 가장 강조해 왔습니다. 농촌 현실에서는 재단법인 방식을 선택할 수도 있다고 봅니다. 또 공공서비스(업무) 유형에 따라 행정이 직접 수행(공모사업 심사, 기본계획 수립 등)하거나 공사·공단을 통해 수행(거점 시설 공사 및 관리 등)하는 것이 더 적절한 행정사무도 있습니다. 그래서 여러 설치 유형 중에서 상호배타적인 선택지만 있는 것은 분명 아닙니다. 지역사회의 민관협치 역량이 발전하고 민간의 자치역량이 성숙되는 속도와 수준에 따라 다양한 유형과 단계별 경로를 설계할 수 있습니다. 결국 행정의 의지와 지역사회의 동의, 민간역량 등의 조합을 통해 종합적으로 선택하고 결정해야 합니다.

중간지원조직 설치 방식은 크게 '4대 유형'으로 구분합니다

중간지원조직은 설치 주체 및 운영기관 형태에 따라 흔히 관설관영(행정직영), 관설민영(민간위탁), 민설민영으로 구분해 왔습니다. 여기서 '관설(官設)'이란 행정에서 설치한다는 의미이지만 엄밀하게는 조례라고 해석하는 것이 타당합니다. 그래서 '관설민영'이란 조례에 근거하여 설치되고 민간이 운영한다는 뜻이고, 그래서 민간위탁 혹은 재단법인 유형에 해당합니다. 하지만 지방자치가 발달하지 못하고 민간의 자치역량이 취약한 농촌 현실에서 민설민영은 현실적으로 어렵고, 엄밀한 의미에서 중간지원조직으로 보지 않는 것이 논의를 명확하게 할 수 있습니다. 정책과 제도의 세계에서 민설민영 형태까지 다루는 것은 바람직하지 않습니다. 그래서 제도적 측면에서 보자면 다음과 같이 네 가지 설치 유형이 현실적으로 나타납니다 (그림 [5-2] 참고).

첫째, 행정직영 유형입니다. 조례에 설치 근거가 마련되어 있지만, 행정에서 상

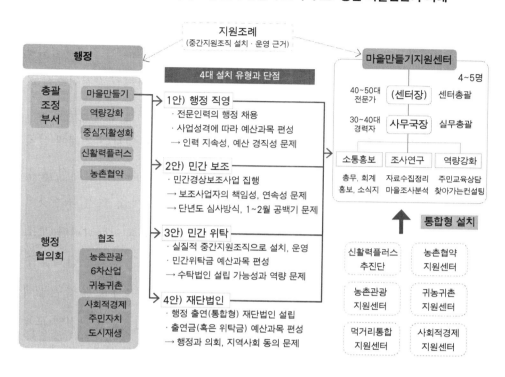

〔그림 5-2〕 중간지원조직의 4대 설치 유형과 조직 구조: 농촌 마을만들기 사례

근 인력을 임기제공무원 혹은 기간제 근로자 신분으로 직접 채용하여 운영하는 것으로 초기 설치 단계에서 흔히 나타나는 방식입니다. 일반직 공무원이 담당하는 경우도 제도적으로 못할 것은 아닙니다. 행정 입장에서는 조례만 제정하면 쉽게 설치할 수 있고, 행정 업무를 안정되게 추진할 수 있다는 장점이 있습니다. 하지만 기간제 근로자 신분인 경우에는 공무직 전환에 따른 부담감이 크고, 한번 정해진 예산은 변경이 쉽지 않으므로 활동의 경직성이 발생할 우려가 많습니다. 복잡한 서류 작업이 많아 현장을 방문하기 힘든 것도 큰 문제입니다. 임기제 공무원이라 하더라도 문제는 유사하게 나타납니다. 이런 단점 때문에 지속적으로 행정

직영 상태를 유지하기에는 불편한 점이 많아 대개 초기 단계에만 채택하는 방식입니다.

둘째, 민간보조 유형입니다. 민간 법인이나 임의단체, 특정 조직(지역 국공립대학의 산학협력단, 지자체 출연 재단법인)을 보조사업자로 선정하여 중간지원조직 역할을 맡기는 방식입니다. 이런 경우에는 보조사업자 선정 방식의 법적 타당성과 운영 책임성, 예산 정산 방식 등 여러 문제가 발생합니다. 무엇보다 조례에 설치 근거를 명시하였다고는 하나 중간지원조직 역할을 행정사무로 받아들이지 않고, 여전히 민간 역할로 이해하는 오류가 있습니다. 중간지원조직을 '설치'하는 것이 아니라 '지정'한다고 표현하는 사업지침에서 이런 오류가 흔히 나타납니다. 보조 사업이기에 매년 선정(지정) 절차를 거쳐 1년 단위로 지원하는 방식을 선택할 수밖에 없어 업무 연속성을 기대하기 어려운 문제가 있습니다. 또 1~2월 업무 공백기가 흔히 생겨 상근자 인건비 지출 자체가 가능하지 않고 겨울철 농한기에 교육 프로그램을 진행하기 힘든 문제도 있습니다. 특히 중간지원조직에서 수행하는 업무(역할) 자체가 행정사무에 속하는 공익적 역할임에도 불구하고, 민간보조사업으로 편성해서 지방의회나 지역사회가 오해하는 경우가 많습니다. "특정 단체에 지나치게 보조금을 많이 지원한다"는 오해가 대표적입니다.

셋째, 민간위탁 유형입니다. 지자체마다 제정되어 있는「행정사무의 민간위탁 조례」에 따라 중간지원조직의 위탁절차를 거쳐 민간의 비영리 기관·단체에게 역할을 맡기는 방식입니다. 몇 가지 제도적인 쟁점이 여전히 해결되고 있지 않지만, 민관협치 관점에서 현재로서는 가장 바람직한 유형이라 할 수 있습니다. 문제는 한국 농촌 지자체 내부에 중간지원조직을 수탁하여 운영할 만한 비영리법인이 거의 없다는 점입니다. 도시 지자체조차 민간위탁을 염두에 두고 급하게 법인을 설립하는 사례가 대부분일 정도입니다. 지금까지 지자체 행정이 지역사회에 대표성과 공공성을 가진 민간법인을 양성해야 한다는 발상 자체가 없었기 때문입니다. 민간 스스로도 이런 법인을 설립해야 한다는 책임감이 부족한 탓도 큽니다(이상은 제4부 참고). 또 수탁법인을 설립해도 여전히 경영적 불안정성이 크고, 조직 관리와 사업 운영 경험이 부족해서 갈등도 적지 않습니다. 하지만 이런 문제(단점)조차도 민관협치 정책의 발전 방향과 성장 단계로 보자면 '반드시 극복해야 할 과제'로 이해할 필요가 있습니다.

넷째, 재단법인 유형입니다. 지자체가 출연하는 재단법인에 중간지원조직 역할을 맡기는 방식입니다. 원칙적으로는 출연금이란 예산과목으로 편성하는 것이 타당한데, 현실에서는 위탁금, 보조금 방식도 많이 보입니다. 그리고 재단법인의 설립 목적 자체가 이런 역할이었다면 업무 수행은 그나마 큰 무리가 없습니다. 하지만 설치하기 편하다는 이유로 이런 재단법인에 역할을 맡기면 조직의 설립 취지와 역할 사이에 충돌하는 측면이 강하여 내부에서도 갈등이 발생할 수밖에 없습니다. 광역 지자체가 출연하는 각종 연구원이나 진흥원 같은 곳에서 이런 문제가 많이 발생합니다. 전체적으로 농촌 지자체에서 민간 네트워크 법인을 설립하는 것 자체가 쉽지 않다는 점을 인정하고 행정의 의지가 명확해서 5~10년 앞까지 내다본다면 재단법인 유형도 검토할 수 있습니다. 이런 경우, 농촌 마을만들기 분야만으로는 규모가 지나치게 작기 때문에 유사한 지역정책 영역까지 포괄하는 경우가 일반적입니다. 그래서 중간지원조직을 통합형으로 설치하려고 하다 보면 재단법인 유형을 흔히 많이 검토하는 것입니다. 그럼에도 행정에서 100% 출연하는 재단법인은 조직의 관료화 문제가 항상 제기되고, 소위 '낙하산 인사'에서 자유롭지 않다는 점, 공공기관 채용 방식을 따르기에 현장 활동가 채용이 쉽지 않다는 점, 회계도 복잡하여 업무 집행에 서류 작업이 많다는 점 등 단점도 많이 제기됩니다. 이런 점 때문에 민관협치 관점에서 설치 과정이나 운영 방식 측면에서 단점을 보완하기 위해 세심하게 검토할 부분이 아주 많은 셈입니다.

이와 같이 중간지원조직 설치 방식에는 제도적 측면에서 크게 네 가지 유형이 있습니다. 엄밀하게 보자면 중간지원조직 자체에 대한 제도적 이해가 부족하여 설치되는 민간보조 유형도 있고, 어쩔 수 없이 선택하는 행정직영 유형도 있습니다. 또 재단법인 방식으로 운영하는 지자체도 최근에는 늘어나고 있습니다. 민간위탁 유형이 가장 바람직하고 가장 많이 채택되는 방식이지만, 현실에서는 여전히 불완전한 것은 마찬가지 상황입니다. 따라서 현재의 설치 방식은 지자체마다의 고유한 현실을 반영하여 선택한 결과라 할 수 있습니다. 열려진 제도와 현실 사이에서 어떤 유형을 선택하고, 그 다음에 어떤 경로로 전환해가야 할지는 지역사회의 총체적 역량에 달려 있는 셈입니다. 현재로서는 이 정도 범위에서 중간지원조직을 설치할 수밖에 없습니다. 앞으로 민관협치가 더 잘 작동될 수 있도록 더 많은 상상력을 동원하고, 제도적인 개혁까지 이루어질 수 있도록 노력해야 할 것입니다.

지자체 현실에서는 민간위탁과 재단법인 유형이 가장 중요합니다

우리가 현실에서 선택해야 할 중간지원조직 설치 방식으로는 민간위탁과 재단법인, 두 가지 유형이 가장 중요하고 일반적입니다. 초기 출발은 행정직영 유형이 많을 수밖에 없지만 2~3년의 경험을 축적하면서 빨리 전환해야 한다는 것이 그동안의 경험이었습니다. 여기서 민간위탁 유형은 수탁법인의 조직 형태에 따라 비영리 사단법인과 사회적협동조합의 두 가지 유형으로 구분할 수 있습니다. 재단법인 유형에도 100% 행정출연과 민관 공동출연의 두 가지 경우로 구분할 수 있습니다. 물론 세부적으로는 더 많은 유형이 있을 수 있습니다. 현실적으로는 비영리 사단법

〔표 5-3〕 중간지원조직 설치 형태의 장단점 비교 2: 민간위탁과 재단법인

	민간위탁형 (비영리 사단법인, 사회적 협동조합)	재단법인형 (100% 행정출연형, 민관 공동출연형)
장점	· 민간의 자율성 확보와 역량 강화 용이 · 예산 집행의 유연성 확보 용이 · 상근자의 채용과 관리가 상대적으로 유연 · 수탁법인이 관련 영역에서 수익사업 및 보조사업으로 사업 확대 용이	· 전문성과 공공성 확보 유리 · 안정적인 재정 확보로 조직 안정 · 전문직 상근자 채용 유리 · 다양한 정책사업의 안정적 출연 운영 용이 · 5년 이상 장기적 접근 가능

단점	· 초기단계 수탁법인 이사회의 전문성 부족에
	  따라 행정 및 상근자와 갈등 상존
	· 현재의 민간위탁 제도에서 수탁법인의
	  지속성·안정성 확보 곤란
	· 민-민 갈등 시에 행정의 중재 곤란
	· 상근자 고용의 불안정성 상존
	· 지방정치(단체장) 변동이 강하게 작용
		· 법인 임원의 전문성과 관심이 운영 성과
		  좌우
		· 담당 행정부서가 센터를 직접 통제
		· 조직 관료화와 소위 '낙하산' 인사 우려
		· 느리고 수직적인 의사결정구조
		· 다양한 사업 위탁으로 조직 비대화 우려
		· 지방의회 직접 업무 보고와 관리
		· 법인 대표의 정치적 입장이 크게 반영

단점
보완
방안
	· '정책적 인큐베이팅' 관점에서 수탁법인의
	  성장 과정 지원
	· 민간위탁 제도 개선 : 위탁수수료 인정,
	  위탁기간 5년 보장 등
	· 상근자 채용 가능한 인력풀의 집중 양성
	· 행정-법인-센터의 업무연찬 강화
		· 민간출연도 유도하여 이사회 민간 참여
		  강화
		· 정규직과 비정규직 수의 적절한 조화 모색
		  (장래 수익 영역은 비정규직 운영)
		· 현재 공무직 근로자의 고용 전환 유도로
		  행정의 비대화 예방
		· 센터 상근자의 현장방문과 활동 의무화

사례	· 서울특별시마을공동체종합지원센터 · 전북농어촌종합지원센터 · 전주도시혁신센터 · 충남(천안, 예산, 홍성, 보령, 금산)	· 완주군커뮤니티비즈니스재단 · 수원시지속가능도시재단 · 춘천시 마을자치지원센터 · 충남(청양, 부여, 서천) 지역활성화재단

* 사례는 2022년 12월 기준으로 분류. 2023년 1월부터 서울특별시마을공동체종합지원센터는 중단하고, 춘천시마을자치지원센터는 마을공동체 업무를 행정으로 이관하여 주민자치지원센터로 명칭 변경을 결정함. 전북농어촌종합지원센터는 민간위탁에서 전북 농어촌활력재단(가칭)으로 전환하기로 결정하여 연구용역에 착수함.

인의 민간위탁과 100% 행정출연 재단법인이 일반적으로 볼 수 있는 유형입니다. 유형마다 장단점이 각각 있는데, 지자체 실정을 반영해서 장점을 살리고 단점을 보완하는 관점으로 우선순위를 정해야 합니다([표 5-3] 참고). 어느 특정 유형이 전적으로 장점만 있는 것은 아니기 때문입니다.

예를 들어, 민간위탁 유형은 장점도 많지만 수탁법인 이사회의 전문성 부족이나 재정 불안정성, 이해관계자 사이의 갈등요인, 상근자 고용 불안정성 등 단점도 많습니다. 그래서 행정은 수탁법인의 부족한 전문성에 대해 '정책적 인큐베이팅' 관점에서 성장 과정을 지원해야 하고, 또 민간위탁 제도 개선(위탁수수료 인정, 위탁기간 5년 보장 등)을 통해 공적 활동을 적극 배려해야 합니다. 또 다양한 교육 프로그램을 통해 역량 있는 상근자가 채용될 수 있는 인력풀을 형성하고, 채용된 상근자가 지속적으로 성장할 수 있는 정책 환경을 조성해야 합니다.

재단법인 유형도 제도적 측면에서 안정성과 공공성이 가장 큰 장점으로 부각되지만, 조직 관료화와 소위 '낙하산' 인사 우려, 조직 비대화 우려 등 단점도 많이 있습니다. 따라서 조직의 관료화를 예방하고 정치적 중립성을 확보하기 위해 설립 초기 단계에서 민간의 공동출연과 이사진 참여를 적극 유도하는 것이 중요합니다. 또 정규직과 비정규직의 직원 수를 적절하게 조화시켜 비대화를 예방하고, 동시에 지자체 행정에 속한 공무직 근로자의 고용 전환을 통해 행정의 비대화도 동시에 예방하는 방안을 검토해야 합니다. 직원들이 사무실 중심으로 일하는 것이 아니라 현장 방문을 자주 하고, 주민 당사자 의견을 많이 듣도록 민관협치의 조직 문화도 형성해야 합니다. 이런 보완장치를 충분히 반영할 때 재단법인 유형의 중간지원조직도 제 역할을 할 수 있습니다.

어떤 설치 유형을 선택하고 단점은 어떻게 보완할 지, 또 어느 경로로 발전해 갈 것인지 등 행정과 민간 당사자들이 공동학습과 토론, 합의의 과정을 충분히 거쳐 결정해야 합니다. 대개는 충분한 학습 과정 없이 결정되기에 장점도 살리지 못하고 단점만 부각되는 셈입니다. 전국의 중간지원조직 사례들은 모두 역사가 짧기 때문에 여러 문제점이 제기됩니다. 이것이 본질적인 단점인지 극복하여 넘어가야 할 과도기의 과제인지, 또 상근하는 개개인의 성향 문제인지, 조직문화의 문제인지 등 구분하지 않은 채 평가하는 경향이 많습니다. 이런 것도 공동학습과 토론 없이는 이해할 수 없는 부분이고, 설립 초기부터 충분한 공감대가 형성된다면 차근차근 해결해나가야 할 경로도 충분히 보일 것입니다. 제도적으로 어려운 부분이 많기 때문에 더더욱 공동학습 과정이 중요합니다.

충남 광역 및 시군의 마을만들기 중간지원조직 설치 현황

충남의 농촌마을정책에서 중간지원조직이 설치되는 과정은 매우 의미가 있습니다. 단지 광역 지자체가 예산만 지원하는 게 아니었고, 현장밀착형 컨설팅을 병행하면서 공동학습 과정을 치밀하게 기획하고, 시군 사이의 적절한 경쟁과 협력을 유도하면서 단계적으로 추진되었습니다. 기존 정책 방식을 반성하고 길게 보며 제1부에서 다른 10대 핵심과제 전반에 걸쳐 근본적인 해결책을 모색했습니다. 이런 과정 자체가 매우 중요하기 때문에 자세하게 설명할 필요를 느낍니다. 다른 정책 영역에서도 마찬가지로 시도해볼 만하고 중앙정부 차원에서도 참고할 부분이 많다고 보기 때문입니다.

충남의 농촌마을정책은 2015년에 크게 방향을 전환했습니다

충남도는 2011

년부터 시작된 민선 5기 희망마을만들기의 성과를 기반으로 민선 6기에 들어와 정책 방향을 새롭게 전환했습니다. 핵심 내용은 1) 행정 중심에서 민간 주도로, 2) 광역 지원에서 시군 주도로, 3) 단위 사업에서 시스템 구축으로 방향을 전환하는 '3대 전략'이었습니다. 이러한 방향 전환은 지금까지 전국적으로 시행되어 왔던 농촌마을정책의 시행착오를 반성하면서 근본적인 해결 방향을 모색하자는 취지를 담고 있었습니다. 특히 '광역은 광역답게' 광역의 역할에 충실해야 하고, 시군 지자체 단위로 민관협치의 정책 시스템 구축이 무엇보다 중요하다는 인식을 반영했습니다. 기존의 대다수 국비 사업에서 문제가 발생한 것은 이런 정책 시스템을 구축하지 못한 상태에서 집행되었고, 특히 마을 현장에 밀착하여 지원할 수 있는 중간지원조직이 없다는 게 큰 원인이라는 진단이었습니다. 또 행정의 지원체계가 정비되지 못하고, 대부분의 역량강화사업을 외부 컨설팅 기관에 의존함으로써 사업의 집행 경험이 현장에 축적되지 못한 탓이 크다고 본 것입니다.

그래서 2015년부터 신규 사업으로 「마을만들기 민간 네트워크 구축 및 중간지원조직 설립」 공모사업을 추진했습니다. 공모사업은 시군 자치단체 주도로 1) 행정지원 체계 정비(제2부 주제), 2) 민간 네트워크 구축 및 법인 설립(제3부, 제4부 주제), 3) 조례 제정과 중간지원조직 설치(제5부 주제) 등 농촌마을정책의 민관협치형 추진체계를 빨리 구축하도록 지원하자는 게 핵심 내용이었습니다. 세부적으로는 10대 핵심 과제(그림 [1-2] 참고)를 정하고, 광역의 '정책적 유도'를 통해 공동학습과 토론·합의 절차를 거쳐 시군 실정에 맞는 길을 찾도록 지원했습니다(제1부 주제).

공모 방식을 선택한 것은 '광역의 역할'에 대한 고민의 결과였고, 광역에서 사업비를 지원함으로써 시군 지자체의 적극적인 참여를 유도하고, 또 준비된 지자체부터 출발하자는 취지였습니다. '2년간 연속 지원'을 표면적으로 내세웠지만,

농촌정책의 추이를 예상하면서 중간지원조직 설치가 중앙정부의 의무사항으로 등장할 것으로 예상했기에 그 이후는 크게 걱정하지 않았습니다. 특히 시군역량 강화사업이라는 확실한 국비(농식품부) 예산이 있었기 때문에 충남도가 인건비만 지원하면 사업비는 문제가 되지 않는 판단도 가능했습니다. 결과적으로 문재인 정부에 들어와 자치분권이 더욱 강화되고, 농식품부 시군역량강화사업에서 2명의 인건비를 사용할 수 있게 사업 지침이 변경되었으며, 또 신활력플러스사업과 농촌협약제도에서 중간지원조직 설치를 공모사업 선정의 전제조건으로 내세웠기 때문에 예상대로 전개되었다고 평가할 수 있습니다.

지원 예산은 처음 구상보다 삭감되었지만 시군당 연간 1억 6천만 원(도비와 시군비가 5대5)이었고, 이 예산은 인건비 중심으로 편성하고, 사업비는 농식품부 시군역량강화사업을 활용하도록 강조했습니다. 광역(충남연구원 충남마을만들기지원센터)에서 전문적인 컨설팅으로 지원하고, 상근 인력 4명의 인건비만 보장할 수 있으면 농촌마을정책 분야에서 민관협치형 추진체계 구축은 단기간에 가능하다고 판단했습니다. 이러한 전략에 따라 시군 마을만들기 중간지원조직은 2~4명의 상근자가 근무하는 형태로 2015년부터 단계적으로 개소하기 시작했습니다. 3년차 이후에도 도비 지원은 계속됐고, 2020년부터는 행정직영에서 빨리 독립하여 민간위탁이나 재단법인으로 전환하도록 설치 유형별로 차등 지원했습니다. 행정직영·유형은 연간 총 1억 원, 민간위탁과 재단법인 유형은 2억 원으로 전환했던 것입니다. 또 초기 단계 광역의 역할은 어느 정도 완료했다고 판단해서 시군비 비율을 50%에서 70%로 상향 조정했습니다. 이런 노력으로 처음 시작한지 6년째인 2020년에 14개 시군에서 중간지원조직이 모두 개소했습니다(279쪽 [표 5-6] 참고).

'광역은 광역답게' 방향을 제시하고 지원하는 역할에 충실했습니다

충남은 광

역 차원에서 책임 있게 시군 단위의 정책 전환 과정을 지원할 주체로 충남마을만

들기지원센터 설치를 처음부터 요구했습니다. 하지만 2014년 12월 도의회에서

설치 예산이 전액 삭감되는 것을 시작으로 2015년 1차 추경예산, 2016년 본예산

까지 3회 연속으로 예산이 편성되지 못했습니다. 조례 개정을 통해 설치 근거는

확보했지만 중간지원조직 설치 필요성에 대해 도의회 설득에 계속 실패한 셈입

니다. 하지만 광역의 지원 기능은 어떻게든 수행할 필요가 있었기에 시군 공모사

업 예산에 2천만 원 이내의 컨설팅 소액 예산을 의무적으로 편성하도록 하고, 충

남연구원 산하에 전문연구팀을 설치하여 지원하는 방식을 선택했습니다. 사실

'농촌마을정책의 민관협치형 추진체계 구축' 과정 자체는 시군 지자체가 스스로

진행하기에는 매우 어렵고 복잡하며, 전국적 사례도 전혀 없는 상태였기에 광역

의 전문적 지원은 절실했습니다.

이에 공모사업 1년차인 2015년부터 전문연구팀(3명)이 수의계약을 통해 연구

용역 방식으로 현장밀착형 컨설팅을 진행하기 시작했습니다. 각 시군과 개별 계

약을 통해 진행했던 것은 광역에서 별도 예산을 수립하기가 어려웠다는 점도 있

고, 광역 마을만들기지원센터 설립이 늦어졌기에 전담조직을 우선 구성하여 추

진할 필요가 있었다는 점, 그리고 시군과의 직접 계약을 통해 지자체의 적극적인

관심과 참여를 유도할 필요가 있었다는 점 등이 주된 이유였습니다. 연구용역은

제1부에서 다룬 10대 핵심과제를 중심으로 넓은 영역에 걸쳐 현장밀착형 컨설팅

방식으로 진행하고, 마을대학 개최를 통해 시군의 행정 공무원과 당사자협의체

(준비단계 포함) 임원, 민간 활동가 등이 적극 참여하도록 유도했습니다.

이런 연구 목적을 살리기 위해 마을대학 과정을 적극 활용하여 집중적인 공동

〔표 5-4〕 충남 '시군 마을만들기 지원 시스템 구축' 연도별 대상과 연구용역 추진 현황

구분	2015	2016	2017	2018	2019	2020
합계(개소)	5	8	6	3	3	2
공모 선정, 연구용역 1차년도	천안시, 아산시, 논산시, 예산군 홍성군	보령시, 청양군, 서천군, 태안군	금산군	부여군, 공주시	당진시, 서산시	-
연구용역 2차년도	-	천안시, 아산시, 논산시, 홍성군	예산군, 서천군, 보령시, 태안군, 청양군	금산군	공주시	당진시, 서산시

* 실제 계약연도 기준. 부여군은 1차년도만 연구용역 수행

학습과 토론, 합의 과정을 거쳐 시군 지자체 실정에 맞는 경로를 도출하고자 노력했습니다. 또 충남도의 협조를 받아 같은 성격의 연구용역을 이미 진행했거나 동시에 추진 중인 시군 지자체들과 협력체계도 구축하고 선행연구의 성과를 이어받으면서 추진했습니다. 시군별 연구용역의 구성 자체는 거의 동일했고, 다만 시군 실정에 맞추어 합의를 도출하는 과정을 중시했습니다. 연구용역은 2015년부터 총 14개 시군 대상으로 각각 2년씩 6년간 총 27회가 진행되었습니다([표 5-4] 참고). 계룡시는 2019년도 공모사업에 선정되었지만 도중에 포기하여 반납 처리되었고, 당진시는 2018년에 선정되었지만 이월하여 2019년부터 서산시와 함께 진행되었습니다.

연구팀의 구성과 역량에 따라 연구 기간에 차이가 있었고, 연구 초기에는 대상 시군도 많아 업무 부담이 매우 강했지만, 2018년 이후에는 매년 2~3개 시군으로 줄어 부담이 많이 완화되었습니다. 지난 6년간 총 27회 진행된 연구용역의 전체 금액은 약 5억 원이 소요되었습니다. 상근 연구원은 매년 3~4명이 유지되었고,

연구 책임자를 제외하고 참여 연구원은 연구용역 예산으로 채용하는 한계로 인해 연도별로 계속 바뀌었습니다. 이런 연구용역을 통해 광역의 역할을 충실히 할 수 있었고, 시군 스스로 경로를 설계하는 과정에서 많은 공동학습도 가능했습니다. 광역 행정은 시군 지자체 공무원을 소집하여 별도 교육도 수시로 진행하며 본연의 역할에 충실했습니다.

연도별 공모사업 추진 전략과 투자 실적을 소개합니다

공모사업은 2015년부터 단계적으로 추진되었습니다. 선정된 지자체에 대해서는 중간지원조직 설치와 관련하여 기본적으로 '3단계 발전 전략'을 권장했습니다. 1단계로는 행정직영 유형이라도 중간지원조직을 조속하게 설치하는 것을 권장하되, 만 2년을 넘지 않는 것을 기본전제로 제안했습니다. 행정직영 상태에서 다양한 경험을 축적하고, 행정과의 신뢰관계를 구축하며, 지역사회의 공론화 과정을 거쳐 민간으로 독립하는 경로를 유도했던 것입니다. 2단계로는 행정에서 독립하여 민간에서 운영(민간위탁 혹은 재단법인)하되, 행정조직 개편과 연계하여 중간지원조직의 통합형 설치를 목표로 하도록 제안했습니다. 행정도 중간지원조직도 정책 칸막이를 극복해야 본연의 역할에 충실하다 보았기 때문입니다. 3단계로는 중간지원조직의 안정성과 전문성을 강화하고 실천 경험을 축적하면서 민간의 당사자협의체와 네트워크 법인을 통해 민간주도성을 강화하고 확장하는 방향으로 나아가야 함을 강조했습니다. 이런 전략대로 시군마다 결과가 나온 것은 물론 아니고, 중간단계에 멈추어 있는 곳이 더 많습니다. 여기에는 여러 이유와 해석이 있을 수 있는데, 모든 시군마다 앞으로 중간지원조직이 발전해야 할 경로인 것은 분명하다 할 수 있습니다.

〔표 5-5〕 충남 광역 및 기초 마을만들기 중간지원조직의 연도별 투자 실적(단위: 백만 원)

구 분		합계	연차별 투자실적							비고
			2015	2016	2017	2018	2019	2020	2021	
합계		14,470	800	1,620	1,856	2,073	2,484	2,632	3,005	
광역 센터 소계		2,581	-	180	396	473	495	530	507	2016.8 개소 (100%도비)
시군 센터 소계		11,889	800	1,440	1,460	1,600	1,989	2,102	2,498	만 7년간
	도비	4,580	400	720	730	770	790	570	600	2020년부터 시군비 70% 매칭
	시군비	7,309	400	720	730	830	1,199	1,532	1,898	

* 시군 예산은 충남도 공모사업만 반영하고 농식품부 시군역량강화사업은 제외

연도별로 투자 실적을 분석하면 [표 5-5]와 같습니다. 시군 투자액은 지난 7년간(2015~2021년) 총 119억 원(도비 46억 원, 시군비 73억 원)이고, 2018년부터는 도비 매칭 비율보다 시군비를 더 많이 투자하는 시군도 등장했습니다. 광역 센터 예산까지 포함하면 지난 6년간 145억 원 정도가 투자된 셈입니다. 인건비 중심으로 지원하는 공모사업의 취지에 따라 1차년도는 인건비와 사무실 시설 리모델링 중심으로 집행하고, 2차년도부터는 인건비로 대부분 활용하고 있습니다. 부족한 사업비는 농식품부 시군역량강화사업 예산을 최대한 활용합니다. 이러한 광역 지자체의 과감한 투자를 통해 농식품부의 시군역량강화사업, 신활력플러스사업, 농촌협약제도 등에 선제적으로 대응하고, 외부 컨설팅 기관에 대한 의존도를 낮춤으로써 예산 효율성도 높이고 있는 셈입니다. 국비 예산으로 충남 방식을 적용한다면 중간지원조직을 전국적으로 빠르게 확산할 수 있다는 것도 확인할 수 있습니다. 또 농촌정책 전반의 추진체계를 민관협치형으로 빠르게 전환하는 것도

가능한 셈입니다. 이 정도 예산 규모라면 국비 하드웨어 시설사업 일부만 줄여도 가능하고, 청년 활동가의 상근 일자리를 보장하며 농촌의 지속가능한 미래도 꿈꿔볼 수 있을 것입니다.

중간지원조직 설치 과정과 운영 형태는 시군별로 제각각 특징이 있습니다

이런 정책적 투자를 통해 2015년 7월 아산시의 중간지원조직 개소를 시작으로 2020년 6월 당진시까지 14개 시군에 중간지원조직 설치가 완료됐습니다(계룡시만 제외). 설치 유형은 행정직영 6개(아산시, 논산시, 태안군, 당진시, 서산시, 공주시), 민간위탁 5개(예산군, 보령시, 천안시, 홍성군, 금산군), 재단법인 3개(청양군, 부여군, 서천군)로 다양한 셈입니다([표 5-1] 참고). 중간지원조직의 설치 과정도 시군별로 다양한 특징이 있는데 구체적으로 살펴보겠습니다.

처음에는 대개 행정직영으로 출발하였고, 11개 시군(아산시, 논산시, 보령시, 서천군, 청양군, 태안군, 금산군, 서산시, 공주시, 부여군, 당진시)이 여기에 해당합니다. 처음부터 민간위탁으로 출발한 곳은 2개(천안시, 홍성군)에 불과하고, 예산군은 민간보조사업 방식으로 출발하여 민간위탁으로 전환한 사례에 해당합니다. 서천군은 행정직영에서 민간위탁으로 또 재단법인으로 전환되었다는 특징이 있습니다. 행정직영 상태에서 민간으로 독립하지 못한 시군이 여전히 많고, 이것은 민간에서 네트워크 법인을 설립하지 못한 이유 때문입니다. 수탁법인 설립을 위해 처음부터 다양한 노력들이 있었지만 아산시를 비롯하여 논산시, 공주시 등 도중에 좌절한 사례가 많고, 여전히 현재진행형인 시군도 있습니다(제4부 참고).

중간지원조직이 설치된 14개 시군 중에서 주민자치나 공동체, 사회적경제, 도

시군	센터 명칭	개소연월	조직 유형	조직유형 변화역사	사무실 위치	수탁법인
아산시	마을공동체소통협력센터	2015.07	행정 직영		아산어울림 경제센터 2층	
논산시	희망마을지원센터추진단	2015.10	행정 직영		논산시청 본청	
예산군	행복마을지원센터	2015.12	민간 위탁	민간보조→ 민간위탁	예산해봄센터	(사)예산군행복마을네 트워크
보령시	마을만들기지원센터	2016.03	민간 위탁	행정직영→ 민간위탁	농업인다목적회관 1층	(사)만세보령공동체네 트워크
천안시	마을공동체지원센터	2016.08	민간 위탁		도시창조 두드림센터	(사)천안시공동체네트 워크 함께이룸
홍성군	마을만들기지원센터	2016.12	민간 위탁		청운대학교 수신관 409호	(사)홍성지역협력네트 워크
서천군	마을만들기지원센터	2017.01	재단 법인	행정직영→ 민간위탁→ 재단법인	서천군통합경제 진흥센터	(사)서천마을누리네트 워크→서천군지역활성 화재단
청양군	마을공동체지원센터	2017.04	재단 법인	행정직영→ 재단법인	청양읍 혁신플랫폼 (독자 건물)	청양군지역활성화재단
태안군	공동체통합지원센터	2017.11	행정 직영		태안종합운동장 1층	
금산군	마을만들기지원센터	2018.08	민간 위탁	행정직영→ 민간위탁	금산시네마 2층	풀뿌리주민네트워크 (사)금산&사람들
서산시	마을만들기지원센터	2019.06	행정 직영		서산시민센터 2층	
공주시	공동체종합지원센터	2019.07	행정 직영		공주시청 별관	
부여군	마을만들기지원센터	2019.10	재단 법인	행정직영→ 재단법인	부여읍 별도 건물	부여군지역공동체 활성화재단
당진시	마을만들기지원센터	2020.06	행정 직영		주민커뮤니티센터 3층	

* 중간지원조직 개소연월 순서로 기재.

시재생 등 관련 정책영역과 통합형의 운영 형태를 보이는 곳은 12개입니다. 통합영역이나 형태는 같은 공간에 입주하는 '공간적 통합'과 한 법인 내에 함께 설치하는 '물리적 통합'이 있습니다. 도시재생지원센터와 통합형으로 설치된 시군이 9개로 가장 많고(물리적 통합 4, 공간적 통합 5), 그 다음이 주민자치와 사회적경제 영역입니다. 명칭은 마을만들기지원센터로 된 곳이 가장 많고, 마을만들기 대신에 공동체 명칭을 사용한 곳은 4개 시군(아산시, 천안시, 태안군, 공주시)입니다. 센터장은 행정직영의 경우에는 모두 센터장 없이 사무국장 중심으로 운영하고, 나머지 유형도 대개 비상근 혹은 반상근 방식에서 출발했습니다. 2022년 12월 현재, 천안시와 홍성군, 청양군, 부여군, 서천군 등 5개 시군만 상근 센터장 시스템을 운영 중입니다. 보령시는 2023년부터 상근 센터장으로 전환하기 위해 채용 절차를 진행하고 있습니다.

마을만들기 중간지원조직의 상근자 수는 약 80명이고, 상대적으로 '좋은 일자리'에서 활동하고 있습니다. 기존의 단년도(혹은 단기간) 보조사업 방식의 사회적 일자리가 아니라, 행정 혹은 법인과 고용계약을 맺고 4대 보험도 적용되며 상대적으로 급여 수준이 높기 때문입니다. 또 평균 연령이 약 36세인데, 50대의 센터장을 빼면 연령이 더 낮아져 청년층 고용 창출에 크게 기여하고 있는 셈입니다. 앞으로 상근자 수는 계속 증가할 것으로 예상되고, 여기에 신활력플러스추진단이나 농촌협약지원센터까지 결합하면 훨씬 많은 활동가가 채용될 것입니다. 이런 상근인력 구조에서 농촌재생의 가장 중요한 거점조직으로 발전하리라 충분히 예상할 수 있습니다.

중간지원조직을 둘러싼 '7대 쟁점': 공동학습과 합의로 극복!

지금까지 중간지원조직에 대한 개념과 제도적 성격, 그리고 충남 사례 등을 소개했습니다. 이로써 지난 10여 년 동안 중간지원조직 관련하여 논의되어온 성과도 어느 정도 정리한 셈입니다. 하지만 여전히 반복적으로 제기하는 질문이 있고, 정리되지 못한 쟁점도 많습니다. 제도 자체에 대한 이해가 부족한 이유도 있고, 현실적 측면에서 실무적 애로사항까지 맞물려 전체를 보지 못하는 탓도 큽니다. 이런 이해도의 차이 때문에 중간지원조직을 둘러싸고 행정과 수탁법인, 마을 등 이해관계자 사이의 갈등 사례도 적지 않습니다. 그래서 자주 질문하는 문제 제기와 몇 가지 쟁점에 대해 필자의 의견을 소개하고자 합니다. 무엇보다 지역별로 공동학습과 토론을 활발하게 진행하는 것이 중요하다는 점을 강조하고, 또 비판적인 관점에서 검토하면서 논의 성과가 계속 공유되고 축적되기를 기대합니다.

쟁점1: '정책적 인큐베이팅'이란 관점이 왜 중요할까요?

중간지원조직의 민간위탁 방식은 제도적으로 조례에 명시되어 있고, 공개경쟁을 통해 수탁기관을 선정하게 되어 있습니다. 하지만 지역사회에 중간지원조직을 수탁하여 운영할 수 있는 민간 법인이 없는 경우가 일반적이라는 게 큰 숙제가 됩니다. 그래서 행정에게는 정책적 관점으로 다양한 역량강화사업을 활용하여 의도적으로 비영리법인을 설립하고, 성장하도록 지원하는 역할이 요구됩니다. 공개경쟁이 기본적으로 가능하지 않고, 법인이 지역사회에 하나라도 있어야 민간위탁을 검토할 수 있기 때문입니다. 물론 민간 스스로의 노력도 전제되어야 합니다. 현재의 민간위탁 제도에서는 공개적인 절차를 밟도록 되어 있고, 중간지원조직의 공공성 확보와 지속가능성 측면에서 행정이 이런 과정을 지원하는 것이 반드시 나쁘다고만 할 수 없을 것입니다. 이런 역할을 '정책적 인큐베이팅'이라 표현할 수 있습니다.

하지만 여기에는 미묘하고 불편한 진실이 숨어 있습니다. 지방정치 현실에서 행정이 특정 민간조직을 설립하도록 지원하는 것은 오해의 소지가 충분하기 때문입니다. 행정이 민간의 조직화 과정에 어디까지 개입해야 하는지, 그 관점과 정도가 중요한 부분입니다. 민간 대상으로 역량강화 프로그램 사업을 제공하는 것까지는 충분히 동의되지만, 당사자협의체나 네트워크법인을 설립하도록 직접 지원하는 것은 차원이 다를 수 있습니다. 또 어려운 농촌 현실에서 민간 스스로 조직을 설립할 가능성에 대해 회의적인 관점도 작용하여 이런 표현을 사용하는 것입니다. 솔직한 의견이기도 한데, 농촌 현실의 객관적 상황에서 도출된 불편한 진실이라 할 수 있습니다. 이런 점에서 중간지원조직이 행정을 대신하여 민간의 조직화 과정을 지원하는 것이 현실적으로 필요합니다. 민간의 자치역량 강화를 통해 행정과 민간의 대등한 협력관계를 유도하는 것은 민관협치 관점에서 매우 중요하고, 이것은 중간지원조직의 고유한 역할이라고 볼 수 있기 때문입니다.

그래서 초기에는 행정직영 유형이라도 중간지원조직을 먼저 설치해 상근자의 성장과정을 배려하면서, 동시에 민간의 활동가를 발굴하고 역량강화와 조직화 과정을 지원하는 역할이 중요하다고 강조하는 것입니다. 상근자는 스스로가 속한 중간지원조직을 수탁하여 운영(통제)할 민간 주체(법인)가 설립될 수 있도록 끊임없이 노력해야 하는 임무(미션)가 있는 셈입니다. 단순히 행정사업을 대행하는 것에 그치거나 행정 내부 신분에 안주하려고 한다면 활동가의 자세가 아니라고 비판하고 나아가 무능하다고까지 평가하는 것은 이런 이유 때문입니다. 중간지원조직을 설치함으로써 민간 활동가의 인건비를 안정되게 제공하고(보수 수준에 대한 평가는 별개로 하더라도) 직업적으로 활동할 수 있는 여건을 보장하려는 전략은 농촌 마을만들기의 오랜 경험에서 나온 결론이기도 합니다. 이런 방식이 아니라면 한국 농촌 현실에서 민간의 조직화와 네트워킹 역할을 전담할 수 있는 활동가 전담조직을 만들기 어렵기 때문입니다. 그래서 '정책적 인큐베이팅'이란 표현이 등장했습니다.

쟁점 2: 중간지원조직 설치 근거로 꼭 법률 제정이 필요할까요?

중간지원조직은 조례에 규정된 '행정사무'에 해당한다는 말을 거듭해왔습니다. 이것은 중간지원조직이 조례로 제도적 위상과 역할이 보장되어 있고, 지속성을 확보할 수 있음을 의미합니다. 하지만 지자체 현실에서는 중간지원조직의 필요성 자체부터 제대로 역할을 하고 있는지, 투자 대비 효과가 있는지 등 여러 문제를 제기합니다. 이것은 제도적 성격과 역사적 측면을 이해하지 못한 상태에서 '행정사업을 대행하는 기관'으로 좁게 보는 관점 때문에 나타납니다. 그래서 중간지원조직을 새롭게 설치하거나 현재 운영하고 있는 시군에서 행정과 의회, 지역사회를 설득하고 이해시키기가 쉽지 않습니다.

이런 이유들이 겹쳐 국가에서 법적 지위를 인정하도록 법률을 제정해야 한다는 주장이 오래 전부터 있어 왔습니다. 구체적으로 2013년부터 지역 좌담회와 국회공청회가 여러 번 개최되었고, 전국적 서명운동도 2회나 진행되었습니다. 법률안도 2013년부터 농식품부와 행안부가 각각 논의했는데, 이후 중복 법안이라는 문제 제기로 인해 행안부로 일원화 되었습니다. 국회에도 법률안이 3회 상정되었는데 법안소위에서 심의조차 못하고 모두 자동 폐기되었던 경과가 있습니다. 이번 21대 국회(2020.5.30.~2024.5.29)에서도 '마을공동체 활성화 기본법'이 발의되었고, 행정안전위원회 논의 과정에서 '지역사회혁신 활성화 지원법'과 유사하다하여 통합안으로 다시 조정된 적도 있습니다. 2022년 12월 현재, 여전히 법률안 통과 가능성을 회의적으로 보는 시각이 많습니다.

법률 제정과 관련하여 마을만들기가 주민 생활에 밀착된 지자체 업무이기 때문에 현재의 조례로도 충분하다는 주장도 있습니다. (필자도 기본적으로 이런 입장을 지지하는 편입니다.) 조례만으로는 부족하고 상위법에 설치 근거가 있어야만 법적 지위가 충분히 확보되고 지속가능하다는 주장도 많습니다. 특히 지방자치 선거 이후에 중간지원조직의 존폐 위기를 경험한 지자체일수록 법률 제정에 큰 기대를 가지고 있습니다. 또 중간지원조직을 처음 설치하려는 지역에서도 법적 근거 확보가 중요하다고 강조합니다. 하지만 원칙적인 관점이지만 중간지원조직의 제도적 지위는 행정과 민간, 지역사회의 충분한 공감대 확보를 통해 가장 확실하게 보장됩니다. 이런 과정을 소홀히 하고 법률 제정을 통해 '무임승차'하듯이 설치된 중간지원조직은 오히려 더 큰 문제가 발생할 수 있습니다. 정체성 자체에 대한 이해도가 낮기 때문에 행정사업의 대행기관에 머무르거나 곧바로 관료화의 길을 걷게 됩니다. 또 중간지원조직을 둘러싸고 각종 갈등에 휩싸이거나 존폐 위기가 발생했을 때 모든 것을 법률에 의존하여 해결하려는 오류도 생깁니다. 그래서 제도적 지위를 확보하고 공감대를 형성하려는 과정 자체가 더 중요한 것이지, 법률이나 조례의 문구 자체로 지위를 보장받으려 하는 것은 중요도의 우선순위가 바뀐 셈입니다. 현재 단계에서는 법률 제정 자체가 오히려 민간의 성장을 억제하고, 행정주도성이 강해지며, 중간지원조직만 비대해질 우려도 충분히 있다는 점에 유의해야 합니다.

쟁점 3: 예산과목은 반드시 위탁금으로만 편성해야 할까요?

충남도는 도비 매

칭사업으로 중간지원조직을 설치할 때 예산과목을 편성하는 방법까지 자문했습니다. 설치 유형에 따라 당연히 예산과목은 달라질 수밖에 없습니다. 행정직영의 경우에는 세부 사업별로 분류하고 그 성격에 따라 예산과목을 편성할 수밖에 없고, 또 변경할 때에는 의회 승인(혹은 동의) 절차를 밟아야 합니다. 민간위탁의 경우에는 당연히 위탁금으로 편성하면 됩니다. 재단법인의 경우에는 출연금과 위탁금의 두 방식이 있을 수 있습니다. 예산과목 자체는 중간지원조직의 성격과 사업 내용을 반영하여 결정하는 것이기에 매우 중요합니다. 위탁금 외에도 보조금이나 용역, 대행, 사용수익허가 등 매우 유사하면서도 성격이 구분되는 예산과목이 있습니다. 그런데 행정 공무원 중에서도 의외로 이것을 구분하지 못하는 경우를 많이 봅니다. 지방의원들도 명확하게 구분을 못하는 편입니다.

여기서 특히 위탁금과 보조금의 차이를 구분하는 것이 중요합니다. 제도적으로는 다음과 같이 구분됩니다. 먼저 위탁금은 "각종 법령 또는 조례·규칙에서 정하는 자치단체장의 권한에 속하는 사무 중에서 (…) 특수한 전문지식이나 기술이 요구되거나 능률성이 요청되는 사무를 법인·단체 또는 그 기관이나 개인에게 맡겨 그의 명의와 책임 하에 행사하도록 하는" 예산입니다. 그리고 보조금은 "민간에서 추진하는 사업의 활성화를 목표로 행정이 지원하는 예산"이기 때문에 "지자체가 시행해야 할 서비스를 민간과의 협약을 통해 민간에 위탁 운영하게 하는" 위탁금과는 명확하게 차이가 있습니다. 간단하게 말하면, 중간지원조직 역할을 위탁금은 행정사무로 인정하는 반면, 보조금은 민간이 스스로 해야 할 역할로 이해하는 것입니다. 이 두 가지 예산과목을 잘 구분하지 못하여 중간지원조직 사무를 위탁금이 아니라 보조금으로 편성하는 오류를 자주 보게 됩니다.

더 복잡한 문제는 현재 민간위탁으로 운영하는 중간지원조직에 추가로 중간지원조직 사업이 결합할 때 나타납니다. 여기에 대해서는 제4부의 [그림 4-2]를 참고하면서 아래 설명을 읽으면 이해하기 쉬울 것입니다. 농식품부 시군역량강화사업의 예산과목을 어떻게 편성해야 중간지원조직과 연계성을 높이고 사업효과도 기대할 수 있을지 예로 들어 설명해보겠습니다. 이 경우에는 1안) 기존 마을만들기 중간지원조직의 위탁금에 포함하여 편성하는 경우, 2안) 별도 위탁금으로 편성하여 위탁절차를 진행하는 경우, 3안) 민간경상보조사업으로 편성하여 보조사업 절차를 밟는 경우, 4안) 별도 계약사업(혹은 공기관대행사업)으로 편성하여 수탁법인과 수의계약 혹은 입찰을 통한 결정으로 추진하는 경우 등 네 가지가 있을 수 있습니다. 유사하게 신활력플러스추진단이나 농촌협약지원센터, 각종 현장지원센터 등의 중간지원조직(기능)도 이렇게 네 가지 설치 방법이 있습니다.

수탁법인이 어떤 방식으로 통합하여 운영할지는 예산과목에 따라 크게 달라집니다. 각각의 경우마다 모두 장단점이 있고, 또 현실에서는 예산편성원칙에 따라 반드시 결정되는 것도 아닙니다. 그럼에도 원칙적으로는 기존 위탁금에 포함하여 집행하는 것(1안)이 수탁법인 입장에서는 운영의 효율성 측면에서 가장 좋습니다. 하지만 예산의 출처가 다르고 담당부서도 다른 경우가 많아 각각 정산 절차를 진행해야 하기에 2안을 선택할 수밖에 없습니다. 사업목적이나 대상도 조금씩 다르기 때문에 하나의 위탁금으로 편성하기가 실무적으로 쉽지 않습니다. 그래서 전국 사례를 보더라도 매우 복잡하게 결합되어 있고 다양한 양상을 보입니다. 3안은 중간지원조직의 성격에 대한 오류에서 비롯된 예산과목 편성이지만, 행정 실무 차원에서는 수탁법인과의 합의를 전제로 일시적으로 진행할 수 있는 방식입니다. 중간지원조직 사무를 4안으로 진행하는 것은 분명히 잘못된 것이지만 현장지원센터 업무나 역량강화사업 부분만 분리하여 수탁법인에 맡길 경우에는 검토해볼 수 있습니다. 3안과 마찬가지로 수탁법인과의 합의가 전제되어야 하고, 사업예산에서 인건비(활동비)를 분명히 인정해야 하는 것도 전제조건이 됩니다.

어느 경우가 되든지 예산과목은 중간지원조직의 고유한 역할 수행에 기여하고, 또 수탁법인의 역량강화와 성장에 기여하는 방향으로 편성되어야 합니다. 수탁법인과의 충분한 합의도 전제되어야 합니다. 또 그 사업예산이 외부로 빠져나가지 않고, 지역사회에 경험과 성과가 축적되는 방향으로 결정되어야 합니다. 이런 방향에서 예산과목을 잘 편성해야 하고, 이 부분에 대해 행정도 민간도 충분히 숙지하며 현실적인 선택을 하는 것이 중요합니다. 원칙적으로 1안이 가장 바람직하지만 수탁법인과의 합의에 따라 2안 혹은 3안, 4안의 방식도 지역 여건에 따라 선택할 수 있다는 의견입니다. 다만 인건비(활동비)를 인정하지 않는다면 중간지원조직의 고유한 역할에 충실할 수 없고, 행정과 수탁법인 사이에 갈등도 충분히 예상됩니다. 행정은 중간지원조직 사무가 아니라 일반적인 보조사업일 때도 이 점을 놓치지 않아야 합니다.

쟁점 4: 우수한 상근자를 어떻게 발굴하고 육성해야 할까요?

현실적으로 중간지원조직을 설치하고 운영할 때 우수한 상근자를 찾기가 가장 어렵다고 말합니다. 행정도 수탁법인도 이런 애로사항을 자주 호소합니다. 여기에는 인건비 수준의 문제도 있지만, 농촌 현장 실정을 몸으로 경험하고 기획과 조직관리 역량까지 갖춘 현장 활동가가 전국적으로 너무 부족하다는 문제가 가장 큰 요인입니다. 특히 농촌지역에서 이런 문제는 구조적 과제에 해당하기 때문에 근본적으로 해결하려는 노력이 먼저 필요합니다. 흔히 말해 '일 잘하고 품성도 좋은' 활동가가 무직 상태일 경우는 매우 드물기 때문에 현직에서 열심히 활동 중인 상근자를 '빼

와야' 하는 딜레마가 발생할 수밖에 없습니다. 전체적으로 활동가의 풀이 넓으면 큰 문제가 없지만, 그렇지 않은 상태에서는 높은 인건비로 '사람을 사오는 꼴'이 됩니다. 아니면 우연찮게 쉬고 있는 활동가가 신청하도록 기다려야 하는 셈이 됩니다.

그래서 광역과 중앙 차원에서 우수한 활동가의 발굴과 성장 과정을 체계적으로 지원할 수 있도록 정책적인 대응이 꼭 필요합니다. 예를 들어, 활동가의 심화 교육을 위해 광역 차원의 연수원 설립을 별도로 고민하거나, 공무원연수원(현재 인재개발원으로 명칭 변경)을 개편하여 민간 활동가 교육까지 포함하는 개혁 조치를 검토해야 합니다. 민간 전문기관에 심화연수를 진행할 수 있도록 공모사업을 신규로 개발하는 것도 한 방법일 것입니다. 이렇게 체계적인 지원이 없다면 현장 전문가가 '우연히 나타나기'를 기다릴 수밖에 없는 셈이고, 있다 하더라도 성장 과정을 지원하는 시스템이 없기 때문에 '소모적으로 활용되는 꼴'이 됩니다. 농촌정책의 질적 수준을 높이고, 민간의 추진역량을 강화하기 위해서라도 이 문제는 매우 중요한 핵심과제에 해당하기 때문에 전체적이고 중장기적인 관점에서 풀어가야 할 것입니다.

하지만 실무적으로 보자면 상근자를 채용하는 방식 자체에도 개선할 점이 많습니다. 채용 절차 자체가 단순하고 응시자를 배려하지 않기 때문에 '사람 찾기'에 서투르다는 지적입니다. 경험적으로 다음과 같은 점을 많이 강조합니다. 잘 검토하여 적용해보기를 권유합니다.

첫째, 무엇보다 필요한 상근자의 역할과 역량 수준에 대해 지역사회에서 합의하는 절차를 우선해야 합니다. 여기에 따라 기대수준도 역할도 '한목소리'를 낼수 있고. 임금 수준(직급)도 적절하게 정해지기 때문입니다. 센터 설치유형에 따라 채용조건이 달라질 수밖에 없는데, 내부의 합의과정이 불명확하고 몇몇 소수만 논의하다 보면 아무리 좋은 사람이 채용되어도 갈등을 동반할 수밖에 없게 됩니다. 지역사회 합의 수준이 높을수록 공개채용 절차를 엄격하게 밟고, 좋은 입소문도 기대됩니다. 소위 '낙하산 인사'가 개입될 여지가 없고, 채용된 사람도 본연의 역할에 충실하면 됩니다.

둘째, 공고기간을 '최소한 3주 이상' 잡아야 하고, 최대한 널리 홍보해야 하며, 그 중간에 채용설명회도 반드시 개최해야 합니다. 사람을 정해 놓고(소위 '낙점') 채용공고를 내는 경우는 이제 없겠지만, 널리 홍보하지 않는 것 자체가 "이미 내정된 사람이 있는 것 아니냐" 하는 인상을 줍니다. 입소문이 퍼져나가고, 응시 희망자에게 이런저런 고민할 여유까지 주자면 최소한 3주는 배려해야 합니다. 그럼에도 대개 '2주 긴급공고'에 그치면 단순 일자리 찾는 사람에게나 정보가 전달될 뿐입니다. 나아가 채용설명회까지 해야 지역 상황이나 공고 내용이 정확하게 전달되고, '좋은 사람'을 채용하고 싶다는 의지도 확인됩니다. 또 응시자와 채용기관 사이에 좋은 신뢰관계를 형성할 수 있고, 채용되지 않더라도 해당 지자체에 대한 응원군(관계인구)으로 역할을 할 수 있습니다. 충남마을만들기지원센터는 2016년부터 시군 센터의 채용 수요를 모아 매년 1~2회 정도 공동채용설명회를 계속 진행해 왔습니다. 이런 경험에서 얻은 지혜이기도 합니다.

셋째, 채용심사 방식도 가능하면 서류심사에 발표심사와 상호평가까지 포함하면 좋습니다. 중간지원조직은 실무적으로 문서 작성과 발표 역량, 대인관계가 아무래도 중요합니다. 서류심사와 짧은 면접심사만으로는 이런 역량을 파악하기 어렵고, 학위나 경력만으로 판단하기 쉽습니다. 그래서 보완장치가 꼭 필요합니다. 그 일환으로 응시자가 같은 자리에 앉아 서로의 발표를 듣고 서로 질문하고, 그래서 응시자 모두가 납득하는 방식이 가장 이상적입니다. 발표순서는 제비뽑기로 정할 수 있을 것입니다. 탈락한 사람도 좋은 공부했다는 생각을 가질 수 있고, 또 해당 지자체의 다른 채용기회를 소개받을 수도 있습니다. 이런 점에서 현재의 공공기관 채용 방식(블라인드 포함)은 형식만 '공정'한 것에 불과하다고 비판을 받는 것입니다. 적어도 마을만들기 분야는 채용과정도 서로를 존중하는 공동체 방식이어야 할 것입니다.

넷째, 채용 이후의 역량강화와 성장 과정을 지원하는 내용도 중요합니다. 복지후생 분야의 일환인 셈인데, 채용기관 입장에서 상근자를 소중하게 생각하고 더 성장할 수 있도록 다양한 지원제도를 개발하고 이를 적극적으로 홍보할 필요가 있습니다. 상근자로 채용된 이후에 지방 농촌에서 스스로 성장하고 있음을 수시로 확인할 수 있을 때 지속적으로 근무할 수 있습니다. 월급은 적더라도 이런 성장 과정에 대한 확신이 있을 때 과감하게 응시할 수 있습니다. 상근자가 자주 바뀌는 곳은 이런 측면에서 무언가 문제가 있는 셈이고, 이런 소문이 확산되면 채용 희망자가 더 줄어드는 악순환이 생기게 됩니다. 충남 광역 중간지원조직에서 『마을독본』을 꾸준히 발간하고, 매월 시군 순회 대화마당을 개최하며, 2박3일 직무연수를 매년 2회 실시하는 것도 모두 상근자의 성장 과정을 지원하려는 노력의 일환인 셈입니다.

대체로 3~6명에 불과한 작은 중간지원조직에서 이런 과정 자체를 세련되게 진행하는 것은 쉽지 않습니다. 행정은 당장의 업무에 급급해하고, 수탁법인도 상근인력이 없기에 중간지원조직 스스로 이런 절차를 진행할 수밖에 없습니다. 하지만 이런 조직문화를 만들고 채용절차를 매뉴얼로 정리해두면 모두에게 도움이 됩니다. 이제는 농촌에 우수한 인력이 없다고 한탄만 할 것이 아니라 이런 문제를 종합적으로 차근차근 해결해야 합니다. 특히 중앙정부와 광역의 정책적 역할이 매우 중요합니다. 충남처럼 마을만들기 중간지원조직을 통해 80명 이상의 활동가 풀을 확보했던 경험에서 많은 시사점을 얻을 수 있습니다. 시행착오 과정에서 배운 여러 지혜도 축적되어 있습니다.

쟁점 5: 중간지원조직의 위치와 사무실 기능으로
왜 플랫폼이 중요할까요?

중간지원조직이 조례를 통해 제도적 지위를 보장하고, 인건비를 충분히 지원한다 하여 제 역할을 수행할 것이라 기대하기에는 뭔가 부족합니다. 사무실 위치는 모든 마을의 중심이 될 수 있는 공간에 위치해야 합니다. 지자체 외곽의 어느 면 단위에 위치하면 사람들이 찾아오기 어려운 공간이 됩니다. 흔히 '놀고 있는' 권역 센터를 사용하는 경우를 자주 보는데, 활용도를 높인다는 측면에서는 일부 효과가 있지만 단순 사무실 기능에 그치게 됩니다. 공간은 좁더라도 시군청 인근이 되면 민관협치의 상징성이 살아나고, 전통시장 안이라면 옛날 장날 오듯이 찾아올 수 있고 지역경제 활성화에 기여할 수 있습니다. 이런 위치에서 좋은 공간을 찾기 위해 행정도 민간도 함께 노력해야 합니다.

공간 자체도 지나치게 좁아 사무실 기능밖에 할 수 없다면 본연의 역할 수행에 어려움이 있습니다. 상근자를 위한 사무실은 기본이지만 교육장이나 도서관(자료실), 소회의실, 북카페, 농산물 직매장 등의 역할을 동시에 수행할 때 마을 주민들이 찾아오기 쉽고 '친구' 역할도 수행할 수 있습니다. 관련 민간단체가 함께 입주하여 협력할 수 있도록 공유공간도 배치할 필요가 있습니다. 외부 주차장에서 주말장터 같은 미니 이벤트를 할 수 있고, 야외 전시장, 자전거 임대, 동물복지농장 등의 역할도 할 수 있다면 더욱 좋습니다. 단순히 업무 보는 사무실에 그치지 않고, 지역사회와의 대화와 소통, 교류 공간이 되어야, 그래서 풀뿌리 민주주의 훈련을 반복하는 공간이 되어야 제대로 된 역할을 수행할 수 있습니다.

충남에서는 중간지원조직 논의 초기부터 유럽의 '민중의집' 모델을 소개하고 이런 다목적 공간으로 사무실을 구상해야 함을 강조했습니다. 중간지원조직 공간을 3~4명의 상근자가 근무하는 사무실로 좁게 보고, 민간 건물의 임대 사무실에 입주하는 정도로는 많이 부족하다는 것이었습니다. 주민 누구나 쉽고 편리하게 찾아올 수 있는 위치에 입지하고, 여러 가지 확장성이 있는 공간을 확보해야 좋습니다. 지자체 중심에서 멀리 벗어나 권역센터나 리모델링한 폐교, 지역대학 등에 입주하면 몇 가지 장점도 있지만 전체적으로 보면 부족한 점도 많습니다. 주민들이 찾아가기도 어렵고, 지역사회 주목도 받기 어려우며, 무엇보다 상근자들이 사무실 공간을 활용하여 새로운 활동을 기획하는 것 자체가 어렵습니다. 그리고 무엇보다 통합형 중간지원조직을 지향한다면 이런 확장성까지 충분히 고려해야 하기 때문입니다.

물론 이러한 공간을 확보하자면 지역사회에서 충분한 합의가 필요합니다. 소위 '좋은 공간'에는 이를 둘러싼 경쟁도 치열하기 때문입니다. 적어도 유사한 중간지원조직과 민간단체들은 '공간적 통합'을 해야 시너지효과도 발생합니다. 전북 진안군의 마을만들기지원센터는 2012년 5월부터 10월까지 만 5개월 동안 총 12회 마을만들기대학을 운영하면서 현장탐방과 실습, 공청회(2회), 선진지견학 등을 통해 현재의 장소(옛 농업기술센터)로 확정했습니다. 사전에 입주예정 단체를 모집하고, 전체 과정을 함께 한 단체에만 입주 기회를 부여했습니다. 이런 과정을 거쳐 총 15개 단체가 입주하고, 40여 명이 상주하는 '또 하나의 마을'로 발전했습니다. 공간 입주와 운영원칙은 논의 과정에서 정리하여 「진안군 마을만들기지원센터 설치 및 운영 조례」에 반영되어 있습니다. 신축이나 리모델링에 필요한 시설비는 진안군 사례(도비 10억 원)처럼 다양한 국도비 공모사업을 활용할 수 있습니다. 중간지원조직 공간이 이처럼 플랫폼 기능을 수행할 수 있을 때 본연의 기능에 충실할 수 있게 됩니다.

쟁점 6: 중간지원조직의 통합형 설치는 어떤 경로로 설계해야 할까요?

지자체에서 중간지원조직 설치 요구는 마을만들기 영역 이외에도 매우 다양합니다. 최근에는 농촌협약지원센터와 농촌공간전문기관 설치도 강력하게 요구됩니다. 이런 정책적 수요에 대해 통합해서 설치하는 것이 바람직하다는 점은 누구나 쉽게 동의합니다. 하지만 구체적으로 어떻게 통합하여 설치할지 이해하는 것은 제도적 측면에서 그리 간단하지 않습니다. 중간지원조직 자체의 성격과 제도적 측면을 모두가 이해하지 못하면 한걸음 더 나아가기 어렵습니다. 그래서 공동학습과 토론, 합의 과정을 반복해야 한다고 거듭 강조하는 것입니다. 몇 가지 더 추가하여 설명하겠습니다.

먼저, '통합'이란 개념 자체에 대해서도 조금 더 구분해서 접근할 필요가 있습니다. 일단, 동일 건물 내에 입주해서 협력하는 형태의 '공간적 통합'이 있고, 하나의 법인 내에 관련 사업 영역을 배치해서 협력관계를 유지하는 '물리적 통합'이 있습니다. 여기에서 나아가 하나의 법인 내에 배치하되 총무·회계·홍보·주민교육 등 공통 업무를 통합해서 운영하는 '화학적 통합'이 있을 수 있습니다. 가장 바람직한 방식은 개별 중간지원조직의 공통적인 업무를 도출해서 더욱 효율적으로 운영하는 화학적 통합일 것입니다. 하지만 현재의 예산관리원칙 측면에서는 실무적으로 매우 난감한 부분이 많습니다. 중앙정부에서부터 제도개혁을 해야 실현 가능합니다. 물리적 통합도 아래에서 설명하지만 몇 가지 전제조건이 필요합니다. 그나마 가장 쉬운 것이 하나의 건물에 함께 입주하는 공간적 통합 방식이고, 그래서 플랫폼 기능을 강조하는 것입니다.

둘째, 물리적 통합을 하고자 해도 여러 이해관계자들이 합의하기가 현실적으로 쉽지 않습니다. 다음과 같은 전제조건이 요구되기 때문입니다. 일단, 통합할 영역을 총괄하는 기본조례를 별도로 제정해야 합니다. 여기에 행정조직을 개편해서 통합할 영역의 부서를 모두 하나의 '과'로 모아야 합니다. 그리고 (가장 어려운 것인데) 수탁 운영할 민간 법인(이사진)에게도 통합할 중간지원조직 영역의 대부분에 대한 대표성과 전문성이 요구됩니다. 이런 제도적 전제조건들을 충분히 이해해야 물리적 통합도 논의해볼 수 있습니다. 물론 이미 설치된 중간지원조직의 상근자부터 이해하고 동의해야 통합 과정이 원활할 수 있습니다. 예산과목 측면의 복잡성에 대해서는 앞의 쟁점2에서 제4부의 [그림 4-2] 개념도를 빌려 이미 설명한 바가 있습니다. 결국 중간지원조직의 통합 범위는 행정조직 개편과 네트워크 법인 설립과 동시에 생각해야만 하는 셈입니다.

셋째, 통합의 경로도 이해관계자의 공동학습 과정을 전제로 해서 단계적으로 설계할 수밖에 없습니다. 통합할 대상으로 행정직영과 민간위탁 유형, 여기에 재단법인 유형까지 섞여 있는 경우에는 매우 복잡한 과정을 거쳐야 하고 여러 차원의 합의가 전제되어야 합니다. 일부 중간지원조직만 먼저 물리적 통합을 시도하고, 하나의 수탁법인 아래에서 효율성을 높일 수 있는 훈련을 반복하며 통합의 효과를 결과적으로 보여줘야 합니다. 개별 중간지원조직의 상근자가 역량을 축적하고 정책 칸막이를 넘어 지역 현장을 바라보고 협력하는 훈련을 반복한다면, 중장기적으로 화학적 통합도 자연스럽게 기대할 수 있습니다. 공간적 통합이 최대한 빨리 시행된다면 이런 분위기가 빨리 조성될 수 있습니다. 정책 칸막이를 극복해야 한다는 점, 작은 조직으로는 많은 일을 할 수 없다는 점에 행정도 민간도 중간지원조직도 서로 합의하는, 그런 공동학습 과정이 꼭 필요합니다.

이러한 통합 과정 자체는 당연히 긴장과 갈등을 수반할 수밖에 없습니다. 경우에 따라서는 "작은 조직이 더 효율적이다"라는 주장이 강할 수 있고, "긁어 부스럼 만들려 한다"는 비판도 나올 수 있습니다. 그래서 2~3년의 공동학습 과정을 통해 더 천천히 통합 논의를 진행해야 할 수도 있습니다. 필요성 자체를 이해관계자 모두가 절감해서 통합이 이루어진다면 가장 이상적입니다. 충남이나 전북의 경우처럼 마을만들기 중간지원조직이 이미 설치되어 있다면, 당연히 이를 중심에 놓고 통합의 경로를 설계해야 합니다. 어느 경로가 되든지 행정 입장에서는 처음부터 큰 조직을 설계하기가 쉽지 않고 정책 칸막이를 극복하며 행정조직 개편이 이루어지는 속도에 맞추어 단계적으로 발전하는 경로로 갈 수밖에 없습니다.

특히 농식품부가 2020년에 도입한 농촌협약제도를 고려한다면 농식품부 소관의 농촌정책국 소관 영역 중심으로 통합 경로를 고려하는 것이 우선일 것입니다. 이 부분은 제2부 행정조직 개편과 제4부 네트워크 법인 설립 부분에서도 제안한 바가 있습니다. 그래서 기존의 마을만들기지원센터에 시군역량강화 전담기구, 농촌협약지원센터를 기본적인 통합 범위로 보고, 여기에 신활력플러스추진단과 중심지활성화 현장지원센터, 농촌관광지원센터, 귀농귀촌지원센터, 먹거리지원센터 등을 통합하는 방안을 검토해야 할 것입니다. 더 추가한다면 민간단체 대상으로 보조사업으로 지원하던 기능과 컨설팅기관을 통해 용역으로 집행하던 사업, 그리고 농촌복지나 농촌일자리, 사회적농업 등 미래의 새로운 중간지원조직 수요까지 포함하여 검토할 수 있습니다. 이런 정도만으로 고려해도 지자체의 관계 부서는 최소한 7~8개 팀 정도가 되고, 중간지원조직 상근자 수도 최소한 20명 이상으로 확장됩니다. 전라북도농어촌종합지원센터는 마을만들기와 농촌관광, 귀농귀촌 영역만으로 20명이 활동하고 있습니다. 청양군 지역활성화재단은 상근자 정원으로 최대한 억제한다는 것이 54명이었다는 점도 눈여겨볼 필요가 있습니다.

물론 농촌정책 영역이 아니라 사회적가치 지향의 정책 영역 중심으로 통합하는 경로도 고려할 수 있습니다. 주민자치와 사회적경제, 도시재생, 공익활동, 평생학습, 마을교육공동체, 청년창업, 도시형(아파트, 연립, 단독주택 단지 등) 마을만들기 등의 영역은 중간지원조직 수요도 강하고, 열정적인 활동가도 많으며, 민간단체도 발달되어 있습니다. 서로 이질적이라 갈등 요인이 더 많다고 보는 입장도 있지만 중앙정부의 정책 동향을 보자면 오히려 논의 자체가 훨씬 더 빠르게 진행될 수도 있습니다. 지자체 규모가 작은 곳일수록 이런 경로도 쉽게 검토해볼 수 있습니다.

앞의 두 가지 경로를 조합하는 방식도 충분히 가능합니다. 어느 경로가 되든지 지자체 행정 입장에서는 처음부터 큰 조직을 설계하기가 쉽지 않고, 그래서 단계적으로 발전하는 경로로 갈 수밖에 없습니다. 하지만 처음부터 너무 작게 시작하면 적은 인력에 지나치게 많은 업무량을 부여할 가능성이 높습니다. '간판'만 통합형 중간지원조직이고 영역별 상근자 수가 2~3명에 불과하다면 실질적인 역할은 생각하기 어렵습니다. 이런 문제를 예방하기 위해서라도 처음부터 지역 실정에 맞게끔 공동학습과 토론, 합의의 과정 자체를 잘 설계하는 것이 중요합니다. 통합형 중간지원조직의 적정 규모와 역할, 통합 순서 등은 이런 과정에서 결정해야 이후에 나타날 시행착오도 예방할 수 있는 셈입니다.

쟁점 7: 현실적으로 농촌협약제도와 어떻게 관계 설정을 해야 할까요?

현재의 농촌협약제도는 여러 가지 불완전한 부분이 많습니다. 당초의 도입 취지와 달리 단순 패키지사업 형태로 변질되었고, 결과적으로 예전의 사업지침 변경 없이 중심지활성화(기초생활거점조성) 사업을 반복하는 것에 불과하다는 비판도 많습니다. 또 광역 지자체 단위의 농촌활성화지원센터처럼 중간지원조직을 잘못 이해하여 농촌협약지원센터도 '지정' 방식을 택하고 보조금 사업으로 집행하려 합니다. 또 사업지침에서 의무적으로 지정하도록 하였지만 인건비 대책도 명시하지 않고 있습니다. 이미 생활권활성화계획까지 협약을 체결한 지자체도 있고, 막대한 예산의 연구용역을 진행하고 있는 지자체도 많기 때문에 이런 비판을 수용하여 사업지침을 어디까지 보완할 수 있을지 여전히 단정하기 어렵습니다. 하지만 농촌협약지원센터를 앞에서 설명한 것처럼 제도적 측면에서 중간지원조직이라고 받아들여야 하고, 지자체의 민간위탁 조례를 적용하여 설치할 수밖에 없습니다. 그래서 농촌협약지원센터 설치가 현실적으로 매우 중요한 과제로 등장하고 있습니다. 이 문제로만 좁혀 몇 가지 의견을 제안하고자 합니다.

먼저 농촌협약지원센터를 전혀 새로운 중간지원조직으로 이해하면 안 되고, 기존에 설치된 마을만들기지원센터를 확장하는 것을 기본전제로 출발해야 합니다. 행정의 담당부서도 동일하고, 민간 당사자도 모두 중복되기 때문에 기존 논의를 더욱 발전시킨다는 관점이 필요합니다. 마을만들기 중간지원조직에서 신활력플러스추진단, 농촌협약지원센터로 확장되어 오는 셈입니다. 또 역할이 다르므로 상근인력을 분리하여 배치하되 서로 협력하는 구조로 설계해야 합니다. 농촌협약지원센터 자체도 설치유형이나 예산과목 편성, 상근자 확보, 수탁법인 설립, 행정 조직 개편 등 앞에서 소개한 모든 내용이 동일하게 적용됩니다. 농식품부가 구상하듯이 농촌협약 자체를 국가균형발전특별법 제20조에 기초한 지역발전투자협약으로 확장하여 다른 부처의 정책사업까지 연계하려 한다면 통합형 경로설계를 더욱 확장하여 논의할 수밖에 없습니다. 충남은 농촌정책의 중장기 방향까지 예상하여 마을만들기지원센터를 시군마다 선제적으로 설치·운영해왔고, 또 활발하게 정책 토론도 진행해왔던 것입니다.

둘째, 농촌협약지원센터는 시군 단위에서 설치·운영해야 하는데 읍면 정책을 강화하고 주민자치회와 연계하여 검토하는 것이 보다 현실적입니다. 현재의 중간지원조직은 규모나 역할 측면에서 제도적인 역할로 한정되기 쉽고, 읍면 단위의 농촌정책은 주민들의 대표기구인 주민자치회가 실질적인 주도권을 가져야 합니다. 충남에서 민선7기에 공동체 전담 '과'를 조직한 7개 시군은 모두 주민자치 업무를 주무 팀에 배치했다는 공통점이 있고, 이런 점에서 서로 협조하기가 훨씬 쉬웠습니다. 행정리 마을이 모여 읍면을 구성하고, 읍면이 원래 자치단체였으며, 주민들의 직접 참가가 가능한 공간 규모가 읍면이라는 점을 잊지 않아야 합니다. 이런 관점을 놓치면 농촌협약도 결국 하나의 '지나가는 사업'에 불과하고, 기존 대규모 행정사업에서 실패했던 경험을 반복하게 될 것입니다. 농촌협약지원센터의 현장지원센터 기능과 주민자치회 분과 및 사무국을 어떻게 연계시켜야 할지에 대해 처음부터 충분히 검토해야 한다는 제안입니다. 이런 부분에 대해서는 제6부에서 계속하여 논의를 진전시켜 나갈 것입니다.

셋째, 농촌정책의 패러다임을 바꿀 정도로 중요한 정책임에도 컨설팅 기관(용역사)에 강하게 의존하는 방식은 문제가 많습니다. 무엇보다 사업 설계 과정에서 이해관계자들이 모여 계속 토론하고 합의하는 절차가 중요합니다. 이 과정에서 축적된 공감대와 신뢰관계가 농촌협약의 추진체계 자체를 잘 작동하게 할 것입니다. 사업 내용 자체는 나중에 수정할 기회가 충분히 있지만 조례나 정책위원회, 행정조직, 중간지원조직, 당사자협의체 등은 합의하자면 상당 시간이 걸립니다. 이런 문제에 대해 현장전문가가 지나치게 부족한 상태에서 토론과 합의 과정을 거치지 않고 결정된다면 나중에 누구도 책임질 수 없는 구조가 됩니다. 5년간 400억 원 이상(지방비 포함)이 투자되는 사업에 누구도 이해하지 못하고 책임지지 못한다면 선정되는 것 자체가 '실패'를 예정한 셈입니다. 농촌협약은 사업 내용이 여러 영역에 걸쳐 있고, 이해관계자도 복잡하며, 예산 규모가 매우 큰 대규모 프로젝트에 해당합니다. 그래서 농촌협약지원센터를 미리 설치하고 역량 있는 센터장과 사무국장을 먼저 채용하여 사업 설계 과정부터 결합하는 것이 최소한의 안전장치가 될 수 있습니다. 인건비 '얼마' 아끼려다가 사업 전체를 망칠 우려가 크기 때문입니다. 이런 우려는 이미 선정된 지자체에서 충분히 확인됩니다.

넷째, 거듭 강조하지만 지자체 행정과 중간지원조직, 민간 당사자 등이 참여하는 공동학습의 구조를 튼튼하게 갖추어야 합니다. 앞으로 세부지침은 수정될 것이고 시행착오를 겪으며 계속 수정해갈 것이 명확합니다. 농촌협약의 추진체계 자체가 권한과 책임을 명확히 하는 방향으로 설계되어야 하고, 여기에 공동의 학습구조가 있어야 사업지침 자체를 현장 실정에 맞게끔 해석하고 발전시키는 방향도 찾을 수 있습니다. 행정은 순환보직제로 사업기간 중에 최소한 2~3회는 바뀔 것으로 예상되기에 이러한 공동학습 구조는 매우 중요하고 현실적인 과제인 셈입니다. 그리고 농촌협약지원센터도 최소한 4명 이상이 배치되도록 예산조치를 명확하게 사업지침에 반영해야 중간지원조직 본연의 역할을 수행할 수 있습니다. 마을만들기지원센터를 농촌협약지원센터로 지정만 하고 예산조치를 하지 않으니 기존 상근자가 농촌협약까지 담당하여 마을만들기 활동이 오히려 축소되는 문제가 이미 발생하고 있습니다. 충남은 도비 매칭 사업으로 설치·운영되는 마을만들기지원센터(2~4명)와 농식품부 역량강화 전담기구(1~2명)가 결합되어 있고, 여기에 농촌협약지원센터로 최소한 4명이 근무한다면 전체적으로 7~10명의 상근인력이 농촌협약에 직간접적으로 관여하게 됩니다. 여기에 농촌협약 행정부서와 정책위원회, 당사자협의체 리더와 현장 활동가 등이 모두 참여하는 공동학습의 구조가 마련되어야 합니다. 명칭은 무슨무슨 연구회나 학회, 학습모임 등 다양할 수 있습니다. 농촌협약지원센터가 상근 사무국 역할을 담당하고, 월1회 빈도로 정기적으로 개최한다면 농촌정책의 민관협치 수준을 단기간에 높일 수 있습니다. 이런 제안에 대해 홍성군의 '지역거버넌스 홍성통' 사례나 '마을학회 일소공도' 사례에서 시사점을 많이 얻을 수 있을 것입니다.

중간지원조직의 미래: 지역 스스로 주체적인 선택을!

중간지원조직의 세계는 여전히 '모호함'이 넘쳐나고, 논의가 집중되지 않아 제자리에서 늘 맴도는 경향입니다. 필요성 자체는 정책적 관점이나 풀뿌리 주민운동 차원에서 자주 강조되지만, 개념이나 제도 자체에 대한 논의는 발전되지 않고 있습니다. 여전히 눈에 보이는 표면적 문제만 바라보며 오해도 많고, '이미지 비판'도 많습니다. 농식품부 농촌정책 영역으로 들어오면 이런 문제가 더욱 심각하게 드러납니다. 깊이 있는 토론 기회도 없고, 그런 상태에서 정책적으로 무분별하게 도입되는 측면도 강합니다. 아직 현장 경험이 충분히 축적되지 않았기 때문이라 탓하기에는 현장을 찾아다니는 연구자나 활동가가 너무 부족한 현실입니다. 이미 충남을 비롯하여 현장에서는 아주 많은 경험과 논의가 축적되어 있습니다.

다음에 이어지는 제6부 주제를 포함하여 지금까지 다룬 내용은 가장 어렵고 복잡할 것입니다. 제도의 세계는 원래 이런 것일 수 있지만, 이를 더 쉽게 풀어낼 역량이 필자에게는 아직 없습니다. 1990년대 초반에 외국 논문과 일본 견학에서 처음 접한 이후 스스로 배운 지식이 대부분입니다. 일부는 제도의 세계에서 안개 속을 헤쳐 가듯 법률과 조례·지침을 분석하며 배운 것들이고, 많은 부분은 현장 실천 과정에서 경험으로 배웠습니다. 충남에서 많은 토론이 있었다고는 하나 여전히 논쟁적이고 풀리지 않는 지점이 많습니다. 끝으로 중간지원조직의 향후 미래를 둘러싸고 몇 가지 제안하는 것으로 마무리하고자 합니다.

첫째, 중간지원조직은 앞으로 모든 정책 영역에서 더 많이 요구될 것이 명확합니다. 당장은 지방선거를 계기로 일부 축소되는 사례도 있지만 주민역량이 성장하고 민관협치가 제도적으로 발전하면서 중간지원조직에 대한 수요는 더욱 늘어날 것입니다. 지방소멸론이 확산될수록 문제 해결을 위한 방법론으로 중간지원조직의 필요성은 더 부각될 것입니다. 또 위상과 지위도 더 강화될 것입니다. 민간의 노력 없이 저절로 이런 방향으로 바뀌지 않을 것은 당연한 말입니다. 그래서 먼저 설치되어 활동하고 있는 마을만들기 중간지원조직의 역할이 중요합니다. 지금 농촌마을정책 영역은 농촌협약이란 큰 파도를 만난 상태인데, 슬기롭게 넘어가야 더 넓은 바다로 나아갈 수 있습니다. 마을만들기 중간지원조직을 제대로 설치하고 상근자가 역할을 잘 수행해주어야 현장 문제도 차근차근 해결되고 위상과 지위도 높아지며 민관협치도 발전할 것입니다. 물론 중간지원조직이 만능이 아닌 것은 분명합니다. 그럼에도 현재 농촌 실정에서는 중간지원조직이 좋은 '전략적 선택'인 것만은 분명합니다.

둘째, 민간역량이 더 성장하고 주민자치 영역이 확장되어 자율성을 확보하면서 중간지원조직의 역할도 제자리를 찾아갈 수 있을 것입니다. 현재는 제도적 위상에 비해, 또 상근자 수와 역량에 비해 지나치게 많은 역할을 수행하도록 요구받고 있습니다. 작은 갈등을 자주 겪으며 좌절하고 떠나는 경우도 적지 않습니다. '참고 견디며' 5년 정도의 경험을 축적하게 되면 물리적 통합, 화학적 통합의 경로를 밟으며 더 많은 역할도 하고 보람도 성취감도 느낄 수 있을 것입니다. 큰 방향에서 보자면 시군 단위에서는 정책적 기능을 더 강하게 담당해야 할 것이고, 주민생활권인 읍면 현장에서는 실천조직으로 주민자치회(그리고 민간법인)가 더 많은 역할을 담당하는 방향으로 분화해갈 것입니다. 애당초 읍면이 자치단체였고, 시군은 규모가 지나치게 크다는 점을 이해한다면, 현재의 중간지원조직은 정책

연구소이자 교육연수원, 정보자료실 등의 역할로 발전해가야 할 것입니다.

셋째, 중간지원조직의 수요가 늘고 통합형 설치 요구가 높아지면서 행정개혁에 대한 필요성도 자연스레 높아질 것입니다. 정책 동향으로 보자면 자치분권 흐름 속에서 중앙정부 사무가 지자체로 계속 이양되고, 또 지자체의 자치조직권과 예산편성권이 강화되고 있습니다. 이런 상황에서 행정조직 자체의 개혁이 계속 요구되고, 정책 칸막이와 순환보직제 문제는 근본적인 과제로 계속 제기될 것입니다. 또 지자체 행정 자체가 외부 연구용역에 지나치게 의존하는 상황을 극복하고, 정책 전문성을 강화하기 위해서는 연구 기능을 내부적으로 갖는 것이 훨씬 효율적이라는 점에도 공감대가 확산될 것입니다. 이렇게 발전한다면 중간지원조직과도 협력적 역할 분담이 가능하고, 행정의 고유 역할에도 더욱 충실할 수 있습니다. 사실 지금 행정은 지나치게 비대하고, 비효율적이며, 정책 전문성이 의심받고 있습니다. 행정에서 기간제 근로자(혹은 공무직)로 근무하는 사람의 상당수는 중간지원조직으로 전환하여 배치하는 것이 훨씬 효율적입니다. 그리고 중간지원조직의 통합형 논의가 진전될수록 재단법인 유형이 부각될 수 있고, 일부 공공성이 강한 역할은 행정개혁과 병행하여 행정 내부로 다시 흡수될 것으로 예상됩니다.

결국 중간지원조직과 행정, 수탁법인, 당사자협의체, 그리고 마을 사이의 역할 관계는 자치분권과 민관협치가 발전하는 과정에서 계속 재조정하며 나아가야 할 것입니다. 시군 지자체마다 정책 칸막이를 넘어 횡적인 연대를 강화하고, 민관협치의 제도적 시스템을 정비하며, 공동학습 구조를 갖추어야 중간지원조직도 제자리를 찾아갈 수 있습니다. 지자체마다 다양하게 시도되는 혁신적 실험들도 상호학습을 통해 시행착오를 줄일 수 있습니다. 하지만 중간지원조직의 미래는 이런 역할 분담과 협력 수준, 공동학습체계 등에 따라 지자체마다 아주 불균등하게 나타날 것으로 예상됩니다. 중앙정부가 정책적인 지원 체계를 명확히 한다면 불균등 발전은 완화될 수 있지만, 그렇지 않다면 지자체별 편차는 확대될 수밖에 없는 셈입니다.

지금 필요한 것은 선도적인 성공 사례가 많이 나타나는 것입니다. 중간지원조직을 통해 지역사회의 다양한 문제들이 순차적으로 해결되고 작은 성공 사례들이 축적되면 더 큰 꿈을 꿀 수 있습니다. 이런 과정 자체가 발전이고 희망입니다. 좋은 성공 사례를 보며 더 큰 희망을 가질 수 있어야 중간지원조직의 지위와 위상도 높아지고 읍면 정책으로 빠르게 확장되어 갈 것입니다. 중간지원조직에 먼저 몸담은 활동가들이 이런 역사적 책무를 잘 받아들이고 학습 역량을 더욱 높여가면서 좋은 사례를 많이 만들어주기를 기대합니다.

공주시 공동체종합지원센터 설치 과정과 운영

고철용 공주시 공동체종합지원센터 사무국장

시작은 행정이 주도했다

공주의 마을만들기 중간지원조직은 민선 7기 단체장의 공약사업으로 구체화됐습니다. 다양한 공동체를 종합 지원하는 중간지원조직이 필요했고, 이에 따라 행정은 2019년 1월 주민공동체과를 신설했습니다. 주민공동체과는 자치분권팀, 사회적공동체팀, 농촌활성화팀, 새마을단체팀으로 구성됐습니다. 행정의 관점에서 공동체라고 생각되는 주민자치회 · 관변단체 · 사회적경제 · 마을만들기사업(하드웨어) 관련 업무 배치를 통해, 이전보다 공동체 관련 업무의 연계성을 높이고자 했습니다.

그러나 문제는 민간이 아닌 행정 주도로 중간지원조직을 구성하다보니 공동체에 대한 정의와 업무 범위(어떤 일을 어떻게 하고 왜 해야 하는지)에 대한 고민이 부족했습니다. 그래서 기존의 각 팀에서 추진하는 사업들 중 일부를 짜맞추어 부여하고, 이 일을 수행하기 위한 인력을 채용하게 됐습니다. 그렇게 기간제근로자 2명, 시간선택제임기제공무원 2명, 총 4명이 2019년 7월부터 행정직영 중간지원조직의 다양한 업무를 수행하기 시작했습니다. 그리고 농촌신활력플러스 사업 수행을 위해 신활력팀 2명과 도농교류 업무를 보던 나드리센터가 통합 운영되면서 1명이 더 채용되었습니다. 현재 공주시 공동체종합지원센터는 마을만들기와 주민자치 · 사회적경제 · 도농교류 · 농촌신활력플러스 등의 사업을 담당하고, 총 7명이 일하고 있습니다. 적은 인원으로 효율적인 업무 수행을 위해 센터장 없이 사무국장(1인), 기획홍보부(2인), 교육협력팀(2인), 신활력팀(2인)으로 조직체계를 갖추었습니다.

종합적으로 지원하면서 문제가 발생했다

중간지원조직은 말 그대로 행정과 민간의 중간에서 행정도 지원하고 민간도 지원하는 조직입니다. 민간의 의견을 수렴해서 행정과 협의를 통해 긍정적이고 미래지향적인 정책을 발굴할 수 있도록 하는 역할, 즉 행정과 민간 중간에서 보완재이자 완충재 역할을 하는 조직이죠. 중간지원조직의 일원은 이런 과정 속에서 생긴 신뢰를 바탕으로 책임을 다할 수 있습니다. 단, 공주시의 중간지원조직은 주민자치와 사회적경제, 마을만들기라는 전문 분야를 종합적으로 지원하다보니 문제들이 생겼습니다.

먼저 내부 직원의 역량강화 문제입니다. 적은 인원으로 감당하기에는 실무 업무가 너무 많고 넓습니다. 그럼에도 기간제근로자가 경험을 축적하고 역량을 강화하다 보면 어느새 계약 종료일이 다가옵니다. 임기제공무원도 익숙하지 않은 기안과 결재를 배우고 행정체계를 이해하며 행정 내부 협조까지 이끌어내기에는 시간이 부족합니다. 더불어 행정직영의 중간지원조직은 원하는 인재를 채용하는 구조(인사권도 없고 면접권도 없습니다)가 아니기에 직원의 역량 문제가 더 크게 다가옵니다.

둘째, 목적과 수단이 바뀌게 됩니다. 공동체 활성화라는 목적을 위해 중간지원조직은 다양한 분야(주민자치 · 사회적경제 · 마을만들기 · 사회단체)의 네트워크 지원 및 관리, 교육과 컨설팅, 사업 계획부터 집행까지 참여합니다. 세세한 영역까지 적은 인력으로 일하다보니 일이 쌓이게 되고, 그로 인해 그저 일(수단이라는 사업)을 하는 조직으로 전락해버립니다. 우리는 사람을 만나고 관계를 통해 일하는 조직인데, 어느 순간 사업비 사용하기 급급한 용역업체 혹은 행정의 한 팀이 되는 '웃픈' 현실을 마주하게 되어버렸습니다.

셋째, 책임과 권한의 문제입니다. 기안을 하고, 협조(주무관)를 구하고, 검토(팀장)를 받고, 최종적으로 결재(과장)가 있어야만 사업을 할 수 있습니다. 책임은 기안자에게 있습니다. 행정직영에서는 사무국장이든 연구원이든 모두 기안자입니다. 책임을 지는 일만 하다 보니 언제나 '을' 같은 심정입니다. 민간이 원하는 사업을 하고 싶어도 권한이 없으니 그저 논의해보겠다, 검토해보겠다는 말로 대체할 수밖에 없습니다. 그리고 앞서 언급한 문제들을 어떻게든 극복하고 행정과 민간에 신뢰의 '신'이라도 조금 쌓기 시작하게 되면 생기는 문제가 있습니다. 바로 의존(依存)과 의지(依支)의 문제입니다. 행정과 민간은 중간지원조직을 의지해야 하는데 때로는 의존하는 경우가 있습니다. 민간의 과한 부탁(사업계획서 작성, 회계 정산 요구 등)도 있고, 행정도 누구의 일인지 헷갈릴 정도로 무리하게 요구하는 경우도 있습니다. 과한 의지가 의존이 되어버린 것입니다. 믿고 의존한다는 게 행복한 고민일 수도 있으나, 대응 분야가 넓고 인원이 적은 구조 속에서 마냥 웃으며 받아들일 수는 없는 현실입니다.

중간지원조직은 완충재이자 보완재이다

앞서 언급한 문제는 다른 지역의 운영 사례를 통해서도 알 수 있듯이 자주 일어납니다. 그렇기에 이런 문제를 극복하기 위해서는 중간지원조직의 역할에 대한 근본적인 고민이 우선되어야 합니다. 중간지원조직(행정직영)에서 만 2년을 일하면서 느낀 조직의 역할은 바로 완충재이자 보완재라는 사실입니다.

먼저 완충재 역할이 필요합니다. 때로는 강하게 부딪치는 행정과 민간의 중간에 끼어서 완충재 역할을 해줘야 합니다. 민간이 제안하는 정책의 대부분은 목적만이 강조된 의견입니다. 즉 과정과 수단이 없이 최종적으로 원하는 것만 강하게 주장합니다. 'ㅇㅇ시설이 필요하다', 'ㅇㅇ사업을 해야 한다' 등으로 말입니다. 그러니 구체화된 계획과 체계적인 과정이 필요한 행정으로서는 난처한 일이죠. 민간 의견을 적극적으로 경청해서 민간 주도로 해야 한다고 하지만, 실상은 구체화되지 않는 단순 민원성 의견이 대다수입니다. 그래서 중간지원조직이 완충재로서 민간의 의견을 충분히 수렴하고, 행정과 정책으로 실현이 가능한지 협의할 수 있는 자리를 지속적으로 마련해야 합니다. 민관이 만나는 간담회, 연구포럼, 정책세미나 등과 같은 다양한 형태의 기회를 중간지원조직은 완충재로서 만들어야 합니다.

그리고 이런 자리를 마련하는 완충재의 역할에서 끝나는 게 아닙니다. 보완재로서의 역할도 수행해야 합니다. 민간의 부족한 부분인 기획력과 행정력을 대신 발휘해야 합니다. 민간이 제안한 목적성만 강조된 사업에 대해 행정을 설득하고 정책으로 실현할 수 있도록 정책을 구체화하고 체계적으로 재정리해야 합니다. 그리고 행정에게 전문성과 행정력을 수행하는 중간지원조직 역할을 보여줘야 합니다. 전문가로서의 자문과 역량을 보여줘야 신뢰를 얻을 수 있으며, 행정이 추구하는 체계에 적응해야만 행정을 이해할 수 있습니다. 민간의 의견을 수렴하는 창구로서의 역할을 하면 행정은 좋아할 것입니다. 나아가 행정이 원하는 구체적이고 체계화된 계획서까지 구성한다면 더할 나위 없겠죠. 행정의 입맛에 맞게 일해야 한다는 게 아니라, 행정을 설득하고 민간의 일을 실현시키는 보완재 역할을 하자는 것입니다.

이런 역할을 충실히 수행하기 위해 다음과 같은 네 가지 역량이 더불어 필요합니다. 첫째, 기획력입니다. 지역에 어떤 공동체를 만들고(발굴) 지원하고(육성) 싶은지, 그 목적에 대해 행정과 민간 양쪽 모두 설득이 필요합니다. 그러기 위해선 단순히 '공동체가 좋다'라는 당위성에 입각한 사업계획이 아니라 실무자의 고민이 녹아든 기획력이 있어야 합니다. '왜'라는 고민을 기본으로 '어떤 식으로' 운영할 것인지 검토하고, 어떤 성과가 있을지 설득하는 등 끊임없이 고민해야 합니다. 물론 어렵습니다. 그럼에도 이런 역할을 할 수 있어야 행정의 신뢰와 민간의 응원을 모두 받을 수 있습니다.

둘째, 행정력입니다. 행정은 민간의 언어가 낯설고 민간은 행정체계가 낯섭니다. 서로가 낯섭니다. 더욱이 공동체라는 애매한 분야에서는 더 낯설 수밖에 없습니다. 그렇기에 행정 역량이 필요합니다. 행정에 대해서는 민간의 창의적인 아이디어를 '좋다'고만 말하지 않고 문서 형태로 설득할 수 있는 구체적이고 실현 가능한 수준의 계획을 보여줘야 합니다. 중간지원조직은 말이 아닌 글로 행정력을 보여줘야 할 책무가 있습니다.

셋째, 전문성입니다. 전문가이기에 행정에서 채용한 것입니다. 그러니 전문성을 보여줘야 합니다. 행정이 다 들여다보지 못하고 찾지 못하는 사각지대를 찾아내고 개선사항을 제안하는 것도 전문성입니다. 민간에서 다루기 어려운 부분, 민간이 이해하기 어려운 용어와 서류 작성 등 민간의 가려운 부분을 긁어주는 전문성도 필요합니다. 대신 해주는 것이 아니라 잘 안내하고, 궁극적으로는 민간이 직접 작성하고 실행하고 평가할 수 있도록 이끌어주는 조력자로서의 전문성이 요구됩니다.

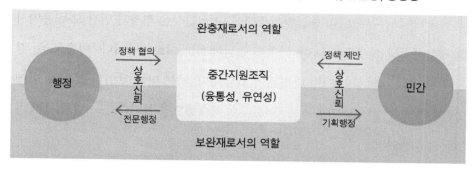

〔그림 5-3〕 중간지원조직의 역할과 역량: 기획력, 행정력, 전문성, 융통성

넷째, 융통성(유연성)입니다. 행정과 민간을 모두 만족시키기 어렵지만 최소한의 타협점을 이끌어낼 수 있는 방향성은 제시할 수 있어야 합니다. 그게 융통성이자 유연함이고, 중간지원조직이 가지는 최고의 장점이라 생각합니다. 행정도 이해하고 민간의 경험도 있기에 사업을 융통성 있게 기획하고 추진할 수 있다는 것입니다. 이를 토대로 행정과 민간의 견해차를 좁히고 타협점을 이끌어내도록 조율하고 조정해야 합니다.

이렇게 하면 조금 나아질까?

중간지원조직은 끊임없이 고민하고 소통하는 조직입니다. 단순히 사업을 집행해야 하니까 설치하는 조직, 공모를 위해 설치해야 하니까 만드는 조직이 아닙니다. 왜 사업을 해야 하고 왜 설치해야 하는지 스스로 항상 되물어야 합니다. 이 과정에서 행정체계를 이해하고 민간 의견을 끊임없이 들어야 합니다. 쉽지 않은 일이죠. 그러나 중간지원조직 상근자조차 고민하지 않고 소통하지 않는다면 행정은 책상에서 생각한 대로 일할 것이고 민간은 그저 불평만 제기하는 민원인이 될 것입니다.

물론 행정과 민간에서도 중간지원조직이 어떤 조직인지에 대해 함께 고민하고 학습해야 합니다. 아직 중간지원조직에 대한 인식은 행정과 민간 모두 용역사 정도로 생각하는 것 같습니다. 다행히 충남에서는 대화마당이나 『마을독본』 같은 학습 기회와 방법이 여럿 마련되어 있습니다. 아는 만큼 보인다고 하죠. 함께 대화마당에 참여하고 『마을독본』을 토대로 학습했으면 합니다. 그러면 조금씩 나아지지 않을까요.

그리고 전문가로 채용된 중간지원조직의 직원을 신뢰하고 믿어주면 좋겠습니다. 행정과 민간을 이해하는 중간지원조직이 전문가라는 걸 인식하고, 업무를 함께 고민하며 추진해 나아갔으면 합니다. 끝으로 어렵고 애매한 조직에서 사명감을 가지고 일하는 중간지원조직 모든 분들에게 격려와 감사의 인사를 보냅니다.

예산군 행복마을지원센터 설립과 경과

이경진 전 예산군 행복마을지원센터장, 현 공주대학교 교수

'우연한 필연'으로 센터 설립 공모사업 도전

예산군 마을만들기 중간지원조직인 행복마을지원센터의 설립에 대한 이야기를 하려면 '우연한 필연'을 말하지 않을 수 없습니다. 2015년 1월경 충남도청에서 회의가 있어 참석했습니다. 회의 중간 쉬는 시간에 도청 주무관들이 '마을만들기지원시스템구축 공모사업'을 시작하려는데 시군의 반응이 적극적이지 않다며, 기초 지자체에 독려를 부탁한다고 이야기를 나누게 되었습니다. 평소 지역개발, 마을만들기 중간지원조직의 필요성을 절감하던 터라 귀담아 듣게 되었고, 내가 근무하는 공주대학교 예산캠퍼스가 있는 예산군 담당자들과 협의해서 중간지원조직을 만들어봐야겠다고 생각했습니다.

이 시기 다른 시군도 그렇지만 예산군은 중앙부처 공모사업에 많이 선정되는 것에 관심이 높았습니다. 따라서 중간지원조직 설치 같은 새롭고 복잡한 공모사업은 관심 밖이었죠. 좀 더 정확한 표현으로는 '필요성은 인지하고 설치하면 좋겠는데 업무의 우선순위로 볼 때 지금 중간지원조직을 만들기에는 힘에 부친다'

[그림 5-4] 예산군 행복마을지원센터 주요 사업과 전력, 방향

행복마을협의회 구축사업	교육훈련사업	조사연구사업	주민참여 지원사업
지역주민과 원활한 소통, 주민 참여·주도 마을만들기를 위한 협의체 구축 · 지역네트워크 업무수행 · 유관기관 및 민간단체 연계	마을대학 운영, 토론과 학습으로 지역활동가 양성 · 마을대학 운영 · 농촌 관련 자격증 과정 운영	마을 현황 조사 실시로 마을의 특성 파악, 마을 발전 기초 자료로 활용 · 마을 DB 구축 · 마을별 요구 조사 분석	마을만들기와 마을기업 등 전반적인 사항 컨설팅 · 농촌마을발전 컨설팅 · 마을기업 활성화를 위한 연계사업 발굴

하는 정도였습니다. 이에 마을만들기지원시스템구축 공모사업 계획서를 작성해서 구체적으로 무엇을 하려는 것인지 협의하기로 했습니다. 이것이 예산군 행복마을지원센터의 첫 단추였습니다.

여러 사람에게 감사한 센터 설립과 조례 제정

예산군이 신청한 공모사업은 선정되었고, 2015년 12월에 예산군 마을만들기 중간지원조직이 공주대학교 예산 캠퍼스에 둥지를 틀게 됩니다. 이에 앞서 11월에 예산군 건설과 기반조성팀에 마을만들기를 전담하는 임기제공무원을 채용했습니다. 임기제공무원 채용과 전담 부서 설치, 중간지원조직 운영을 위한 제반 사항에 관해서 공모 선정 후 많은 일이 있었습니다. 구자인 전 충남마을만들기지원센터장이 군수와 부군수 면담을 수차례 했고, 건설과 협의 등 해야 할 일이 부지기수였습니다.

처음 개소 당시의 센터 인원은 공모사업비 안에서 인건비와 운영비, 사업비를 모두 충당해야 하므로 최소 필요 4인으로 출발했습니다. 비상근센터장, 사무국장, 연구원, 행정회계 각 1인이었습니다. 사무국장은 예산군 주민을 잘 알고 있는

지역통으로, 연구원은 지역개발 전문성이 있는 인재로, 행정회계는 꼼꼼한 인물로 구상했고, 공개모집을 통하여 채용했습니다. 이 3인 중에서 2인이 지금도 센터에 근무하고 있습니다.

센터 공간에도 여러 기억이 있습니다. 센터는 민간보조사업 형태로 공주대학교 산학협력단 소속으로 시작했습니다. 처음의 센터 공간은 공주대학교 예산캠퍼스 정 모 교수의 실험실에서 대학원생들과 같이 쓰는 더부살이(?)로 시작했죠. 이 시기 센터 공간 때문에 특별한 갈등은 없었으나, 명색이 직장인데 대학교 실험실에 있다는 것 하나만으로도 연구원들에게 항상 미안했습니다. 대학 캠퍼스라는 생소한 공간에, 생면부지 교수 실험실에, 깐깐한 대학 산학협력단에, 새로운 행정 업무까지… 여러 어려움을 잘 이겨낸 창업 멤버 연구원들에게 감사하다는 말을 안 할 수 없습니다. 이런 연유로 센터장과 연구원들은 독자적 센터 공간 확보를 위해 여러 공모사업에 적극적으로 도전했고, 신활력사업 선정으로 지금의 플랫폼 공간(해봄센터)을 마련하게 됐습니다.

센터 설립 후 센터 이름을 주민이 이해하기 쉬운 단어로 구성해서 '예산군 행복마을지원센터'로 지었습니다. 체계적 마을만들기에 미진했던 예산군의 특성상, 역점을 둔 초기 사업은 마을대학, 마을현황조사 DB구축, 마을만들기 주민협의회 구축, 소식지 발간 등이었습니다. 마을대학을 통해서 리더 양성 및 저변 확산, 마을조사를 통한 현황 데이터화, 주민협의회를 통한 주민조직만들기, 소식지 발간을 통한 센터 홍보 및 관심 강화가 목표였습니다. 센터 연구원 상근 근무 2개월이 지난 2016년 2월에 센터 오픈식 행사와 제1회 마을대학 입학식을 동시에 개최했습니다. 이렇게 마을만들기사업에 빠른 속도감을 줘서 센터의 위상을 정립하려 했습니다.

연유는 자세히 모르겠으나, 예산군은 공동체와 관련한 조례가 발달하지 못한 지자체였습니다. 센터가 지속성 있는 조직으로 발전하기 위해서는 법적 지위가 있는 기관이 돼야 했습니다. 따라서 마을만들기와 센터 설치에 관한 조례 제정이 시급했습니다. 조례 제정은 의회와 행정에서 특별한 갈등 없이 잘 만들었다고 생각합니다. 이것도 군 의회 의원들과 행정 담당자들에게 감사할 일입니다. 이때가 2016년 7월의 일입니다. 개소 7개월 만에 조례 제정이 되어 센터 직원들에게 이제 일만 열심히 하면 된다고 했던 말이 생각납니다. 또 더 힘들어질 수도 있다고 이야기한 것 같습니다.

'예산군 행복마을네트워크' 수탁법인 설립

예산군 행복마을지원센터는 설립 전부터 센터의 지속성과 안정적 운영이 화두였습니다. 설립 후에도 불안한 센터 위상으로는 본연의 업무에 매진하기 어렵다고 판단했습니다. 이에 충남마을만들기지원센터와 협의해서 안정적 정착을 위한 로드맵을 작성하고 이에 따라 순차적으로 자리 잡기에 매진했습니다. 모든 조직화 및 운영 작업은 로드맵을 따라 빠른 속도로 실행했습니다. 로드맵은 첫째, 마을만들기 조례 제정. 둘째, 수탁법인 설립. 셋째, 센터 연구원 급료의 군 예산 반영. 넷째, 독립적 플랫폼 공간 확보. 다섯째, 센터 운영을 위한 공모사업 선정 등으로 설정했습니다. 마을만들기 조례는 앞서 언급했듯이 많은 사람이 필요성을 공감해주어 원만하게 제정됐고, 이제는 수탁법인 설립을 무리 없이 해야 했습니다.

센터의 법인 위탁은 주로 회계규정상의 방법으로 시행됩니다. 그러나 더 중요한 것은 주민이 주도하는 마을만들기를 위해 주민이 설립하고 운영하는 법인단체를 만들어야 한다는 데 있습니다. 예산군은 센터를 만들어 잘 운영하고 있는데 마을만들기를 표방하는 주민공동체가 주도하는 법인이 전무한 상황이었습니다.

이에 센터가 기획해서 '사단법인 예산군 행복마을네트워크'를 설립했습니다. 초기부터 조직했던 마을위원장협의회의 주도하에 주민단체들과 긴밀히 협의해서 사단법인으로 2017년 12월 충청남도의 승인을 얻어 설립했습니다. 센터 설립 후 2년 만의 일이었습니다. 2019년 1월부터는 사단법인 예산군 행복마을네트워크가 센터의 수탁법인으로 선정됐습니다. 법인 설립 초기에는 센터장이 법인 이사장을 겸직하다가, 1년 후 주민대표를 이사장으로 추대해서 주민법인으로서의 위상을 갖추었습니다.

이렇게 로드맵을 따라 차근차근 센터의 위상 정립을 하는 동시에, 센터 연구원들의 급료 및 센터 운영비도 2019년부터 예산군 예산으로 실행하게 됐습니다. 이 과정도 지난했으나 담당 행정부서인 건설교통과와 수탁법인이 노력한 결과였습니다. 이에 더해서 그동안 센터의 역할을 충실히 수행한 결과이기도 합니다. 2018년 제5회 충남마을만들기대회를 성황리에 치룬 일, 마을대학의 지속적 운영 및 성과, 주민들이 센터를 중심으로 활동하는 것, 신활력플러스와 같이 각종 중앙 공모사업에 선정된 것 등 지원센터가 예산군 마을만들기의 중추·중심이라 인식된 결과라 봅니다.

행복마을지원센터와 신활력플러스사업

예산군 신활력플러스사업은 2018년에 선정됐으나 농식품부의 여러 준비 단계를 거쳐 실제 착수는 2019년부터 시작됐습니다. 신활력플러스사업은 마을만들기를 주민활동가 중심으로 해보려는 활동조직의 발굴 및 육성이 핵심적인 목표입니다. 이를 위해서 오프라인 플랫폼 공간(건축물)이 필요하고, 온라인 플랫폼(인터넷·스마트폰)이 요구되는 사업입니다. 이 사업은 예산군 행복마을지원센터에게 새로운 모델을 제시할 수 있는 사업이며 지원센터의 목표와 활동을 외부에 널리 공유할 수 있는 사업이기도 합니다.

따라서 센터는 신활력추진단과 일심동체로 업무를 수행하고 있습니다. 공간도 공유하고 연구원 인력도 공유하고 있습니다. 현재 신활력플러스사업은 코로나19의 영향으로 주민들이 모일 수가 없어 주민 발굴·육성이 늦어지기는 하나, 전국 최초로 신활력플랫폼 예산해봄센터를 준공·운영하고 있습니다. 이 공간에서 행복마을지원센터와 신활력추진단이 업무를 수행하고 있습니다. 이제 센터의 독립 공간이 마련된 것입니다. 해봄센터는 사무실, 회의실, 다목적실, 주민회의실, 공유 주방, 미디어 영상실, 공유 오피스, 로비 휴게실, 로비 카페, 창업 인큐베이팅실, 이벤트 공간 등으로 구성되어 있습니다.

예산군 행복마을지원센터 사업에 함께 참여했던 마을대학 출신과 소액사업 마을법인, 문화활동 동아리, 마을추진위원장, 권역센터 사무장, 마을강사, 외주 회사 등이 신활력플러스사업의 주민활동조직(Local Action Group, 이하 LAG)으로 참여해서 발굴·육성되고 있습니다. LAG는 크게 예산군 마을만들기에 참여하는 LAG, 해봄센터에서 프로그램을 운영하는 LAG, 지역경제 활성화와 일자리 창출을 위한 커뮤니티 비즈니스 LAG로 구분됩니다.

지금은 온라인 플랫폼 사업 구축을 위해 인터넷·스마트폰 서비스 구축을 금년까지 완료하려고 마무리 작업을 하고 있습니다. 예산군 마을만들기의 각종 정보 및 자료, 공모 신청, 교육 신청, 마을 현황 등을 온라인에서 소통하게 되는 미래 모습을 준비하고 있습니다. 행복마을지원센터 설립 때부터 실시하던 마을조사 DB 구축은 예산군 전체 마을을 마을조사단 LAG를 통해서 신활력플러스사업으로 완료했고 온라인 플랫폼에 탑재하고 있습니다.

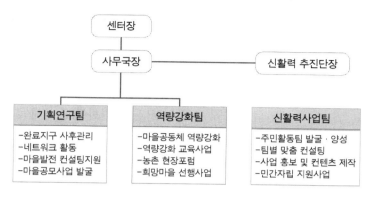

〔그림 5-5〕 예산군 행복마을지원센터 조직도

센터장

사무국장 ── 신활력 추진단장

기획연구팀
-완료지구 사후관리
-네트워크 활동
-마을발전 컨설팅지원
-마을공모사업 발굴

역량강화팀
-마을공동체 역량강화
-역량강화 교육사업
-농촌 현장포럼
-희망마을 선행사업

신활력사업팀
-주민활동팀 발굴·양성
-팀별 맞춤 컨설팅
-사업 홍보 및 컨텐츠 제작
-민간자립 지원사업

변화에 대한 대비를 해야 할 때

마을만들기 불모지에서 중간지원조직의 위상 정립을 위해 정도(正道)의 길을 큰 갈등이나 허물 없이 오지 않았나 생각합니다. 센터 설립과 조례 제정, 위탁법인 설립, 운영비 확보, 플랫폼 공간 건립, 중앙부처 사업 대응 등 나름대로 행복마을지원센터는 성과가 있었다고 생각합니다. 그러나 아직도 가야 할 길은 멀고 험하다는 것을 동시에 느낍니다. 전임 센터장으로서 중간지원조직에 몇 마디 조심스레 건네 봅니다.

먼저 농식품부의 농촌개발 패러다임이 농촌협약체제로 변화하고 있다는 것을 간과하지 말아야 합니다. 농촌협약이 현재는 일정 공간의 생활권 사업을 미리 결정해놓고 연차적으로 사업을 실행하는 단순 패키지 사업처럼 보일 것입니다. 이러한 농촌협약을 패키지 사업의 시각으로만 보지 말고 협약 생활권에서 주민들의 새로운 활동과 조직을 만들어가는 관점으로 보면, 기존 업무와 사뭇 다른 업무를 하게 될 것입니다. 마을만들기지원센터가 농촌협약지원센터의 업무도 수행하게 될 것이며, 이에 따라 많은 변화가 따를 것입니다. 이 변화에 차근차근 대비해야 합니다.

또 하나는 마을만들기의 독창성과 창의성이 필요한 시대가 오고 있다는 점입니다. 이제 지침과 매뉴얼에 의한 단순 지원사업으로는 농촌 마을의 주민 눈높이를 맞추기 어려울 것입니다. 지금까지는 수동적인 노년층 리더를 상대했다면, 이젠 창의성 있는 능동적 주민을 만나게 될 것입니다. 이 변화를 준비해야 합니다. 어떻게 보면 성장시대의 잔재인 새로 짓고, 건설하고, 만들고, 소비적으로 즐기는 획일적 지원사업 문화는 사라질 것입니다. 주민별로 필요한 다층적 문화로 바뀔 것입니다. 마을 주민들의 다양한 공통 관심사를 찾아내는 데 주안점을 두어야 합니다. 즉 마을만들기가 행정리 마을 단위에서 더 작은 공동체 단위로 분화해갈 것입니다. 이제 획일적이고 실험적인 마을만들기 시대는 끝나가고 있습니다. 이런 관점에서 보면 마을대학과 같은 집체형 주입교육은 한계가 있습니다. 주민 요구에 부합하는 핀셋형 마을만들기 시대가 올 것입니다.

마을만들기지원센터 상근자가 말하는 중간지원조직

강성준 충남마을만들기지원센터 연구원

인터뷰 정석호(충남마을만들기지원센터)

참석자 김기영(태안군), 김영서(예산군), 박진시(서천군), 윤흔상(아산시)

장　소 충남마을만들기지원센터

일　시 2021년 9월 15일

　이 글은 마을만들기 중간지원조직에서 일하는 상근자로서 마을만들기지원센터의 필요성과 근무 애로사항, 제도 개선 과제 등에 대해 자유롭게 이야기를 나눈 간담회 기록입니다.

　윤흔상 사무국장은 아산시 마을공동체소통협력센터 개소(2015년 7월) 때부터 근무했고, 자활지역센터와 권역 사무장, 체험휴양마을 위원장 등의 경험을 살려 센터에서 상근 중입니다. 김영서 사무국장은 예산군 행복마을지원센터 개소(2015년 11월) 때부터 근무했고, 예산군 토박이 시인이기도 합니다. 김기영 팀장은 태안군 공동체통합지원센터 개소(2017년 10월) 때부터 근무하고 있고, 평생교육과 학교 돌봄 등의 경험을 바탕으로 주민 역량 교육과 마을상담 및 지원에 힘쓰고 있습니다. 박진시 팀장은 서천군 마을만들기지원센터(2017년 1월 개소)에서 2018

년 9월부터 총괄업무를 담당하고 있고, 이전에는 협동조합 법인 운영과 사회적기업 관련 컨설팅 업무를 했습니다.

중간지원조직 설치 유형과 경로는 매우 다양합니다. 아산과 태안은 행정직영이고, 예산은 민간보조사업에서 민간위탁으로 바뀌었으며, 서천은 행정직영에서 민간위탁을 거쳐 재단법인으로 운영 중입니다. 아산은 올해 조례를 개정해서 공동체지원센터에서 마을공동체소통협력센터로 이름이 바뀌었습니다. 이러한 개인 경력과 지역 특성을 고려해서 간담회 참석자를 선정했고, 이런 점을 배경으로 간담회 기록을 이해할 필요가 있습니다.

중간지원조직, 왜 필요하며 주민들 생각은?

정석호 최근 마을만들기의 지방이양 이후 중간지원조직에 대한 중요성이 더욱 강조되고 있습니다. 농식품부도 농촌협약제도와 신활력플러스사업, 사회적경제조직 육성 등 다양한 정책에서 중간지원조직을 주목하고 있습니다. 또 마을 주민들도 중간지원조직의 필요성을 느끼는 것 같습니다. 최근 보령시가 행복마을콘테스트에서 우수한 성과를 내고 있는데, 주민들이 "보령시는 마을만들기지원센터가 있어서 성과를 낼 수 있었다"고 말씀하시는 것을 들었습니다. 다른 광역에서도 충남에는 시군마다 센터가 설치되어 있는 것을 부러워합니다. 그래서 최근 다른 광역에서도 많이 설치하는 추세이고 그와 관련된 연락도 많이 받습니다. 이런 점에 대해 여러분은 중간지원조직이 왜 필요하다고 생각하는지, 또 주민들의 반응은 어떤지 말씀해 주십시오.

박진시 홍성군 마을만들기지원센터의 이창신 센터장이 가끔 "스스로 마을만들기를 할 수 있는 마을이 되면 마을만들기지원센터는 사라져도 좋겠다"고 말하더군요. 이 말은 역으로 지금은 지원센터가 필요하다는 뜻입니다. 지금도 지방이양으로 마을이 자생적으로 활동할 수 있는 역량에는 아직 한계가 있습니다. 행정도 지원은 하지만 한계가 명확하고 여력이 없는 실정입니다. 이런 양쪽의 한계를 메워줄 수 있는 것이 중간지원조직입니다. 서천은 나아가 마을소멸, 한계마을 문제가 심각하기 때문에 이런 문제에 대책마련을 위해서라도 거버넌스가 필요하다.

서천군 마을만들기지원센터는 일반농산어촌개발사업만 준비하는 용역사 역할이 아니라, 마을에 산적한 현안을 같이 고민하고 함께 풀어가려고 합니다. 이런 것이 바로 마을만들기 중간지원조직의 진짜 역할이 아닌가 싶습니다. 현재로서는 자평이지만 우리 센터와 관계가 있는 마을에서는 "(마을만들기지원센터가) 활동을 정말 제대로 하려고 하는 구나" 하는 이미지가 만들어지고 있습니다. 그래서 올해처럼 행복마을콘테스트도 꾸준히 내보내려 노력하고 있습니다. 충남형 마을만들기사업도 자율개발을 완료한 마을이 인근 마을과 협력해서 권역으로 함께 발전할 수 있는 방향을 찾고 있습니다. 종합개발에 도전할 수도 있고, 중심마을과 배후마을로 역할을 분담할 수도 있을 것입니다. "서천군 마을만들기지원센터가 중간지원조직으로 제 역할을 하고 있는가?" 이런 질문에 자답을 하자면 "지금은 조금이나마 그 역할을 하고 있다"라고 답할 수 있겠습니다.

덧붙이자면, 마을만들기지원센터는 설치 유형과 상관없이 농촌 마을 연구를 하고, 주민들과 함께 문제를 해결하기 위해 고민하는 전문가 조직으로서 독립적인 지위를 유지해야 됩니다. 그렇지 않으면 자유로운 생각이 힘들어져 발상의 전환이 어렵습니다. 그저 행정 또는 특정 집단의 의견을 대변하고 대행하는 조직이 되어버릴 것입니다.

정석호 말씀하신 고민을 더 깊이 하시는 분이 행정직영 센터 직원일 것입니다. 이어서 이야기를 부탁드립니다.

윤흔상 당연히 중간지원조직은 아직 필요합니다. 우리는 행정직영으로 운영되다 보니 행정사무 영역과 중간지원조직 업무 영역이 불분명한 부분이 있습니다. 그 경계선의 폭이 꽤 넓은 셈이죠. 주민들이 아산시 센터를 공무원 조직으로 보기 때문에 중간지원조직으로서의 정체성이 모호합니다. 그래도 하는 업무에 대해서 주민 호응도는 높은 편입니다.

물론 2015년 센터가 설치되어 시작할 때의 폭발적인 관심은 이후 민간위탁 약속이 이행되지 못하면서 사그라지긴 했습니다. 행정직영 중간지원조직의 구성원으로서 상근했던 사람들이 임기제공무원 신분을 갱신하거나 공무직 신분으로 전환됐습니다. 활동하면서 현장에 최대한 밀착하려 했지만 주민들은 우리를 공무원으로 보는 시각이 남아 있습니다.

정석호 행정직영 중간지원조직이 겪는 공통적인 문제점입니다. 민간위탁의 경우는 주민들이 중간지원조직과 민간위탁에 대한 이해가 부족해서 "이제는 센터에서 돈벌이를 하는 것 같다"는 오해도 합니다. 법인 활동 때도 설명이 힘들어 '센터'에서 왔다고 말해 오해를 사기도 하죠.

김영서 주민들이 "센터에서 돈벌이한다"고 오해하는 경우는 저희 예산군에서는 없습니다. 그 반대로 지금 자율개발을 실시하는 4개 마을에서 사업을 센터가 맡아주길 바라고 있습니다. 센터가 선행사업까지 함께 진행하지만 이후 용역을 진행하는 3년간은 마을과 센터 사이에 정보가 공유되지 않습니다. 그다음 사후관리가 시작되면 다시 마을과 교류하게 되는데 막상 가보면 대부분 사업이 실패한 경우가 많습니다. 그러다보니 주민들은 처음부터 끝까지 센터가 함께하길 바라죠. 하다못해 역량강화를 위한 교육만이라도 맡아주길 바라지만 여러 가지 문제로 담당하지 못하고 있습니다.

정석호 농식품부의 시군역량강화사업 전담기관 지정이 그런 의미로 도입됐습니다. 2022년부터는 전담기관이 모든 과정을 맡게 되는데, 이에 대한 문제점은 무엇이 있는지 말해 주십시오.

박진시 현재는 마을만들기 자율개발 단계의 역량강화를 용역입찰로 용역사에 주니 센터가 마을과 함께할 수가 없습니다. 마을에서는 센터가 왜 방문하지 않는지 의아해하고 용역사와 행정에서는 마을 방문에 대해 센터에 일일이 말해주지 않습니다.

윤흔상 사업공모를 할 때 우리 센터는 마을대학부터 현장포럼을 진행하고 공모신청까지 함께하며 지원합니다. 그 이후 사업이 용역사를 통해 추진되는 2~3년은 진행 과정이나 관련 정보 등이 공유되지 않아 만나기 어렵습니다. 그리고 완료가 되고 나면 완료지구로 다시 사후관리를 센터에서 하게 되죠. 마찬가지 문제를 느낍니다.

정석호 중심지사업에도 마찬가지 문제가 있습니다. 추진위원회나 발전협의회에 마을만들기 중간지원조직의 구성원이 한 명이라도 포함되어 있어야 하는데, 그 점을 생각하지 않는 것 같습니다.

김영서 예산읍 중심지사업에는 제가 부위원장으로 들어가 있습니다. 하지만 이는 센터 사무국장이라서가 아니라 예산읍 주민이라서 들어가 있는 것입니다. 그래서 센터에서 진행 과정을 파악하고 협업하고 있습니다. 용역사에서도 이 점을 알고 센터에도 정보를 공유합니다. 논의 주제가 조금 빗나갔는데, 이어서 말하자면 중간지원조직은 전담 지원조직입니다. 6년차 사무국장 입장에서 보자면 행정도 주민도 예산군 행복마을지원센터가 없어

지는 것을 상상하지 못할 정도로 중요하게 생각하고 있습니다. 반면에 최근 서울시장이 중간지원조직을 '중개소'라고 부르는 발언을 들었는데 참으로 안타까운 일입니다. 예산군에서는 마을만들기 관련 부서들이 우리 센터와 협업하자는 요청이 많고 실제로 협업하고 있습니다.

최근에는 행정에서 행복마을지원센터가 주민자치, 사회적경제와 협력해야 한다고 해서 관련 네트워크를 구축 중입니다. 의회에서는 지원센터 관련 조례를 의원 발의도 하고 많이 지원하는 편입니다. 마을대학 12차 수료식에도 군 의회 의장이 참석해주셨고, 센터 운영과 관련해서 상근자 보수와 복리 증진을 위해 의회가 앞장서 챙겨주고 있습니다.

이처럼 우리 센터의 중요성을 잘 알고 있습니다. 이런 일들은 중간지원조직이 그 역할을 잘하기 때문에 좋게 평가해준다고 생각합니다. 최근에는 마을만들기에 대한 관심이 높아졌음을 실감합니다. 마을대학 같은 경우 예전에는 모집하기 위해 마을을 직접 찾아다녔지만, 지금은 12기가 끝나기도 전에 13기에 참여하겠다고 예약하는 마을까지 생길 정도죠. 센터 주관으로 현장포럼을 진행하다보니 선행사업이나 이후 연계되는 사업들을 지원하기가 수월해졌습니다.

중간지원조직은 어떤 형태로 설치·운영하는 것이 좋은가?

정석호 광역센터와 도청에서 각 시군 중간지원조직을 설치할 때 행정직영으로 우선 설치하고 민간위탁으로 전환하는 방식을 많이 제안했습니다. 이런 방식이 행정에 대한 이해도를 높여 중간지원조직의 역할에 충실할 수 있다고 생각해서 그랬죠. 지금까지 운영해오면서 어떤 유형이 마을만들기 중간지원조직에 가장 적합하다고 생각하십니까?

김영서 운영 형태는 민간위탁이 가장 좋은 것 같습니다. 그 중에 사단법인을 구성해서 위탁하는 방법이 가장 이상적입니다. 최근 설립되는 재단법인 상황을 보니 자율성과 비관료성을 확보하기 위해서는 조직 운영 경험이 많이 축적된 마을만들기 영역이 중심이 되어 설립하는 게 좋겠다고 생각합니다. 하지만 재단법인은 현실적으로 힘들고 많은 준비가 필요합니다. 그래서 준비 여건이나 역량에 따라 사단법인에 민간위탁 방식으로 운영하는 것이 자율성과 비관료성을 갖추기 좋습니다. 이 방식은 행정의 간섭을 최소화하는 방법이기도 합니다.

경우에 따라 민간위탁 이후에도 행정의 간섭이 있을 수 있습니다. 마을만들기 중간지원조직의 자율성을 위해서는 행정도 민간위탁에 대한 개념을 확실히 이해해야 합니다. 그런 과정을 위해서라도 홍성에 구축된 '홍성통' 같은 구조가 필요합니다. 교류를 통해 민간과 행정이 서로 이해할 수 있어야 합니다. 예산에서도 만들어보려 노력하고 있습니다.

박진시 서천은 재단법인을 논의할 때 순서가 바뀐 경우입니다. 행정조직을 먼저 개편해서 재단 컨트롤타워를 만들어 추진했어야 했지만 그 과정이 생략되었습니다. 서천은 재단 아래 모인 센터들의 주무부서(과, 팀)가 다 제각각입니다. 재단 사무처는 사무처대로, 담당부서와는 부서대로 중복해서 협의해야 합니다. 이런 문제는 행정직영에서 민간위탁을 거쳐 재단법인으로 전환되는 5년 정도의 과정을 2~3년 만에 급하게 추진하면서 생긴 문제입니다.

행정직영에서 사단법인으로 민간위탁할 때도 일장일단이 있었습니다. 우선 제일 큰 단점은 인력 부족입니다. 사단법인 특성상 사업비 회계 처리를 직접 해야 하는데, 'e나라도움'이라든가 군 자체 회계 시스템 등 여러 시스템을 동시에 활용하며 처리하다보니 업무 부담이 매우 컸습니다. 회계 담당 인력은 다른 사업에 손도 못 댈 정도였습니다. 또 민간위탁 이후에도 업무 수행에 대해 행정의 간섭이 있었습니다. 용역으로 대행을 못 맡기게 한 일이 대표적입니다. 결국 우리는 민간위탁과 재단법인 사이에서 고민하다가 인력 충원이 없다면 민간위탁 운영이 어렵다고 판단해 재단법인 전환에 동의했습니다. 민간위탁 자체에 대한 불안감도 크게 작용했죠. 행정은 자신들의 요구사항과 기준에 부합하지 못하면 재위탁이 힘들다는 분위기를 조성하기도 했습니다.

이후 재단법인으로 전환해서 회계 업무를 재단 경영지원팀에서 지원해주니 인력에 여유가 조금 생겼습니다. 사업에 대한 직접 수행 부담이 줄어들었지만 대신에 실적에 대한 부담감이 커졌습니다. 중간지원조직은 영업을 해서 이익을 창출하는 조직이 아님에도 불구하고, 재단에서는 재단 내 다른 중간지원조직들과 실적 경쟁을 시킵니다. 그래서 공모사업에 참여해 국비나 도비 예산을 확보해야 하는 건지 고민도 했습니다. 고민 끝에 우리는 국비, 도비가 아니라 성공한 마을을 만드는 것이 우리 실적이라는 생각이 들어 이번 행복마을콘테스트에 더 많이 신경 쓰고자 노력했습니다. 우스갯소리로 국가정보원의 예전 원훈이었던 "우리는 음지에서 일하고 양지를 지향한다"라는 말에 빗대고 싶습니다. 우리는 공모사업 실적이나 유명세가 아니라 마을의 행복을 위해 노력하면 된다고 생각해왔는데, 재단법인이 된 지금은 실적을 보여줘야 한다는 압박이 큽니다. 그래서 보도자료를 작성하고 홍보를 전담하는 상근자를 배치한 상태입니다.

김영서 우리 센터는 사회적경제 분야 활동으로 1년에 5개 협동조합을 만들고 있습니다. 그러다보니 센터 실적이 많은데요. 그래서 행정의 경제과(일자리팀)에서 협력 관련해서 연락이 오기도 합니다. 주민자치 관련해서도 주민자치위원 교육을 함께 진행하고, 마을자치를 실현하기 위해 마을에서 자치위원을 선출하는 방법도 도입하려 노력하고 있습니다.

윤흔상 사단법인의 민간위탁이 제일 좋은 방법이라고 생각합니다. 다만 사단법인도 민간역량이 충분히 키워진 상황에서 자발적으로 조직해야 합니다. 민간이 법인을 주체적으로 운영할 수 있는 역량을 가진 뒤에 중간지원조직의 민간위탁이 이루어져야 운영도 잘될 것입니다.

김영서 그래서 사단법인을 설립하고 구성원을 조직할 때 센터가 주도적으로 참여할 수밖에 없는데, 진심으로 마을만들기에 관심이 있는 사람들로 구성해야 합니다. 그 안에서 협력하며 마을만들기를 지원할 수 있는 구조를 갖추는 게 중요합니다.

정석호 수탁법인 만들기가 쉽지 않고 시간도 오래 걸린다는 측면에서 재단법인도 많이 이야기했습니다. 민간위탁이 중요하지만, 중요한 만큼 민간역량이 성숙해야 합니다. 그 선행 과정에서 많은 시간과 노력이 필요합니다. 민간과 행정이 공동으로 출연한 재단법인이라면 행정의 간섭이 줄어들고 자율성과 비관료성도 어느 정도 보장될 것입니다.

김영서 그래서 사단법인도 수탁법인으로서 행정과 의회로부터 인정받는 게 중요합니다. 행정과 의회에서는 마을 이장님들을 매우 중요하게 생각하지만, 수탁법인 이사들은 아무것도 아니라 생각합니다. 그 이유는 간단합니다. 아무것도 보여주지 않기 때문입니다. 사단법인도 행정과 의회의 인정을 받을 정도로 열심히 활동하면 지위 확보가 수월해질 수 있습니다. 그래야 행정 간섭에서 벗어나 자율성도 보장받습니다.

윤혼상 마을만들기는 마을자치의 실질적인 실현입니다. 마을의 주민역량이 성숙되고 그 기반으로 설립된 사단법인이 천안의 NGO센터 사례와 같이 마을만들기 중간지원조직을 수탁받는 게 가장 자연스럽고 이상적입니다. 하지만 현실로 실현된 시군은 없죠.

김기영 태안은 행정직영 중간지원조직이고 개소할 당시부터 기간제근로자 신분으로 상근했습니다. 그 당시에는 권한이 너무 미비해서 사업 진행이 힘들었습니다. 올해 1월 태안은 행정직영 형태이지만 통합형 중간지원조직으로 개편하고 사무국장도 새로 채용했습니다. 5월에는 상근자의 지위도 기간제근로자에서 '시간선택제임기제공무원'으로 변경됐습니다. 복잡해지기도 했지만 권한은 늘어나 사업 진행이 원활해졌습니다. 다만 행정사무와 보조금 관련해 사업 책임 소재로 계속 질타를 받습니다. 의회 감사 자료를 작성하는 일도 부담이 큽니다. 이런 영향으로 사업들이 크게 위축되기도 합니다. 동시에 행정의 간섭도 많아져 중간지원조직의 자율성이 많이 사라졌습니다. 이런 환경에서 사업의 질을 높이기가 어려운데, 이는 임기제공무원이라는 신분이 만들어내는 단점 같습니다.

박진시 마을만들기 중간지원조직은 하나의 독립된 조직입니다. 그런데 행정직영 상태에서는 행정이 중간지원조직을 컨트롤 대상으로 인식합니다.

김기영 그래서 같은 행정직영이지만 공간 분리라도 되어 있는 것이 낫지 않을까 싶었지만, 아산의 경우를 보니 꼭 그렇지만도 않은 것 같습니다.

박진시 그런 행정의 인식은 비단 행정직영 유형만이 아니라 재단법인도 비슷한 문제에 직면합니다.

김기영 결론적으로는 민간위탁이 가장 이상적이라 봅니다. 행정의 간섭이 있다지만 민간위탁에 대한 간섭과 행정직영에 대한 간섭은 다릅니다. 또한 현장 밀착 활동을 위해서라도 민간위탁이 훨씬 더 수월해 보입니다.

김영서 민간위탁은 확실히 담당주무 '과' 이외의 행정부서나 의회에서 심한 요구를 해오지 못합니다.

김기영 그래서 민간위탁이 가장 좋은 방법인 것 같습니다. 지금은 통합형 중간지원조직으로 개편되어 사회적경제, 마을만들기, 주민자치가 모두 공유되기 시작했습니다. 관련 부서에서 계속 협업을 요청합니다. 그래서 적극적인 상호교류가 이뤄지다보니 그 연계성을 살려 사업을 진행하고 있습니다. 다만 행정적인 부분은 간섭이 많은 편이라 적은 부분부터 차근차근 센터의 실적을 만들려 노력하고 있습니다.

읍면 중간지원조직 기능에 대한 시군 센터의 생각은?

정석호 최근 중간지원조직이 강조되는 흐름 속에서 읍면 단위의 중간지원조직에 대해 고민해야 할 시점이지 않나 싶습니다. 도시재생지원센터에서는 현장지원센터가 설치되어 시군 중간지원조직 아래 읍면동 현장에 중간지원조직이 하나 더 있는 셈입니다. 마을만들기 분야에서 읍면 중간지원조직을 설치하는 것에 대해서 어떻게 생각하시는지요.

박진시 서천군은 재단 내에 도시재생지원센터가 있습니다. 마을만들기 분야에서도 현장지원센터와 비슷하게 설치되는 형태라면, 시군센터와 현장센터 사이의 관계가 명확하지 않고 역할도 확실하지 않을 것 같습니다. 이처럼 불분명한 점을 명확히 해야 합니다. 누가 어떻게 관리 · 감독할 것이며, 어떻게 운영해야 하는지 매뉴얼을 만들어 놓고 시작해야 합니다. 이런 선행과정이 없고 당장 설치만 하게 된다면 행정, 시군센터, 읍면센터 모두 이도

저도 아닌 상태가 될 것입니다.

김영서 예산은 읍면 중심지사업이나 권역사업의 사무장들을 현재 우리 센터에 출근시키면서 일을 함께 할 수 있도록 지원하고 있습니다. 읍면 중간지원 조직이 생긴다면 사무공간을 지원할 수 있고, 각 읍면에 더 밀착한 지원을 할 수 있을 것입니다.

박진시 시군센터와 읍면 중간지원조직 간의 관계 설정이 중요합니다. 지금도 마을에서 일하는 사무장 중에 일부는 협조를 잘 안 해주십니다. 이런 실정에서 마을 활성화 차원으로 사업을 제안해도 이를 추진하기 위해 설득하기가 힘듭니다. 그래서 내년에는 사무장 전체 교육도 준비 중인데, 읍면 중간지원조직과도 시군센터와 사무장과 같은 관계로 설정된다면 새로운 칸막이가 생길 수도 있습니다.

중간지원조직 상근자로 이런 점이 힘들었고, 이런 점이 보람찼다

정석호 중간지원조직에서 상근하면서 어려웠던 점, 보람을 느끼는 점은 무엇인지요?

박진시 애로사항은 모두 대동소이할 것입니다. 그 중에서 꼽아본다면, 먼저 시군 역량강화사업을 진행하면서 예산 범위가 너무 한정적이다 보니 제약이 많다는 점입니다. 그리고 조직의 지위가 불안정한 점도 꼽고 싶습니다. 조례가 있지만 법률로 보장되어 지위가 확고해지면 상근자도 좀 더 안정적인 지위를 갖게 되지 않을까 싶습니다.

윤흔상 7년 동안 중간지원조직에 있다 보니 아산이라는 동네 전체가 눈에 들어옵니다. 눈에 보이다 보니 할 일도 너무나 많이 보입니다. 다만 행정직영으로 운영되다 보니 결과적으로 행정을 지원하는 업무가 대부분입니다. 결국 지금까지 해왔던 일들이 우리 센터의 고유 경험치로 축적되어 있지 않습니다. 이 점이 너무 아쉽습니다. 너무 행정지원 쪽에 치우쳐 있다 보니 현장 중간지원조직 역할에 충실하지 못한 것 같기도 합니다. 이 점은 자기 반성이 되기도 합니다.

김영서 그동안 보람도 어려움도 많았습니다. 주민들의 다양한 요구에 충분히 대응하지 못한 점, 마을 주민 사이의 갈등을 완전히 해결하지 못한 점에 아쉬움이 큽니다. 그래도 마을에 갔을 때 주민 분들이 반기며 손 잡아주실 때 가장 큰 보람을 느낍니다.

김기영 중간지원조직 상근자로 활동해 보니 태안을 구석구석 돌아다니게 되고 자세히 알게 되더군요. 태안이라고 다 같은 태안이 아니고 읍면별로 주민 분위기나 리더의 성향도 다릅니다. 이런 지역성을 알게 되면서 각기 다른 지역의 주민 분들에게 필요한 교육이 뭘까 고민하게 됩니다. 그러면서 한편으로는 '아, 내가 성장했구나' 하는 느낌이 들었습니다. 지난번에 충남형 마을만들기사업 공모를 주민들과 함께 준비하면서 마을에서 예전부터 했던 '공동체적 삶'을 찾는 눈이 생겼다는 걸 느꼈습니다. 마을의 일상 속에 녹아 있던 것을 찾아내면서 그걸 방향성으로 제안할 수 있겠다는 생각이 들었죠.

중간지원조직 상근자가 마을만들기의 개념과 철학을 좀 더 확실히 알고 지원 활동을 하면, 마을을 조금씩 변화시킬 수 있는 마중물 역할을 할 수 있을 것입니다. 태안은 행정직영이지만 상근자들이 중심을 잡고 있으면 행정에서 요청하는 것과 중간지원조직이 가져야 할 방향성을 함께 이뤄갈 수 있을 것 같습니다. 아직은 행정에 휘둘리기도 하지만, 자체 역량을 계속 키우고 또 순환보직제의 단점을 보완하는 방향에서 중간지원조직의 필요성을 행정도 느끼게 될 것입니다.

행정직영이어도 장점이 있고 희망을 보고 있습니다. 일단 행정에 필요한 자료를 요청하기가 쉽고, 행정 내부의 업무가 공유되다 보니 주민이 원하는 바를 다른 부서의 사업에서 찾기도 합니다. 우리가 행정을 알고 이해하는 만큼 주민에게 필요한 것을 제공해주기 쉽다는 점이 행정직영의 장점입니다. 물론 앞서 말한 아산 사례처럼 행정직영 중간지원조직은 자체 경험치를 쌓기 힘듭니다. 그렇지만 최근 들어 태안센터는 업무를 주도적으로 할 수 있도록 분위기가 많이 바뀌었습니다. 행정에서 센터 자체 영역을 인정해주니 경험치도 쌓이고 있습니다.

최근에는 마을과 정보를 자주 공유하다 보니 이장님들도 많이 방문합니다. 센터의 존재가 많이 알려지고 있고, 주민들도 인정하기 시작해서 보람을 느낍니다. 함께 일하는 다른 상근자는 마을조사를 담당하는데, 마을을 조사하며 이장님들과 친해지고 마을에 대해 알게 되어 일이 재미있다고 하더군요. 센터 일이 고되긴 하지만 지역에 대한 이해를 높이며 재미를 느끼는 점이 고무적입니다.

함께하는 행정, 협의회, 수탁법인에게 부탁드립니다

정석호 행정, 마을만들기협의회, 수탁법인에게 한 말씀씩 해 주십시오.

김영서 행정에게 부탁하고 싶은 것은, 열린 마음으로 부서 칸막이를 없애고 실적부터 따지기보다 사업 내용을 협의하면 좋겠다는 점입니다. 마을만들기 협의회는 마을에서 실질적으로 활동하는 분들을 중심으로 조직을 재정비했으면 합니다. 수탁법인은 자체 역량을 키워 행정과 의회에 더 인정받는 법인이 되면 좋겠습니다. 전체적으로 당부드리고 싶은 말은, 지방이양 흐름 속에서 중간지원조직이 흔들리지 않도록 그 지위를 법적으로 단단히 만들고, 추후 정치적인 상황 변화에 따라 조직과 사업이 흔들리지 않게 하는 것이 우선이라는 점입니다.

박진시 협의회에서 매월 월례회의를 개최하고 꾸준히 정보를 공유해주는 점에 대해 우선 감사드립니다. 예전에는 중간지원조직 상근자를 협의회 산하 직원처럼 생각하기도 했습니다. 센터에서 지원하는 역할에 대해 자주 강조했더니 지금은 잘 이해하고 계십니다. 올해는 코로나19 때문에 정기회의가 자주 열리진 못했지만 상황이 나아지면 재개할 생각입니다. 그리고 협의회 내에서 동아리 활동을 적극적으로 하는데, 마을축제 때 상부상조하며 공연하는 모습이 매우 인상적이었습니다. 이런 유기적인 연대가 필요합니다. 재단법인과 협의회에게 마을만들기에 관심을 갖고 함께 학습하면서 이해도를 높여야 한다고 부탁드립니다.

윤흔상 아산시 마을만들기협의회도 재정비가 필요합니다. 행정협의회나 마을만들기협의회 회의를 진행하다 보면 불안한 모습이 많습니다. 이런 문제의 심각성을 깨닫고 꾸준한 학습과 열정이 필요합니다. 현재의 모습으로 유지만 하는 것은 의미가 없습니다. 협의회가 마을 주민들의 의견을 잘 수렴해서 행정에 전달해주길 기대했지만 아직 많이 미흡한 것 같습니다.

정석호 충남에서 당사자협의체와 수탁법인을 너무 급하게 만들어 추후 문제가 생길 수 있다는 우려가 있기도 합니다. 스스로 자체 역량을 성숙시켜 만든 것이 아니다 보니, 자체 역량에 대한 문제가 생기는 것 같습니다. 이를 보완하는 역량강화프로그램이 필요하다고 생각합니다.

박진시 서천은 사단법인으로 전환할 때 이미 겪은 일입니다. 지역 여론을 조성하는 사람들이 예산을 목적으로 모인 조직은, 진정으로 지속가능한 사업을 하기 어렵다고 생각했습니다. 그분들을 설득하는 과정을 여러 번 거쳤으나 그렇게 되지 못해서 문제가 되는 구성원은 배제하고, 마을만들기에 대한 이해도를 높이기 위한 논의를 처음부터 다시 시작했습니다. 이렇게 구성했기 때문에 불만은 안 나오고 있습니다. 수탁법인 임원진과 중간지원조직 사이의 신뢰 관계를 쌓는 일도 어려웠습니다. 임원진에 보고하고 사업을 실행하는 방식인데, 나중에는 임원진이 사업 진행 과정을 도와주는 관계로 발전했습니다. 그리고 행정은 행정대로, 법인은 법인대로 센터와 협의체계를 만드는 일도 수월하지 않았습니다. 행정은 중간지원조직을 산하기관처럼 생각했지만 시간이 지나면서 어느 정도 정리가 된 상황입니다. 하지만 지금은 재단법인으로 전환되면서 사단법인이 약간 맥이 빠진 상태죠. 사단법인은 추후 다른 사업에 대한 가능성도 열어두고 유지하고 있습니다.

정석호 하나를 만들기도 힘든 법인이 지역사회에 있다는 점은 매우 고무적인 일입니다. 비록 서천센터는 재단법인으로 흡수됐지만 법인은 유지하는 것이 좋다고 봅니다. 추후 중간지원조직이나 행정에서 소화하기 힘든 사업들은 법인이 자체적으로 진행해볼 수도 있을 것입니다. 민간법인에 대한 행정과 지역사회의 이해가 부족해서 '중간지원조직 운영을 위한 법인'으로만 바라보는 인식이 여전히 존재합니다. 또 어렵게 법인을 설립한 분들은 정당한 요구를 하고 싶어도 지역사회에 갈등을 만들지 않기 위해 조용히 넘어가려 하는 경향이 있는 것도 사실입니다. 이런 문제점을 해결하기 위해서 민간법인에게 위탁수수료(일반관리비) 지급을 의무화하고 자체 사업을 할 수 있도록 행정과 중간지원조직에서 컨설팅 및 모니터링을 하는 방법을 고려해야 합니다. 이어서 광역센터에 바라는 점에 대해서도 한마디씩 해 주시죠.

충남마을만들기지원센터에 바랍니다

김영서 광역센터가 각 시군 행정공무원을 대상으로 중간지원조직에 대한 이해도를 높일 수 있는 교육을 해줬으면 합니다. 그래야 시군 중간지원조직이 자율성을 가지고 사업지침에 따라 계획을 세워 실행할 수 있는 환경도 갖춰질 수 있습니다.『마을독본』15호의 제목이었던 '마을만들기 행정, 공무원도 마을활동가'처럼 진정한 마을활동가가 될 수 있도록 교육 기회를 많이 제공해야 합니다.

박진시 광역센터의 역할은 각 시군센터의 애로사항을 함께 고민하고 해결할 방안을 찾는 일이 우선입니다. 시군 중간지원조직들이 갖는 공통적인 고민으로 상근자의 처우 개선, 정체성 확립 등이 있습니다.

윤흔상 대부분 논의가 시군 중간지원조직에서 그치는데, 광역 중간지원조직의 역할과 정체성에 대한 논의를 해야 합니다. 전국적으로 광역 중간지원조직이 모여 논의하는 TF팀도 고려해볼 만하죠. 광역센터는 시군 중간지원조직이 지속가능하도록 방향성을 설정하고 그 환경을 조성하고 지원하는 역할이 가장 중요합니다. 광역 없이 기초자치단체에만 중간지원조직을 만드는 일은 위험합니다. 광역·기초로 연결되는 구조에서 중요한 것은 정보와 의견의 전달 체계입니다. 이런 구조를 갖추지 못한다면 허리가 없는 셈입니다. 허리 중심이 확실해야 제대로 설 수 있듯이 광역은 그 중간에서 중심 역할을 수행해야 합니다. 광역센터에서도 정책적으로 농촌 마을 · 기초 · 광역 · 중앙의 전달 체계를 정비하는 요구를 지속해줬으면 합니다.

김기영 앞서 말씀해주신 대로, 시군 중간지원조직의 방향성을 꾸준히 제시해주어야 합니다. 더불어 충남도청과 협력해서 시군 담당공무원 대상 교육이 필요합니다. 중간지원조직에 대한 이해도를 높이고 마을만들기에서 관계자들의 역할 분담을 학습해야 합니다. 이런 과정을 충남도에서 제도적으로 필수 이수하도록 해야 합니다. 시군 의회에서도 중간지원조직의 필요성을 느끼고 있는데, 중요도가 높아지는 만큼 중간지원조직에 대한 교육 기회를 많이 제공해야 합니다.

마을만들기 중간지원조직 상근자에게 하고 싶은 말은?

김영서 함께 센터에서 일하는 상근자들에게는 중간지원조직에서 일하는 사람은 기술자가 아니라 활동가여야 한다고 말하고 싶습니다. 중간지원조직 활동은 용역사 직원의 일과는 다릅니다. 상근 기간에 대한 말도 가끔 나오는데, 상근 기간은 5년이 아니라 오래 근무할수록 좋습니다. 중간지원조직의 존재 이유 중 하나는 행정의 순환보직제에서 비롯되는 문제를 보완하고 연속성을 유지하기 위해서입니다. 그렇다면 근속연수를 5년으로 정하는 것은 순환보직제와 같은 문제점을 야기할 수 있죠. 그리고 앞서 말했지만 중간지원조직 상근자는 용역사의 기술자와는 다르기에, 평가는 시험이 아니라 현장에서 주민들에게 받아야 마땅합니다. 활동가라는 측면을 생각해봤을 때 상근자를 채용할 때도 경력을 우선하기보다 지역 인재를 찾는 것이 중요합니다. 조금 부족하더라도 2~3년 공부해서 역량을 갖추게 하고 해당 지역에 오래 남을 인재를 키워야 합니다. 지역에 대한 애정을 갖고 오래 상근할 수 있는 활동가를 채용해야 합니다.

윤흔상 우리 센터의 연구원 2명의 신분은 공무직입니다. 안정적일 수 있지만 근퇴(勤退)와 같은 직원 관리를 행정이 직접 하다 보니, 센터와 행정에서 이중 관리를 받고 있습니다. 이를 해결하기 위해 직원 관리를 행정팀장에게 일원화하려 합니다. 그리고 신분상 활동 영역이 좁아 중간지원조직 상근자로서 어려움도 있습니다. 최근 아산에도 재단법인 논의가 있는데 전환 후에도 연구원들이 함께 해줬으면 좋겠습니다.

박진시 함께해주는 팀원들에게 아직 들어온 지 얼마 안 됐지만 맡은 직무를 최선을 다해줘서 고맙다, 앞으로 역량강화도 기대하고 있다. 항상 열심히 해줘서 감사하다, 이렇게 말해주고 싶습니다.

지방이양 이후 마을만들기 정책에 필요한 개선점은?

정석호 중앙정부뿐만 아니라 광역에서도 중간지원조직의 중요성을 인식하고 정책도 이에 맞춰 변화하고 있습니다. 중간지원조직 상근자 입장에서 정책적으로 어떤 점이 개선되어야 한다고 생각하십니까.

박진시 지방이양이 되면서 중간지원조직이 중요하다고 말합니다. 하지만 농촌협약이나 신활력플러스사업 등의 공모사업을 소위 '따내기' 위한 조건으로만 생각하고 있지 않나 싶습니다. 서류상으로만 기재하고 막상 사업에 선정되어 진행해야 할 때는 배제될 수도 있습니다. 이런 점을 보완해야 하지 않을까요.

김영서 지방이양 이후 마을만들기사업이 정치적인 선심성 사업으로 흘러가지 않도록 경계해야 합니다. 이런 점을 방지할 수 있는 제도 방안을 마련해두는 것도 좋습니다.

윤흔상 아산은 지방이양에 대한 준비가 여전히 안 되어 있다고 생각합니다. 지방이양된 사업을 아산시에서 어떻게 수행할 것인지에 대한 대책이 필요한데, 그 대책을 수립하지 못했습니다. 물론 우리 센터도 그 역할을 충분히 하지 못했습니다. 그러다 보니 자체 예산으로 마을만들기 예산을 수립하지 않았고, 충남형 마을만들기사업이 아니면 마을만들기 예산이 없는 실정입니다. 지금이라도 빨리 준비를 시작해야 합니다.

정석호 각 시군마다 중간지원조직 운영 형태와 지역 특성에 따라 다른 고민도 있고 공통된 고민도 있습니다. 중간지원조직의 지위와 상근자의 처우 개선, 행정의 지나친 간섭 등이 공통된 고민임을 들었습니다. 이런 점은 중간지원조직에 대한 발상의 전환을 할 수 있어야 하기에 비슷하게 고민하는 것 같습니다. 다만 민간위탁은 수탁법인 역량에 대한 고민을, 재단법인은 재단과 행정 사이에서 정체성 고민을, 행정직영은 행정의 이해도에 고민을 더 크게 하는 것으로 보입니다. 이런 문제들을 함께 고민하고 해결하기 위해 광역센터에서도 노력하겠습니다.

중간지원조직에서 활동하면서 겪는 애로사항과 보람, 중간지원조직의 정체성, 읍면 중간지원조직과 같은 새로운 발전 방향 등 많은 이야기가 오고 갔습니다. 앞으로 행정적, 제도적 개선점들은 더 노력해나가야 하겠죠. 이번 간담회가 마을만들기 중간지원조직 발전에 조금이나마 보탬이 되길 바라며 마치겠습니다.

6부
농촌마을정책의 미래 설계

농촌에서 마을이란 '행정리'라는 단위로 국한되는 경향이 강합니다. 여기에는 이장을 행정이 임명하고 수당까지 지급하면서 나타난 역사적 경험이 강하게 반영되어 있습니다. 또 2000년대 이후 농식품부의 마을만들기 사업이 행정리에 집중하면서 고정관념이 심화된 셈입니다. 이제는 이런 고정관념을 버리고 마을 개념을 보다 넓게 확장해야 우리의 상상력도 넓어질 수 있습니다. 농촌 인구가 심하게 감소하고 초고령화 속도가 매우 빠른 상황에서 행정리로만 국한되는 마을 개념으로는 현재의 문제에 대응할 수 없습니다. '주민 주도, 상향식'이란 방법론도 행정리 단위에서는 작동되기 어렵다는 현실을 적극적으로 수용해야 합니다. 그래서 행정리 마을과 읍면을 효과적으로 연결시켜 주민 생활권 단위의 주민자치 역량을 총체적으로 키워야 합니다. "우리 마을의 문제가 이웃 마을의 문제이기도 하다"는 관점에서 행정리 마을 사이의 연계 · 협력이란 관점이 있어야 합니다.

제5부까지 다룬 '시군 단위 농촌마을정책의 민관협치 시스템'은 이런 방향성을 강화하기 위한 전제조건에 해당하고, 또 읍면 주민자치의 기반 위에 제도적 시스템도 효과적으로 작동할 수 있습니다. 농촌마을정책은 이렇게 쌍방향으로 상호작용하면서 발전할 수 있습니다. 이를 통해 농촌(마을)의 구조적 현실에 맞는 근본적인 대응 방향도 도출할 수 있습니다.

제6부는 농촌마을정책이 앞으로 나아가야 할 큰 방향을 다루고 있습니다. 먼저 지금까지 다룬 시군 민관협치에서 읍면 정책으로 한 단계 더 깊이 들어가야 함을 주장합니다. 둘째, 읍면 정책에서도 민관협치가 중요하며 제도적인 개선책을 찾아야 함을 강조합니다. 셋째, 읍면 단위에서 다양한 정책들의 연계·협력과 문제해결형 전문 조직 육성이 필요함을 제안합니다. 특히 농식품부 정책사업으로 시행되는 기초생활거점조성사업을 사례로 들며 구체적으로 검토하고 있습니다. 제6부에서 다루는 내용은 농촌정책의 최첨단 논의에 해당한다고 볼 수 있습니다.

농촌마을정책의 미래 설계

구자인 마을연구소 일소공도 협동조합 소장

시군 민관협치 시스템에서 읍면 정책으로 더 나아가야 합니다

마을만들기 자체가 주민 삶의 모든 영역에 걸쳐 있듯이 농촌마을정책도 다양한 전략으로 미래를 설계해야 합니다. 행정 중심이 아니라 정책의 수요자가 되는 주민 중심으로 빠르게 전환해야 합니다. 마을공동체 운동 자체도 행정 의존에서 탈피하여 다양한 발전 경로를 모색해야 합니다. 마을을 지키면서 문제를 해결할 수 있는 방향에는 여러 가능성이 열려 있습니다. 마을 내부로만 눈길을 돌리면 '우물 안 개구리'가 될 수 있습니다.

그래서 농촌마을정책이 지향해야 할 첫 번째 핵심 방향은 읍면 정책과 강하게 결합해야 한다는 점입니다. 전국적으로 마을 단위(행정리, 권역)로 우수한 사례가 많습니다. 전국농촌체험휴양마을협의회(1,151개소)에 소속되거나 농식품부 주관으로 매년 열리는 행복농촌만들기 콘테스트에서 수상한 곳은 하나같이 매우 훌륭한 마을입니다. 주민 모두 열심히 실천하고 나름의 성과를 만들어낸 마을입니다. 하지만 초고령화와 인구 감소, 양극화, 선주민과 이주민 갈등 등의 문제점은 피해가지 못하고 있습니다. 한때는 매우 앞서나갔지만 이런저런 이유로 정체되거나 후퇴하고 있습니다. 이웃 일본에서 한때 앞서나가 책으로도 소개된 선진지 마을도 유사한 경험을 가지고 있습니다. 행정리 규모의 마을로는 구조적 문제를 극복하기 어렵기 때문입니다. 이제는 마을 개념을 읍면으로 확장하면서 읍면 정책과 강하게 결합해야 한다고 주장하는 이유이기도 합니다.

이제는 읍면 정책과 강하게 결합해야 성과를 도출할 수 있습니다

궁극적으로 마을공동체는 마을자치의 역량을 키우면서 성장해나가야 합니다. 특히 읍면 정책으로 확장해야 현재의 인구 감소와 초고령화 현실을 극복할 수 있습니다. 풀뿌리 마을 현장에서 시군 지자체 행정은 너무 멀고 사업이 있을 때만 만나게 됩니다. 중간지원조직도 크게 다르지 않습니다. 제도나 정책사업으로 만날 기회는 있지만 일상적인 협력은 거의 불가능합니다. 자주 만나고 얼굴을 맞대는 협력을 해나가기에는 현재의 우리나라 지자체 규모가 너무 크기 때문입니다. 읍면 정책이 없기에 지자체 정책과 현장 사이의 괴리도 너무 크게 벌어지고 있습니다, 마을과 마을이 모여 읍과 면을 구성합니다. 이제는 한걸음 더 나아가 지자체 내부의 자치 분권도 논의해야 합니다. 마을공동체 활동의 경험을 토대로 권한 이양을 줄기차게 요구해야 합니다.

결국 민관협치와 마을자치는 비슷하면서도 다른 측면의 접근입니다. 마을공동체란 생활세계는 마을자치와 직접 민주주의가 작동해야 하는 영역에 해당하고, 시군 단위의 민관협치는 제도적으로 작동되는 대의제 민주주의 영역이라고 구분할 수 있습니다. 마을공동체는 민관협치의 제도적 기반 위에서 성장하고, 반대로 마을공동체의 성장을 통해 민관협치는 지자체의 생활문화로 정착될 수 있습니다. 아직은 성장 과정에 있는 마을공동체(주민자치) 활동이고 민관협치 제도이기에 앞으로 다양한 실천 경험을 통해 내용이 더욱 풍성해져야 할 것입니다. 우리는 궁극적으로 마을(주민)자치의 역량을 키우고 성장해나가야 하고, 이를 위해 민관협치의 제도적 시스템은 여전히 강력하게 주장해야 할 사회적가치인 셈입니다.

이제는 시군 지자체 단위로 구축해온 민관협치의 제도적 시스템을 기반으로 읍면 정책으로 더 나아가야 합니다. 또 마을이란 개념을 행정리에만 국한하지 않고 읍면 단위로 더 넓게 확장해야 합니다. 시군 지자체와 읍면, 그리고 행정리까지 전체를 보면서 다양한 정책과 사업이 결합되고 민관협치가 작동될 수 있도록 조정해야 합니다. [그림 6-1]은 이런 관점에서 농촌정책의 전체적인 시스템을 개념도로 정리한 것입니다. 여러 중앙부처의 정책사업이 이렇게 서로 연결되고, 읍면 단위에서도 민관협치가 작동되어야 농촌 문제도 해결될 수 있습니다.

읍면 단위는 민관협치와 마을자치가 만나는 중간 영역으로 볼 수 있습니다. 제도적으로 불투명한 부분이 많지만 마을공동체 활동의 한계를 극복하고, 지자체 정책의 현장성을 강화하기 위해서는 관심을 크게 가져야 할 영역입니다. 그래서 최근에 주목받고 있는 주민자치회가 중요합니다. 농촌에서는 읍면 정도의 규모가 주민생활권으로서 마을공동체 활동이 서로 협력할 수 있는 적절한 행정단위에 해당합니다. 대한민국의 지방자치법은 처음 시행하던 1949년 당시에 읍과 면을 기초 지방자치단체로 규정했습니다. 1961년 군사쿠데타로 중단되었지만 이제는 그런 기억을 다시 복원해야 합니다. 서구나 일본 사회와 비교해도 대한민국의 기초 지방자치단체 규모는 지나치게 큽니다.

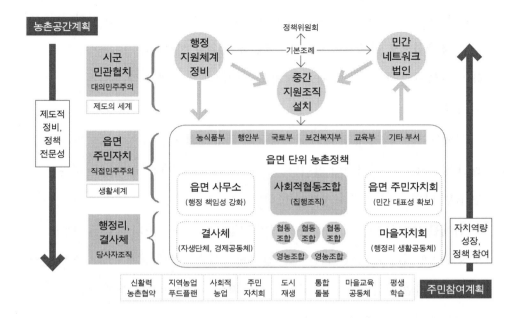

〔그림 6-1〕 지자체 농촌정책의 층위: 시군 민관협치에서 읍면 주민자치로의 발전

마을공동체 활동이 행정구역과 반드시 일치하여 이루어지는 것은 물론 아니지만, 각종 공공행정이 읍면 단위로 구성되어 있고, 또 읍면은 백 년 이상 흐른 역사적 실체입니다. 읍면은 지역 주민의 의사결정 단위이자, 행정과의 대등한 창구를 고려할 때 가장 현실적인 정책 단위이기도 합니다. 그래서 우리는 읍면장의 개방형 공무원 채용이나 주민추천제 도입, 공무원 전문직위제 논의, 읍면사무소(행정복지센터)와 주민자치회의 통합형 모델 등을 계속 강조하는 셈입니다. 시군 단위의 민관협치형 추진체계를 이제 읍면 단위로도 논의해야 한다는 주장입니다.

마을공동체 활동이 활발하고, 주민자치가 잘 작동되는 읍면 지역사회야말로 우리가 꿈꾸는 미래입니다. 여기에 필요한 권한과 재정, 인력 등의 행정 권한을 읍면으로 이양(분권)하는 제도 개혁이 꼭 필요합니다. 행정의 권한이 주민 생활 세계에 지나치게 개입하지 않도록 적절한 통제 장치도 필요합니다. 마을공동체 활동도 정책과 제도에 지나치게 의존하지 않고, 주민자치의 생활문화를 스스로 발전시켜야 할 것입니다. 그래서 마을과 행정 사이에는 너무 멀리 해서도 너무 가까이 해서도 좋지 않다는 '불가근불가원(不可近不可遠)' 원칙이 세워져야 합니다.

하향식 제도 정비와 상향식 자치역량 강화를 동시에 고려해야 합니다

시군 지자체 차원의 제도 정비를 통해 민관협치를 강화하고, 이런 뒷받침 속에 읍면 주민자치와 행정리 마을자치가 성장할 수 있는 환경을 조성해야 합니다. 지자체의 각종 중장기 계획이나 공간 계획은 하향식이 일반적이지만 제도 개선을 병행해야 의미가 있습니다([그림 6-1]의 좌측 화살표 참고). 동시에 아래로부터 자치역량을 키우고 정책 참여 기회를 계속 확대해야 합니다. 주민참여 계획의 경험이 축적되고 상향식으로 각종 중장기 계획이 수립된다면 실효성이 높아집니다([그림 6-1]의 우측 화살표 참고).

이런 하향식의 제도 정비와 상향식의 정책 참여가 좋은 순환을 거듭할 수 있도록 민관협치 시스템이 읍면에서도 작동되어야 합니다. 또 좋은 순환을 매개할 수 있는 현장 전문조직이 다양하게 설립·운영되어야 합니다. 시군 단위 중간지원조직과 읍면 단위 사회적경제조직이 이런 순환을 힘차게 펌프질할 수 있는 힘입니다. 이런 과정을 몇 년에 걸쳐 계속 반복하면서 지자체 전체의 정책 자체가 질적으로 발전하고 농촌재생 사례도 많이 나타날 수 있습니다. 민간의 "좋은 아이디어가 꽃을 피우고" 농촌마을정책도 완성될 수 있습니다.

읍면 차원의 민관협치 시스템을 강조하는 이유는 좋은 선진 사례를 빨리 만들어야 한다는 시급성 때문입니다. '작고 소소하지만' 좋은 성과를 만들어야 주민 참여의 자신감도 회복하고, 더욱 적극적인 참여도 이끌어낼 수 있습니다. 연대와 협동으로 좋은 사례를 만든 경험이 적었던 것이 우리 역사이기도 합니다. "마을 일에 나서지 마라", "열심히 해도 좋은 소리 못 듣는다", "다른 사람과 절대 동업 하지 마라", 이런 소리를 수시로 들어 왔습니다. 그래서 주민들이 자신감을 회복 하고 연대와 협동을 두려워하지 않기 위해서는 이런 제도적 시스템(정책 환경)이 잘 조성되어야 합니다. 이것은 공공행정이 수행해야 할 고유 역할이고, 또 중간지 원조직이나 민간단체가 시급하게 성취해야 할 과제이기도 합니다.

읍면 정책을 강화하고 제도 개선에 관심을 더 가져야 합니다

농촌마을정책이 지향해야 할 두 번째 핵심 방향은 읍면 정책에 더 많은 관심을 가지면서, 제도 개선을 통해 정책의 효능감을 높이고 주민참여를 더욱 촉진할 수 있어야 한다는 점입니다. 제도 개선으로만 문제를 해결할 수 없지만 이것 없이는 노력한 만큼 성과가 도출되지 않는다는 것도 분명합니다. 30개 내외의 행정리 마을이 모여 읍과 면을 구성하는데, 이웃 마을과 협력하여 길게 보면서 읍면 지역사회를 지속가능하도록 전환시키는 전략을 가져야 합니다. 농촌 전체가 무너지는데 우리 마을(행정리)만 잘 될 수는 없기 때문입니다.

읍면 정책을 강화하여 주민참여의 정책 효능감을 확대해야 합니다
각종 주민
인터뷰나 주민총회 결과를 검토하면 지역에 살고 있는 주민들은 다양한 '꿈과 희망'을 가지고 있음을 확인하게 됩니다. 이러한 '꿈과 희망'이 지자체 정책과 만나 제도를 현장 실정에 맞게끔 계속 개선하고, 그 간극을 좁히는 과정을 반복하면서 농촌도 발전하게 됩니다. 하지만 우리는 각종 정책과 현장 사이에 항상 괴리(간극)가 크게 발생하고 있음을 확인합니다. 이것을 극복하자면 주민참여의 실질적 단위라 할 수 있는 읍면 중심으로 접근할 필요가 있습니다. 주민들의 실질적인 생활권이자 역사적 실체에 해당하는 읍면 단위에서도 민관협치의 제도적 장치가 작동되어야 정책의 효능감이 높아집니다. 또 다양한 실천 경험을 축적하면서 주민들의 자치역량도 더욱 성장하고 더 많은 주민참여도 가능해집니다.

이처럼 읍면 단위로 주민참여 확대를 통해 정책적 효능감을 높여야 주민 주도의 상향식 정책 추진도 농촌재생도 기대할 수 있습니다. 중앙정부의 각종 정책이 현장 기반으로 실질적인 협력이 이루어지고, 주민주도성이 발휘되는 단위도 읍면에서 효과적입니다. 시군 지자체 차원에서는 제도적인 협력과 참여만 가능할 뿐입니다. 하지만 현재의 읍면사무소(행정복지센터)는 공무원이 단순 파견되어 근무하는 기능에 국한되고, 권한이 미흡하며, 계획 수립 및 관리의 전문성도 부족하여 민관협력이 실질적으로 이루어지지 못합니다. 주민들의 정책 참여가 효능감을 느끼고 다시 더 높은 수준의 주민참여로 이어지도록 하자면 각종 정책이 읍면 장소 단위로 연계협력이 강화되어야 합니다. 이러한 제도 개선의 기반 위에 상향식 정책 추진도 더욱 촉진될 수 있을 것이고, 이러한 사실은 전국의 우수 실천 사례에서 충분히 확인할 수 있습니다.

읍면 장소 단위의 주민참여를 '제도적'으로 강화하는 것이 시급합니다

농촌 읍면 단위에서 주민 주도의 지역발전계획을 수립한 사례는 매우 드물다 할 수 있습니다. 주민자치회로 전환한 지역에서 주민총회를 개최하면서 지역의제에 대해 우선순위 투표를 해본 정도에 그칩니다. 선진지 읍면이라 하는 곳도 정책사업을 진행하면서 일부 학습을 한 정도에 그칩니다. 홍성군 장곡면에서 10년 구상으로 2020년 2월에 수립한 『장곡면 2030 발전계획』이 돋보이는 정도입니다. 대개는 주민 '참여'라 말하면서 개별 사업 추진 과정에서 '동원'되는 형식에 그칩니다. 주민에게 실질적인 권한을 부여받지 못하고, 의견 개진 기회를 제공하는 정도에 그칩니다. 주민 대표기구로서 주민자치회도 지방자치법 전면 개정(2020.12)에서 근거 규정이 삭제되면서 제도적 뒷받침이 여전히 미약한 상황입니다.

그래서 현재 읍면 단위로 설치된 주민자치회를 중심으로 주민참여의 제도적 기반을 강화하고, 동시에 민관협치가 작동될 수 있는 다양한 제도 개혁도 이루어져야 합니다. 주민자치회가 주도하는 발전계획(자치계획) 수립, 주민총회 개최, 주민참여예산제 연계 등의 제도적 장치가 훨씬 더 세련되게 개선되어야 합니다. 주민자치회 산하에 농업분과와 마을공동체분과가 설치되어야 기존의 봉사단체 성격이었던 주민자치위원회와 차별성이 생깁니다. 또 여전히 시군 지자체의 출장소에 머무르는 읍면사무소(행정복지센터)의 행정적 지위를 강화하면서 계획수립과 사업추진, 집행관리 등 정책 책임성을 명확하게 해야 합니다. 이렇게 행정도 민간도 권한과 책임이 명확할 때 대등한 협력도 가능해질 것입니다.

현재도 중앙부처별로 다양한 정책사업이 추진되고 있지만 읍면 생활권 단위에서 주민참여를 제도적으로 보장하는 장치는 발달되지 못했습니다. 농식품부 농촌협약제도나 농촌공간정비사업도 개별 사업에 그치는 상황입니다. 주민들은 계획 수립에 여전히 '동원'되는 정도에 그치고, 외부 컨설팅 기관이 주도하는 상황입니다. 초고령화 시대에 어울리지 않게 읍면 소재지의 공공시설도 분산 배치되는 경향입니다. 현장 주민의 필요(수요)와 지자체 정책 사이에는 여전히 괴리가 심각하고, 추진체계도 제도 개선이 미약한 가운데 '정책 칸막이'로 시행될 뿐입니다. 읍면 단위에서도 민관협치의 제도적 장치가 훨씬 더 발전되어야 합니다. 그래서 [그림 6-1]의 개념도와 같이 대통령 직속 농어업농어촌특별위원회(이하 '농특위')가 시군 단위의 민관협치형 추진체계 구축을 2019년 12월에 의결한 이후에 이를 읍면 단위로 확장하여 2022년에 보고서를 발간했던 것입니다. 참고문헌에 제시한 『농어촌재생을 위한 읍면 중심의 민관협치 추진체계 연구』가 그것입니다(농특위 홈페이지에서 확인 가능).

이러한 제도 개선 노력과 병행하여 주민자치회의 역량 강화, 읍면 지역사회를 대표하는 비영리 네트워크 법인 설립, 지역 문제해결형 전문조직 육성, 마을자치회 전환 등이 반드시 필요합니다. 특히 주민자치회와 연계하여 대표성과 전문성, 현장성을 가진 비영리 법인을 읍면 단위에서 어떻게 설립할 것인지 진지하게 검토해야 합니다. 정책사업이 있을 때 잘 활용하면 이러한 변화를 주민이 주도하여 만들어낼 수 있습니다. 행정리 마을에 직접 도움이 되지 않는 것처럼 보이지만, 읍면 소재지에 이런 법인과 전문조직이 튼튼하게 자리를 잡고 있다면 든든한 응원군이 되는 셈입니다. 읍면 현장에 '사람과 조직'을 키워야 하는 것이 우리 모두의 과제입니다.

읍면 정책의 융복합과 문제해결형 전문조직 육성이 시급합니다

농촌마을정책이 지향해야 할 세 번째 핵심 방향은 읍면 단위 주민생활권에서 중앙정부 및 지자체 정책사업의 융복합을 강화하고, 이를 통해 문제해결형 사회적경제조직을 집중적으로 육성해야 한다는 점입니다. 시군 지자체의 마을만들기 행정이나 중간지원조직(4~5명 인력)이 300여 개에 달하는 모든 행정리 마을을 밀착 지원하는 일은 불가능합니다. 결국 읍면 단위에서 민관협치형 추진체계를 구축하고, 정책의 융복합을 강화하면서 지역문제를 해결할 수 있는 시스템이 시급하게 필요합니다. 마을 주민의 참여와 지자체 정책이 실질적으로 만나 협업하며 현장 문제를 해결할 수 있는 단위가 결국 읍면 규모인 셈입니다. 마을 가까이에서 농촌 문제를 해결하기 위한 현장 전문조직으로 사회적경제조직을 빨리 육성해야 합니다.

지역 문제의 원인 진단과 해결 방향은 어느 정도 공감대가 형성되어 있습니다

도시는 도시대로 농촌은 농촌대로 지역사회에서는 대부분 유사한 유형의 문제가 나타나고, 그 원인도 해결 방향도 큰 틀에서는 유사합니다. 예를 들어, 경관환경, 토지주택, 일자리경제, 노인복지, 통합돌봄 등은 어느 지역이나 공통 과제에 해당합니다. 이런 지역문제들은 급속한 도시화와 불균등발전, 인구감소, 초고령화, 혼주화(混住化) 등 여러 구조적 요인이 겹친 결과입니다. 또 지방자치의 미성숙과 공동체 파괴, 풀뿌리 보수주의, 주민자치 역량 부족, 현장 실천 주체의 미형성 등과 같은 사회적 요인도 결합되어 있습니다. 이러한 공통적인 지역 문제에 대한 해결 방향도 크게 다르지 않습니다.

지역에 살고 있는 주민들이 주인의식을 회복하고 공동체 활동을 전개하며 자치역량을 키우는 것이 가장 중요합니다. 내가 사는 마을에 계속 살겠다는 애정, 이웃과 함께 문제를 풀어가겠다는 마음가짐이 출발점입니다. 하지만 개인적으로는 문제를 해결하기 어렵고, 그래서 문제 해결 역량을 가진 조직이 필요합니다. 공공행정과 협력하는 신뢰관계를 구축하고, 지역 실정에 맞게끔 제도를 개선하는 것이 시급합니다. 이런 문제의식과 방향성에 대해 현장에서는 공감대가 상당 부분 형성되어 있습니다.

농촌정책 영역에서도 마찬가지입니다. 이제는 농촌재생을 위한 큰 방향의 일환으로 빠르게 읍면 장소 중심으로 전환할 필요가 있고, 동시에 현장 문제 해결을 위한 전문조직을 적극적으로 육성해야 합니다. 기존의 중앙정부, 행정 주도의 방식만으로는 한계에 도달했고, 지역에 살고 있는 주민 당사자가 문제 해결의 주체로 전면에 등장해야 합니다. 이를 위해서라도 읍면이란 장소가 중요하고, 다양한 정책사업도 협력하는 구조를 만들어야 합니다. 중앙정부도 정책 협업과 융복합을 통해 지자체의 추진체계를 민관협치 형태로 정비하도록 지원하고, 정책의 전달체계도 주민 입장에 맞추어 빠르게 전환해야 농촌재생의 성공 사례를 조기에 도출할 수 있습니다.(농특위, 2022.12, 9쪽)

농촌 문제의 대표 사례로 경관환경의 파괴가 심각하다는 점, 주거복지 서비스가 아주 열악하다는 점, 농산물의 판매와 먹거리복지를 연결하지 못한다는 점, 노인복지 상황이 시급하고 중요하다는 점 등을 들 수 있습니다(이하 [표 6-1] 참고). 초고령화 상황이 심각해지면서 가장 기본적인 생활서비스도 제공되지 못하는 사례가 속출하고 있습니다. 전국 농촌 어디에나 공통으로 나타나는 현상이고, 이를 해결할 수 있는 현장 주체로 전문조직이 없다는 점도 공통점입니다. 정부 정책사업으로 읍면 소재지마다 건설한 각종 거점시설의 유지·관리도 이런 전문조직이 있어야 활성화될 수 있습니다.

이렇게 농촌 문제를 해결할 수 있는 사회적경제조직이 문제가 심각한 영역마다 다양하게 발굴·육성되어야 농촌 지역사회의 지속가능성도 확보할 수 있습니다. 행정 예산은 지방소멸대응기금이나 고향사랑기부금, 균형발전사업, 각종 청년·중장년·노인 대상의 일자리사업, 개별 정책사업 등을 통해 충분히 확보할

〔표 6-1〕 농촌 읍면 지역문제 유형과 현장밀착형 사회적경제조직 육성

구분	대표적인 지역문제	현장밀착형 사회적 경제조직 명칭(예시)	주요 사업내용	상근 일자리 규모	관련 정책사업
①	열악한 경관 쓰레기, 악취, 농촌다움 훼손	농촌경관 개선 협동조합	· 마을가꾸기, 경관관리, 쓰레기 분리수거: 마을계획 수립, 주민교육·컨설팅, 시공 지원 · 도로변 예초, 마을정원가꾸기, 가로수 관리, 설치미술 작업 등	2~3명	· 농민수당, 농업환경프로그램, 공익형직불제 · 각종 마을만들기 · 신활력플러스, 농촌협약, 농촌공간정비
②	빈집 관리, 독거노인 주거복지 서비스 제공	빈집수리 협동조합+ 주거복지센터, 119사업단	· 빈집 수리 및 임대, 주거관리, 공공시설 관리 · 주거/에너지복지 서비스 제공, 찾아가는 119사업단 운영 등	3~4명	· 집수리사업단, 주거복지센터 · 찾아가는 복지서비스 · 신활력플러스, 농촌협약
③	농산물 판매망, 독거노인 반찬나눔, 농번기 공동식사	로컬푸드 협동조합+ 먹거리 복지센터	· 마을 생산자 조직화, 농산물 기획생산(계약재배) 지도, 공유부엌 운영 · 지역농산물 공동급식, 반찬나눔 · 지역 농산물 소규모 가공, 유통, 판매 등	5명 이상 (지역 농업 규모 반영)	· 학교(공공)급식, 로컬푸드 직매장, 거점가공센터, 푸드플랜 · 농번기 공동식사 · 신활력플러스, 농촌협약
④	노인 고독사, 공동생활홈, 근린 요양원	노인복지, 통합돌봄 사회적 협동조합	· 주야간보호센터 및 공동생활홈/요양원 운영, 노인복지 서비스 제공 · 생활보호사 제도 및 사회적농장 운영, 지역사회복지협의체 간사단체 역할 등	10명 이상 (지역 인구 규모 반영)	· 농식품부 사회적농업 서비스공동체 · 보건복지부 통합돌봄 · 신활력플러스, 농촌협약
⑤	거점공간 공동시설의 유휴화	시설관리 사회적 협동조합	· 읍면 소재지 거점공간 및 행정재산, 빌라단지, 공공임대주택, 권역센터 등 시설관리(청소, 방역, 보안 등) · 시설관리 전문인력 양성 교육 등	2~3명	· 신활력플러스, 농촌협약 · 자활센터

주 1. 일자리 규모는 최소로 추정한 것이고, 여기에 계절별로 반상근, 비상근 일자리가 다수 결합될 수 있음
　　2. 모든 문제 유형에서 행정의 각종 사회적경제조직 육성 사업이 연결될 수 있음
자료 : 충남연구원 충남마을만들기지원센터(2020.2), 159쪽; 농특위(2022.12), 10쪽을 참고하여 재구성

수 있습니다. 문제 유형별로 활용할 수 있는 정책사업도 다양하게 있습니다. 문제가 많은 곳에 주민들의 필요(수요)도 많은 셈이고, 사회적경제조직이 창업하여 성공할 수 있는 '빈 틈'도 많은 셈입니다. 농촌은 시장경제가 작동하기 어려운 '저밀도경제' 공간이고, '규모의 경제'보다 '범위의 경제'를 지향해야 합니다. 계절별로 농번기와 농한기가 있기 때문에 상근자는 적더라도 반상근, 비상근 형태의 일자리를 많이 만들 수 있습니다. 이것이 기존의 각종 일자리정책이 놓치고 있는 부분이고, '정책 칸막이' 때문에 나타나는 부작용이기도 합니다.

읍면 주민 생활권 단위로
중앙정부 정책사업의 융복합을 시도해야 합니다

농촌 공간은 반 → 행정리 → 법정리 → 작은 거점(보건진료소, 폐교, 권역 센터) → 읍면 소재지로 행정 층위가 이어집니다. 역사적으로는 '반' 규모가 가장 작은 마을 역할을 했지만, 농촌이 도시화와 근대화 과정을 거치면서 인구가 감소하고 고령화가 심각해지고 이제는 행정리 규모로 대응하기 힘들 정도로 쇠퇴한 상태입니다. 수출 지향과 도시 중심의 국가정책이 이렇게 만들었지만 농촌 공간 전체를 보면서 체계적으로 접근하지 못한 탓이 큽니다. 농민단체도 농업소득 문제에만 집중하다 농촌사회가 붕괴되는 것을 보지 못한 탓도 큽니다.

이제는 농촌 읍면 공간을 [그림 6-2]처럼 전체적으로 보면서 다양한 정책사업이 서로 연결되도록 구상해야 합니다. 행정서비스 측면에서는 시군청 소재지에서 읍면 소재지를 거쳐 행정리로 잘 전달되어야 합니다. 주민참여는 역순으로 활발하게 이루어져야 합니다. 읍면 소재지에서 행정과 주민자치회가 협력하는 문화가 조성되고, 읍면사무소와 주민자치센터, 보건지소, 농협, 복지센터 등의 각종

[그림 6-2] 농촌 읍면 단위 행정 층위 구분과 관련 정책사업의 융복합 필요성

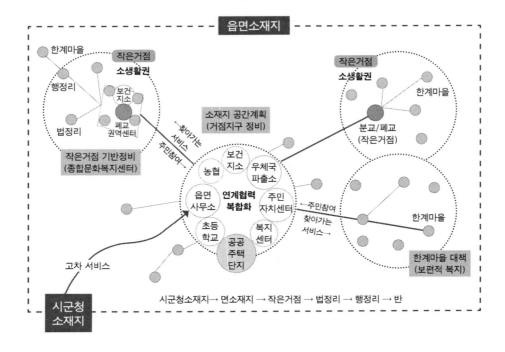

공공시설도 최대한 복합형으로 지어져야 합니다. 30호 규모의 공공임대주택도 마련되어야 귀농귀촌 정책도 실효성을 가집니다. 그래야 초고령화 시대에도 대응할 수 있고, 걷고 싶은 읍면 소재지가 되어 지역경제도 살아날 수 있습니다. 귀향하거나 새롭게 귀농귀촌하는 도시민도 늘어날 수 있습니다. 하지만 '정책 칸막이'가 심각하고 중장기 계획도 없다 보니 각종 공공시설은 별도로 건설되고 있습니다. 농촌 노인들이 면소재지에 버스를 타고 나오더라도 도무지 걸어서 다닐 수 없을 정도로 흩어져 있는 것이 현실입니다.

여기에 농촌 면으로 보자면 2~3개의 소생활권이 항상 있고, 지금은 폐교된 초등학교 자리나 보건진료소, 권역 센터가 있는 '작은 거점'이 있습니다. 1914년의

행정구역 개편 이전에 작은 면소재지였던 곳이 대부분입니다. 대개 5개 법정리, 10개 행정리 규모로 볼 수 있습니다. 이런 곳에 보건진료소를 중심으로 종합문화복지센터 같은 공간을 조성하면 마을 주민들의 생활서비스 질은 훨씬 높아질 것입니다. 그리고 행정체계로 가장 말단에 위치한 한계마을(반 혹은 행정리)은 스스로의 자치역량이 극도로 쇠퇴한 곳이기에 보편적 복지 차원에서 외부에서 공공서비스가 제공되어야 합니다. 공모방식의 보조사업으로는 사업계획서 작성이나 사업 정산조차도 어렵기 때문입니다. '마을공동체 활성화 기금' 같은 방식으로 주민협정을 통해 매년 반복적으로 수당을 지급하자고 주장하는 이유도 여기에 있습니다.

지금까지는 이런 관점이 없이 '정책 칸막이'로 중앙정부 사업만 '내려와' 집행되었을 뿐입니다. 예를 들어, 농식품부의 농촌협약제도와 농촌공간정비사업, 행안부의 주민자치회, 보건복지부의 통합돌봄, 교육부의 마을교육공동체, 고용노동부의 사회적경제 등이 그러합니다. 사업지침으로는 연계·협력을 강조하고 있지만 이를 강제할 수 있는 제도적 장치가 없기 때문입니다. 지방소멸대응기금이나 고향사랑기부금, 주민참여예산 등 다양한 예산이 있지만 농촌 문제 해결에 크게 역할을 못하는 이유도 여기에 있습니다. 읍면 행정이나 주민자치회가 계획 수립과 조정, 집행에 체계적으로 참여할 수 있는 제도 개선이 꼭 필요한 이유이기도 합니다. 이제는 중앙정부의 정책사업이나 예산이 읍면 장소 단위로 통합적으로 집행될 수 있는 구조를 적극적으로 모색해야 할 시점입니다. 더 지체하면 농촌재생을 기대할 수 있는 '골든타임'을 놓치게 될 것입니다.

읍면 주민자치회와 결합하여 3단계 발전 전략을 모색해야 합니다

농촌 문제

의 현상과 원인도 유사하고, 해결 방향에 대해서도 공감대가 형성되어 있다면 공통적인 해결 전략도 큰 틀에서는 가능할 것입니다. 물론 전국 농촌 읍면마다 역사적, 지리적, 사회적 여건은 조금씩 다르고, 특히 인적 자원 역량의 차이는 적지 않습니다. 그럼에도 문제의 심각성이 유사하고 해결 방향에 대한 공통점이 있다면 보편타당한 발전 전략이 있을 수 있다는 점입니다. 특히 선진지 읍면 사례를 검토해보면 유사점을 찾을 수 있습니다.

전국적으로 보자면 농촌 면 단위 실천의 우수 사례로 다음과 같은 지역을 꼽고 있습니다. 충남 홍성군 홍동면 · 장곡면과 아산시 송악면, 충북 옥천군 안남면과 제천시 덕산면, 전남 영광군 묘량면과 곡성군 죽곡면, 전북 남원시 산내면과 완주군 고산면, 진안군 백운면, 경북 의성군 안계면과 상주시 모동면 등입니다. 대체로 2022년 12월에 경북 의성군 안계면에서 열린 "전국 농촌 면 실천사례 공유회"에 참석했던 지역들이기도 합니다. 이런 지역사례 분석을 통해 홍성군 장곡면에서 10년 구상으로 2020년 2월에 수립한 『장곡면 2030 발전계획』과정을 통해 다음과 같이 '3단계 절차 모델'을 도출했습니다([그림 6-3] 참고).

장곡면은 공동학습 과정을 거쳐 주민자치회로 전환하고 각 분과별 협의를 거쳐 다양한 실천들이 단계적으로 추진 중에 있습니다. 이 계획을 수립했던 과정에 대해서는 충남연구원 · 충남마을만들기지원센터(2020.2) 연구보고서에 자세하게 나와 있고, 이를 기반으로 국가균형발전위원회(2021.12)와 농특위(2022.11) 등에도 제안된 바가 있습니다. 전국 농촌 읍면 단위에서 보편적으로 시도할 수 있는 지역사회 발전 모델이라 할 수 있습니다. 다만 세부적으로는 지역 상황을 고려하여 출발 방법이나 경로에서 조금씩 차이가 있을 수 있는데, 해당 시군에서 특정 읍면을 먼저 정해 시범사업을 시도한 이후에 단계적으로 확대하는 것이 바람직할 것입니다. 기본적으로 농촌 읍면 지역사회에서 활동하는 주민(활동가)단체가 주도하고, 외부의 중앙정부나 연구기관 및 중간지원조직 등이 지원하여 내부 학습조직을 구성하고(1단계), 주민자치(위원)회와 연계하여 지역사회 내부의 공론장을 형성하여 지역발전계획을 수립하며(2단계), 지역 문제를 해결하기 위한 공동의 실천 경험을 축적하고 시행착오를 수정하면서(3단계), 이런 과정을 반복하며 나선형으로 발전하는 전략입니다.

1단계로는, 읍면 주민생활권 단위로 새로운 변화를 시도할 수 있도록 외부 자극이 적절하게 있어야 하고, 이를 주체적으로 수용하고 실천할 수 있는 내부 핵심 주체가 형성되어야 합니다. 어느 것이 출발점이라 정할 수는 없지만 무엇보다 지역 문제를 스스로 해결하려는 학습조직(학회) 형태의 그룹이 지역사회 내에 형성되도록 하는 것이 가장 중요합니다. 다만 지역사회 내부만으로는 새로운 동력이 생기지 않고, 정당성도 확보하기 힘들기 때문에 외부의 정책적 지지와 응원을 강조하는 것입니다. 학습조직이 1년 정도의 준비 과정을 거쳐 지역사회를 분석하고 향후 발전 방향에 대해 최소한의 공감대가 형성된다면 지역사회에 제안하면서 그 다음 단계로 넘어갈 수 있을 것입니다.

2단계로는, 지역 자체적으로 형성된 학습그룹이 주민자치(위원)회와 협력관계를 형성하면서 지역사회에 공론장을 마련하도록 제안하고 지역 전체로 변화의 계기를 제공해야 합니다. 이 과정은 축제 성격에 가깝게 주민들의 열정을 강하게 모으는 것이 중요합니다. 적절한 위기감을 공유하고 "이번 기회에 제대로 논의하여 변화를 만들어보자"는 분위기가 지역사회에 형성되어야 합니다. 그렇게 모여서 공동학습과 토론의 과정을 거쳐 지역 문제를 파악하고 지역 발전에 대한 비전에 합의를 도출해야 합니다. 이것은 주민자치회에서 매년 시행하는 자치계획 수립과 주민총회 개최 활동에 해당하는 셈입니다. 이 과정에서 ① 참여기관 사이의 협력 네트워크 구축, ② 지역 과제의 종합 진단과 평가, ③ 읍면 생활권 기반 연계

〔그림 6-3〕 민간이 주도하는 읍면 지역사회 발전의 3단계 절차 모델

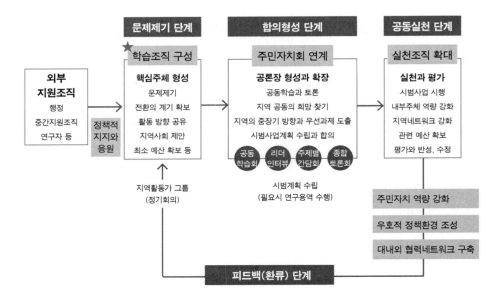

주. 농특위(2022.11), 9쪽 등을 참고하고 수정, 보완

협력 강화를 위한 신규 과제 발굴, ④ 법·제도적 개선 과제 검토 등이 이루어져야 합니다. 이 과정은 대개 준비과정까지 포함하여 짧게는 3개월, 길게는 6개월의 기간이 소요된다고 봐야 할 것입니다. 연구용역 형식으로 외부의 현장 연구자와 결합하는 것도 첫 단계에서는 필요할 수 있습니다.

3단계로는, 지역 내외부에서 연대와 협력의 네트워크를 구축하면서 지역주민 스스로 지역 문제 해결을 위한 공동의 실천 단계로 나아가야 합니다. 시범사업 계획을 시행해보면서 공공행정과 직접 만나게 되고 정책사업과도 강력하게 결합(활용)하게 됩니다. 또 지역 문제 해결을 위해 필요한 예산과 인적 자원을 발굴하고 또 연계하며 여러 실천 경험을 축적할 수 있습니다. 여러 그룹이 모여 의사결정을 하는 과정에서 작은 충돌은 충분히 예상할 수 있고, 이를 슬기롭게 극복하기 위한 규칙을 제정하고 토론하고 합의를 보는 민주주의 훈련을 반복해야 하는 셈입니다. 이런 과정에서 새로운 실천조직도 발굴되고 육성되면서 더 많은 일을 할 수 있는 디딤돌이 만들어질 것입니다. 간단하지만 핵심적인 문제에 집중하여 작은 성과를 도출하여 주민들의 자신감이 회복되면 더 많은 상상력을 동원할 수 있습니다. 현재의 농촌 실정에서는 노인복지에 도움이 되는 반찬 나눔, 빨래방 서비스, 건강 체조 프로그램, 찾아가는 집수리 서비스 등이 매우 유용한 사업입니다.

이런 3단계 절차 모델을 의식적으로 실천하면서 평가와 반성, 수정의 과정을 가지는 절차도 중요합니다. "일만 열심히 하는" 것이 아니라 "제대로 가고 있는지" 함께 하는 그룹들과 계속 공유해야 합니다. 이런 과정에서 핵심주체의 주민자치 역량이 강화되고, 정책의 지원환경(생태계)도 우호적으로 정비되며, 대내외 협력 네트워크도 강화될 것입니다. 이런 피드백 과정을 반복하면서 지역사회는 나선형으로 발전해나가게 되는 셈입니다. 도중에 좌절할 때도 있지만 집단적인 지역역량이 성장하며 지치지 않고 오래 가게 될 것입니다. 이렇게 초기 2~3년의 과정을 체계적으로 진행하고, 집단적이고 의식적인 실천이 이루어지자면 마을 리더와 활동가의 초기 학습과정이 매우 중요할 수밖에 없습니다. 시군 행정도 중간지원조직도 이런 방향에 대해 적극적인 응원과 지원이 필요합니다.

전국의 선진지 읍면 지역도 대개 이런 과정을 거쳐 지난 10여 년간 차근차근 성장해온 곳입니다. 아직은 외부의 정책적 지지와 응원은 미약하고 민간 스스로 열심히 실천해온 사례들입니다. 대안학교나 마을도서관, 주민자치센터 등을 기반으로 학습운동이 가장 기반에 있었고, 현장에 살고 있는 활동가가 끈질기게 노력했기 때문에 나타난 성과들입니다. 작은 정책사업을 적절하게 활용하면서 지역 중심, 주민 주도를 고집했기 때문에 가능했다고 볼 수 있습니다. 하지만 이런 선진지 읍면에서도 민간 주체들이 ① 공공행정과 협력관계를 형성하기가 어렵다는 점, ② 추가로 활동할 수 있는 청년인력을 안정되게 정착시키기가 쉽지 않다는 점, ③ 활동가 인건비 확보와 정산 방식을 포함하여 행정사업의 제도 개선이 필요하다는 점, ④ 이주민(귀농귀촌인) 활동가와 선주민의 갈등이 적지 않다는 점 등이 공통적인 애로사항으로 제시되고 있습니다(국가균형발전위원회, 2021.12). 이것은 이런 문제들을 정책적으로 해결할 수 있도록 지원하면 늦게 시작하는 다른 읍면도 충분히 가능성이 있다는 역설이기도 합니다. 이제는 이런 측면에 더 많은 관심을 가져야 합니다. 농촌 문제의 현상이나 원인, 해결 방향, 걸림돌 등이 어느 정도 규명되었기 때문입니다.

중앙정부 중대규모 사업을 적극 활용하기 바랍니다

정책사업을 계기로 읍면에 문제해결형 사회적경제조직을 집중 육성해야 합니다

전국 농촌 읍면 상황을 볼 때 내부 핵심주체로 활동할 수 있는 사람 자체가 없다는 지적도 많습니다. 하지만 그 많은 정책사업이 이런 방향으로 집중되지 않은 '정책의 실패' 탓이 더 크다고 보는 것이 타당할 것입니다. 정책사업이 초기 단계에 필요한 인건비(혹은 활동비)를 지원하는 경우는 정말 드물고, 또 지원하더라도 단년도에 그치거나 최저생계비로 억제하고 있습니다. 그리고 조금만 깊이 들어가면 '일할 사람' 자체가 없는 것도 아닙니다. 마을만들기나 주민자치회 활동에 조금이라도 관여해보면 현장에 활동가 자체가 없는 것이 아니라, 외부 활동이 더 많다거나 아니면 여러 좌절 경험으로 활동을 중단한 사람이 많다는 것을 쉽게 확인할 수 있습니다.

그럼에도 정책과 제도가 바뀌는 것이 간단하지 않다면 여러 정책사업에 관심을 가지고 읍면 소재지에 문제해결형 사회적경제조직으로 핵심주체를 집중 육성하는 전략이 필요합니다. 마을과 마을이 협력하여 육성해야 하고, 그래야 마을 가까이에서 마을을 도와주는 전문조직도 확보할 수 있습니다. 마을 내부에 경제공동체 조직도 필요하지만 "우리 마을의 문제가 이웃 마을의 문제이기도 하다"는 인식을 가지면 공통의 문제를 공동으로 해결할 수 있는 전문조직도 함께 설립하는 것이 중요합니다. 앞의 [표 6-1]에서 보는 것처럼 공통의 문제도 명확하고, 사회적경제조직이 필요한 영역도 확인되며, 상근 일자리를 창출할 수 있는 가능성도 충분히 보인다면 3단계 발전 전략의 관점에서 충분히 시도해볼 수 있습니다.

이런 관점에서 중앙정부 정책사업과 예산을 어떻게 활용할 수 있을까요? 대개는 정책사업마다 '꼬리표'라는 것이 있지만, '주민 주도, 상향식'이라는 방향성을 제시하고 있고, 지역사회가 합의하면 여러 가능성이 열려 있습니다. 대표적인 사업이 농식품부 농촌협약 제도 속에 포함되어 있는 중심지활성화사업(150억 원$\pm a$)과 기초생활거점조성사업(40억 원$\pm a$)입니다. 모든 읍면마다 본 사업을 이미 추진하였거나 앞으로 예정되어 있습니다. 두 사업 모두 읍면 소재지에 거점공간을 조성하면서 동시에 배후 마을에 생활서비스를 제공하는 것을 주요 내용으로 하고 있습니다. 모든 주민에게 참여할 기회가 열려 있기도 합니다. 하지만 지금까지의 경험으로 보자면 추진(주민)위원회가 소재지 주민 중심으로 구성되고, 역량강화 프로그램 사업이 외부 컨설팅 기관에게 맡겨져 시행되고, 거점공간의 사후관리가 어려워 방치되는 등 여러 문제점이 반복되고 있습니다.

이런 정책사업이 칸막이로 시행되다 보니, 그때그때 추진위원회를 구성하고 지역 전체와 긴 미래를 생각하지 못한 채 진행된 결과입니다. 그래서 핵심적인 원인은 읍면 지역사회가 사전에 어느 정도 합의한 중장기 지역발전계획이 없으며, 특히 이 사업을 주도할 수 있는 핵심주체가 불명확하고, 사전에 육성한 사회적경제조직이 거의 전무하다는 점에서 찾을 수 있습니다. 그렇다면 대안을 어떻게 찾아볼까요? 이런 사회적경제조직을 어떻게 육성해야 할까요? 다음에서는 모든 면마다 공통적으로 시행하는 기초생활거점조성사업을 사례로 구체적으로 설명해보겠습니다. 주로 '읍' 단위에서 시행하는 중심지활성화사업도 거의 동일하다 보면 될 것입니다.

농식품부 기초생활거점조성사업이 크게 도움이 됩니다

농식품부의 정책사업인 기초생활거점조성사업은 농촌협약 제도의 핵심사업이고, 모든 '면'에게 신청 기회가 주어져 있습니다. '읍'은 기본적으로 신청할 수 없다고 보면 될 것입니다. 목적은 "면 소재지 대상으로 배후마을에 대한 일상적 서비스 공급 거점 기능을 수행할 수 있는 거점을 육성하고 배후마을로 서비스를 전달"하겠다는 것입니다. 사업기간은 5년이고, 총사업비는 1단계가 최대 40억 원인데, 이미 사업이 진행된 곳이라면 2단계로 최대 20억 원을 신청하여 시행할 수 있습니다. 농촌협약에 선정된 시군이라면 1,2단계 사업비를 통합하여 동시에 추진할 수도 있습니다. 국비가 70% 지원되니 지자체로서는 조건이 좋은 셈이고, 총사업비의 10% 이상을 배후마을 전달 프로그램(S/W)에 의무적으로 사용하도록 되어 있습니다. 핵심적인 사업내용은 읍면 소재지에 거점공간을 확보하는 것과 서비스 접근성이 취약한 배후마을 주민들에게 생활서비스를 전달하는 것으로 구분할 수 있습니다.(농식품부, 2022.3, "2023년도 일반농산어촌개발사업 사업설명회 자료" 참고)

농식품부 농촌협약제도에서는 기초생활거점조성사업을 추진하기 위한 조직으로 주민위원회를 구성하도록 되어 있습니다. 그렇다면 이 주민위원회와 주민자치회(주민자치위원회도 마찬가지, 이하 같음) 사이의 관계는 무엇이고, 권한과 책임에서 어떤 차이가 있을까요? 또 면 행정과 주민조직은 어떻게 협력관계를 구축해야 사업이 효율적으로 추진될까요? 특히 아무런 권한도 없는 면 행정이 시군 지자체 행정으로부터 어떤 권한을 위임받아야 책임성이 높아질까요? 그리고 주민위원회를 운영위원회 법인으로 전환하여 핵심 거점시설의 사후관리를 책임지도록 되어 있는데 어떻게 해야 실제로 이것이 가능할까요? 배후마을로 생활서비스 전달 기능을 강조하는데 어떤 조직이 무슨 예산으로 수행해야 할까요? 의문은 많지만 사업지침에서는 해답을 주고 있지 못합니다. 타 지역 사례에서도 실패한 경우만 많고, 성공한 경우를 찾기 어렵습니다. 그래서 읍면 행정의 책임성 강화, 주민자치회의 지역대표성 강화, 실행력 있는 전문조직 설립 등을 동시에 검토하면서 접근하는 것이 중요합니다.

결론적으로 말하자면, 본 사업을 통해 농촌 면 단위에 중장기적으로 중간지원조직 '기능'(제도적이지 않다는 의미)을 수행할 수 있는 비영리 전문조직으로 사회적협동조합을 충분히 설립할 수 있습니다. 전체 사업비의 10% 이상을 활용할 수 있는 역량강화 프로그램으로 사회적협동조합의 초기 안정성을 확보하고, 다양한 문제해결형 사회적경제조직도 충분히 육성할 수 있습니다(표 [6-1] 참고). 기존에 관행적으로 외부 컨설팅 기관에게 맡기던 방식을 탈피한다면 충분히 가능합니다. 이런 전문조직이 면소재지에서 여러 분야별로 활동한다면 행정리 마을공동체 활동은 훨씬 부담이 적고, 많은 것에 새롭게 도전해볼 수 있습니다. 행정리 마을에 살면서 '찾아오는 생활서비스'도 제공받고, 주민들이 스스로 공동체복지 활동도 적절하게 할 수 있을 것입니다.

이제 본 사업지침의 몇 가지 한계를 짚으면서 지역사회가 사전에 구체적으로 준비해야 할 쟁점, 앞으로 나아가야 할 방향 중심으로 제안해 보겠습니다. 면 단위의 민관협치형 추진체계 구축을 염두에 두고 [그림 6-4]처럼 기초생활거점조성사업의 추진방식, 특히 사회적경제조직 육성 방향에 대해 전체 개념도로 표현했습니다. 여기에는 아래와 같이 다양한 문제의식이 담겨 있기 때문에 매우 복잡한 셈입니다. 우리가 유의해야 할 쟁점은 크게 여섯 가지이고, 전체를 시야에 넣으면서 하나씩 풀어가야 합니다. 어느 하나만 잘된다고 문제가 해결되는 것은 아니고, 4~5년이 걸리는 사업기간 동안에 가장 중요한 최종 성과목표의 하나로 튼튼한 사회적협동조합(비영리) 하나와 개별 사회적경제조직(영리)을 많이 설립하는 것이 핵심이라는 점은 분명합니다.

기초생활거점조성사업을 시행하며
여섯 가지 방향에 주목해야 합니다

첫째, 본 사업이 성공할 수 있는 전제조건에 해당하고, 중장기적인 방향에도 해당하는데 면 단위의 민관협치형 추진체계가 어느 정도 작동해야 합니다. 무엇보다 면 행정의 정책 책임성을 제도적으로 강화하는 것이 필요합니다([그림 6-4]의 ①). 현재는 시군 본청에서 본 사업을 직접 집행하고, 농어촌공사나 컨설팅 기관이 관여하면서 면 행정의 역할은 기본적으로 아무것도 없는 셈입니다. 면장이 명예직처럼 주민위원회 공동위원장을 맡고 있을 뿐입니다. 이렇게 공공행정의 정책 책임성이 미약하면 외부인이 정책 방향과 주요 내용을 결정하고, 행정은 예산 집행 자체에만 집중하게 됩니다. 그래서 면사무소에 본 사업의 전담자를 전문직위제로 임명하여 최소한 3년간 근무하게 하거나, 민간 전문가를 임기제공무원으로 채용하여 사업기간(4~5년)에 전담하도록

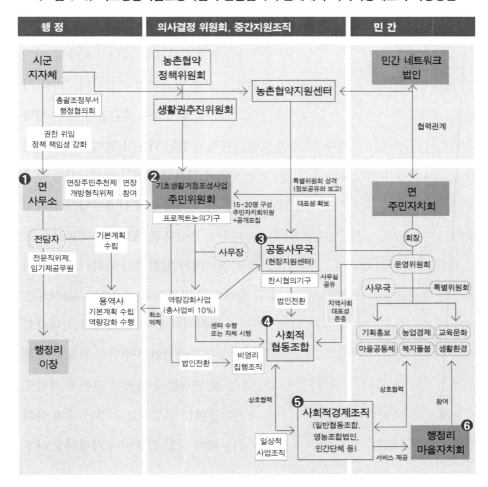

〔그림 6-4〕 기초생활거점조성사업의 민관협치 추진체계와 사회적경제조직 육성방안

해야 정책 책임성이 높아집니다. 또 면장의 주민추천제 혹은 개방형공무원 채용 까지 이어지면 성과모델 도출이 훨씬 용이할 것입니다. 면 행정이 이렇게 민관협 치 관점에서 움직인다면 우호적인 정책 환경도 조성되고, 관련 연계협력 사업 발 굴도 훨씬 쉬울 것입니다.

둘째, 예전의 추진위원회에 해당하는 주민위원회 조직은 지역사회의 대표성과 전문성을 충분히 확보하도록 구성하는 것이 중요합니다([그림 6-4]의 ②). 기존처럼 기관·단체 장 중심으로 구성하거나 면소재지 마을 리더가 다수를 차지한다면 사후관리를 담당할 수 있는 조직으로 절대 발전하지 못합니다. "바쁜 사람 더 바쁘게 하면 일이 안 돌아간다"는 말처럼, 실제 사업에 책임질 수 있는 사람 중심으로 구성해야 합니다. 그래서 주민자치회의 임원 다수가 참여하여 대표성을 확보하면서 거점시설의 실제 사후관리까지 책임지고자 하는 이해당사자 주민을 공개모집하여 구성하는 것이 필요합니다. 처음 사업 구상 단계부터 주민자치회에서 이런 결의를 하고, 이렇게 미리 준비하여 구성하면 대표성과 전문성을 동시에 확보할 수 있습니다. 주민자치회가 지역사회의 일상적인 논의기구이고 대표적인 의결기구에 해당하기 때문에 그 산하에 특별위원회(한시적인 프로젝트 논의기구) 형식으로 주민위원회가 설치되고 운영되어야 합니다. 그래야 지역사회의 논의 체계가 일원화되고, 정보 공유 체계가 명확해지면서 주민의 필요도 충분히 반영될 수 있습니다. 또 거점시설의 운영 및 관리를 둘러싸고 권한과 책임도 명확해지고 갈등도 예방될 것입니다. 주민위원회는 구성되고 2~3년 내에 사회적협동조합([그림 6-4]의 ④)으로 빠르게 전환해야 사업 집행이나 거점시설 사후관리 측면에서 훨씬 유리합니다.

셋째, 기초생활거점조성사업처럼 규모가 큰 국비 사업을 계기로 청년을 불러 모으고 현장지원센터 개념의 공동사무국을 잘 구성하는 것이 중요합니다([그림 6-4]의 ③). 현재의 사업지침은 사무장 한 명의 활동비만으로(그것도 최저생계비 수준) 40억 원 규모의 사업을 현장에서 지원하도록 하고 있습니다. 이런 방식으로는 사업 자체의 성공을 기약하는 것도, 현장에 밀착된 '사람과 조직'을 육성할 수 없다는 것도 명확합니다. 그동안의 전국적 경험이 이를 증명하고 있습니다. 이에 대한 보완 대책을 분명히 마련해야 합니다. 본 사업의 사무장 외에 주민자치회 사무국 1인, 읍면 행정 전담자 1인, 기본계획 수립 및 역량강화 시행 컨설팅 기관 1인(파견) 등을 기본으로 하고, 여기에 역량강화프로그램 사업을 실제 집행할 담당자 2인이 상근, 반상근으로 결합되는 구조를 구상해야 합니다. 이렇게 상근 2~3명, 반상근 2~3명이 공동사무국을 구성하면서 근무하고, 전체 사업의 집행과 연계협력이 이루어진다면 지역사회에서 소통과 협력이 보다 원활해지고 사업의 성과도 지속될 수 있을 것입니다. 주민위원회는 어디까지나 논의기구에 해당하므로 역량강화 사업을 직접 수행하면서 빠르게 사회적협동조합 법인으로 전환할 수 있습니다. 이런 공동사무국은 시군 지자체 단위로 설치되는 농촌협약지원센터의 현장지원센터 역할도 담당하고, 일부 상근자는 그 경험을 축적하여 향후 설립될 사회적협동조합의 사무국으로 전환해갈 수 있을 것입니다.

넷째, 기초생활거점조성사업을 계기로 연계협력 사업이나 후속 사업을 중장기적으로 안정되게 집행할 수 있는 비영리 법인을 설립하는 것이 가장 중요한 성과 목표에 해당합니다([그림 6-4]의 ④). 비영리 법인의 형태로는 사단법인이나 비영리민간단체도 있지만 사회적협동조합이 공공성이나 조직 성격, 사업 내용 측면에서 가장 바람직합니다. 결과적으로 지역사회의 대표성과 전문성을 가진 주민위원회가 역량강화 사업을 활용하여 공동사무국(현장지원센터)과 협력하여 설립해야 합니다. 이렇게 설립된다면 주민자치회로부터 대표성도 존중받을 수 있습니다. 현재의 법·제도로는 주민자치회가 지역사회의 최고 의사결정 역할은 수행하지만 집행 기능까지 가지기에는 사무국 구조가 너무 취약합니다. 인건비가 아니라 보조금으로 활동비를 지급받는 1인이 간신히 근무하는 구조이기 때문에 사업 조직이 되기는 어려운 셈입니다. 지역사회를 대표하는 비영리 전문조직으로 사회적협동조합을 설치하여 공공성이 있는 비영리 사업(결국 행정 보조사업)

을 담당할 수 있도록 설계해야 합니다. 가장 기본적인 역할은 거점시설의 사후관리와 활성화를 책임지는 것이고, 이런 역할을 수행하는 상근자 2~3명에서 출발하여 활동 영역이 확대되면 빠르게 늘어날 수 있습니다. 노인복지와 통합돌봄 서비스(주야간보호센터, 공동생활홈, 방문간호 등)까지 담당한다면 20명 이상도 충분히 가능합니다. 아산시 송악면의 사회적협동조합 송악동네사람들, 영광군 묘량면 여민동락공동체와 같은 사례에서 우리는 많은 것을 배울 수 있습니다.

다섯째, 지역 문제가 다양한 만큼 문제를 해결할 수 있는 작은 사회적경제조직이 많이 설립되어야 합니다([그림 6-4]의 ⑤). 기존에 이런 역할을 담당하는 자생단체(대개 지역사회보장협의체 소속)가 일부 있지만 일시적이고 단편적인 생활서비스만 제공하고 있습니다. 지역아동센터나 작은 공부방 같은 조직도 있지만 주어진 역할 이상을 감당하기가 어렵습니다. 그래서 앞의 [표 6-1]에서 제시한 것처럼 새롭게 발굴하고 육성해야 할 사회적경제 영역은 아주 넓습니다. 처음에는 사회적협동조합 법인([그림 6-4]의 ④)에 결합하여 활동하다가 단계적으로 분리, 독립하는 경로도 있을 수 있습니다. 아니면 주민자치회 산하의 분과에서 논의하고 자원봉사 활동했던 경험을 살려 주민자치위원 임기 교체기에 사회적경제조직을 설립하는 방향도 있습니다. 상근자는 대개 외부에서 새로 들어오는 청년이나 귀촌인일 가능성이 높은데, 지역사회 열기가 넘치는 지역이라면 빠르게 정착할 수 있을 것입니다. 상근자 인건비는 주로 수익사업을 통해 확보해야 할 것인데, 사업비는 대개 행정에서 지원하는 비영리 보조사업이 대부분을 차지할 것으로 봅니다. 그렇지만 이런 작은 사회적경제조직이 다수 있어야 면소재지에서 배후 마을로 생활서비스를 전달하는 활동도 가능하다는 것은 분명합니다. 활동 자체가 공공성이 있기에 행정은 적절하게 보조사업을 매년 편성하여 지원해야 할 것입니다. 물론 사무위탁으로 지원할 수도 있습니다.

여섯째, 행정리 마을마다 자치적이고 자조적인 공동체복지 조직도 꼭 필요합니다([그림 6-4]의 ⑥). 마을 주민들이 힘을 합치면 많은 일이 가능하다는 것을 그동안의 마을만들기 활동에서 충분히 확인했습니다. 행정의 정말 작은 예산으로도 많은 활동을 할 수 있습니다. 예를 들어, 어르신 반찬 배달, 집수리 지원, 공동생활홈 운영, 마을축제 진행, 합창단 조직 등 농식품부 행복농촌만들기 콘테스트에서 수상한 마을을 보면 정말 좋은 사례가 많습니다. 공동체가 복원되면서 더 많은 공동체복지도 가능하다 기대합니다. 하지만 초고령화 속도가 가파르게 빨라지고, 마을 리더의 후계자가 새롭게 등장하는 것은 느리기만 합니다. 또 이장 제도를 비롯하여 개발위원회, 노인회, 새마을조직 등 관행적 자생조직을 재편하면서 마을자치회로 전환하는 것은 솔직하게 말해 정말 쉽지 않은 난제 중의 난제라 봅니다. 하지만 마을 스스로 해결하는 역량을 키우고 면소재지의 주민자치회 및 사회적협동조합, 개별 사회적경제조직 등과 협력하면서 중장기적 관점에서 마을자치를 실현하는 경로를 설계해야 합니다. 읍면 정책이 강화되고, 읍면 주민자치가 뿌리를 내리면서 마을자치도 더욱 성장할 것은 분명합니다.

[참고 문헌]

구자인 외, 2011.12, 『마을만들기, 진안군의 10년 경험과 시스템』(진안군마을만들기지구협의회 편집), 국토연구원 도시재생시리즈20

구자인, 2019.11.12, "농촌마을, 르네상스는 올까?", 농업농촌의길 2019 조직위원회, 『농업 농촌의 New Wave, 르네상스는 올까?』, 81–106쪽

구자인, 2020, "지역사회 조직화를 통한 녹색사회 이행(14장)", 최병두 외, 『녹색전환: 지속 가능한 생태사회를 위한 가치와 전략』, 환경부, 한울아카데미2231, 421–452쪽

구자인, 2021, "평생학습의 마을만들기, 칸막이를 극복하고 읍면에서 만나야 한다", 충북평 생교육 2021-여름호 〈시선〉

국가균형발전위원회, 2021.12, "생활권 기반 연계협력 지원사업 성과공유회 및 확산 워크숍 최종결과보고서"(마을연구소 일소공도협동조합 수행)

김정섭, 2017, 『농촌 지역사회 발전 접근방법의 유형과 실천 과제』, 한국농촌경제연구원(기 본과제)

대통령직속 농어업 · 농어촌 특별위원회, 2019.12, 『농촌정책 추진체계 개편 및 농촌공간의 체계적 관리 방안』, 2019.12

대통령직속 농어업 · 농어촌 특별위원회, 2022.11, 『농어촌재생을 위한 읍면 중심의 민관협 치 추진체계 연구』

마을만들기전국네트워크, 2013.03, 『마을만들기 중간지원 : 마을만들기지원센터의 전국적 현황과 전망』, 국토연구원 도시재생시리즈40

마을만들기전국네트워크 · 한국마을만들기지원센터협의회, 2014.6, 『마을만들기 네트워크 : 사이 넘어, 결핍은 네트워크로 메운다』, 국토연구원 도시재생시리즈56

정란아, 2020.11.13, "협치형 민간위탁 가이드라인 제정의 의미와 한계", 충남공익활동지원센터 주관 '협치형 민간위탁 가이드라인 학습회' 발표 자료

조한혜정, 2007.11, 『다시, 마을이다』, 또하나의문화

청양군, 2019.10, 『청양군 지역활성화재단 설립 타당성 검토(최종보고서)』

충남도청·충남연구원 충남마을만들기지원센터, 2021.12, 『마을사업 한 번에 파악하기 길라잡이 2022』

충남연구원 충남마을만들기지원센터 엮음, 2020.12, 『살기 좋은 마을만들기 길라잡이 기본편』, 그물코출판사

충남연구원 충남마을만들기지원센터 엮음, 2021.12, 『살기 좋은 마을만들기 길라잡이 실천편』, 그물코출판사

충남연구원 충남마을만들기지원센터, 2017.12, 『충남 희망마을 만들기 제3기 기본계획(안) 2018~2022』(내부과제)

충남연구원 충남마을만들기지원센터, 2020.02, 『농산어촌 유토피아 구현을 위한 지방자치단체 시범계획 수립』(한국농촌경제연구원 위탁연구 최종보고서)

충남연구원 충남마을만들기지원센터, 2021.07, 『충남 시군 마을만들기 지원 시스템 구축 6년간 활동백서(2015~2020+2021)』(마을연구소 일소공도 협동조합 수행)

충남연구원 충남마을만들기지원센터, 2022.07, 『충남 제4기 마을만들기 기본계획 2023~2026(안)』(마을연구소 일소공도협동조합 수행)

한국마을지원센터협의회, 서울시마을공동체종합지원센터, 2016.03, 『2015 전국 마을선언(초안)』

한국행정연구원, 2022.01, 『2021년 공직생활실태조사』

[원문 출처]

제1부

필자가 기존에 발표한 여러 원고를 활용하여 전면 재집필

제2부

구자인, 2021.08.30, "마을만들기 행정의 지원체계 정비, 어떻게 할 것인가", 충남연구원
　　충남마을만들기지원센터, 『마을독본』 15호(가을호_통권 17호), 10~44쪽

강성준 정리, 2021.08.30, "마을만들기 행정, 공무원 스스로 말하다", 충남연구원 충남마
　　을만들기지원센터, 『마을독본』 15호(가을호_통권 17호), 64~75쪽

제3부

구자인, 2021.05.12, "마을만들기협의회, 어떻게 설립하고 운영할 것인가?", 충남연구원
　　충남마을만들기지원센터, 『마을독본』 13호(봄호_통권 15호), 12~31쪽

안현경, 2021.05.12, "홍성군마을만들기협의회의 설립과 활동", 충남연구원 충남마을만
　　들기지원센터, 『마을독본』 13호(봄호_통권 15호), 32~39쪽

정석호 · 강성준 정리, 2021.05.12, "충남마을만들기협의회의 설립과정과 발전 방향", 충
　　남연구원 충남마을만들기지원센터, 『마을독본』 13호(봄호_통권 15호), 40~46쪽

제4부

구자인, 2021.07.07, "마을 네트워크 법인 설립과 운영, 어떻게 할 것인가?", 충남연구원
　　충남마을만들기지원센터, 『마을독본』 14호(여름호_통권 16호), 13~52쪽

안현경, 2021.07.07, "민간단체 협력 경험으로 설립한 (사)홍성지역협력네트워크", 충남연구원 충남마을만들기지원센터, 『마을독본』14호(여름호_통권 16호), 53~61쪽

노승복, 2021.07.07, "청양군 지역활성화재단의 설립과 운영, 그리고 과제", 충남연구원 충남마을만들기지원센터, 『마을독본』14호(여름호_통권 16호), 62~69쪽

윤흔상, 2021.07.07, "아산시 마을 네트워크 법인 설립 논의와 시사점", 충남연구원 충남마을만들기지원센터, 『마을독본』14호(여름호_통권 16호), 70~76쪽

제5부

구자인, 2021.11, "마을만들기 중간지원조직의 제도적 성격과 사례, 쟁점", 충남연구원 충남마을만들기지원센터, 『마을독본』16호(겨울호_통권 16호), 10~26쪽

고철용, 2021.11, "공주시 공동체종합지원센터의 설치과정과 운영", 충남연구원 충남마을만들기지원센터, 『마을독본』16호(겨울호_통권 16호), 27~32쪽

이경진, 2021.11, "예산군 행복마을지원센터의 설립과 운영", 충남연구원 충남마을만들기지원센터, 『마을독본』16호(겨울호_통권 16호), 33~40쪽

강성준 정리, 2021.11, "충남의 마을만들기지원센터 상근자가 말하는 중간지원조직", 충남연구원 충남마을만들기지원센터, 『마을독본』16호(겨울호_통권 16호), 50~67쪽

제6부

필자가 기존에 발표한 여러 원고를 활용하여 전면 재집필

[필자]

구자인 gujain@hotmail.com
마을연구소 일소공도 협동조합 소장. 1990년대 초부터 마을만들기 방법론으로 지역 문제를 해결할 수 있다는 생각에 여러 학문을 공부하고 실천 현장을 다녔다. 6년 반의 일본 유학 생활을 거쳐 2004년 12월부터 임기제 공무원 8년, 중간지원조직 8년을 통해 농촌마을정책에 깊이 관여해왔다. 2021년 3월, 현장으로 다시 돌아와 농촌 면 단위의 정책협업과 선진사례 만들기에 새롭게 도전하고 있다.

이경진 lkj@kongju.ac.kr
공주대학교 조경학과 교수. 지역개발과 농촌계획에 큰 관심을 가지고 다양한 정책사업에 관여해 왔다. 예전부터 충남도의 농촌마을정책에 관여하며 예산군의 민관협치 시스템 구축 과정을 주도하고 있다. 예산군 행복마을지원센터장과 (사)예산군행복마을네트워크 이사장을 거쳐 지금은 농촌신활력플러스사업 추진단장을 맡고 있다.

정석호 sockhoj@gmail.com
충남마을만들기지원센터장. 대학에서 지리학을 전공했고, 일본 유학을 거쳐 마을만들기와 농촌관광, 6차산업 등의 분야에서 관련 연구와 활동을 했다. 2016년 9월부터 충남연구원 충남마을만들기지원센터 창립 멤버로 참여하여 책임연구원으로 충남 시군 마을만들기 지원시스템 구축과 마을사업 조사·분석 부분을 전담했다. 2021년 3월부터 센터장을 담당하고 있다.

안현경 gnzang80@naver.com
마을연구소 일소공도 협동조합 이사.《홍성신문》채용 공고를 계기로 귀촌했다. 홍성군청 친환경농정발전기획단에서 임기제 공무원으로 일하며 '지역거버넌스 홍성통' 운영과 농촌마을정책의 민관협치 체계 구축에 기여했다. 2022년 12월까지 충남마을만들기지원센터의 『마을독본』 편집위원, 광역마을동아리지원사업 어드바이저 등의 역할을 맡았다.

고철용 buzzerfe@korea.kr
공주시 공동체종합지원센터 사무국장. 자치분권에 관심을 가지고 자치행정학을 공부했고, 지역과 공동체에 대한 관심을 토대로 사회적협동조합 세움과 대전YMCA, 충남사회적경제지원센터 등에서 경험을 쌓았다. 그동안의 경험을 기초로 농촌 현장과 어떻게 결합해야 할지 항상 고민하고, 정책을 융복합하여 공동체를 조직하는 방법론을 찾아가고 있다.

강성준 red8989@naver.com
충남마을만들기지원센터 연구원.『마을독본』,《뉴스레터》등 홍보 관련 업무와 충남형 시뮬레이션 워크숍, 중간지원조직 상근자 맞춤형 교육 등의 업무를 담당한다. 충남 공주대에서 공부하였고, 공주학연구원과 공주나드리센터에서 근무한 경험을 통해 농촌에 관심을 갖게 되었다.